A celebration, love!
Let's see us in *your* beauty!
Jubilees on the hill and heights above!
Cool waters playing! Please,
on with me deep and deeper in the trees!

And on to our eyrie then,
in grots of the rock, high, high! Old rumor
    placed it
far beyond wit of men.
Ah but we've traced it,
and wine of the red pomegranate–there
    we'll taste it!

The Spiritual Canticle
Saint John of the Cross
(1542–1591)

Gocémonos, amado,
y vámonos a ver en tu hermosura
al monte o al collado
do mana el agua pura;
entremos más adentro en la espesura.

Y luego a las subidas
cavernas de la piedra nos iremos,
que están bien escondidas,
y allí nos entraremos,
y el mosto de granadas gustaremos.

Cántico espiritual
San Juan de la Cruz
(1542–1591)

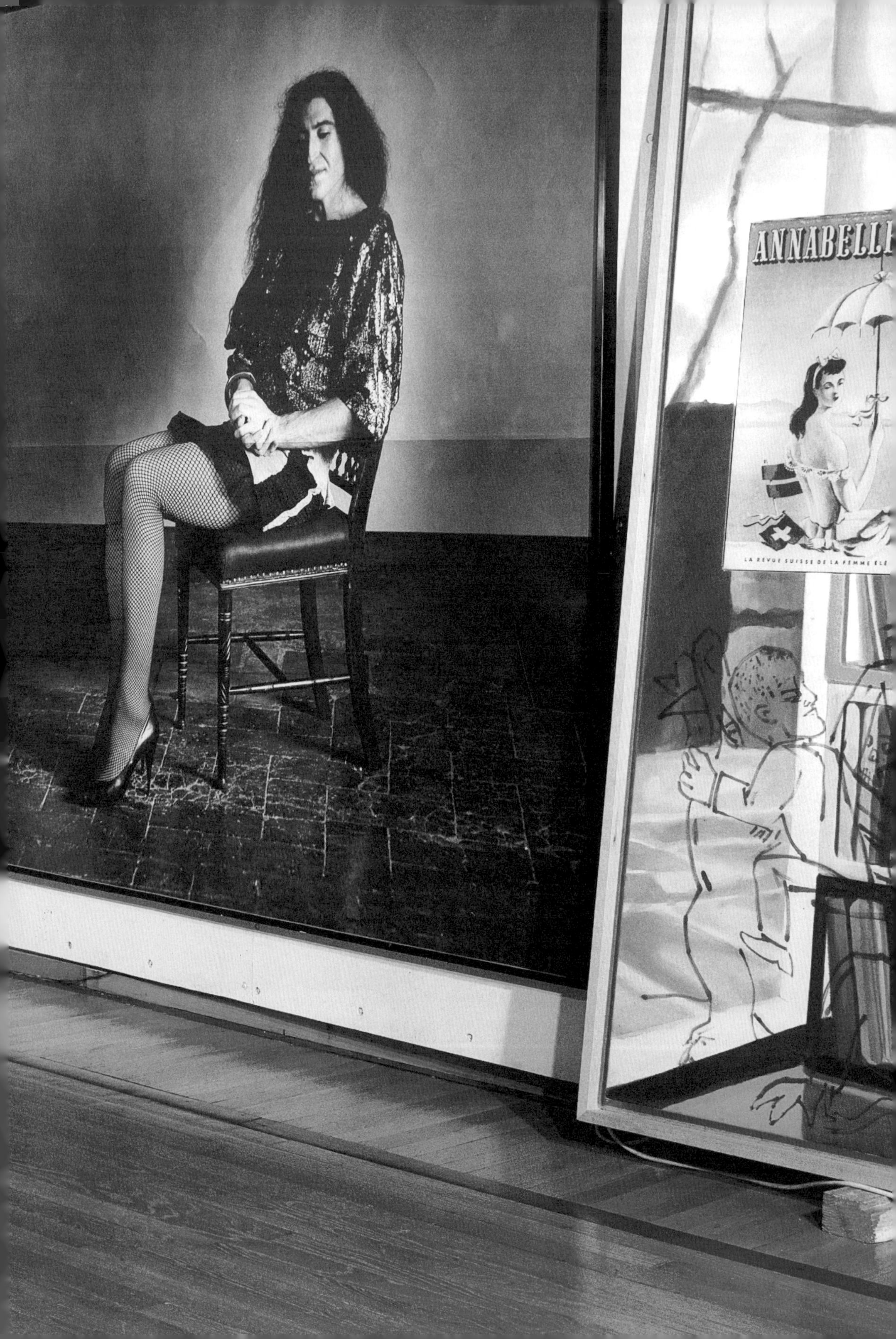
ANNABELL
LA REVUE SUISSE DE LA FEMME ÉLÉ

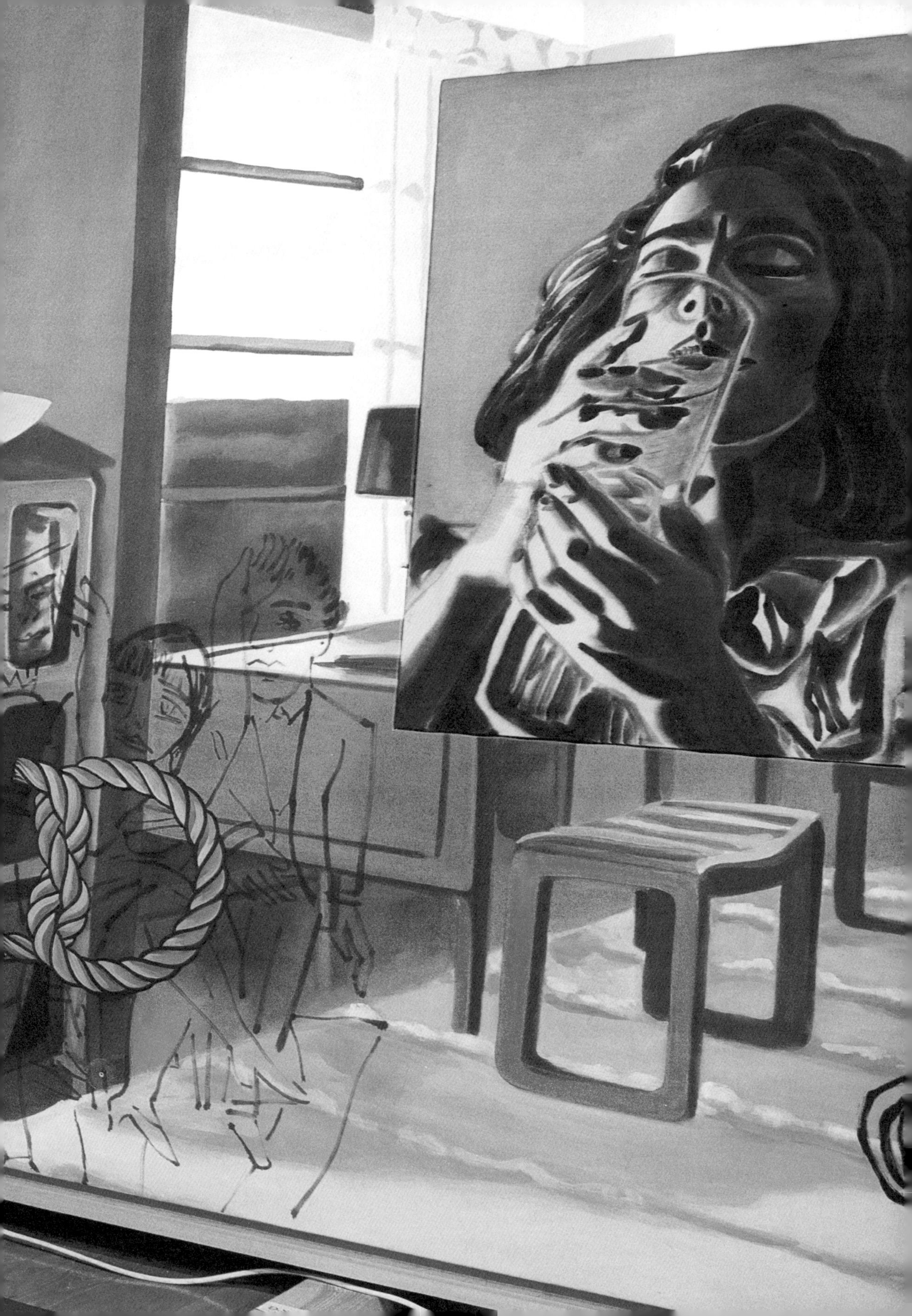

MER

Dan Cameron & Patricio Pron

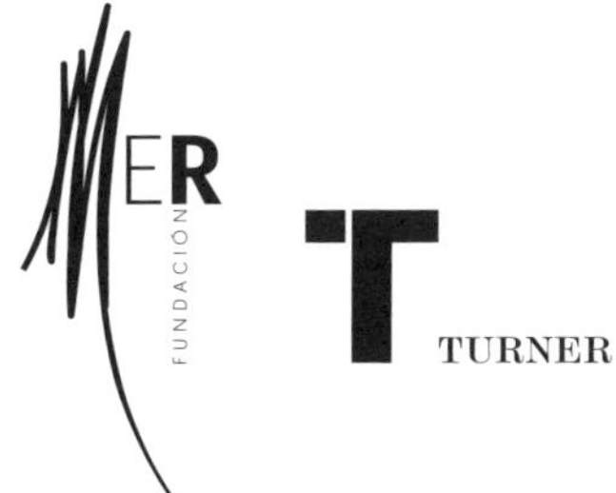

Contents   Índice

María de Corral, Lorena M. de Corral and Cecilia Pereira

The MER Collection:
A Profound Commitment

Elena Rueda and Marcos Martín Blanco first came into contact—as a married couple—with contemporary art through the artist Gerardo Rueda, in the late 1970s. This introduction instilled in them a growing interest and curiosity about art and its creation, and so they decided to dedicate some time to it, all the time necessary for learning how to look at it.

Elena and Marcos began collecting contemporary Spanish art in the 1980s, in a cultural context marked by the emergence of new artistic expressions. From the very beginning their preference for painting was clear, although the Collection would subsequently open up to other techniques, such as drawing, photography and a bit of video.

The MER Collection does not follow a particular theme or chronological timeline, focusing, instead, on the relationships that are established as the Collection grows. It does not respond to a single vision, nor does it follow a linear order but—unlike a more solidly structured set of works—tends to gather pieces together whose union may spark multiple readings. The affinities between the different works—whether visual, conceptual, ideological, historical or simply coincidental—trigger a continually expanding web of ideas.

The MER Collection reveals desire, passion, fantasy, authority, critique, excess, nostalgia, and reality. It records and captures life. The exhibitions conceived by Marcos for a probable museum are built around abstraction to figuration, with the human body awarded much focus. They give an idea of the Collection's enormous possibilities as a museum, and are a good example of the plurality of aesthetic options in contemporary art.

This book came out of Marcos, Elena's and Rafa's wish to share with a larger public their need to let artworks narrate the present they have lived and to imagine a possible future.

Vision, dedication, love and mystery, self-knowledge, essential friendships, moments of richness and moments of restriction, the couple's passion for making their lives special and their deep desire to be independent, but always with the aim of sharing their experience with others, are what make the MER Collection so very special and enthralling.

María de Corral, Lorena M. de Corral y Cecilia Pereira

La Colección MER:
un profundo compromiso

La primera relación con el arte contemporáneo del matrimonio formado por Elena
Rueda y Marcos Martín Blanco, se produjo a finales de la década de 1970 de la
mano del artista Gerardo Rueda. Esta introducción produjo en ellos una creciente
inquietud y curiosidad por la creación artística y decidieron tomarse un tiempo, el
necesario para aprender a mirar.

Elena y Marcos empezaron a coleccionar arte español contemporáneo en la década de
1980, en un contexto cultural marcado por la aparición de nuevos comportamientos
artísticos. Sus preferencias quedaron claras desde el principio, haciendo una apuesta
rotunda por la pintura, aunque posteriormente su Colección se abriría a otras técnicas
como el dibujo, la fotografía y algunas incursiones en el vídeo.

La Colección MER no atiende a una temática ni a una cronología, se centra, sin
embargo, en las relaciones que se establecen a medida que la Colección se va
ampliando. No responde a una única visión ni tiene un orden lineal, sino que
representa más una agrupación de obras que en su unión son capaces de generar
múltiples lecturas, distanciándose de un conjunto sólidamente estructurado. Las
afinidades entre las obras, ya sean visuales, conceptuales, ideológicas, históricas
o por simple coincidencia, provocan una trama en continua expansión de ideas.

La Colección MER desvela el deseo, la pasión, la fantasía, la autoridad, la crítica,
el exceso, la nostalgia y la realidad, articulando en definitiva, un inmenso registro
de la vida. Las diversas exposiciones ideadas por Marcos para un probable museo se
estructuran desde la abstracción a la figuración, con una importante representación
del cuerpo humano. Son el reflejo de las enormes posibilidades museísticas que
posee la Colección y constituyen un buen ejemplo de la pluralidad de opciones
estéticas que vertebran el arte contemporáneo.

Esta publicación surge del deseo de Marcos, Elena y Rafa de compartir con una
amplia gama de público la necesidad de contar, a través de las obras de arte, el
presente que han vivido e imaginar un posible futuro.

Visión, dedicación, amor y misterio, conocimiento de uno mismo, amigos claves,
momentos de riqueza y momentos de restricción, pasión por hacer su vida especial
y un intenso deseo de ser independientes, pero siempre con el fin de poder
compartir esta experiencia con los demás, es lo que ha hecho de la Colección MER
algo muy particular y apasionante.

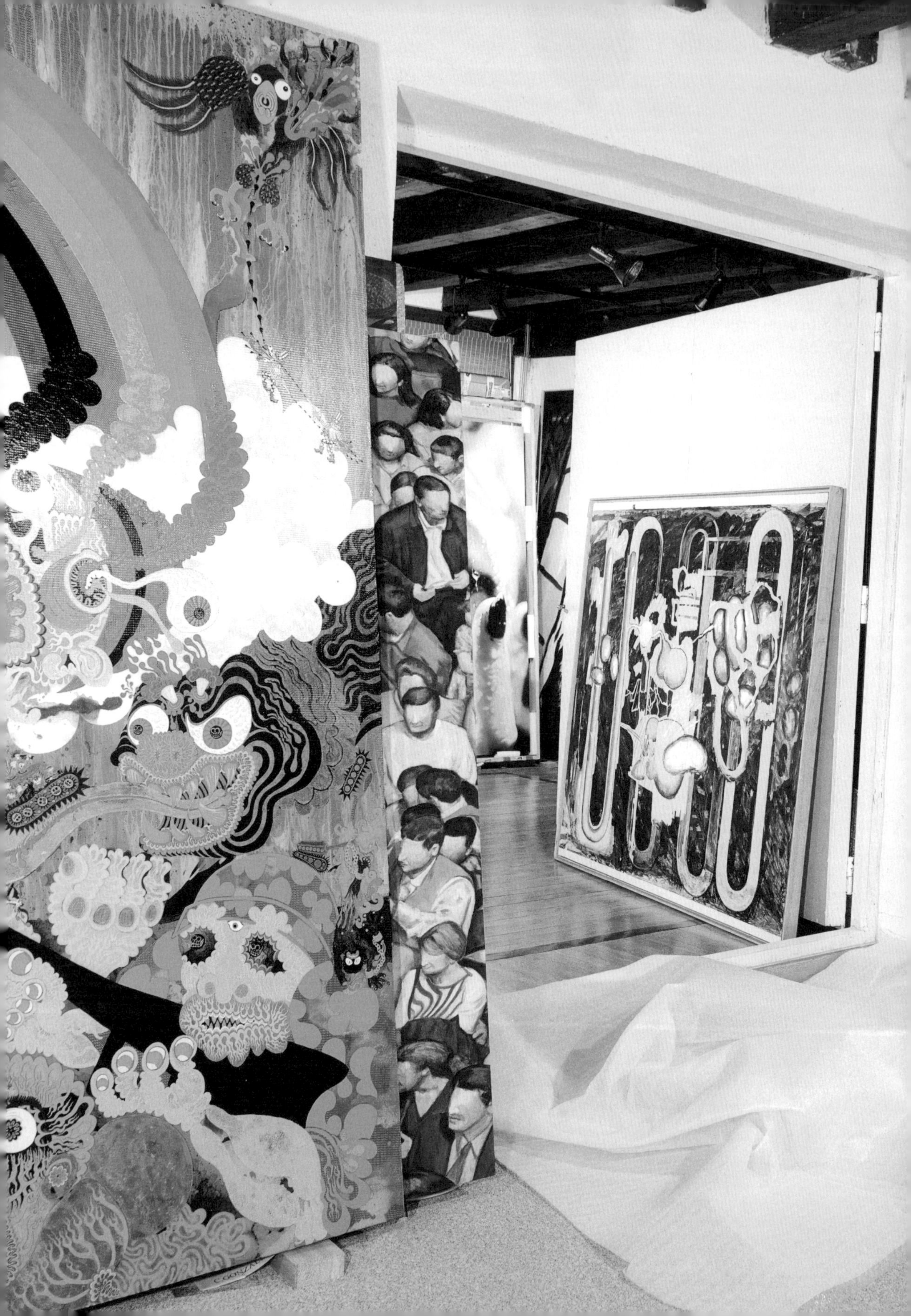

An Exceptional Journey
in an Unknown Landscape:
the MER Collection

1

The grasses that grow under foot do not wave with the wind, which blows down from the mountains in long, jittery brushstrokes: they grip into the earth, they "are" the earth in one of its various manifestations, modest like something minute emerging from beneath the feet of those who stop to contemplate the steeple of a cathedral, the surrounding buildings, the harvested plots of land, a nearly solid sky that plunges down over bodies slightly bent over, between the unreachable heavens and the nearby earth. "They are nothing more than weeds, something that has grown there but nobody could dig up," says Marcos Martín Blanco, pointing all around him. / All around, traced with words and gestures enveloping and embracing the earth, rises a museum that would be able to place the city in which we are located onto the map of contemporary art, a museum with 2500 square meters of space serving as a "buried container" conceived by architect Alberto García Gil back in 2007. However, at least for now, all that grows in this earth are hopes, dreams, and blooming plants that "nobody has been able to dig up." Perhaps it is best that nobody removed them.

2

One way to tell this story, though not necessarily the best, goes like this: in this building, on this earth, a structure was to be built to house the MER Collection, the outcome of years of contemporary art collecting by Marcos Martín Blanco and his wife, Elena Rueda Rodríguez. Starting in 1990, they began to shape a collection containing approximately eight hundred works, including several of the most representative examples of Spain's abstract art in the 1980s and neo-figurative art from the United States. There is no other collection of its kind in Spain, and until now only a few private collectors have shown the generosity of allowing the public to gain access to this artistic heritage in our country. Nonetheless—in other words, despite the generosity of the works' owners and the unique status of the Collection—it has not yet become possible to build the museum, nor is there any chance of doing so in the near future, a future which one can sense before it comes, one which we can imagine.

3

However, there is another way to tell this story, or in fact several ways. One of them involves the painter Gerardo Rueda, who helped the Martín Blanco family to decorate their home in Segovia in 1979. He was given *carte blanche* to do as he pleased, and the walls were soon filled with works by Bonifacio Alfonso, Fernando Zóbel, Carmen Laffón, Antonio de Lorenzo, and Rueda himself. "He was not the type to impose anything," Marcos Martín Blanco remembers; "if he realized he was, he would change tactics." One of the most popular works by Britain's George Bernard Shaw is *Pygmalion* (1913), the main theme of which is the education of a young florist with whom the main character falls in love; there are parallels between that work which allow for a comparison with the bond tying Rueda together with Marcos and Elena: "Gerardo Rueda was our Pygmalion," Marcos upholds. "His sensitivity was so great that he educated us about things which he perhaps did not even work on, though this did not mean he was not interested in them." / Not all of his proposals were welcomed by the future collectors, though. They rejected a few paintings: "One by Manolo Millares, a grating by Manuel Rivera," Elena sighs. Consequently, another potential way to tell their story, perhaps the only appropriate way to do so, is to start out with that initial rejection, that of all the paintings which seemed to the Martín Blanco couple, in their own words, to be "horrible" or "incomprehensible," leading them towards another place, somewhere they had never thought of before.

4

"There was no art there," Elena states unwaveringly. "Art, so to speak, lay in the world of your senses," her husband says, finishing her idea. Back then, around fifty or sixty farmers lived in the small town of El Guijar de Valdevacas, but today only a handful of people remain; in this place Marcos Martín Blanco was born in 1929 (Elena Rueda was born in Segovia nine years later). "The sublime experience arose while gazing at the sunset, along with the landscape, with the storms and the passage of time across the year and seasons," claims Marcos; in his environment, however, in his surroundings, there was no art of any kind. "A closed-minded people, completely inward-looking." This is how he describes the town where he was born; it denied any idea of the slightest transcendence if it was not religious or related with the observation of nature. The town provided few aesthetic experiences. "I remember the literature available to us, read by my elder sister under the dim light inside our house, and the novels published in installments in the newspaper. There was nothing more but to enjoy the senses, and that is something innate," Marcos recalls. / The town's inhabitants obtained their water supply by carrying it in large jugs from a public facility. Electricity outages were frequent. Economic activity was merely enough for subsistence and required participation by every member of the family. / The best way to tell this story is to describe the journey stretching from dispossession to possession, to talk about a lack of knowledge to its gradual acquisition, about a lack of experiences with art—though not with the senses—to a time when they were lived; the path which ties the former moments to the latter spans a journey that can only be described as exceptional. However, it is of an unremarkable scale when compared with the tragic history of Spain: one day in 1939, a women showed up in the town and began to give classes to some of the children, including Marcos; she was a refugee from the Spanish Civil War, punished because she had been a civil servant in the government inspectors' corps during the years of the Republic. She was one of so many victims in Spain's history, from all sides.

5

"We were coming home from taking the animals out to graze as the sun set, and we felt completely satisfied like I have never felt since. I lived in a poor place, but there was beauty. It's just that nobody cultivated their ability to see it. So, I thought: *I must leave. I don't know what I'll do otherwise*," Marcos Martín Blanco remembers. As for Elena, she recalls that an image by Daniel Zuloaga was the first artistic image that she ever viewed as such, besides the prints in her house. / To go from dispossession to possession, the presence of Gerardo Rueda was a must, as well as an unprecedented decision, one of those that people reach after feeling their reactions to contemporary art: they reach the decision to study. "With rare exceptions," Marcos says, "contemporary painting was a language we could not understand at that time, and the reviews we read in the press were impossible for us to comprehend. That is why we set the goal of devoting one evening each week to viewing contemporary art." Just as in *Yellow, Red and Water* (1987), one of the most beautiful works by Miquel Barceló—and part of the MER Collection at this time—study brought something similar to a blossoming; with time, the future collectors would not only learn to "speak" a language which until then had felt "incomprehensible" to them, but they would also discover an aesthetic dimension of everyday life itself, often projected disconcertingly into their homes in Madrid and Segovia, onto curtains with eyeglasses, columns with spoons and tulips made of buttons, all of which jump out at visitors in the same way as the works by Cristina García Rodero, Marilyn Minter, Jonathan Lasker, and others. All of these lead to an estimable conclusion: that the Martín Blancos' commitment to art is not only intellectual, but also practical; the notable path they travelled led them in a circular direction starting from their home and leading back to it again.

Very few people have the attitude described above, of course: it is common knowledge that people feel disturbed by the unknown. Elena and Marcos Martín Blanco devoted three years to educating themselves, however. "Did you ever think about giving up?" I ask them. "Many times," they answer. On visits to galleries and on tours through museums, the overpowering memory the couple now recalls with a smile was that the art on display "was a sham." "We would say to ourselves, 'I don't like this,' 'This is truly bizarre,' 'That is incomprehensible…' It took us some time to find the *vibe* through which we could access this world that was so unfamiliar to us," Elena recalls. Nevertheless, their collection was gradually enriched with works by Luis Gordillo, Luis Feito, Xavier Grau, and Albert Ràfols Casamada. One painting by José María Broto of large dimensions—probably their first independent acquisition, around 1989—defied the dimensions of the entrance door to the house of its new owners, but that did not stop them for a moment: they knocked down the door so it could fit inside. / What other doors must be knocked down to become a collector of contemporary art, in order to turn incomprehension into pleasure? "It is odd that we never gave up," Marcos admits, "but everything we learned is also odd, everything that flourished throughout that time." The decade of the 1980s was one of discovery and study, but also one in which they contributed to the city of Segovia's art scene: Marcos and Elena bought forty works by local artists and financed a residency for some of them in New York, including Carlos León and Ángel Cristóbal. / However, it was throughout the 1990s that the Collection took a turn towards neo-figurative art, at an international opening which led to the acquisition of work by artists such as Julian Schnabel, George Condo, David Salle, and Eric Fischl, who posed questions about what beauty consists of and where it can possibly be found. Along the exceptional journey travelled by the Martín Blancos during these years, their enjoyment for viewing and studying art was rounded off by the pleasures of learning to look and the formation of a community, which included, at one time or another, the gallery owner Soledad Lorenzo, art critic and curator María del Corral, and artist Carlos León. "One can come to art academically or through sensitivity and the educating of sensitivity," admits Marcos Martín Blanco, who in 1957 joined the state Corps of Economists, later carrying out very successful work as an economic advisor and businessman. (Though he held important positions at Spain's Ministries of Public Works and Agriculture, Martín Blanco waived his entitlement to the "exclusivity bonus" granted by the public administration to continue undertaking his business activity, which, through a career lasting forty years, he spent promoting and modernizing livestock operations and rural farms in his region of origin, allowing them to rank among the most important in Europe; in doing so, he earned the resources necessary for their initiation in the world of collecting art.) Because they were drawn to art along a path that they refer to as "an education in sensitivity"—"based on seeing, seeing, and seeing again: absorbing like a sponge," as he remembers—

the competitive disadvantage of coming "from outside" the realms in which art is produced and consumed allowed this couple of art collectors to place their trust in others, to exchange with and learn from other individuals, in what would perhaps be an unlikely way to do so under different circumstances, due to the common constraints created by a certain form of social interaction in the art world, burdened by its own rules and labels. However, this was no impediment to them whatsoever. "I have always taken what I wanted from the paintings that I was interested in. I could have achieved this sooner if I had received another sort of education, but I would have achieved it all the same," states Marcos.

7

A collection is built through observation and study, but also through conversations, negotiations, and shared exchanges that make it possible to think about the work as "the experience of the work," or, in other words, as the bond created by aesthetic pleasure and the lifetimes required to feel such pleasure, with the events surrounding it. Among those which helped shape the MER Collection were sudden trips to Chicago, walks up eight floors without an elevator, regular visits to New York to buy works, girls who tried to tear off pieces of Miquel Barceló's paintings, works that seem to vanish at auctions and then reappear one day— against all odds—for the taking. Thus they entered into a world of contemporary art that seems so impenetrable from the outside. In every case, the desire to create a collection won out, with the resulting loss of freedom that it entails. "In the beginning, it's as if something new were written into your sensitivity, but the time comes when you can intuitively feel that the work you have brought together forms a collection that has to be refined in order to achieve coherence, and your room for decision-making decreases a great deal," admits Martín Blanco. "You have to manage a set of resources, but when you see a work and you want to buy it, you have to stop and think whether you already own a work by the same artist... You can't have it all. You are not Croesus, and besides, the collection must possess a logical unity. We make purchases viscerally, at least in the beginning, which is the time we enjoy most; but then you have to start getting rid of some works in an attempt to fill the many voids that all collectors end up dealing with. We did this as of 1997, by following two different criteria: using passion as our driving force and striving to maintain the artistic level of the collection as a whole. Thus we performed reviews to determine whether certain artists and specific works should remain, while deciding how pertinent it might be to expand the collection by including new artists and works. These are two different forces that converge in the new acquisitions."

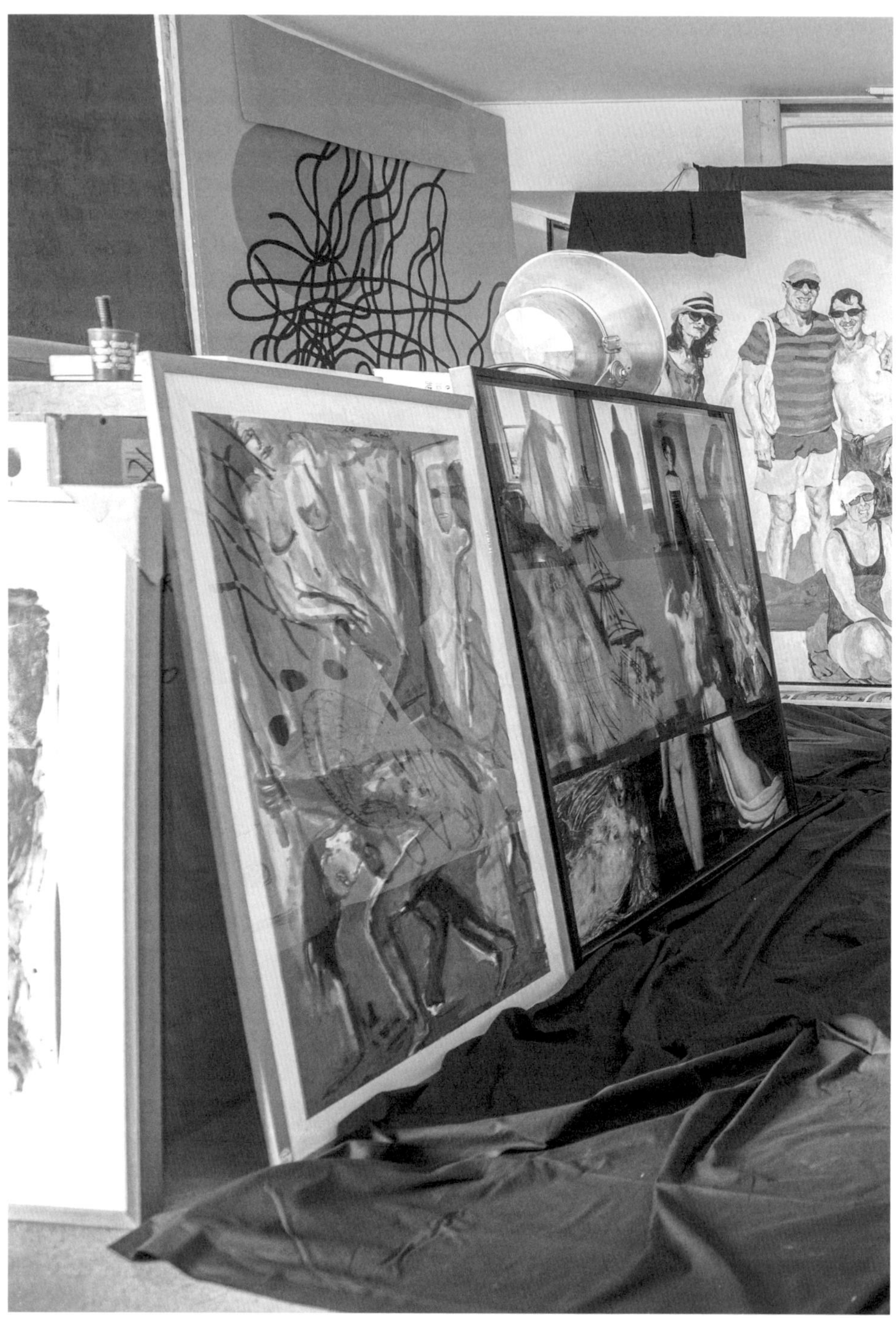

8

Stephan Balkenhol, Thomas Ruff, Lisa Yuscavage, Cindy Sherman, Marilyn Minter, and John Currin, as well as José María Sicilia, Pablo Palazuelo, Miguel Ángel Campano, Perejaume, Jorge Galindo, Juan Navarro Baldeweg, and Cristina García Rodero. What do they all have in common? They share the sensitivity of someone who has noticed them all, and also a sensuality associated with geometrics or with celebration of the human body in all its often disturbing beauty; in the words of Carlos León, it comprises a "selection which ranges from the entertaining version of abstract language to the sensuous and sensual versions of the language of bodily figuration, entailing a lucid, critical and often sarcastic view of the way human beings are represented and, through the mood of our times, a reformulation of the notions of beauty, seduction, sexual attraction, glamour, and carnality." María de Corral, who has been watching the MER Collection come together for about twenty years, as well as its schedule of exhibitions at the "la Caixa" Foundation and the Museo Nacional Centro de Arte Reina Sofía (MNCARS), and who, according to the Martín Blancos themselves, has helped them understand and enjoy the world of art, defines it as a "highly representative" collection of Spanish art from the decade of the 1980s, "if you leave out the performative aspect and conceptual art." "As a visual and plastic collection, it possesses coherence," she upholds; being complementary to it, the Collection could be exhibited alongside the works on display at the Museo Nacional Centro de Arte Reina Sofía. At the same time, it is also a "very good" collection of international neo-figurative art. / "I believe that they ultimately feel a close bond with what they have collected, that they probably feel like it is something of their own," De Corral conjectures; however, "the curious part is that they do not reject what came before, nor are they indifferent to it: they continue to speak about abstract art with the same enthusiasm as they did in the past, and, in fact, their collection does display continuity; there is a dialogue between the first and second parts of the collection which is coherent, even though the transition from one part to the other may appear traumatic." / "A private collection is a passion made visible to the eye. It usually lives off the desire to carry on an intense coexistence with the work that is acquired," Martín Blanco states as well. In that passion also lies a method. As he claims: "We are aware that a collection is an unfinished approach, that it is an illusion to try to become all-encompassing." Sometimes the Collection's expansion requires a prior reduction through the sale of certain pieces. Such sales "are never pleasant," admits Marcos, who also finds that "the pieces we acquire behave like living beings from our point of view: sometimes they grow, and sometimes they wane." It is not difficult to do away with those that have waned, of course. However, while each of the works brought together throughout these years has a little story behind it that tells how it was acquired, there is also a story, often bittersweet, about each of the sales that the Martín Blancos' have made, whether in order to expand, make more complex or lend greater coherence to their Collection, or to finance the building of the hypothetical museum, still awaiting in Segovia.

The following are a few figures: 450 square meters of storage space for depositing works, from three to six layers of pieces—overlapping them can lead to an involuntary reorganization of contemporary art history; in just one corner, I can see one after the other works by Will Cotton, Fernando Zóbel, Norbert Bisky, and Lluís Claramunt. With a bit less than half a meter of space between one work and the next, there are nearly eight hundred in all. From outside, the collector is often seen as an egoist who grasps onto ownership acquired for his own exclusive enjoyment; on the contrary, though, the MER Collection, as its owners state, "was not created just for us, and it has not been so since the very moment when we realized that we could not fully master these works, that owning them means accepting a responsibility and that, ultimately, the works must remain free. They must be seen by everyone in order to communicate their message."

"Private collecting will become the driving force behind museums sooner or later," says Martín Blanco; he backs this with his thoughts on the operation of museum institutions in this country, having a certain sort of intuition that the state needs companies as much as companies need the state. In the conversations that can be held with curators, art collectors, former museum directors, gallery owners, and artists who work in different media, the Spanish state is never mentioned, which probably says a great deal more about the role it plays in the field of art than any statement made to that effect. While in Spanish institutions documentary works hold greater precedence, the MER Collection and just a handful of similar efforts by individuals are underpinning a desire to prevent the country from losing touch with the mood of the present day altogether. To María del Corral, the project for a museum to house what she describes as a "wonderful collection" is "nearly impossible to carry out due to the barriers created by municipalities and regional governments in Spain, and the way the relationship between the public and private spheres are conceived." And she adds: "In order for the public sphere to accept the private sphere in a natural way, many things will have to change in our country. The problem is ideological and cultural in nature." There is a confrontation, one could add, similar to that which takes place in the works of Helmut Dorner, between the painting and the medium, conceived in a broad sense: between the production and circulation of artwork in Spain and the way in which people think about them both, conceptualized and often made impossible because of apathy, ignorance or submission to different powers.

11

Something in the journey taken by the Martín Blanco couple is quite exceptional. It expresses a fascination for the artistic realm that seems to contradict the very idea that an upbringing which holds little or no potential for an education in artistic sensitivity must inexorably mean it becomes impossible to develop such a sensitivity. Their Collection, it is obvious, is the result of acquiring a certain type of knowledge, though, as upheld by De Corral, "that knowledge is of a very personal sort. It is not an objective knowledge of art, but rather knowledge about 'its' world. Marcos and Elena set off on a search until they found something with which they could identify. They have created their own world." Whether that world will eventually become accessible to others in the form of a museum or a house-museum—or if it does so exclusively in the form of a publication, a private museum made of paper, as in the hands of a reader at this very moment through this text—is not yet clear, and in the meantime the grass keeps growing on the hard earth, and the image is only pictured against the sky in the Eresma River Valley, the Sanctuary of the Virgin of La Fuencisla, the Convent of the Carmelites, the Church of the Knights Templar, the Alcázar, the Parral Monastery run by the Order of the Hieronymites, just a stone's throw away from the plot of land where Marcos Martín Blanco draws a museum with his words.

12

A photograph by Christopher Taylor, inviting the viewer to peer into either a peaceful or a disturbing landscape, whichever you prefer, currently forms part of the Collection: what we can see through the porthole that gives the work its name is the sea. However, it is also an unknown world that becomes our own the very minute we lay eyes on it. This is the last piece I see upon leaving the storage space where Marcos Martín Blanco and Elena Rueda Rodríguez keep the works they are still unable to display—for the time being—as they await a stroke of luck, or something that resembles justice. I wonder whether others like them, like me, will someday be able to stare out onto that unknown landscape and see their own faces at last. Outside, the sky over Segovia has been tinged with a shining brightness, as if it were a canvas or a blank page, but it is not yet possible to foretell what marks will be traced onto it.

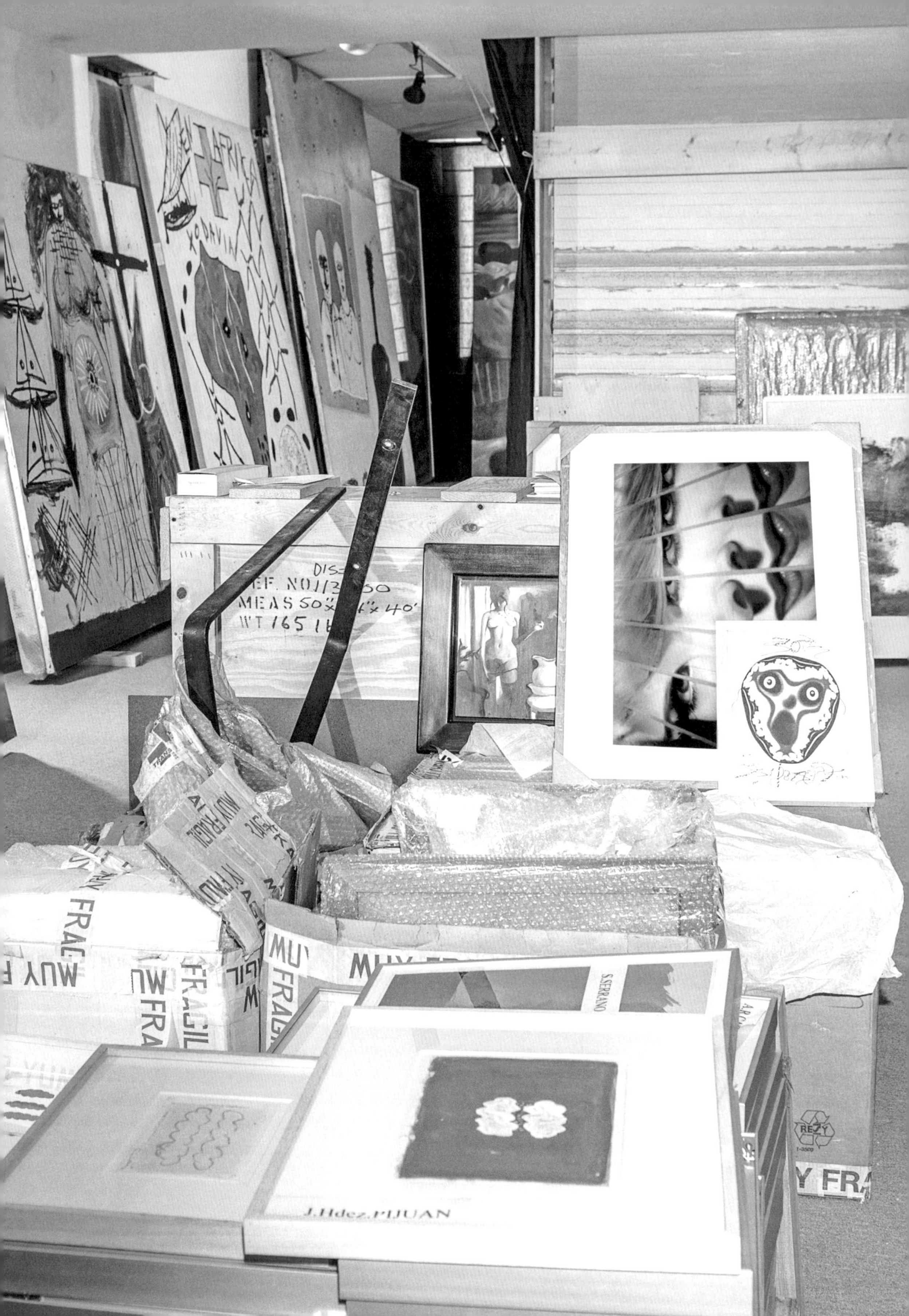
MUY FRAGIL
MUY FRAGIL
MUY FRA
S.SERRANO
J.Hdez.PIJUAN
REZY

Una trayectoria excepcional,
un paisaje desconocido.
Sobre la Colección MER

1

Las hierbas que crecen bajo los pies no las agita el viento, que desciende desde la sierra en pinceladas largas y nerviosas: se agarran a la tierra, «son» la tierra en una de sus formas de manifestarse, en su modestia de pequeña cosa emergiendo bajo los pies de quien se detiene a contemplar la aguja de la catedral, los edificios aledaños, las parcelas cultivadas, un cielo casi sólido que cae a pique sobre los cuerpos, ligeramente encorvados, entre el cielo inalcanzable y la tierra, próxima. «No son más que hierbajos, algo que ha crecido allí y nadie ha podido quitar», dice Marcos Martín Blanco señalando a su alrededor. / A su alrededor, descripto con palabras y gestos que rodean y abrazan la tierra, se erige un museo capaz de poner a la ciudad en la que estamos en un mapa, el del arte contemporáneo, el museo de dos mil quinientos metros cuadrados de superficie a modo de «contenedor enterrado» que concibió el arquitecto Alberto García Gil ya en 2007; pero, al menos de momento, solo crecen en esta tierra las ilusiones y las floraciones vegetales que «nadie ha podido quitar», que tal vez sea mejor que nadie quite.

2

Una manera de contar esta historia, quizá no necesariamente la mejor forma de hacerlo: en este predio, sobre esta tierra, debería erigirse el edificio que alojase la Colección MER, el producto de los años de coleccionismo de arte contemporáneo de Marcos Martín Blanco y su esposa, Elena Rueda Rodríguez: desde 1990 han ido dando forma a una colección de aproximadamente ochocientas piezas; entre ellas, algunos de los ejemplos más representativos de la abstracción española de la década de 1980 y de la nueva figuración estadounidense. No hay otra colección de este tipo en España, y solo unos pocos coleccionistas privados han tenido hasta el momento la generosidad de permitir en este país el acceso del público a su patrimonio. A pesar de ello —es decir, a pesar de la generosidad de sus propietarios y de la condición única de su colección—, el museo no ha sido construido todavía y no hay posibilidades de que lo sea en un futuro inmediato, en el futuro que uno presiente o imagina.

3

Pero hay otra forma de contar la historia, o varias. Una de ellas incluye al pintor Gerardo Rueda, quien en 1979 asistió a los Martín Blanco en la decoración de su casa en Segovia; tuvo vía libre, y muy pronto las paredes se llenaron de obras de Bonifacio Alfonso, Fernando Zóbel, Carmen Laffón, Antonio de Lorenzo y el propio Rueda. «No era alguien que impusiera nada —recuerda Marcos Martín Blanco—: si veía que lo estaba haciendo, cambiaba de táctica». Una de las obras más populares del británico George Bernard Shaw es *Pigmalión* (1913), cuyo tema es la educación de una joven florista de la que el protagonista acaba enamorándose; la obra admite una comparación con el vínculo que Rueda tuvo con Marcos y Elena: «Gerardo Rueda fue nuestro Pigmalión —sostiene Marcos—; su sensibilidad era tan grande que nos educó en cosas que quizá él no hacía, lo que no significa que no le gustaran». / Pero no todas sus propuestas fueron aceptadas por los futuros coleccionistas, quienes rechazaron algunos cuadros —«un Manolo Millares, una reja de Manuel Rivera», suspira Elena—; por ello, otra posible forma de contar su historia, quizá la única apropiada para hacerlo, sea partiendo de ese rechazo inicial, de todas esas pinturas que a los Martín Blanco les parecieron, en sus propias palabras, «horribles», «incomprensibles», para llegar a otro lugar, a un sitio impensado.

4

«Allí no había arte», afirma taxativamente Elena. «El arte, por decirlo así, estaba en el mundo de tus sentidos», completa su esposo. En El Guijar de Valdevacas residían por entonces unos cincuenta o sesenta labradores, pero hoy, allí, solo vive un puñado de personas; en ese lugar nació Marcos Martín Blanco en 1929. (Elena Rueda nació en Segovia nueve años después). «La experiencia sublime se producía en la contemplación de una puesta de sol, con el paisaje, con las tormentas, con el transcurso del año y de las estaciones», afirma Marcos; pero en su entorno, a su alrededor, no había arte de ninguna índole. «Un pueblo cerrado, completamente endógeno», así describe el sitio donde nació; en su negación de cualquier idea de trascendencia que no fuera religiosa o estuviese relacionada con la observación de la naturaleza, el pueblo ofrecía escasas experiencias estéticas. «Yo recuerdo la literatura que teníamos, leída por la hermana mayor con la pésima luz que había en la casa, de novelas por entregas en la prensa. No había más, excepto el goce de los sentidos, que eso es innato», evoca. / Los habitantes del pueblo se proveían de agua transportándola en cántaros desde una instalación pública, los cortes de electricidad eran frecuentes, la actividad económica era meramente de subsistencia y requería la participación de todos los integrantes de la familia. / La mejor manera de contar esta historia es trazar el recorrido que va de la desposesión a la posesión, de la falta de conocimientos a su acumulación, de la ausencia de experiencias artísticas —que no sensibles— a la obtención de ellas; el arco que va de unos a otros traza

un recorrido que solo puede ser calificado de excepcional y tiene, sin embargo,
una escala nada excepcional en la historia trágica de España: un día de 1939, una
mujer llegó al pueblo y comenzó a dar clases a algunos niños, también a Marcos;
venía represaliada tras la Guerra Civil por haber sido funcionaria del cuerpo de
inspectores durante la República: era una de las tantas víctimas, de todos los
bandos, de la historia española.

5

«Regresábamos de hacer pacer a los animales, con la caída del sol, y sentíamos una
satisfacción que yo no he vuelto a sentir después. Vivía en un sitio pobre, pero había
belleza, solo que nadie cultivaba su capacidad de verla. Y yo pensé: "O me voy o
no sé qué voy a hacer"», recuerda Marcos Martín Blanco. Elena, a su vez, recuerda
que una imagen de Daniel Zuloaga fue la primera imagen artística que vio como tal,
al margen de las láminas que había en su casa. / Para pasar de la desposesión a la
posesión fueron necesarios el concurso de Gerardo Rueda y una decisión inusitada
entre las que las personas toman tras sus reacciones ante el arte contemporáneo: la
de estudiar. «Salvo raras excepciones —afirma Marcos—, la pintura contemporánea
era por entonces un lenguaje que no entendíamos, y las críticas de prensa eran
incomprensibles para nosotros. Por ello nos fijamos como objetivo dedicar una
tarde a la semana para ver arte contemporáneo». Al igual que en *Yellow, Red
and Water* (1987), una de las obras más bellas de Miquel Barceló —y parte de la
Colección MER en este momento—, con el estudio se produjo algo parecido
a un florecer; con el tiempo, los futuros coleccionistas no solo iban a aprender a
«hablar» un lenguaje que hasta ese momento les había resultado «incomprensible»,
sino que también iban a descubrir una dimensión estética de la vida cotidiana que
se proyecta a menudo desconcertantemente en sus casas de Madrid y Segovia, en
las cortinas de gafas, las columnas de cucharas, las tulipas de botones que salen al
paso del visitante de la misma manera en que lo hacen las obras de Cristina García
Rodero, Marilyn Minter, Jonathan Lasker y otros: de todo lo cual se extrae una
constatación nada menor, la de que el compromiso de los Martín Blanco con el arte
no es solo intelectual, sino también práctico; que el notable camino que recorrieron
condujo, en un movimiento circular, de su casa a su casa.

6

Muy pocas personas tienen la actitud mencionada antes, por supuesto: es sabido
que lo que desconocemos nos repele. Elena y Marcos Martín Blanco dedicaron
tres años a formarse, sin embargo. «¿No pensasteis en abandonar en alguna
ocasión?», les pregunto. «Muchas veces», me responden. En las visitas a galerías,
en los recorridos por museos, la impresión dominante, que el matrimonio recuerda
ahora con una sonrisa, era la de que lo que se exhibía «era una tomadura de pelo.

Nos decíamos: "Esto no me gusta", "Qué cosa más rara", "No se entiende"… Nos tomó un tiempo encontrar la "vena" a través de la cual acceder a este mundo que era desconocido para nosotros», recuerda Elena; pese a ello, su colección fue enriqueciéndose con obras de Luis Gordillo, Luis Feito, Xavier Grau y Albert Ràfols Casamada. Un cuadro de José María Broto de grandes dimensiones —probablemente su primera adquisición independiente, en torno a 1989— desafió las dimensiones de la puerta de entrada de la casa de sus nuevos propietarios, pero estos no dudaron ni un instante: echaron abajo la puerta para que pudiera entrar. / ¿Qué otras puertas es necesario echar abajo para convertirse en coleccionista de arte contemporáneo, para que la incomprensión se convierta en gozo? «Es extraño que no abandonásemos —admite Marcos—, pero también es extraño todo lo que aprendimos, todo lo que afloró durante ese periodo». La década de 1980 fue de descubrimiento y estudio, pero también de contribución a la escena artística de la ciudad de Segovia: Marcos y Elena compraron cuarenta obras de autores locales y financiaron la residencia en Nueva York de algunos de ellos, como Carlos León y Ángel Cristóbal. / Pero fue en torno a la década de 1990 cuando la colección adquirió un giro hacia la nueva figuración en una apertura internacional que supuso la incorporación de artistas como Julian Schnabel, George Condo, David Salle, Eric Fischl y otros, con su cuestionamiento acerca de qué es la belleza y dónde es posible encontrarla. En la excepcional trayectoria recorrida por los Martín Blanco durante esos años, el goce de la contemplación y el estudio del arte se vio completado por los placeres del aprender a mirar y la conformación de una comunidad; de ella formaron parte, en un momento u otro, la galerista Soledad Lorenzo, la crítica y comisaria de arte María de Corral y el artista Carlos León. «Al arte se llega de forma académica o a través de la sensibilidad y la educación de la sensibilidad», admite Marcos Martín Blanco, quien en 1957 se incorporó al Cuerpo de Economistas del Estado y más tarde desarrolló una actividad muy exitosa como asesor económico y empresario. (Aunque desempeñó cargos de relevancia en los Ministerios de Obras Públicas y de Agricultura, Martín Blanco renunció al «plus de exclusividad» en la administración pública para continuar con su actividad empresarial, que centró sobre todo, a lo largo de cuarenta años, en la modernización y puesta en valor de las explotaciones ganaderas y rurales de su comarca de origen, que llegaron a situarse entre las más importantes de Europa; y con lo que extrajo los recursos necesarios para iniciarse en el coleccionismo). Al llegar al arte por la vía de lo que llama «la educación de la sensibilidad» —«a base de ver, ver y ver: siendo una esponja», como recuerda—, la desventaja competitiva de provenir «de fuera» de los ámbitos en los cuales se produce y se consume arte permitió al matrimonio de coleccionistas confiar en otros, intercambiar y aprender de otras personas de una forma quizá improbable en circunstancias distintas, constreñidas como estas están por una cierta sociabilidad del mundo del arte que tiene sus reglas y sus etiquetas. No fue un impedimento absoluto, sin embargo. «Yo siempre he tenido lo que he querido tener de la pintura que me interesaba. Podría haber llegado antes a ella si hubiera tenido otra formación, pero hubiese llegado de todas maneras», afirma Marcos.

7

Una colección se conforma mediante la observación y el estudio, pero también a través de conversaciones, negociaciones e intercambios que permiten pensar en la obra como «la experiencia de la obra», o, en otras palabras, como la vinculación de un goce estético y el tiempo de vida que requiere ese goce y los hechos que lo rodean: entre los que dieron forma a la Colección MER se encuentran descensos abruptos sobre Chicago, ascensos de ocho pisos sin ascensor, visitas habituales a Nueva York para comprar obra, niñas que quieren arrancar fragmentos de cuadros de Miquel Barceló, obras que se alejan al hilo de las subastas y un día vuelven —contra todo pronóstico— y se hacen propias, un ingreso en un mundo del arte contemporáneo que desde fuera parece impenetrable. En todos los casos se impuso la voluntad de crear una colección, con la reducción de libertad que esto conlleva. «Al principio es como si algo nuevo se escribiera sobre tu sensibilidad, pero llega un momento en que intuyes que la obra que has reunido constituye una colección que debe ser refinada para que resulte coherente y tu margen de decisión se reduce mucho —admite Martín Blanco—. Tienes que administrar unos recursos, cuando ves una obra y quieres comprarla debes detenerte a pensar si ya tienes obra de ese autor… No puedes tener todo, no eres un Craso, y además la colección debe tener una unidad. Compramos visceralmente, al menos al principio, que es la época más gozosa; pero luego ya tienes que comenzar a desprenderte de obras para tratar de cubrir algunos de los muchos agujeros que todas las coleccionistas tienen. Nosotros lo hicimos a partir de 1997, y de acuerdo con dos parámetros: la pasión como motor y el esfuerzo por mantener el nivel artístico del conjunto de toda la colección, sometiendo a revisión la permanencia de ciertos artistas y de determinadas obras y la pertinencia de ampliar la colección con la inclusión de nuevos artistas y nuevas obras. Son dos fuerzas distintas que confluyen en las nuevas adquisiciones».

8

Stephan Balkenhol, Thomas Ruff, Lisa Yuscavage, Cindy Sherman, Marilyn Minter, John Currin, así como José María Sicilia, Pablo Palazuelo, Miguel Ángel Campano, Perejaume, Jorge Galindo, Juan Navarro Baldeweg, Cristina García Rodero. ¿Qué los une? Una sensibilidad que ha reparado en todos ellos, pero también una sensualidad asociada con la geometría o con la celebración del cuerpo humano en su belleza a menudo perturbadora; se trata, en palabras de Carlos León, de «una selección que va de las versiones lúdicas del lenguaje abstracto a las versiones sensitivas y sensuales del lenguaje de la figuración corpórea, que suponen una visión crítica, lúcida y a menudo sarcástica de la representación del ser humano y, desde el sentir de nuestros días, una reformulación de las nociones de belleza, seducción, atracción sexual, *glamour* o carnalidad». María de Corral, quien sigue desde hace unos veinte años la conformación de la Colección MER y cuya

programación de exposiciones en la Fundación "la Caixa" y el MNCARS, sostienen
los Martín Blanco, les ha ayudado a entender y a disfrutar el mundo del arte, la
define como una colección «muy representativa» del arte español de la década de
1980, «sin la parte performativa o de arte conceptual». «Como colección visual y
plástica es coherente», sostiene; complementaria, podría agregarse de lo que se
exhibe en el Museo Nacional Centro de Arte Reina Sofía. A su vez, también es una
«muy buena» colección de nueva figuración internacional. / «Yo creo que ellos se
sienten más unidos a lo que han coleccionado al final, que probablemente sientan
más propio», conjetura De Corral; sin embargo, «lo curioso es que no rechazan lo
anterior ni les resulta indiferente: continúan hablando acerca del arte abstracto con
el mismo entusiasmo con el que lo hacían en el pasado, y, en realidad, su colección
tiene continuidad, hay un diálogo entre la primera y la segunda parte de ella que
es coherente, incluso aunque el tránsito de una parte a la otra pueda parecer
traumático». / «Una colección privada es una pasión hecha visible, suele vivir del
deseo de convivir intensamente con lo que se adquiere», afirma Martín Blanco a su
vez. En esa pasión también hay método; como afirma, «somos conscientes de que
una colección es un planteamiento inacabado, que es ilusorio pretender abarcarlo
todo». A veces, su ampliación exige una reducción previa bajo la forma de la venta
de obra. Esa venta «nunca es placentera», admite Marcos, quien también constata
que «las piezas adquiridas se comportan a nuestra mirada como seres vivos: unas
veces crecen y otras menguan». No es difícil desprenderse de aquello que ha
menguado, por supuesto; pero, si cada una de las obras reunidas a lo largo de los
años tiene una pequeña historia que da cuenta de su adquisición, también hay una
historia, en ocasiones ligeramente amarga, en cada una de las ventas que los Martín
Blanco han realizado, ya fuese para ampliar, complejizar o darle mayor coherencia
a su colección, o para financiar la realización del museo hipotético, pendiente,
de Segovia.

9

Algunas cifras: cuatrocientos cincuenta metros cuadrados de depósito, de tres a
seis capas de piezas —cuya superposición supone una reorganización involuntaria
de la historia del arte contemporáneo; en un rincón veo, una a continuación de la
otra, obras de Will Cotton, Fernando Zóbel, Norbert Bisky y Lluís Claramunt—,
algo menos de medio metro de separación entre unas y otras, casi ochocientas
obras. Desde fuera, el coleccionista es visto a menudo como una persona egoísta,
que se aferra a una propiedad que ha adquirido para su disfrute exclusivo; por el
contrario, la Colección MER, como afirman sus propietarios, «no está hecha solo
para nosotros, y no lo está desde el momento en que nos dimos cuenta de que no
dominábamos estas obras, que poseerlas supone una responsabilidad, y que, en
última instancia, las obras deben ser libres, deben poder ser vistas por todos para
comunicar su mensaje».

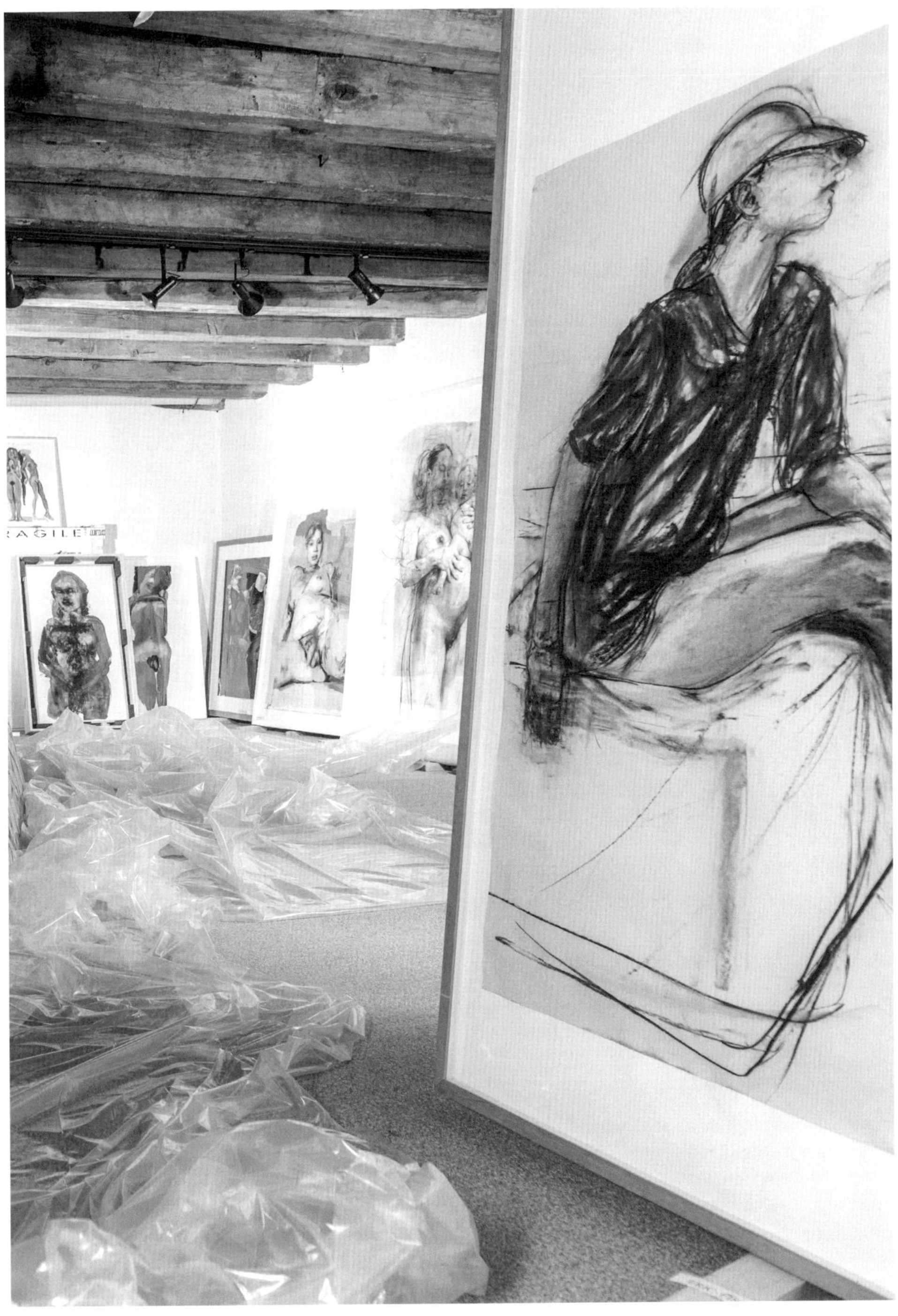

«El coleccionismo privado será tarde o temprano el motor de los museos», afirma Martín Blanco; lo avalan sus reflexiones acerca del funcionamiento de las instituciones museísticas en este país y algo parecido a la intuición de que el Estado necesita de las empresas tanto como estas necesitan al primero. En las conversaciones que pueden sostenerse con curadores, coleccionistas de arte, antiguos directores de museos, galeristas, artistas de un formato u otro, nunca se menciona al Estado español, lo cual posiblemente diga mucho más acerca de cuál es el papel que este juega en el ámbito artístico que cualquier declaración en ese sentido. Al tiempo que en las instituciones españolas prima más lo documental, la Colección MER y solo un puñado de esfuerzos individuales apuntalan el deseo de que el país no pierda por completo el pulso del presente. Para María de Corral, el proyecto de un museo que aloje lo que describe como «una colección estupenda» es «casi imposible de realizar dadas las limitaciones de los ayuntamientos y las comunidades de España y la forma en que se concibe la relación entre lo público y lo privado. —Y agrega—: Para que lo público admita con naturalidad lo privado deben cambiar muchas cosas en este país. Se trata de un problema ideológico, cultural»; de una confrontación, podría agregarse, similar a la que tiene lugar en las obras de Helmut Dorner, entre la pintura y el soporte, concebido en un sentido amplio: entre la producción y la circulación de la obra de arte en España y la manera en que ambas son pensadas, conceptualizadas, a menudo imposibilitadas por la desidia, la ignorancia o la sumisión a unos poderes u otros.

Algo en la trayectoria de los Martín Blanco es absolutamente excepcional, constituye la expresión de una fascinación por lo artístico que pareciese desmentir incluso la idea de que una crianza que presente escasas o nulas posibilidades de educación de la sensibilidad artística conduce inexorablemente a la imposibilidad de desarrollar esa sensibilidad. Su colección, es evidente, es el resultado de la obtención de un cierto tipo de saber, pero, como sostiene De Corral, «ese saber es uno muy personal. No es un saber objetivo del mundo del arte, sino de "su" mundo. Marcos y Elena han ido buscando hasta dar con algo con lo que se han sentido identificados, han creado su mundo». Si ese mundo será finalmente accesible a otros bajo la forma de un museo o de una casa-museo —o si lo será exclusivamente bajo la forma de una publicación, un museo privado, de papel, en las manos de un lector en este mismo momento, con este texto— no está claro todavía, mientras la hierba sigue creciendo sobre la tierra dura y se recortan contra el cielo el valle del río Eresma, el santuario de la Virgen de La Fuencisla, el convento de los Carmelitas, la iglesia de los Templarios, el Alcázar, el monasterio del Parral de la Orden de los Jerónimos, a un tiro de piedra del solar en el que Marcos Martín Blanco dibuja un museo con sus palabras.

12

Una fotografía de Christopher Taylor que invita a asomarse a un paisaje plácido o inquietante, como se desee, constituye actualmente parte de la colección: lo que se contempla desde el ojo de buey que da título a la obra es el mar, pero también un mundo desconocido que, sin embargo, ya es nuestro desde el momento en que hemos posado nuestros ojos en él. Es la última pieza que veo al abandonar el depósito donde Marcos Martín Blanco y Elena Rueda Rodríguez alojan las piezas que de momento no pueden exhibir, a la espera de un golpe de suerte o algo parecido a la justicia. Me pregunto si otros, como ellos, como yo, podrán un día asomarse a ese paisaje desconocido y ver, por fin, su propio rostro. Afuera, el cielo de Segovia se ha impregnado de una luminosa claridad, como un lienzo o una página en blanco; pero el signo que se trace en ellos no puede ser intuido todavía.

Selected Works   Selección de obras

Selected Works   Selección de obras

The Foundations

The MER Collection is founded on four different pillars: Gerardo Rueda, who decorated the couple's home in Segovia in 1979, igniting their need to study and understand contemporary art; Soledad Lorenzo, whose gallery introduced international art into the MER Collection; the program of exhibitions at the "la Caixa" Foundation and the Museo Nacional Centro de Arte Reina Sofía under the direction of María de Corral; and Carlos León, for his residency in New York and his relationship with the couple during their many visits to the city.

El origen

Los orígenes de la Colección MER se asientan en cuatro pilares: Gerardo Rueda, quien decoró en 1979 la casa en Segovia del matrimonio y sembró en ellos la curiosidad por estudiar y conocer el arte contemporáneo; Soledad Lorenzo, quien con la actividad de su galería abrió la Colección MER al arte internacional; los programas expositivos de la Fundación "la Caixa" y del Museo Nacional Centro de Arte Reina Sofía, en las épocas de María de Corral como su directora; y Carlos León, por su residencia en Nueva York y su relación con el matrimonio en sus múltiples visitas a esta ciudad.

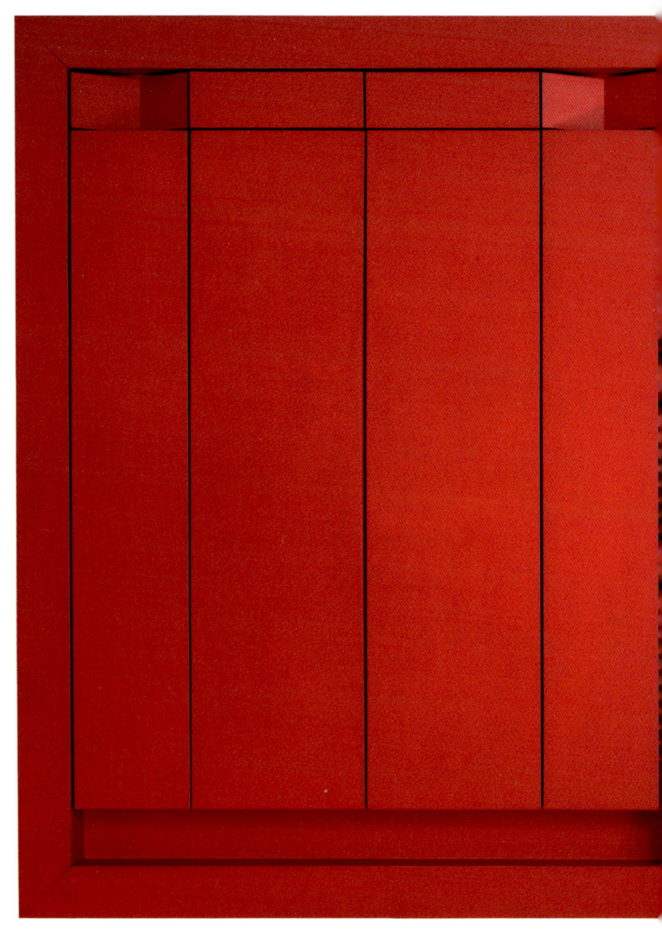

Gerardo Rueda

Ermitaño blanco-rojo, 1972
Oil on wood (diptych) /
Óleo sobre madera (díptico)
128 × 97 cm (each)

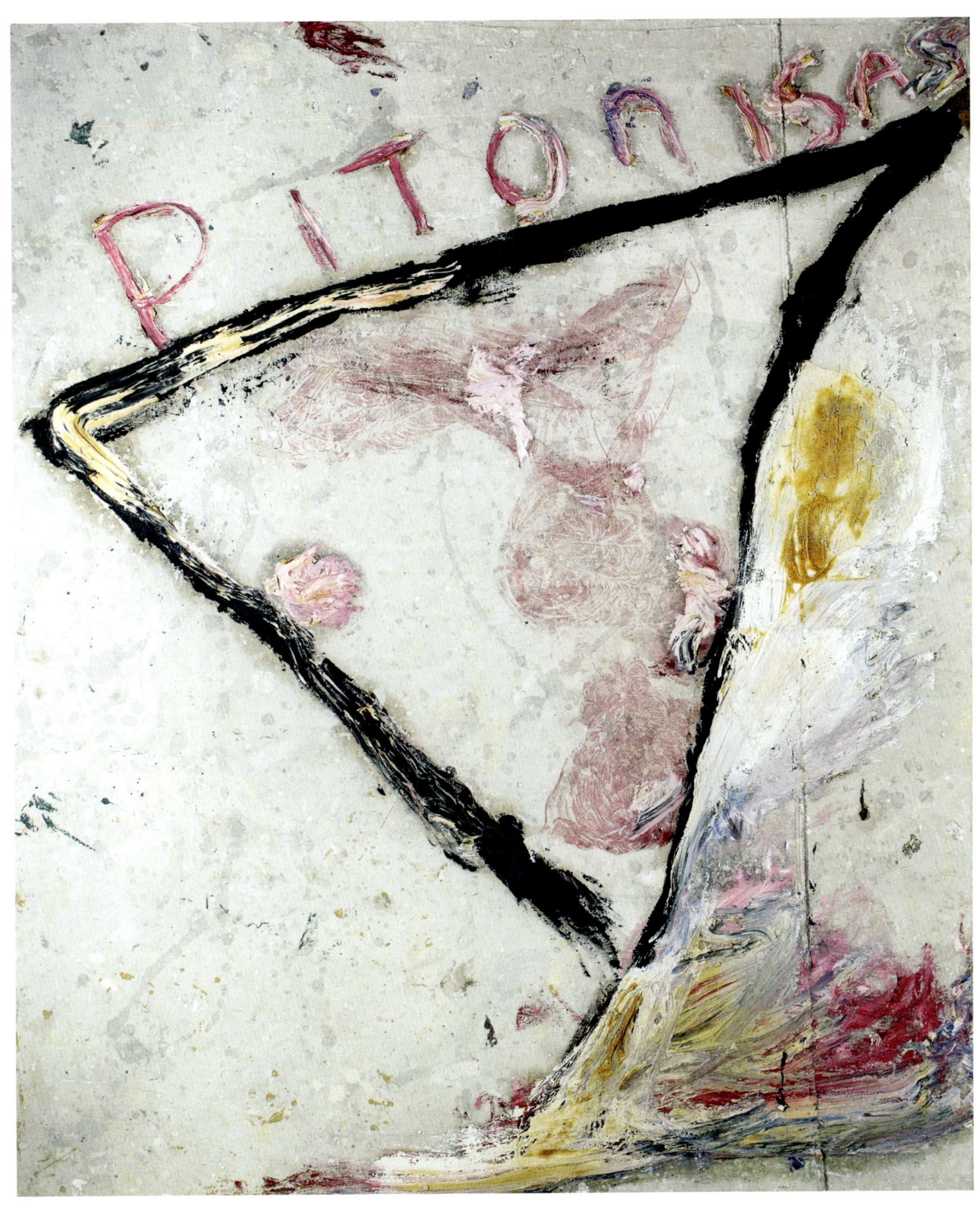

Julian Schnabel

Pitonisas, 1993
Mixed media on canvas /
Técnica mixta sobre lienzo
221 × 181 cm

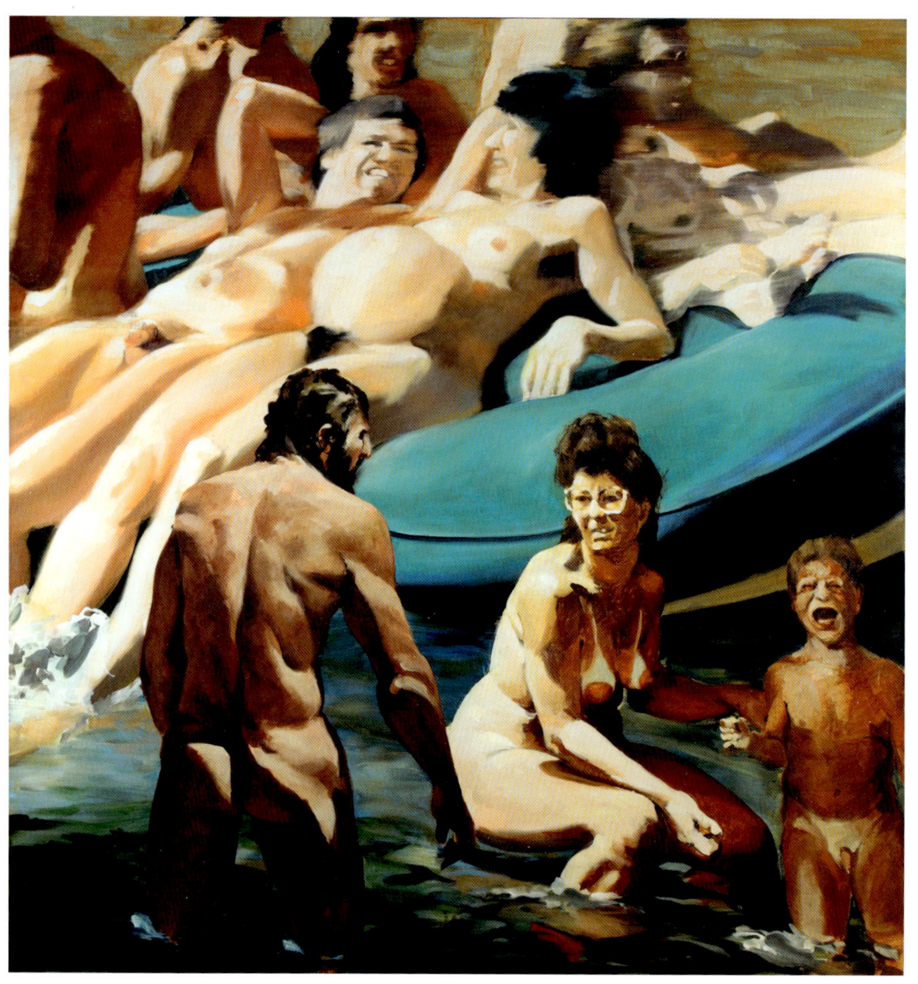

Eric Fischl

Untitled, 1992
Oil on canvas /
Óleo sobre lienzo
147 × 137 cm

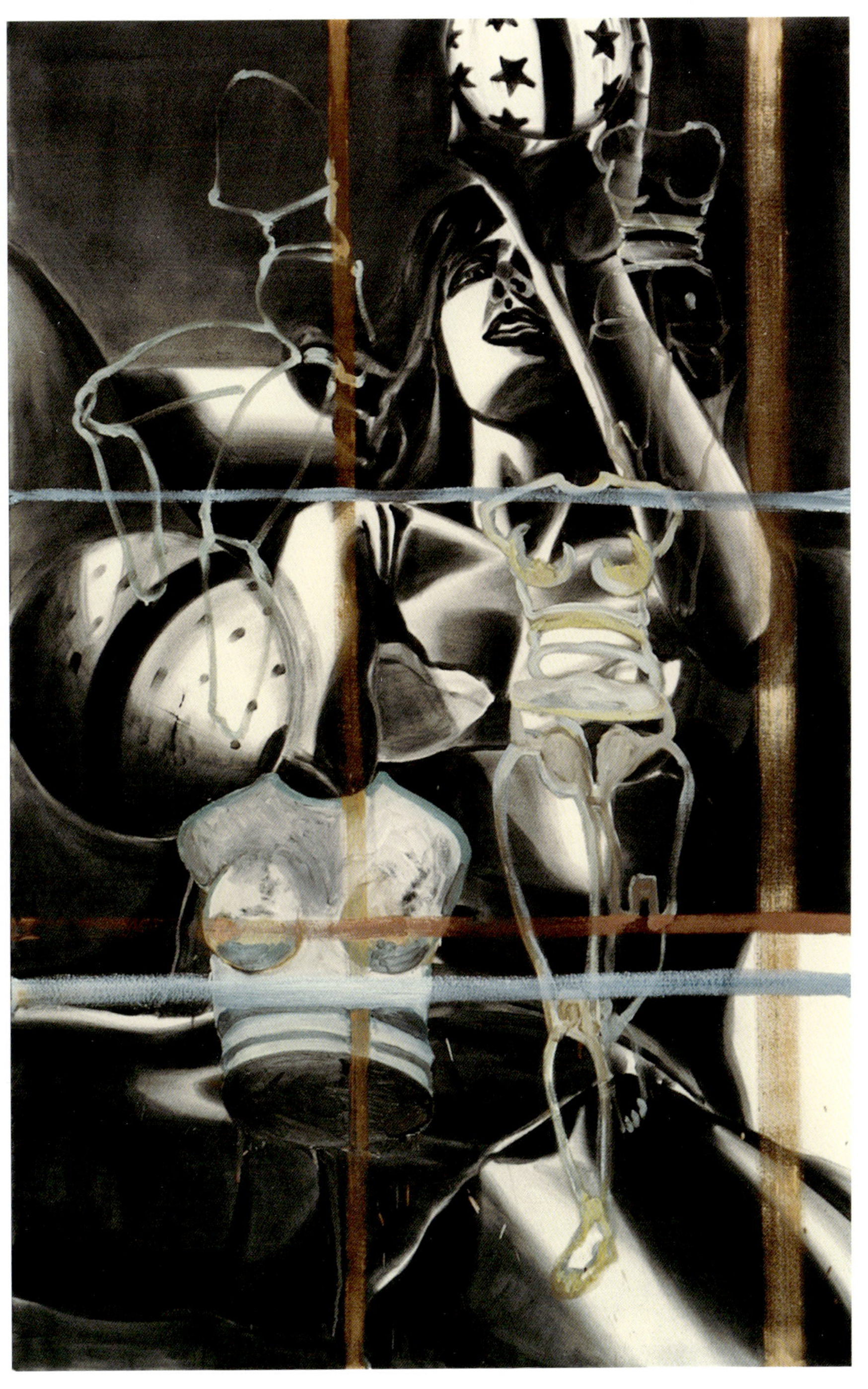

David Salle

Untitled, 1989
Oil and acrylic on canvas /
Óleo y acrílico sobre lienzo
198 × 122 cm

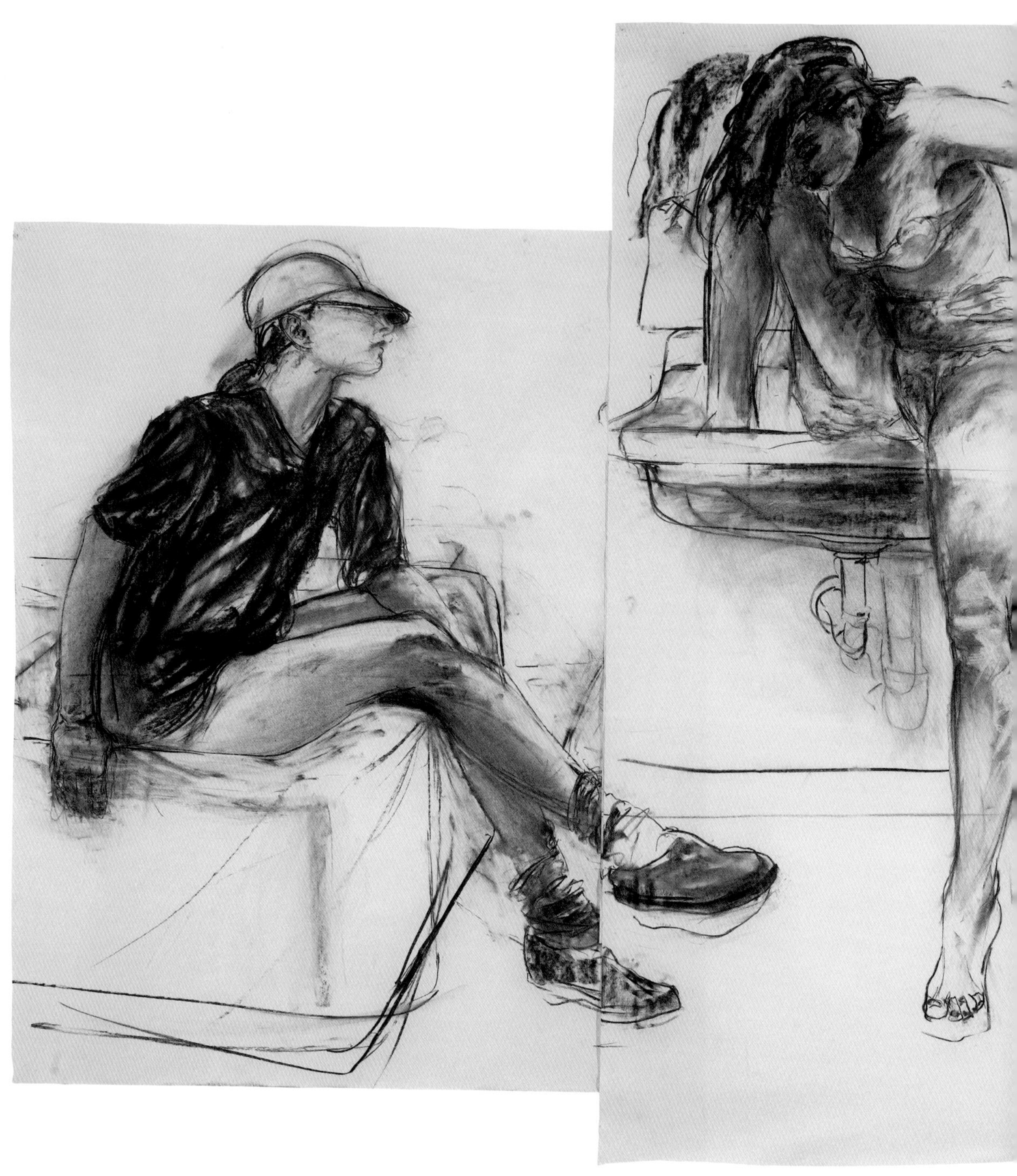

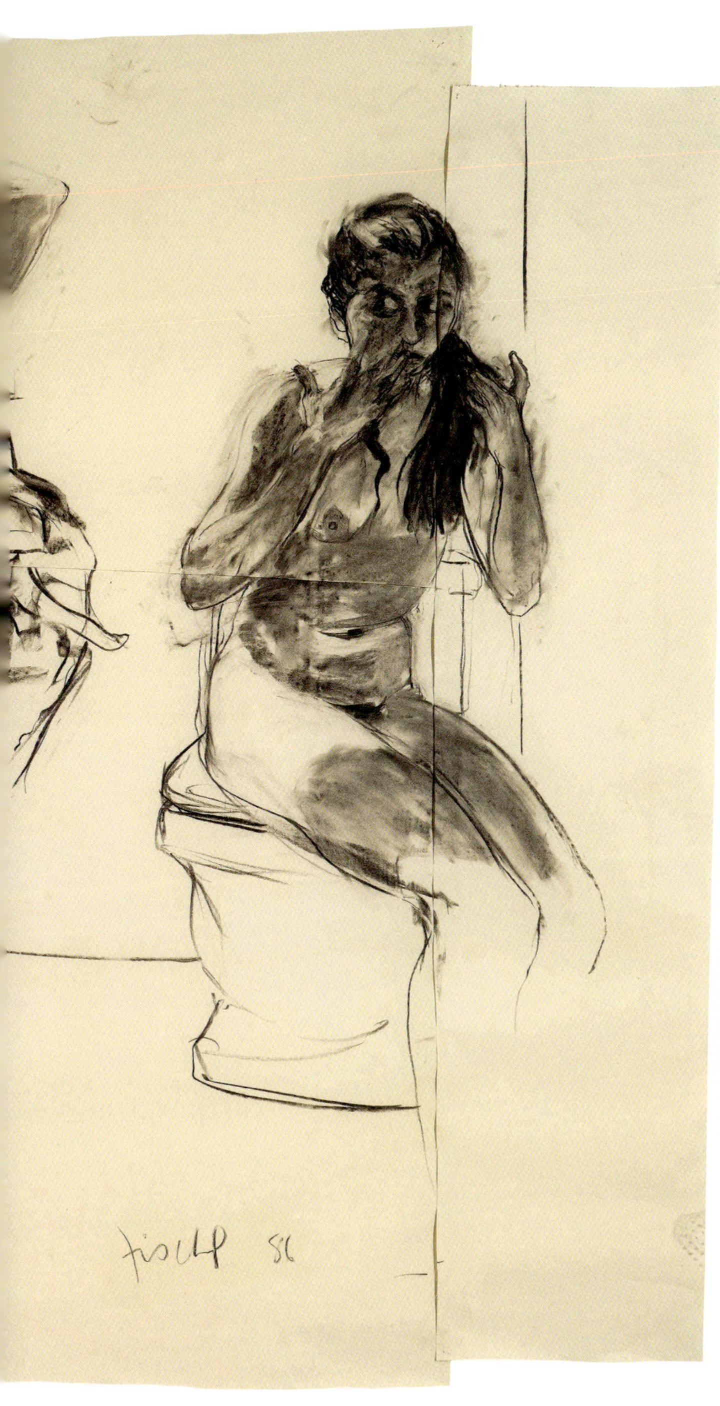

Eric Fischl

Untitled, 1986
Charcoal on 4 pieces of paper /
Carboncillo sobre 4 piezas de papel
198 × 287 cm

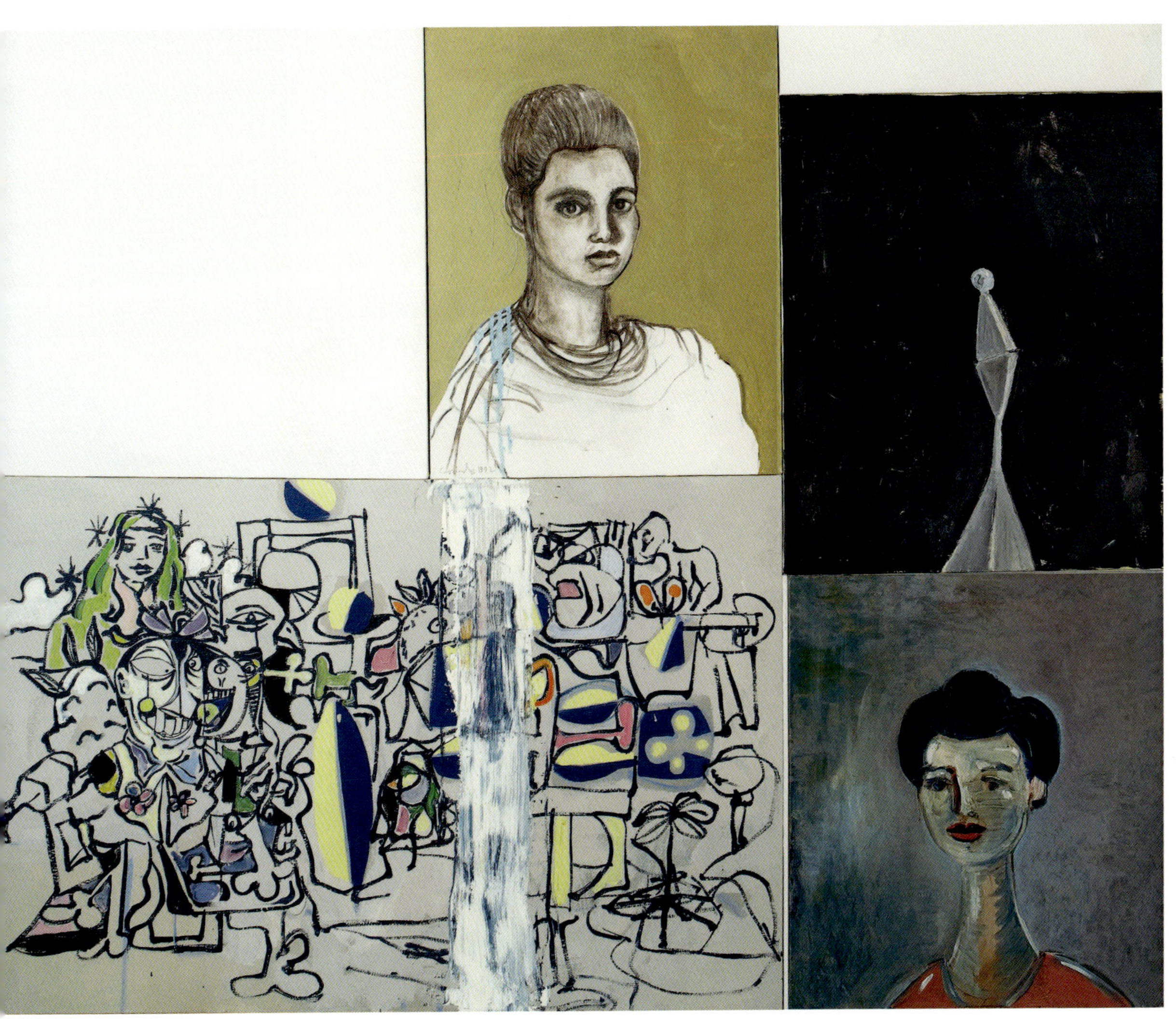

George Condo

The last female icon, 1992
Oil on canvas / Óleo sobre lienzo
158 × 188 cm

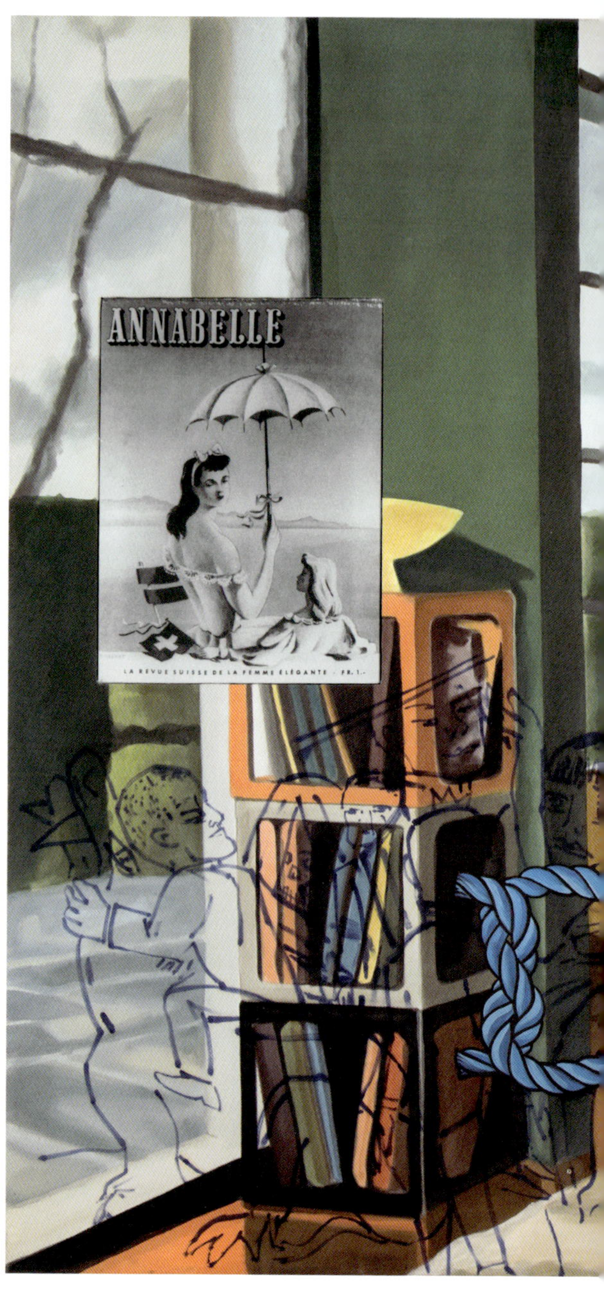

ANNABELLE
LA REVUE SUISSE DE LA FEMME ÉLÉGANTE · FR. 1.-

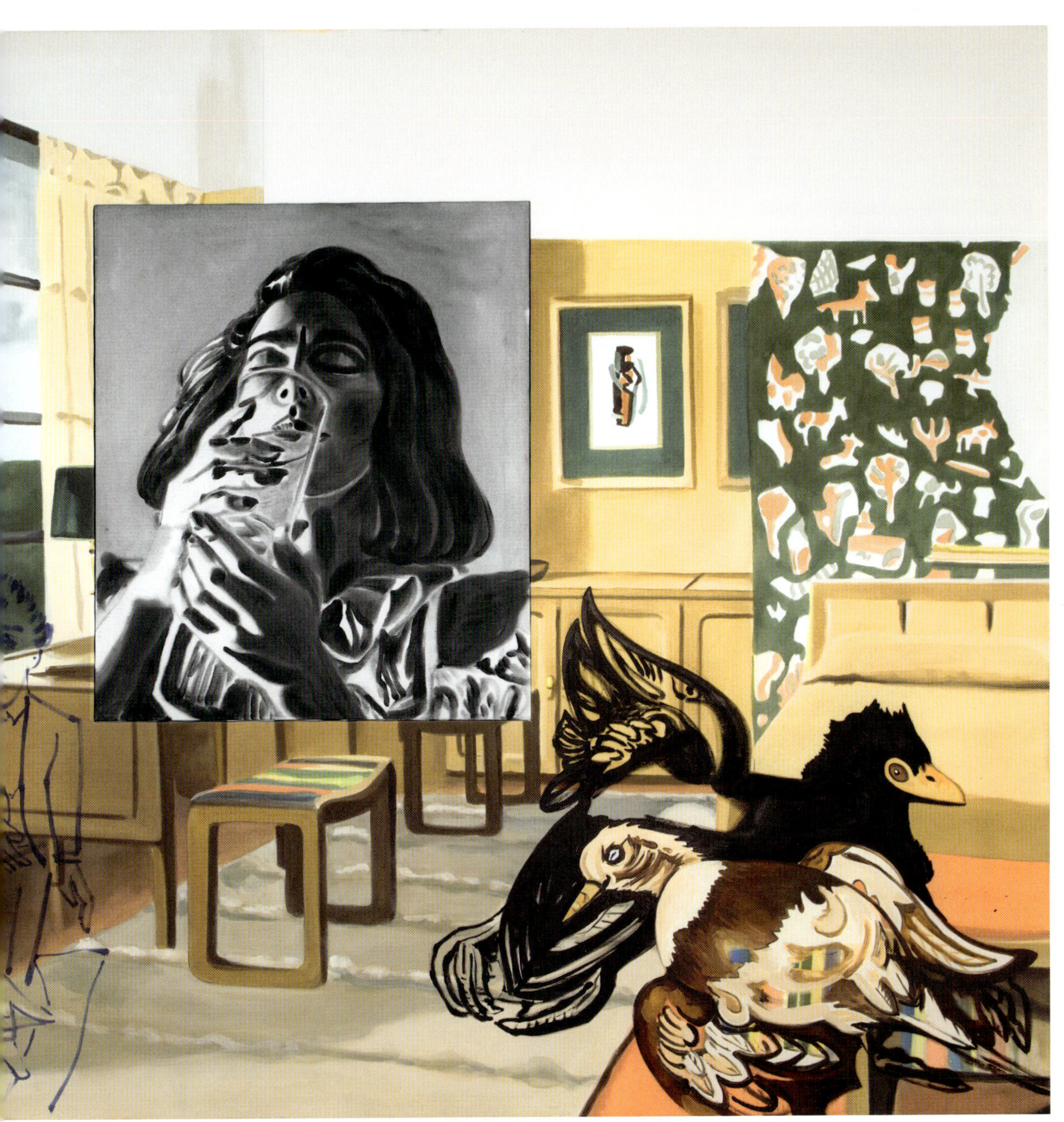

David Salle

Drink, 1995
Oil and acrylic on canvas /
Óleo y acrílico sobre lienzo
183 × 274 cm

Carlos León

Barros y alquitrán, 2000
Acrylic on canvas /
Acrílico sobre lienzo
330 × 252 cm

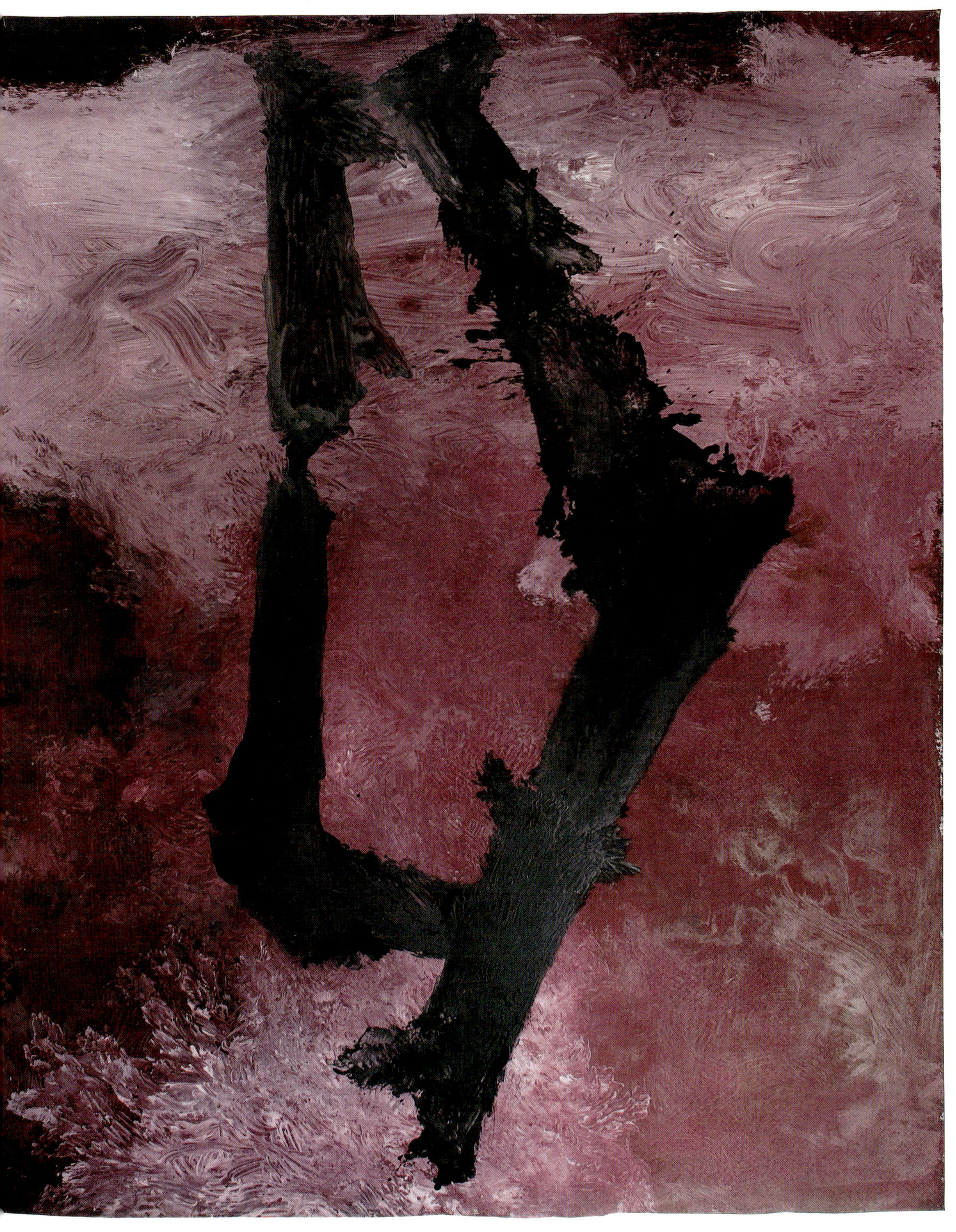

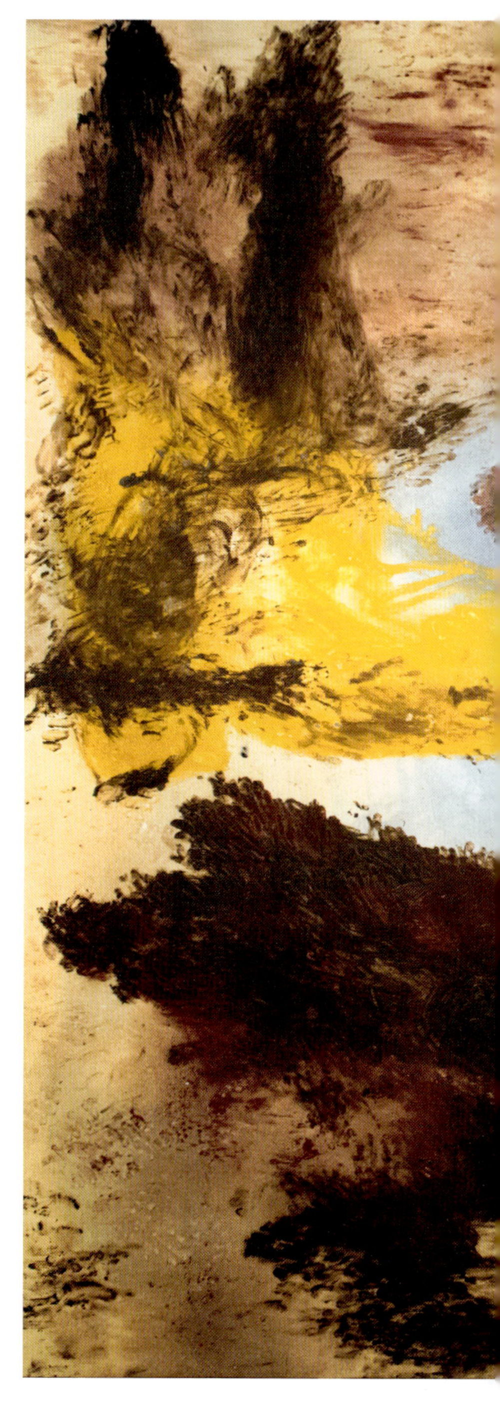

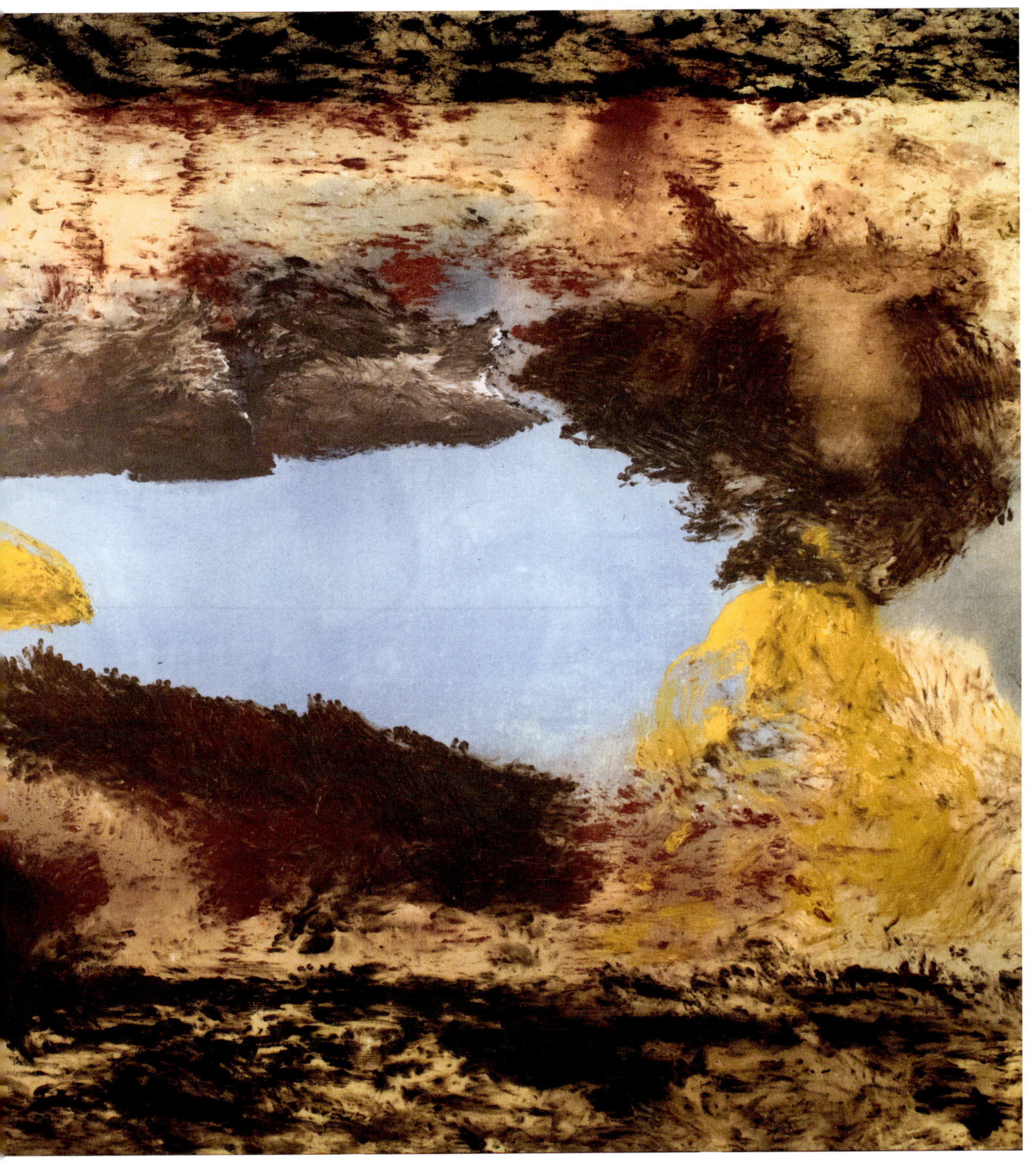

Carlos León

Galisteo, 1997
Acrylic on canvas /
Acrílico sobre lienzo
225 × 293 cm

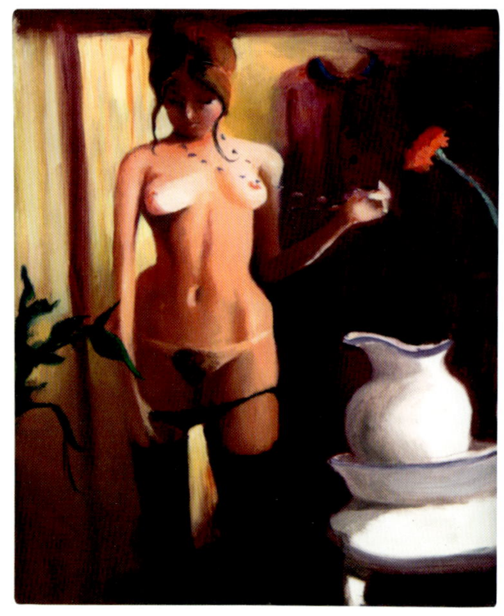

Lisa Yuskavage

Nothing Kinky, 1998
Oil on wood / Óleo sobre madera
25 × 20 cm

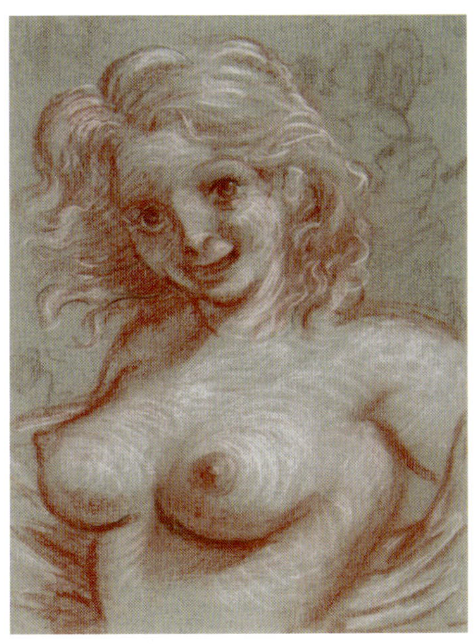

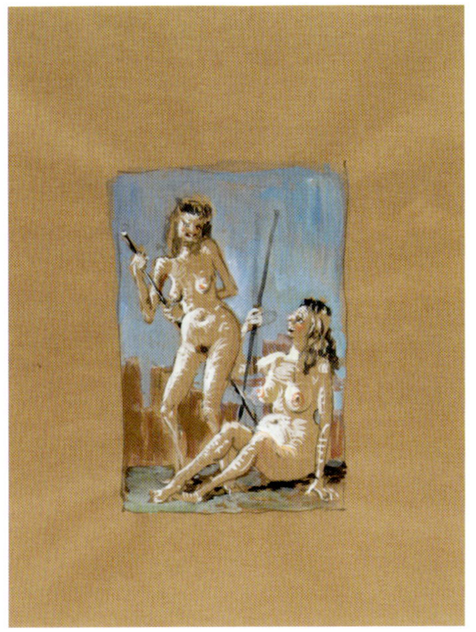

John Currin

Girl Showing Her Breasts, 1995
Conté pencil on paper /
Lápiz Conté sobre papel
38 × 29 cm

John Currin

Untitled, 1999
Gouache on brown paper /
Gouache sobre papel marrón
35 × 26 cm

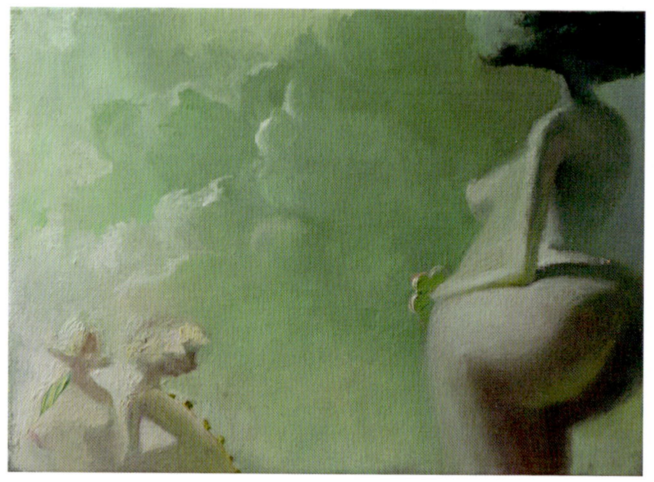

Lisa Yuskavage

Crowd in the Clouds, 1997
Oil on canvas / Óleo sobre lienzo
15 × 20 cm

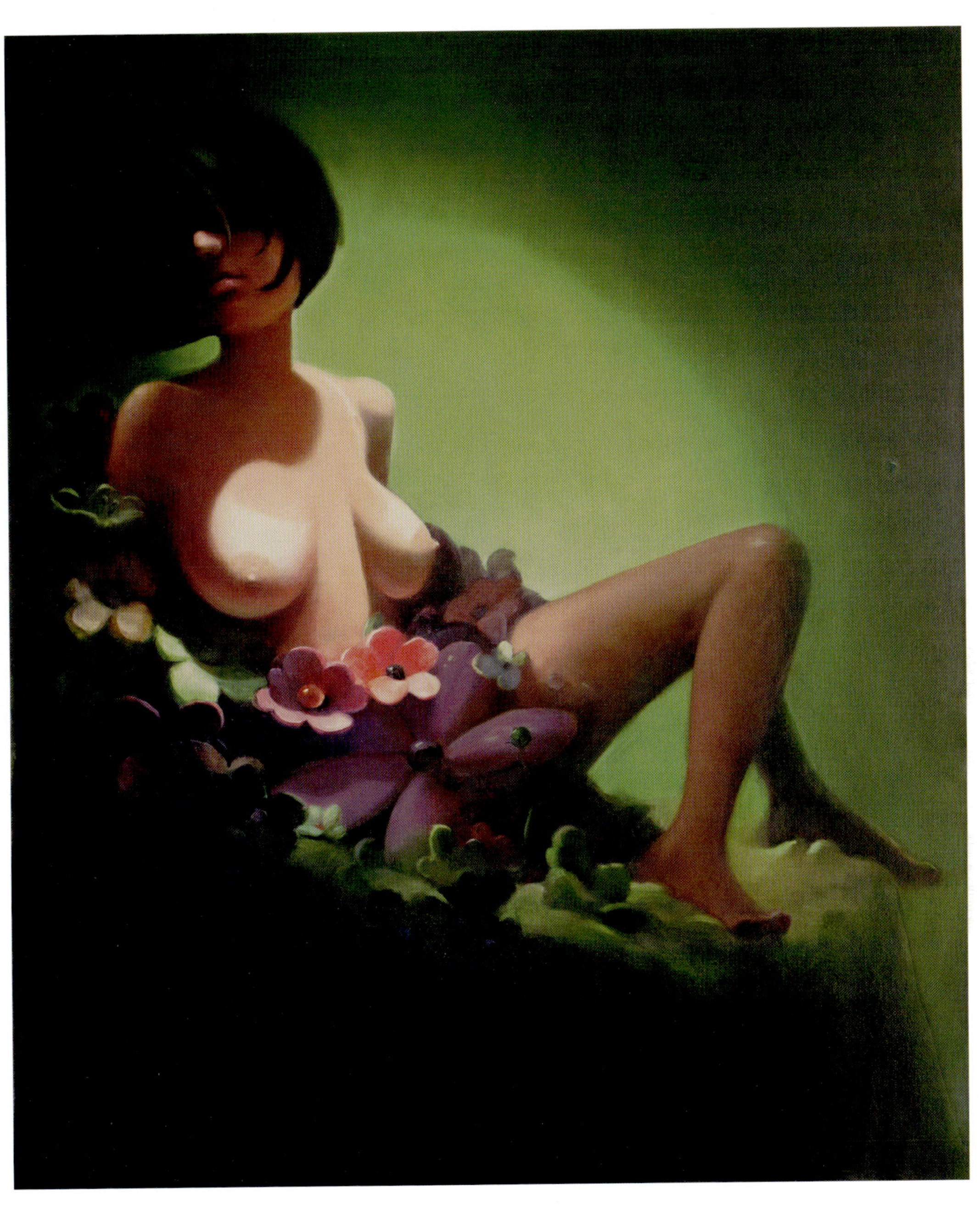

Lisa Yuskavage

Loved, 1998
Oil on canvas / Óleo sobre lienzo
183 × 147 cm

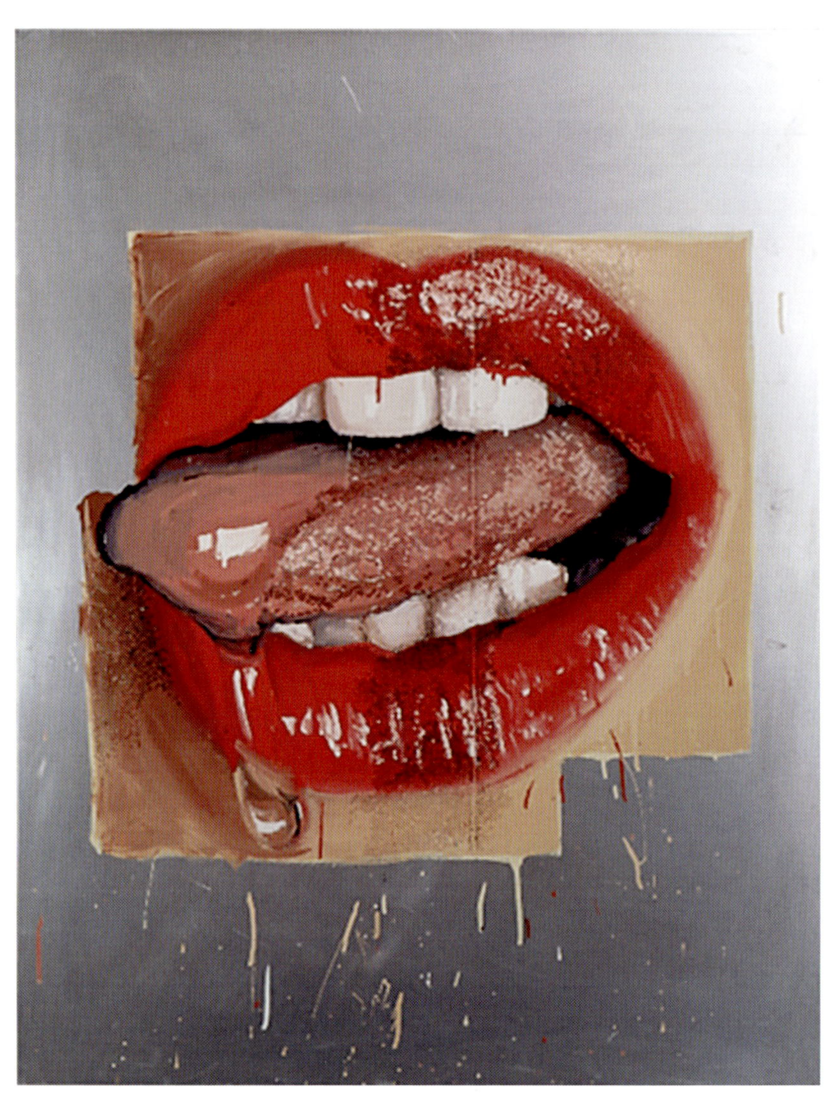

Marilyn Minter

Cherie, 1991
Enamel on aluminum /
Esmalte sobre aluminio
122 × 92 cm

The Human Body

Over the years, the MER Collection has incorporated an increasing number of figurative works that offer a critical, often sarcastic revision of the representation of the human body, reconsidering notions of beauty, seduction, and sexual attraction.

This many-faceted assault on traditional models of the body, of the pains and passions of nudity, costume and make-up, brings a new way of seeing that is at the forefront of some of the most brilliant artistic adventures currently competing in the international art world.

El cuerpo humano

La Colección MER ha ido incrementando año tras año el número de obras de carácter figurativo, cuyos contenidos componen una revisión crítica y a menudo sarcástica de la representación del cuerpo humano, y suponen un replanteamiento de las nociones de belleza, seducción y atracción sexual.

Este asalto multilateral a los modelos tradicionales del ser humano, de las glorias y servidumbres de la desnudez, del disfraz o del maquillaje, constituye una nueva forma de mirar que protagoniza una de las más brillantes aventuras artísticas de las que actualmente compiten en el panorama internacional.

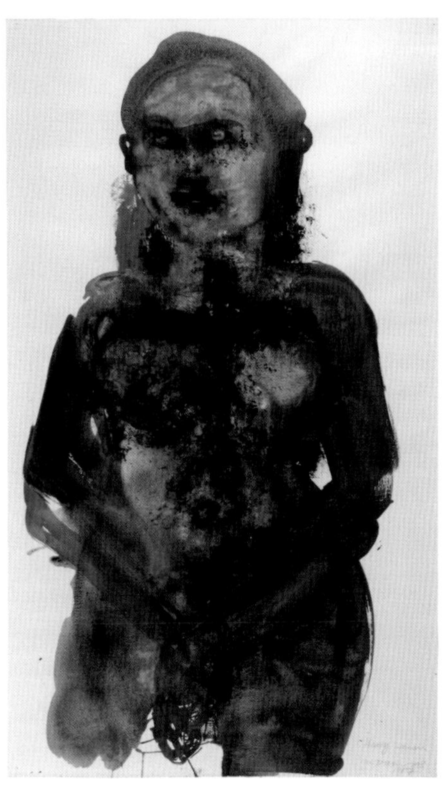 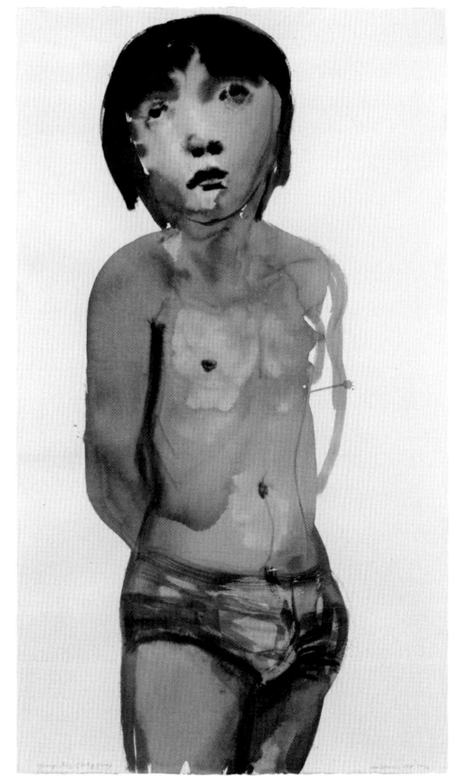

Marlene Dumas

Heavy Woman, 1997
Ink wash and metallic acrylic paint
on paper / Tinta al agua y pintura
acrílica metálica sobre papel
124 × 70 cm

Marlene Dumas

Young Boy (Baby Face), 1996
Ink wash and crayon on paper /
Tinta al agua y lápiz sobre papel
125 × 70 cm

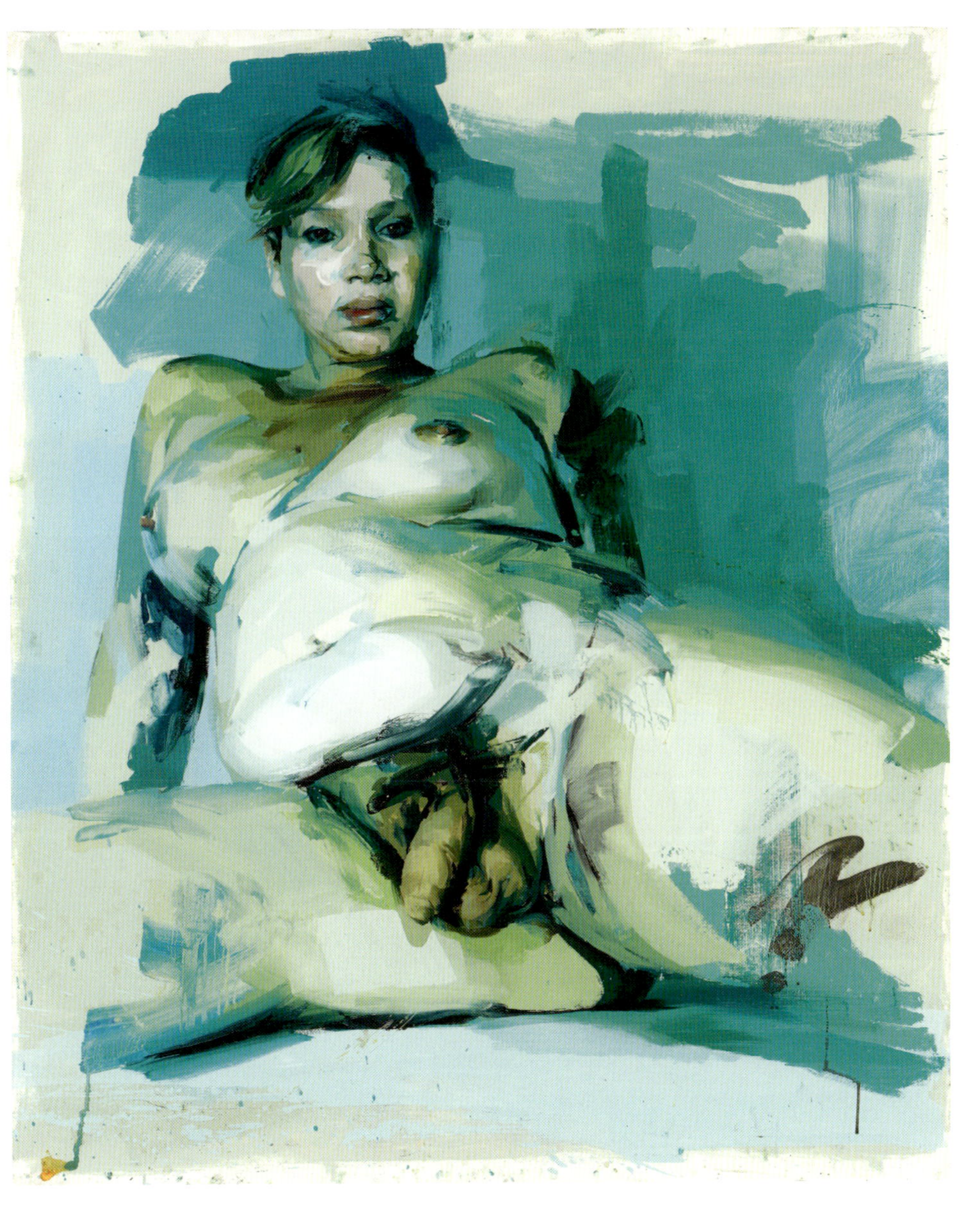

Jenny Saville

Untitled (Study), 2004
Oil and watercolor on paper /
Óleo y acuarela sobre papel
151 × 121 cm

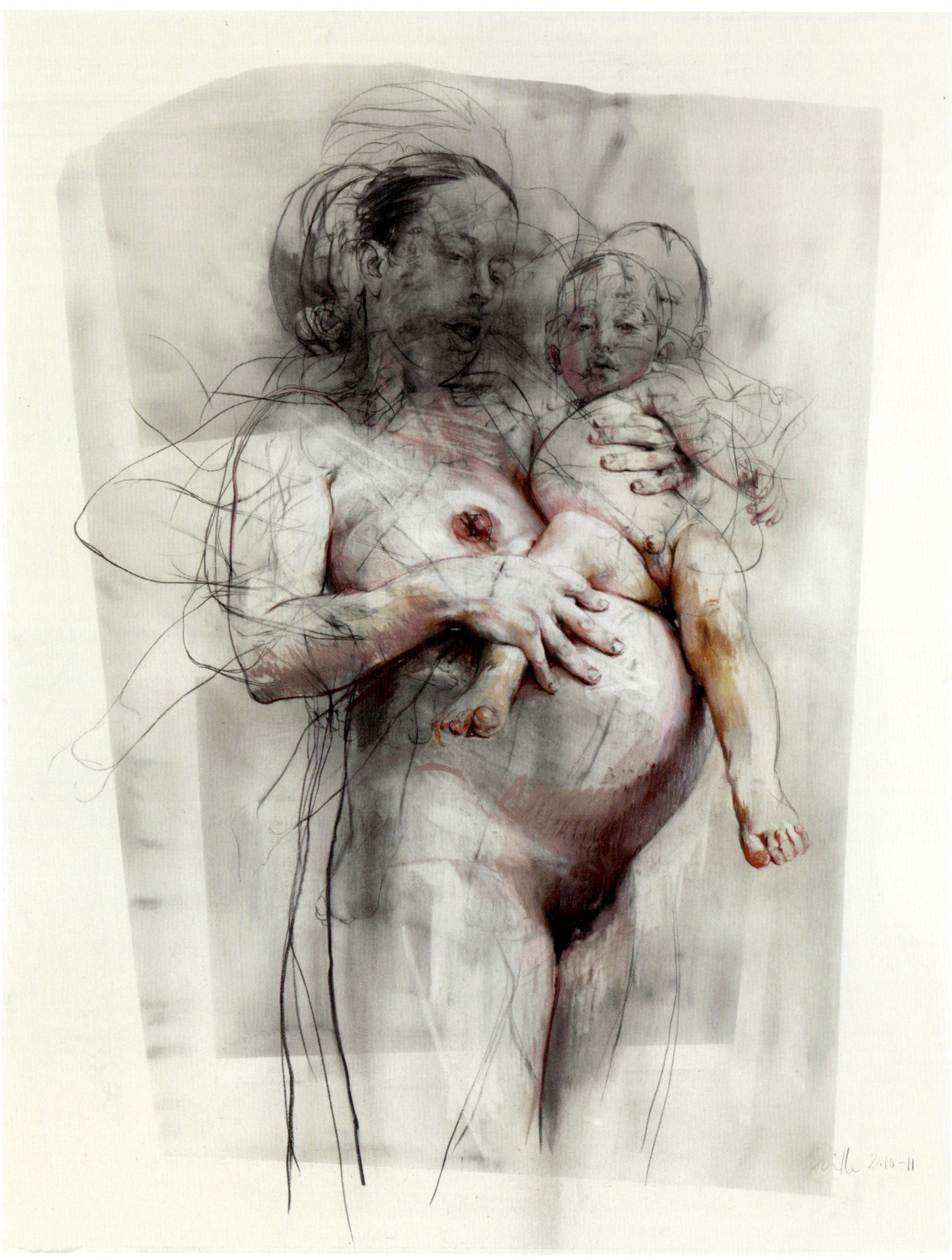

Jenny Saville

Study for Pentimenti IV (After Michelangelo's "Virgin and Child"), 2011
Charcoal and pastel on paper /
Carboncillo y pastel sobre papel
197 × 147 cm

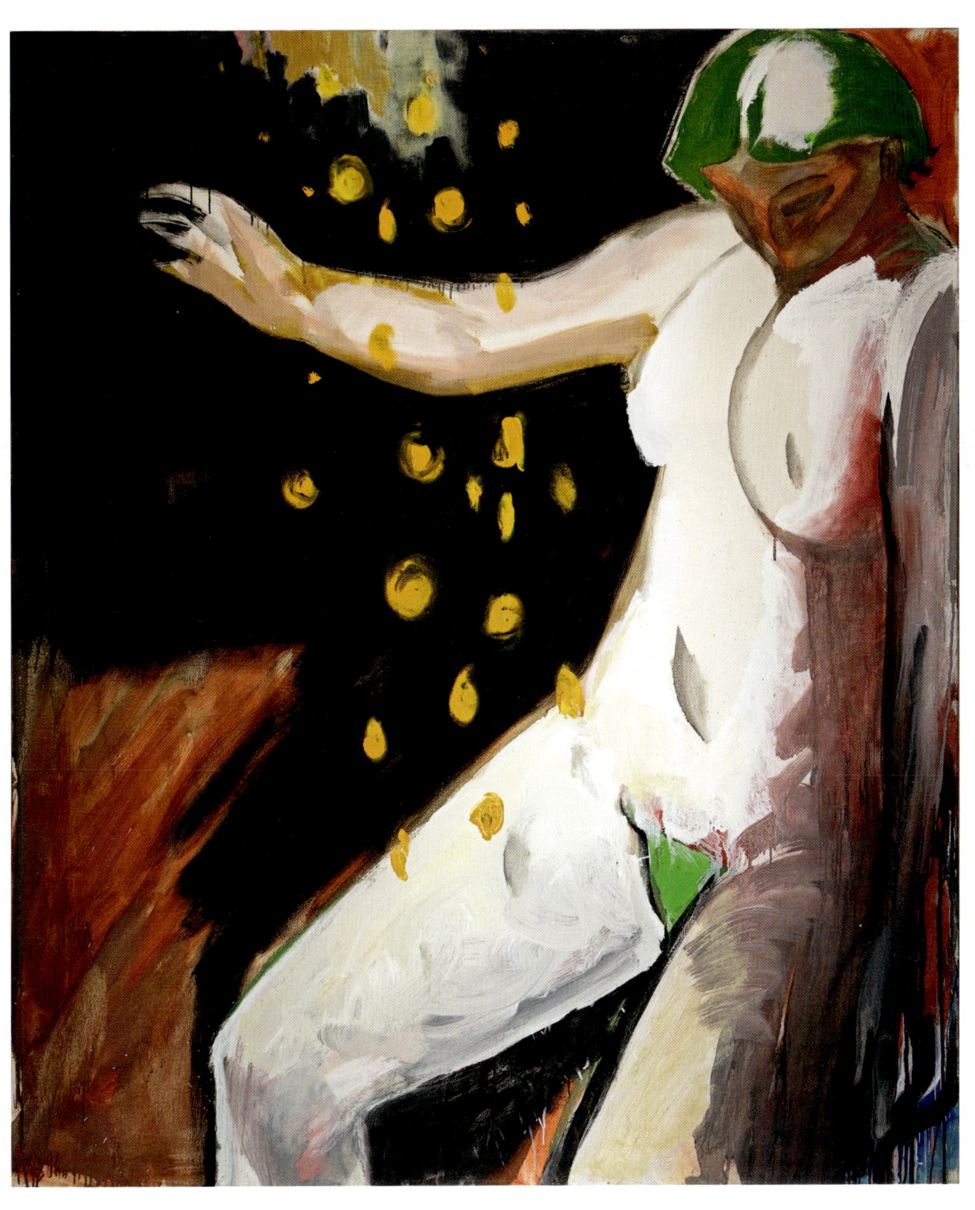

Juan Navarro Baldeweg

Danae del pelo verde, 1984
Oil on canvas / Óleo sobre lienzo
162 × 130 cm

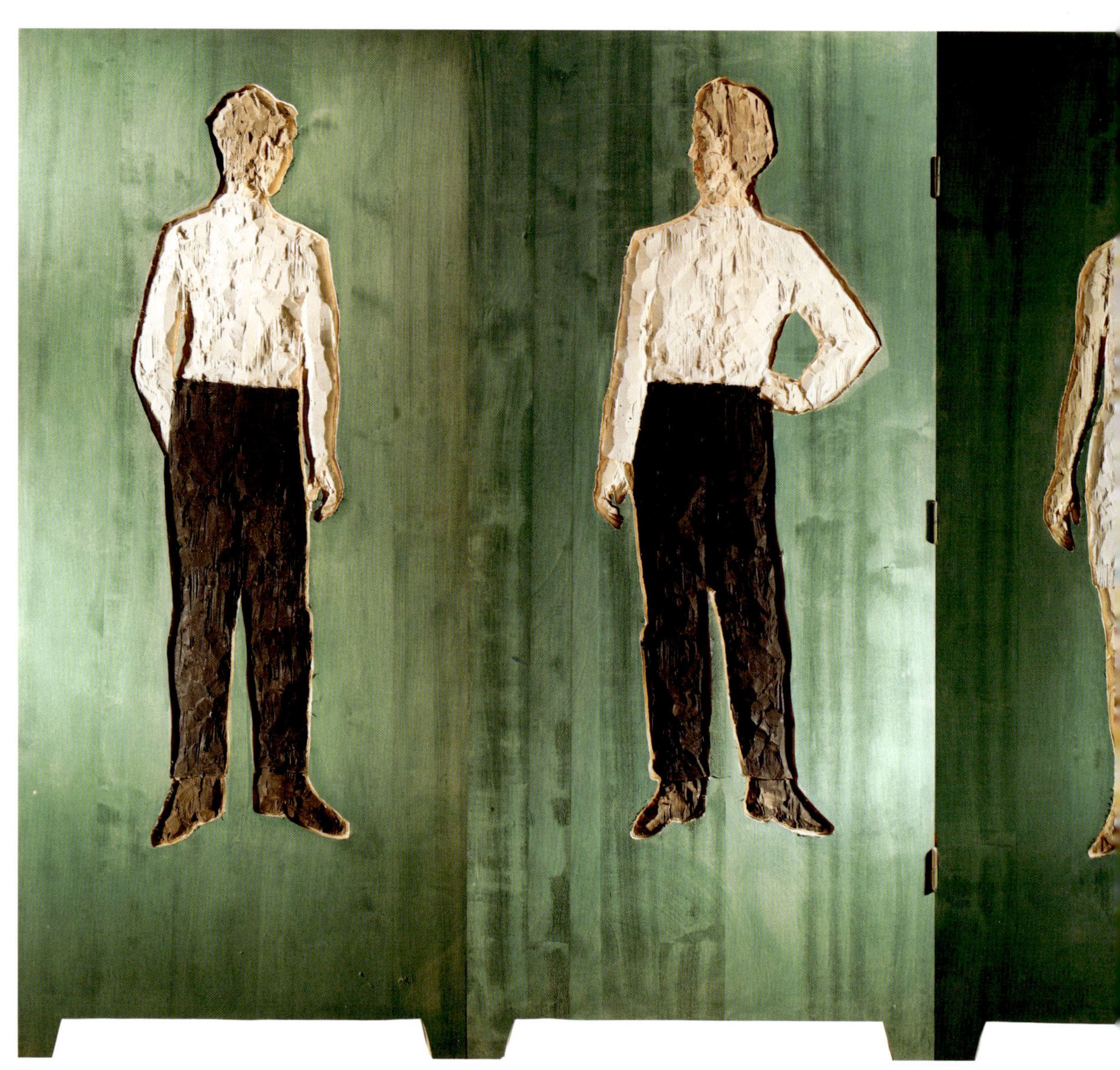

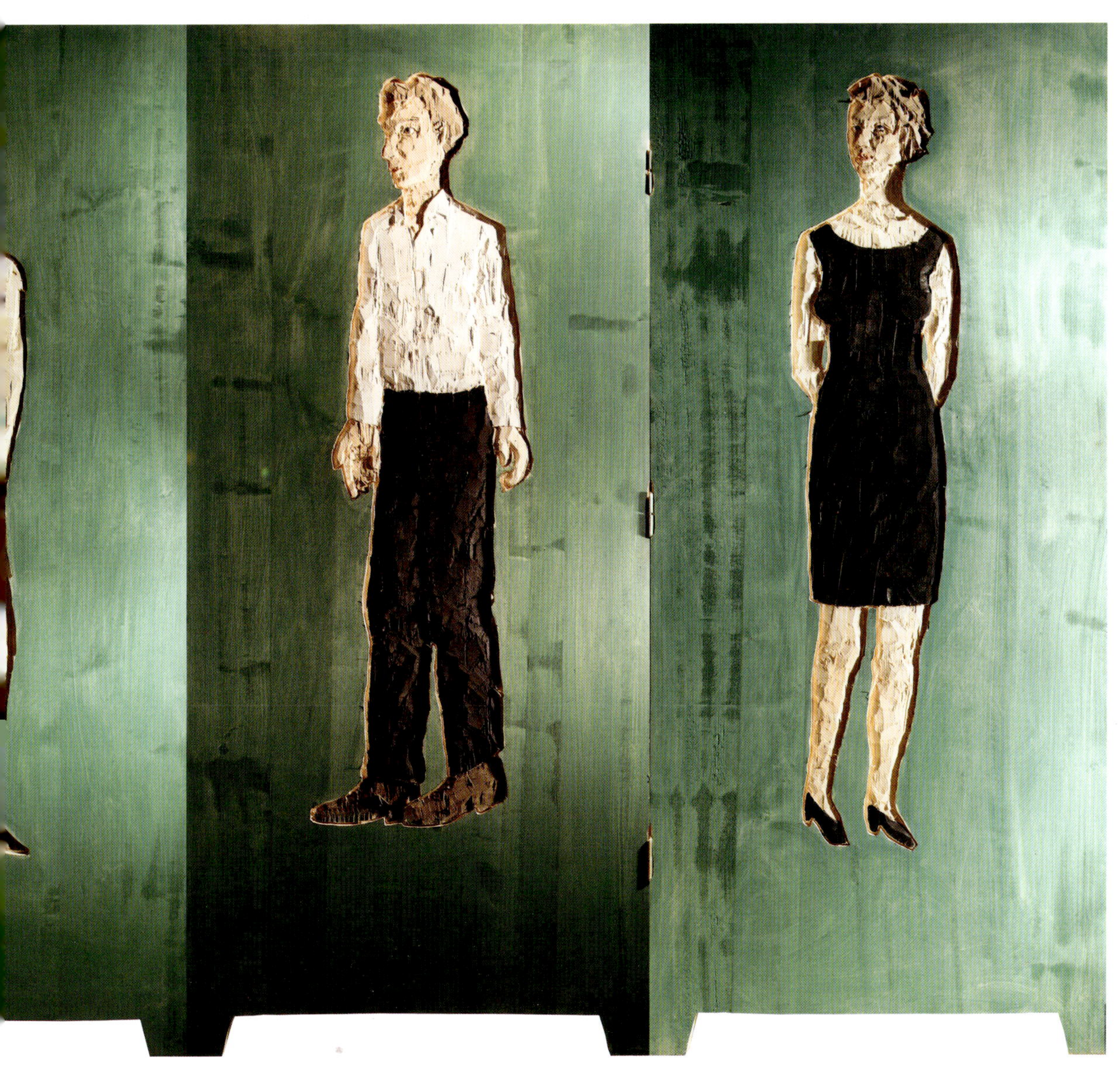

Stephan Balkenhol

Paravent, 1996
Painted poplar on wood (folding screen
5 pieces) / Madera de álamo pintada sobre
madera (biombo de 5 piezas)
210 × 464 × 4 cm (overall)

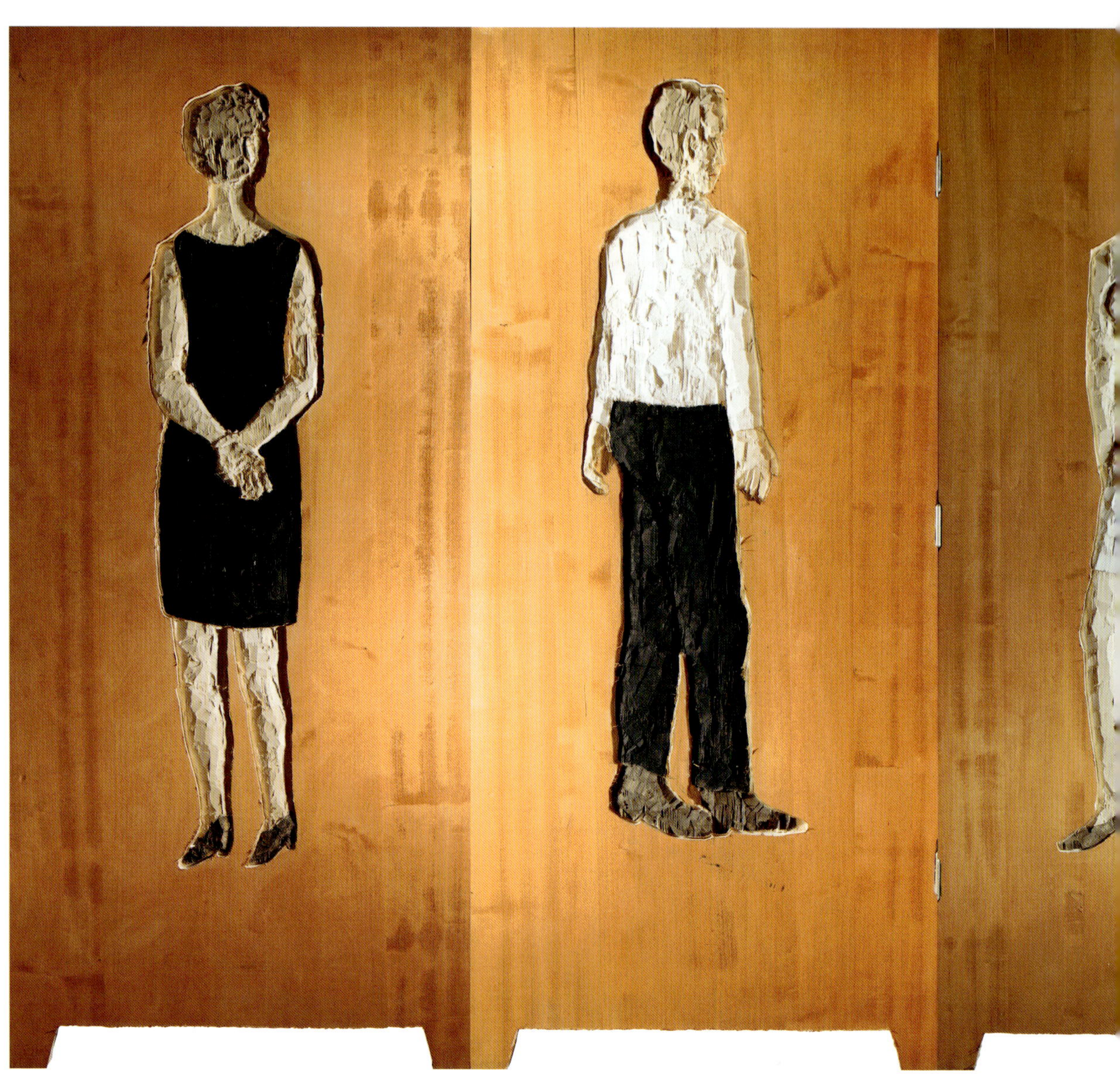

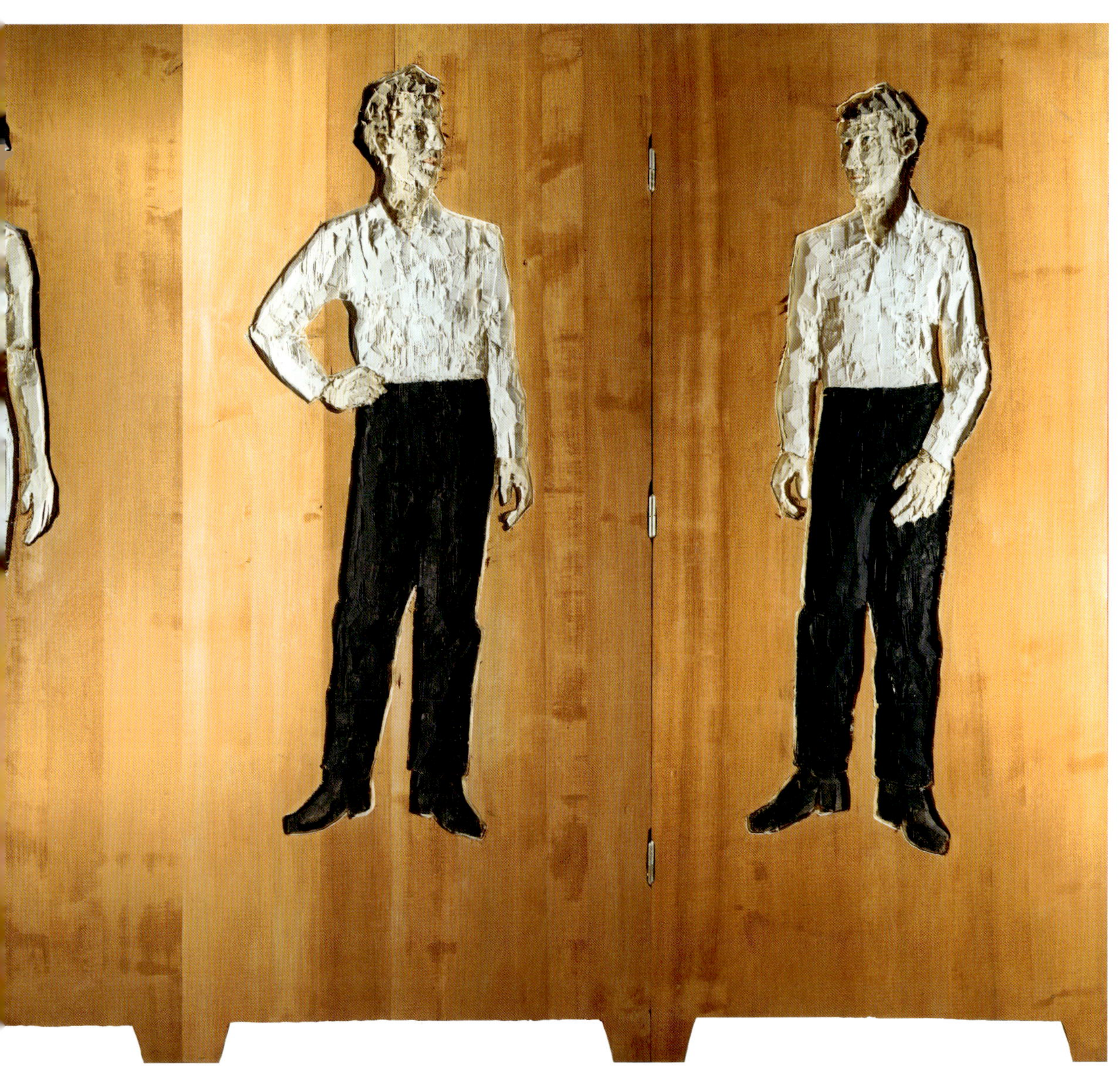

Stephan Balkenhol

Paravent, 1996
Painted poplar on wood (folding screen
5 pieces) / Madera de álamo pintada sobre
madera (biombo de 5 piezas)
210 × 464 × 4 cm (overall)

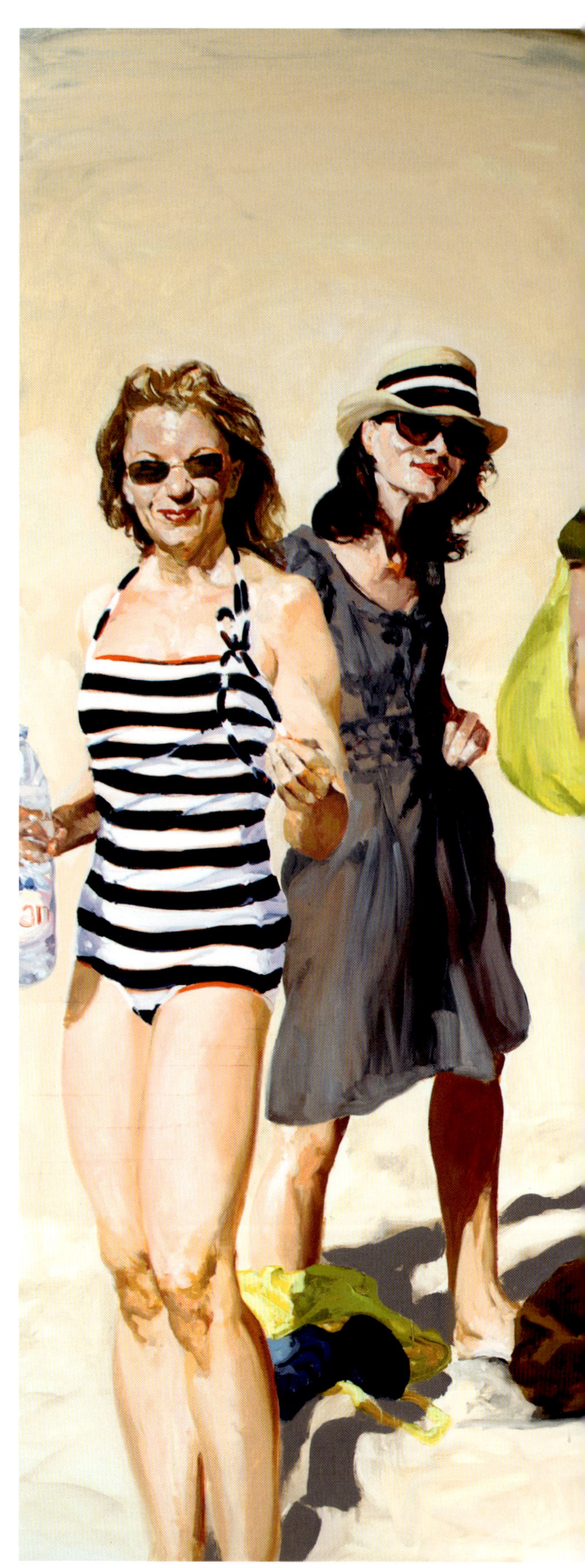

Eric Fischl

Saint Barts Ralph's 70th, 2009
Oil on linen / Óleo sobre lino
244 × 274 cm

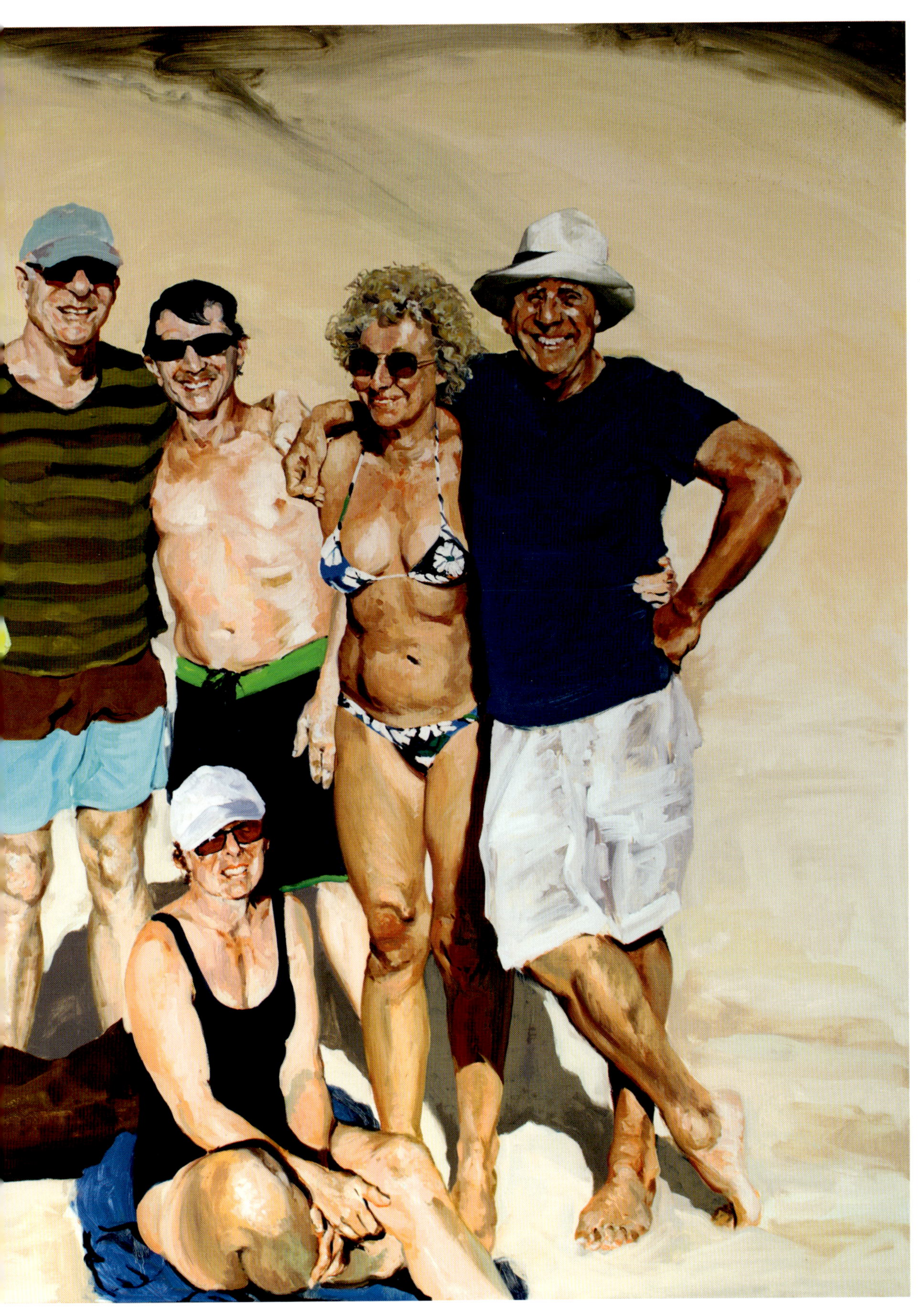

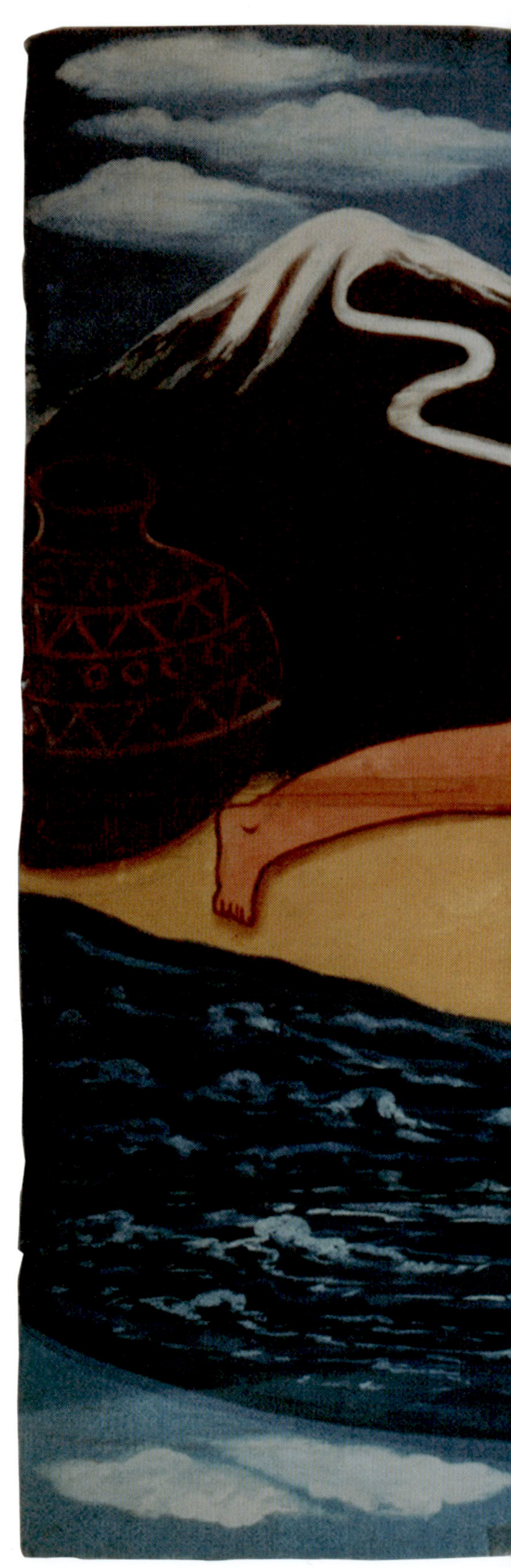

Francesco Clemente

Al mare o in montagna, 1981
Gouache on paper /
Gouache sobre papel
239 × 239 cm

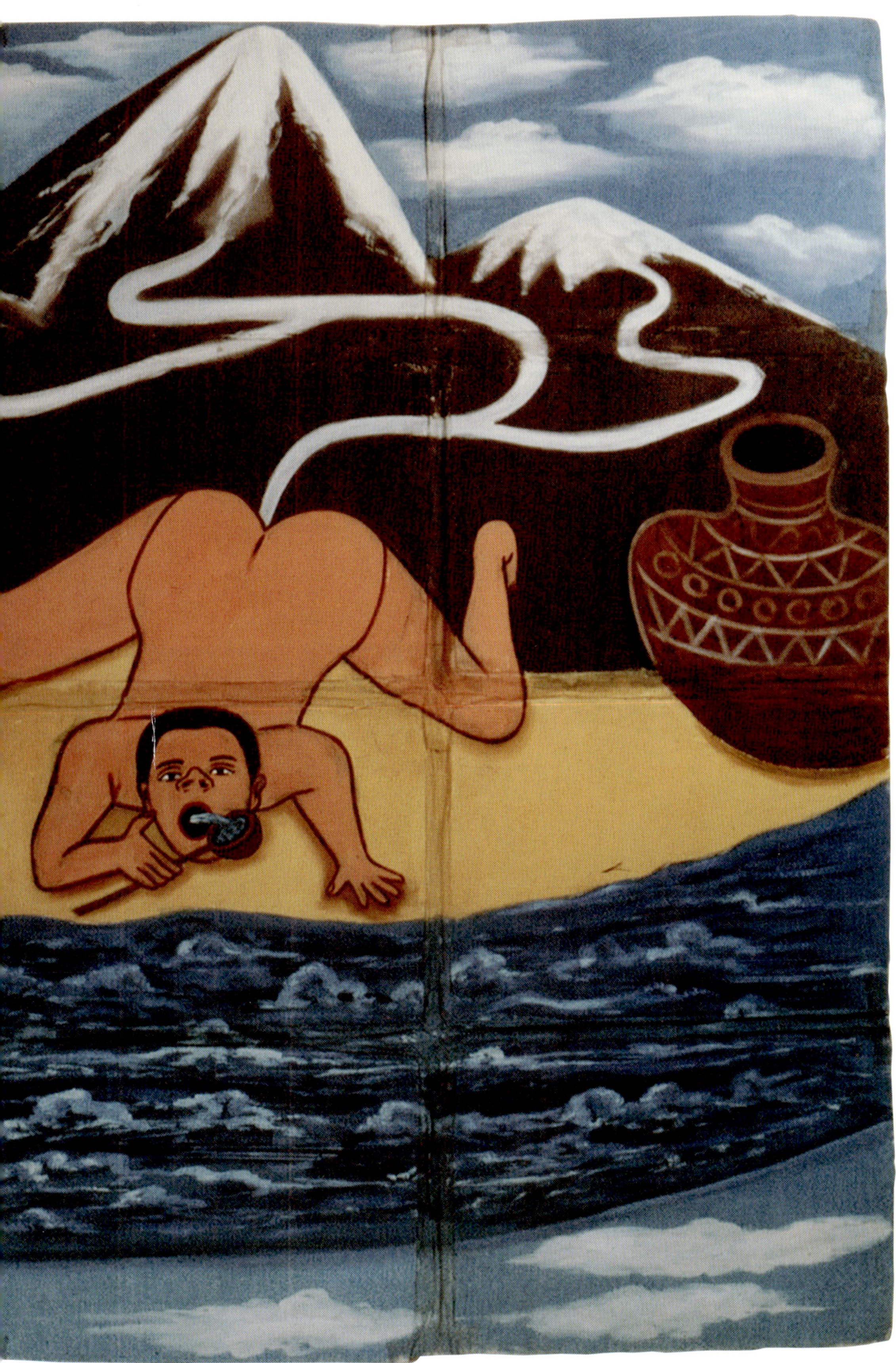

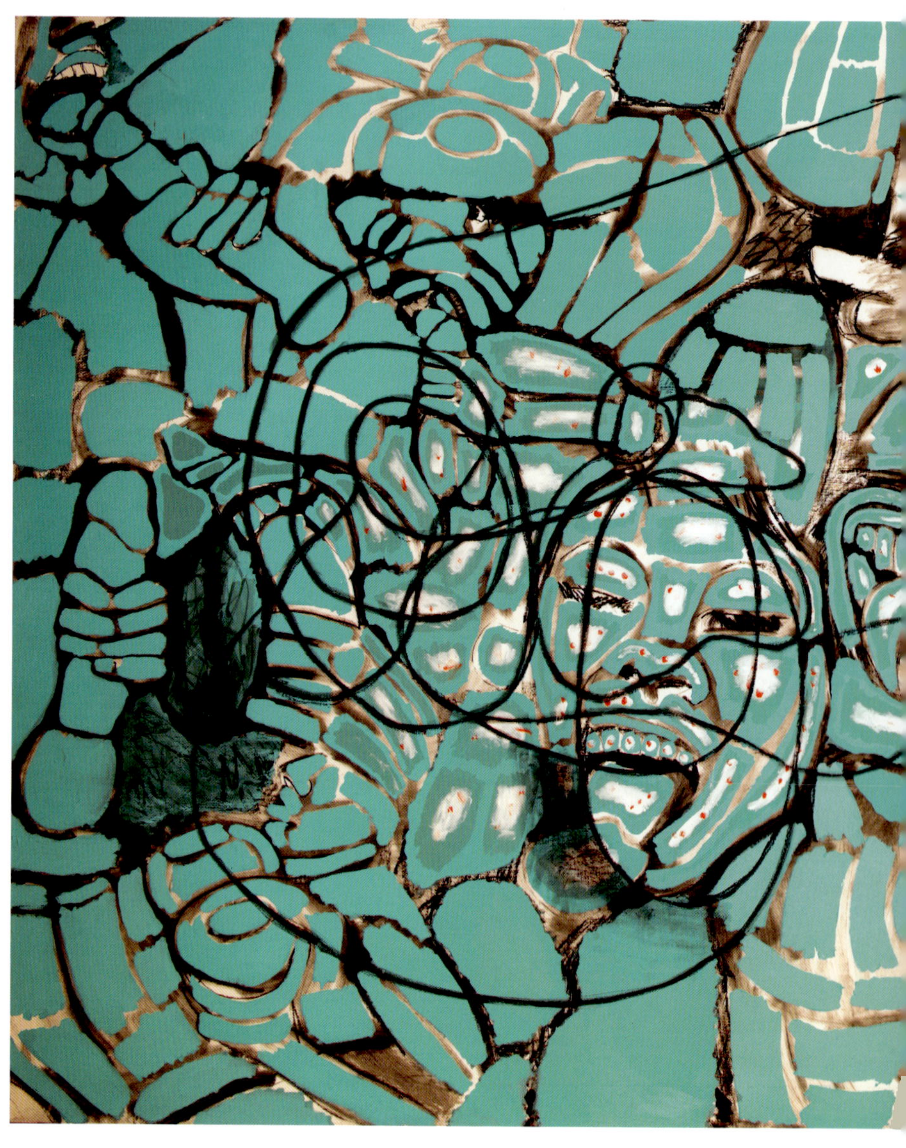

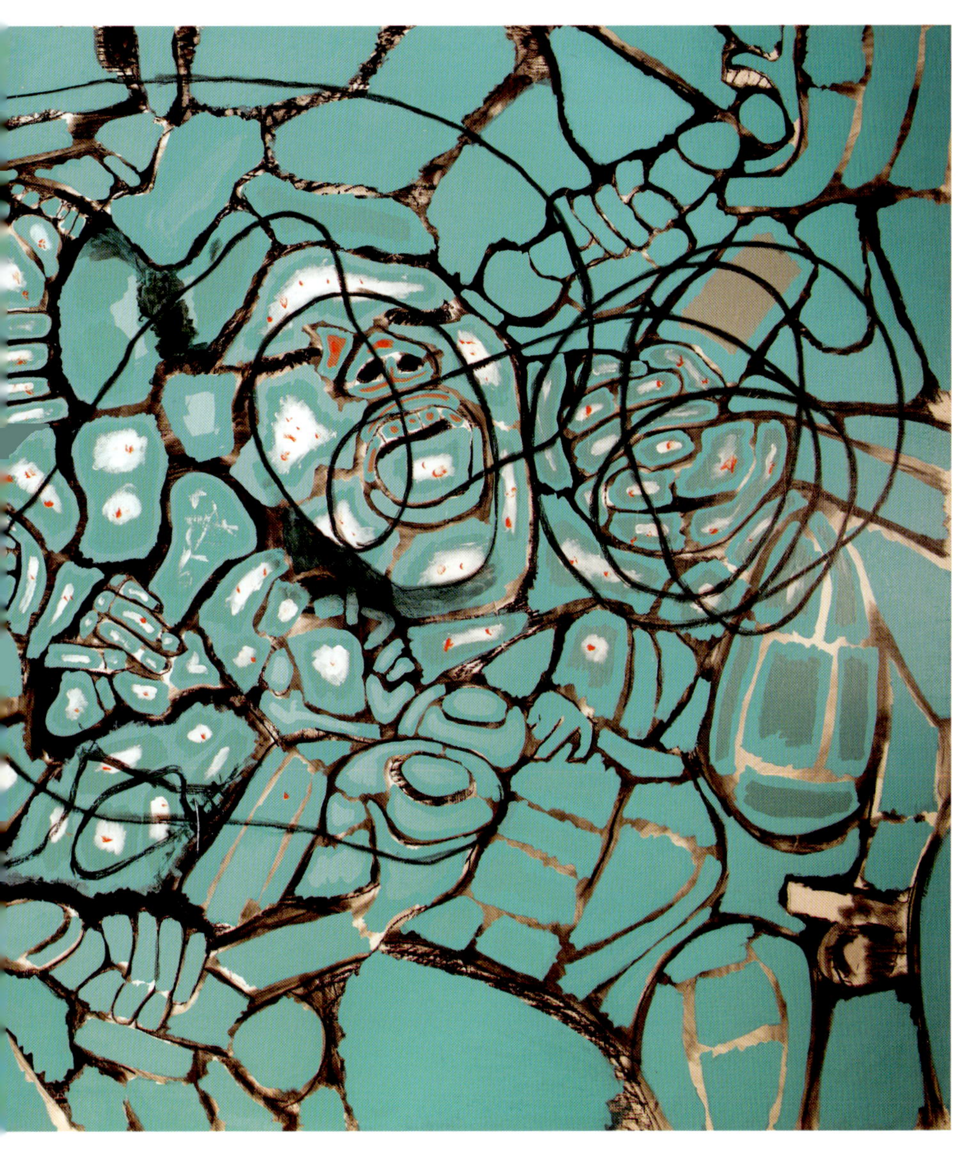

Luis Gordillo

Carnivorando 2, 1995
Acrylic on canvas / Acrílico sobre lienzo
157 × 270 cm

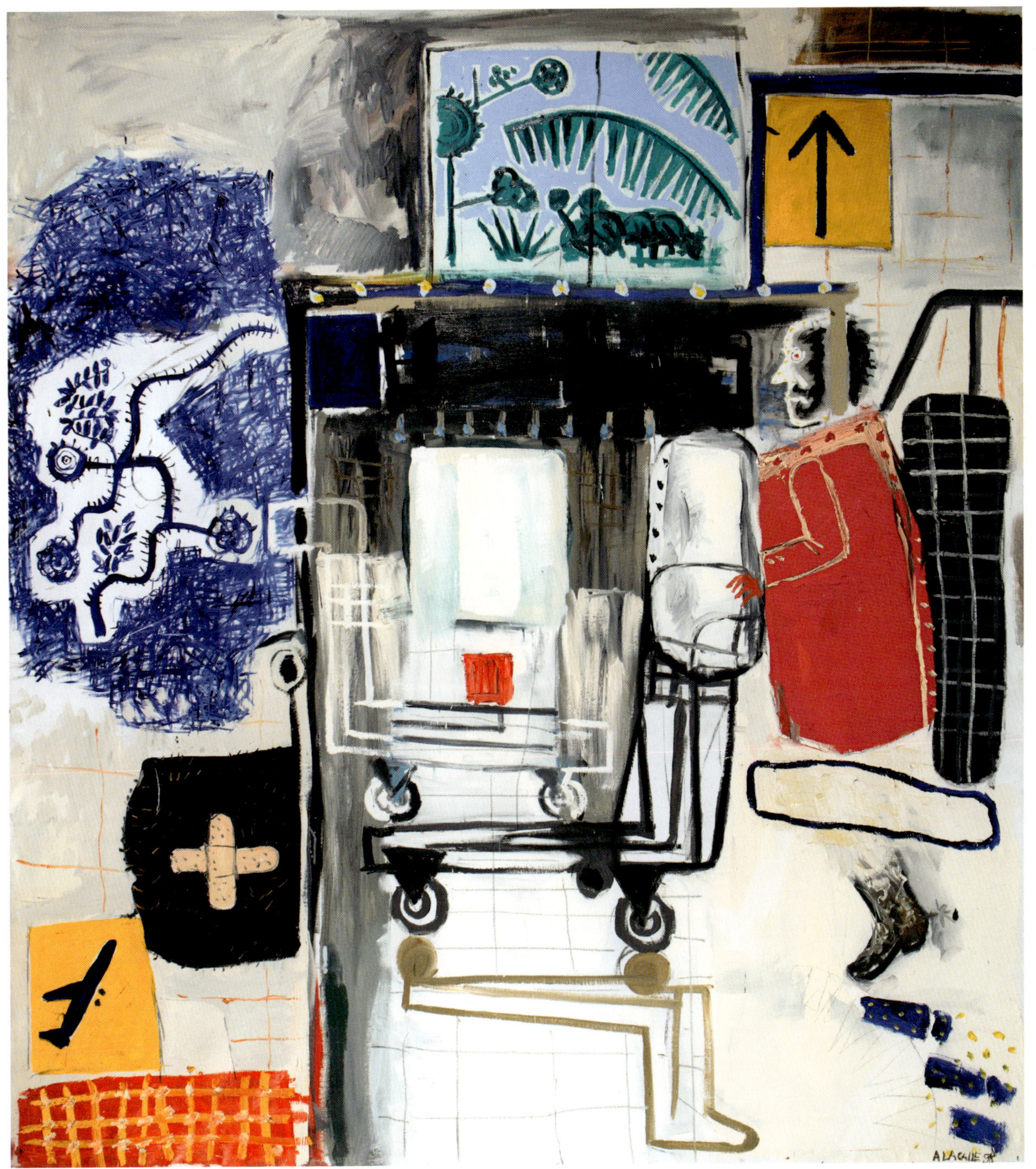

Abraham Lacalle

Los jóvenes íntegros pasean su alma
antigua, moderna y futura, 1998
Oil on canvas / Óleo sobre lienzo
235 × 200 cm

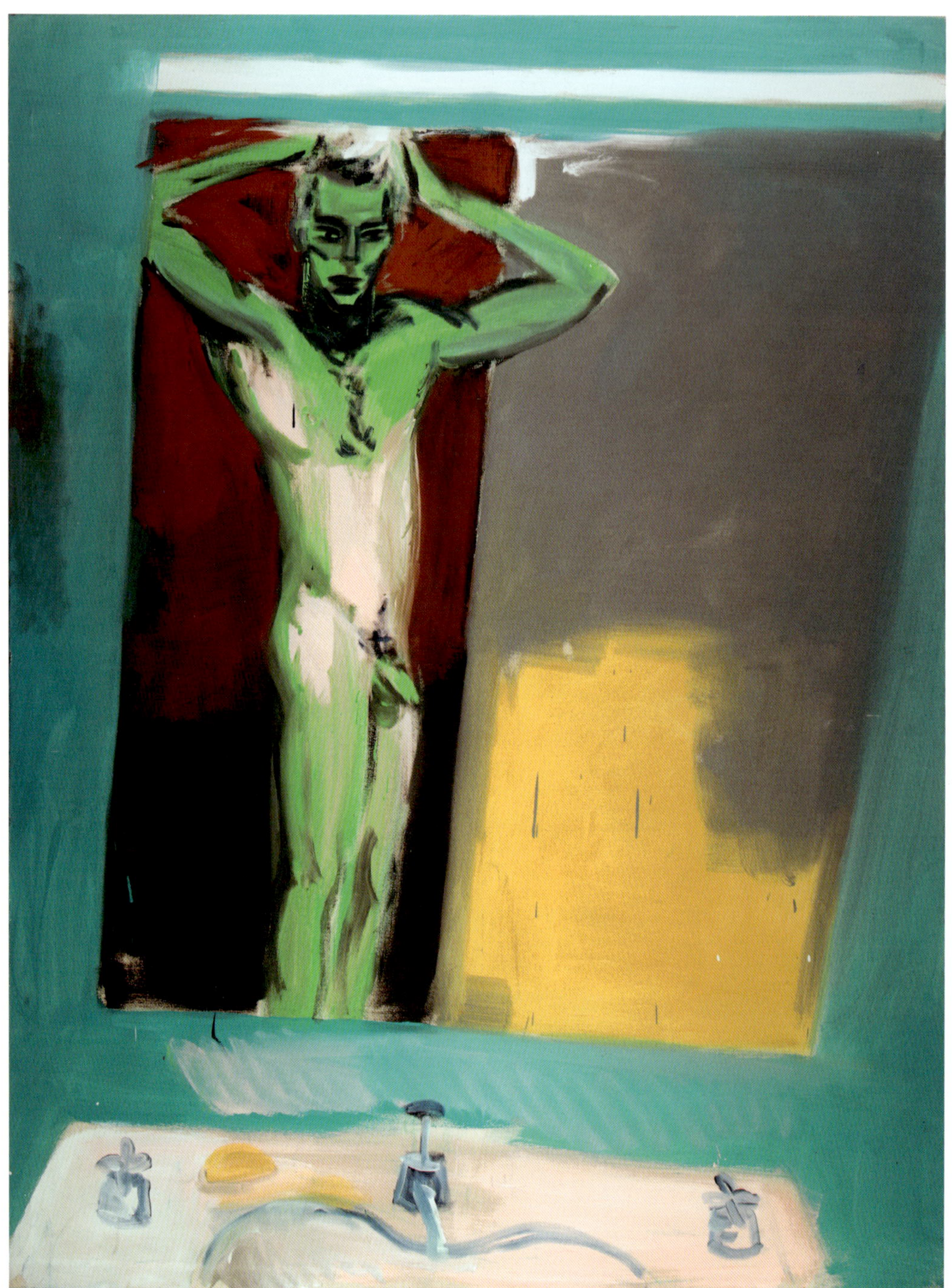

Rainer Fetting

Figur im Spiegel III, 1980
Dispersion paint on canvas /
Pintura en dispersión sobre lienzo
220 × 160 cm

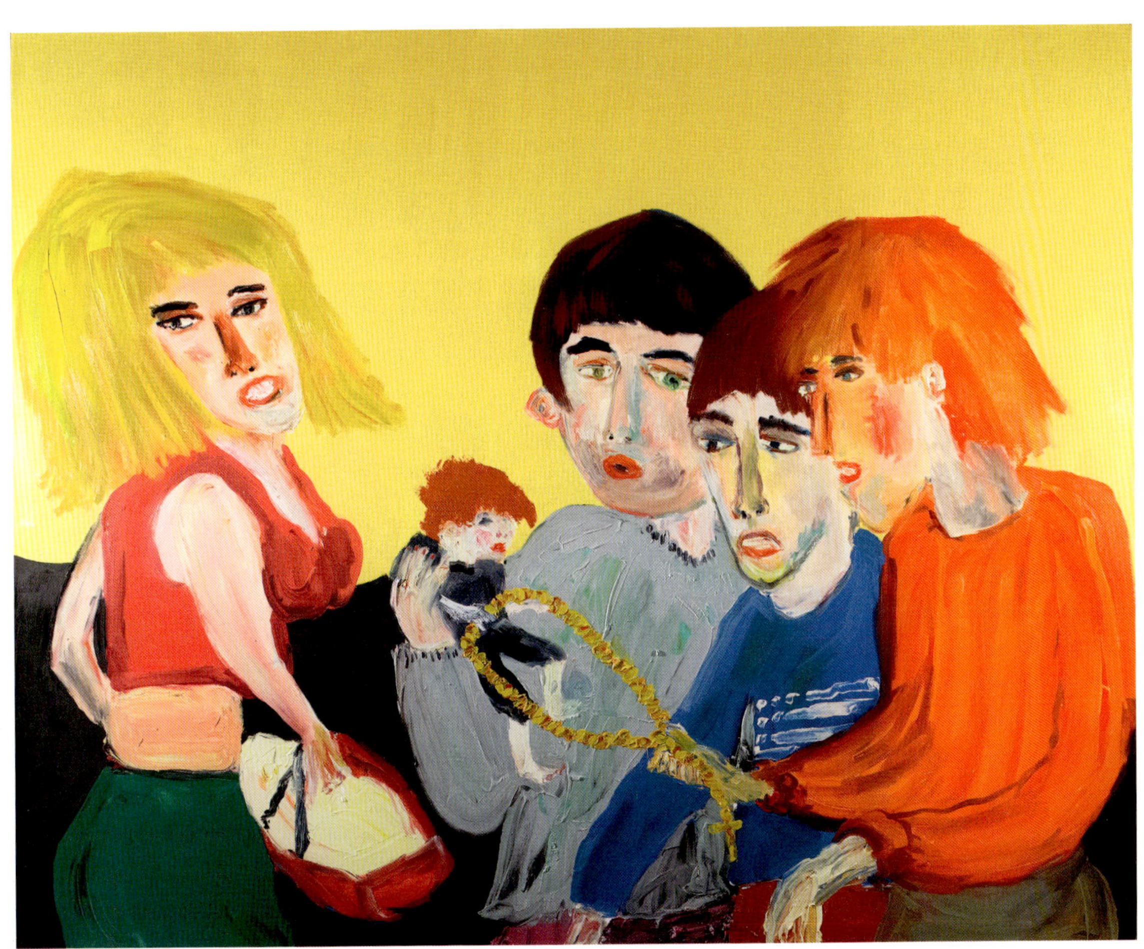

Martin Maloney

The Adoration of the Magi, 2000
Oil on canvas / Óleo sobre lienzo
153 × 183 cm

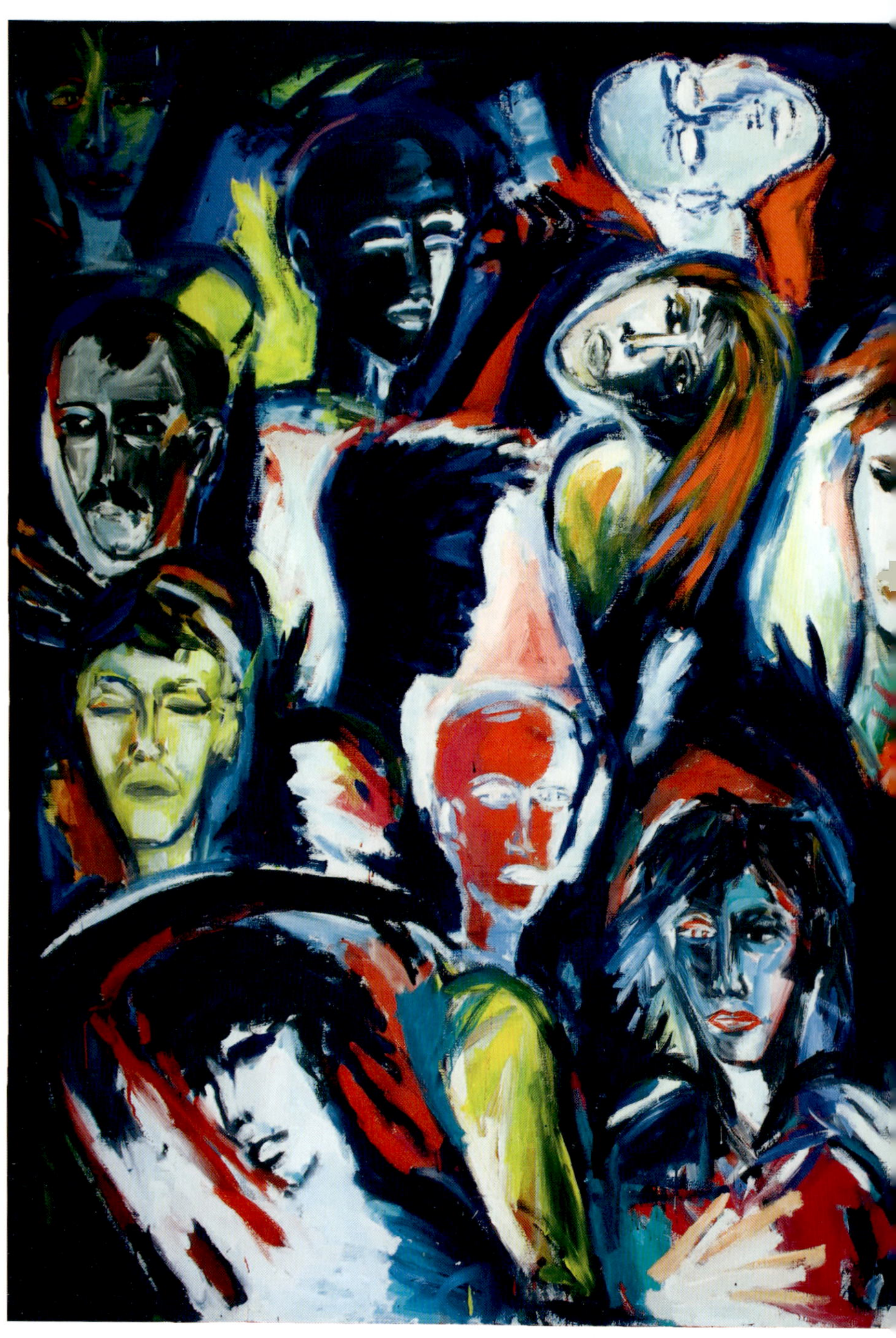

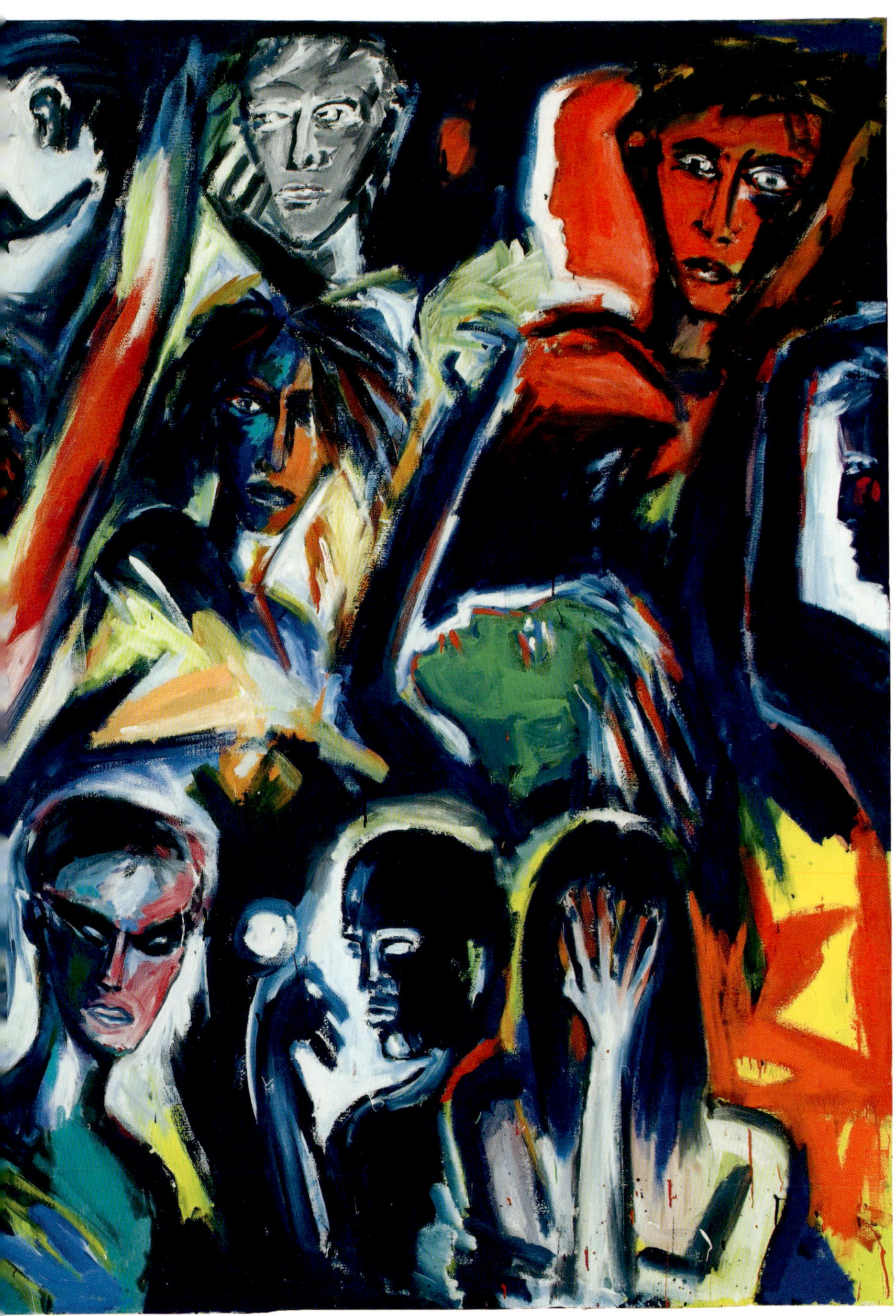

Helmut Middendorf

Heads, 1983
Oil and natural pigments on
canvas (diptych) / Óleo y pigmentos
naturales sobre lienzo (díptico)
220 × 160 cm (each)

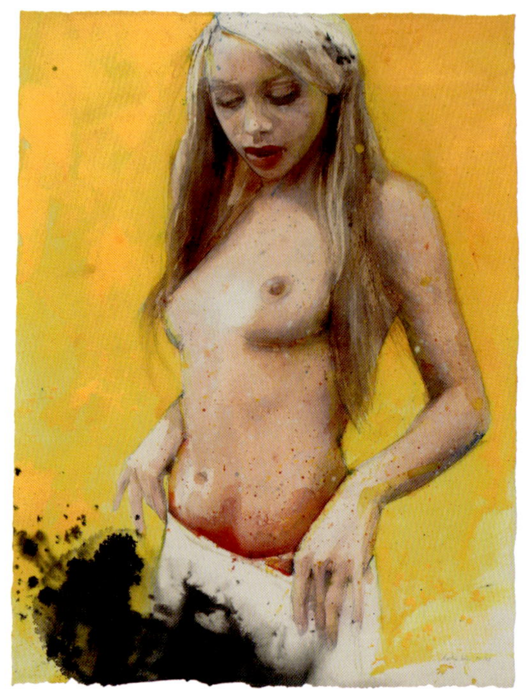

Martin Eder

Me 280 Girl, 2004
Pencil and watercolor on paper /
Lápiz y acuarela sobre papel
74 × 52 cm

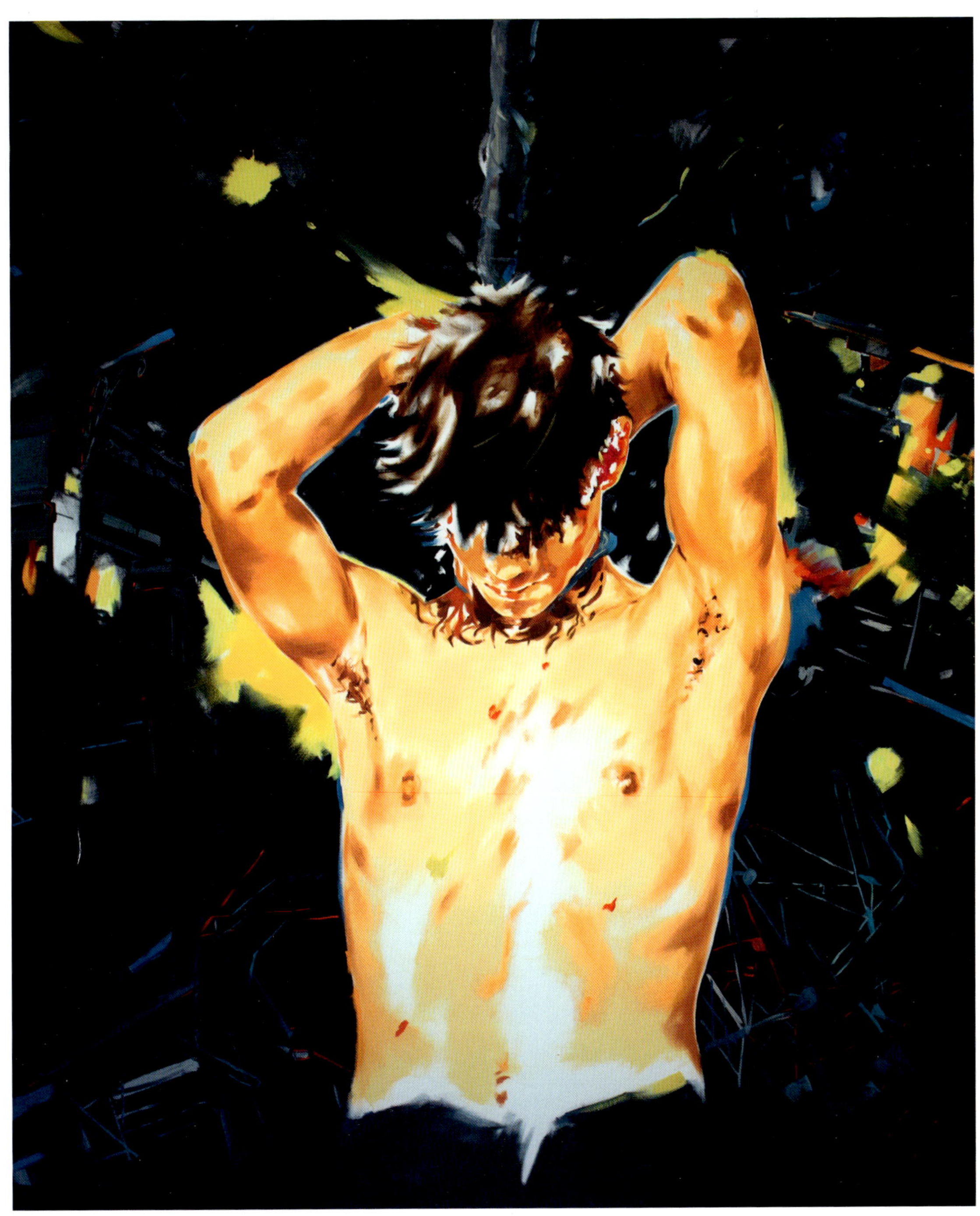

Norbert Bisky

Nefasto, 2008
Oil on canvas / Óleo sobre lienzo
250 × 200 cm

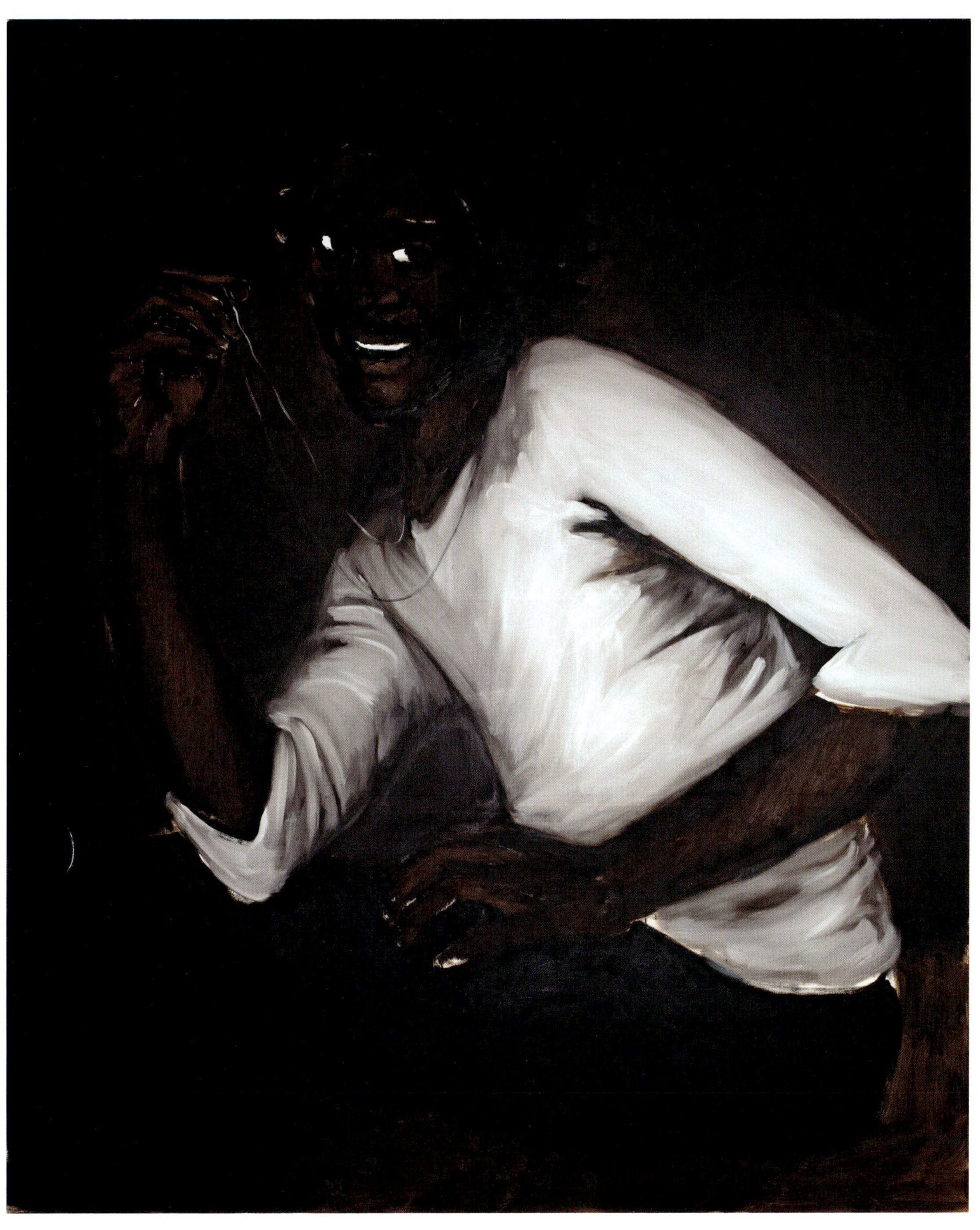

Lynette Yiadom-Boakye

Bound Over to Keep the Peace, 2012
Oil on canvas / Óleo sobre lienzo
250 × 200 cm

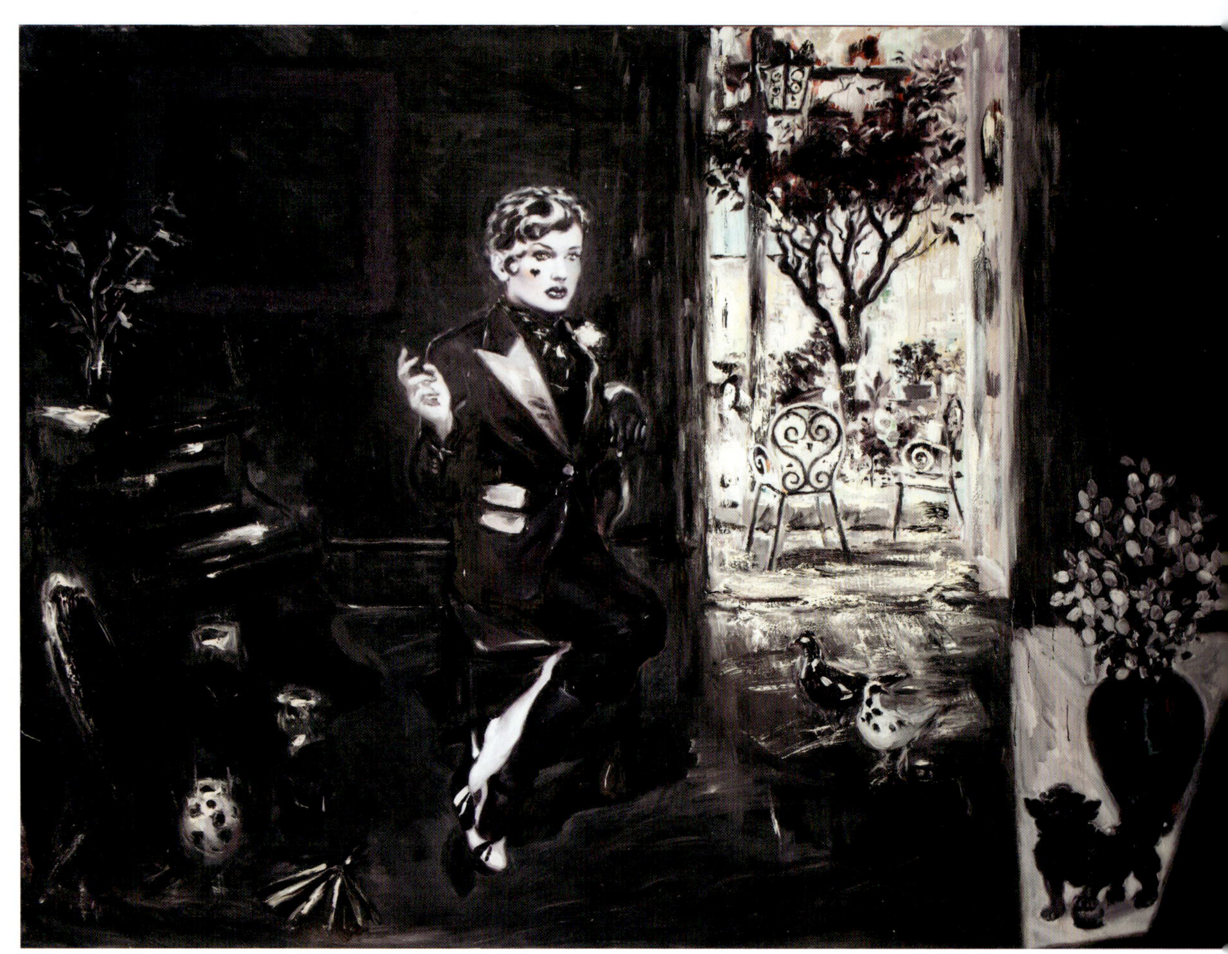

Philip Jones

The Eclipse, 2008
Oil on canvas / Óleo sobre lienzo
173 × 227 cm

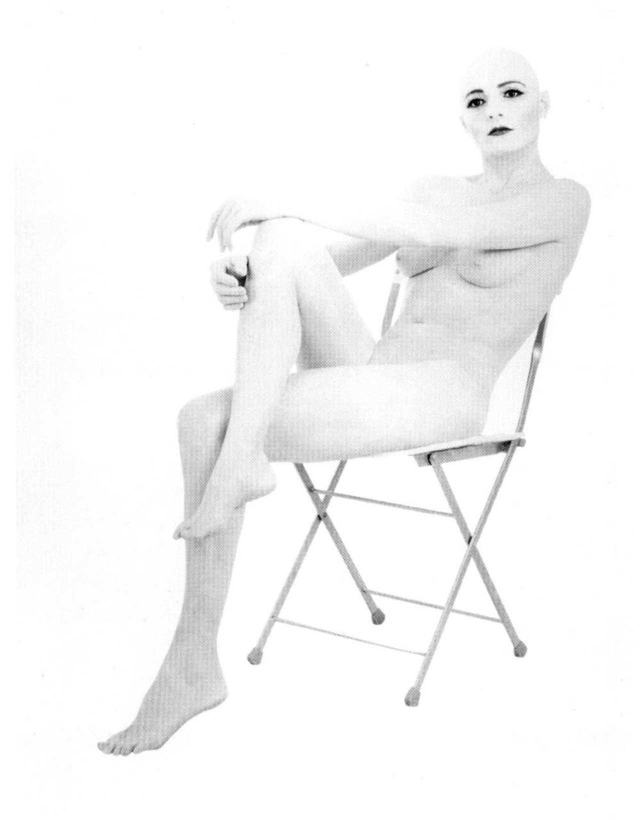

Begoña Montalbán

Espacio reservado 1, 2001
Color photograph on aluminum
(edition 1/3) / Fotografía a color
sobre aluminio (edición 1/3)
186 × 125 cm

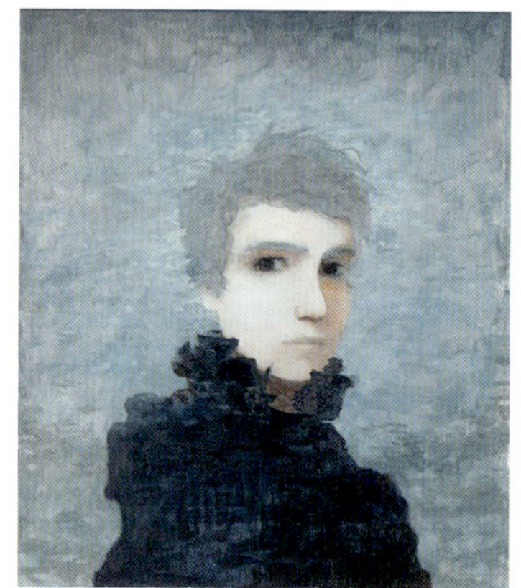

Jerónimo Elespe

Matias, 2009
Oil on aluminum /
Óleo sobre aluminio
30 × 25 cm

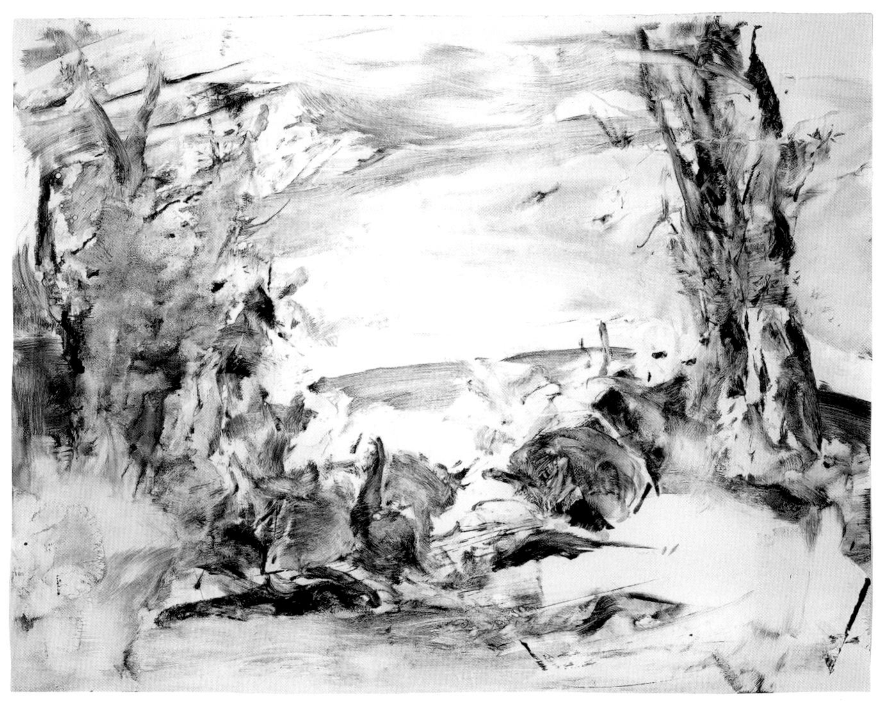

Cecily Brown

Untitled, 2002
Oil (monotype) on paper /
Óleo (monotipo) sobre papel
100 × 126 cm

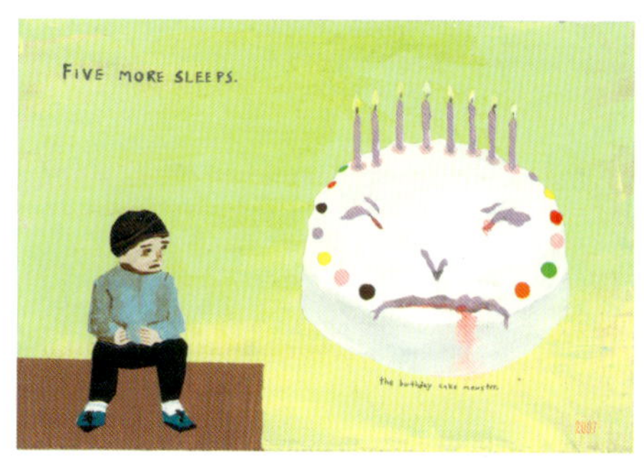

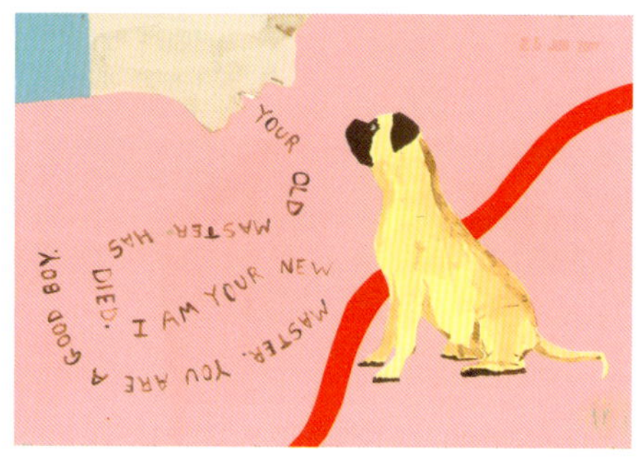

The Royal Art Lodge

S/T, 2007
Acrylic on wood /
Acrílico sobre madera
15 × 20 cm

The Royal Art Lodge

S/T, 2007
Acrylic on wood /
Acrílico sobre madera
15 × 20 cm

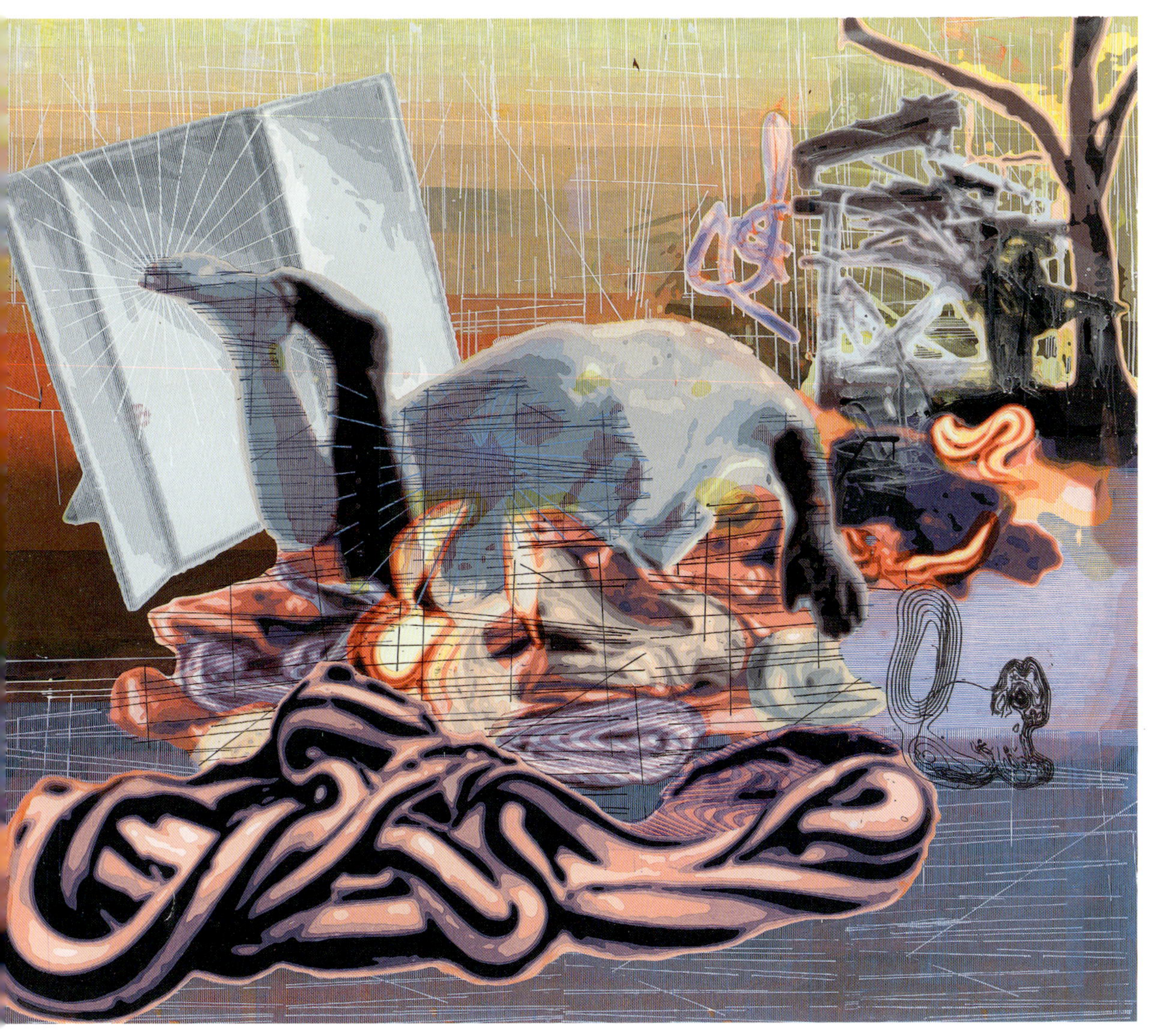

Markus Oehlen

Untitled, 2013
Acrylic on canvas /
Acrílico sobre lienzo
200 × 230 cm

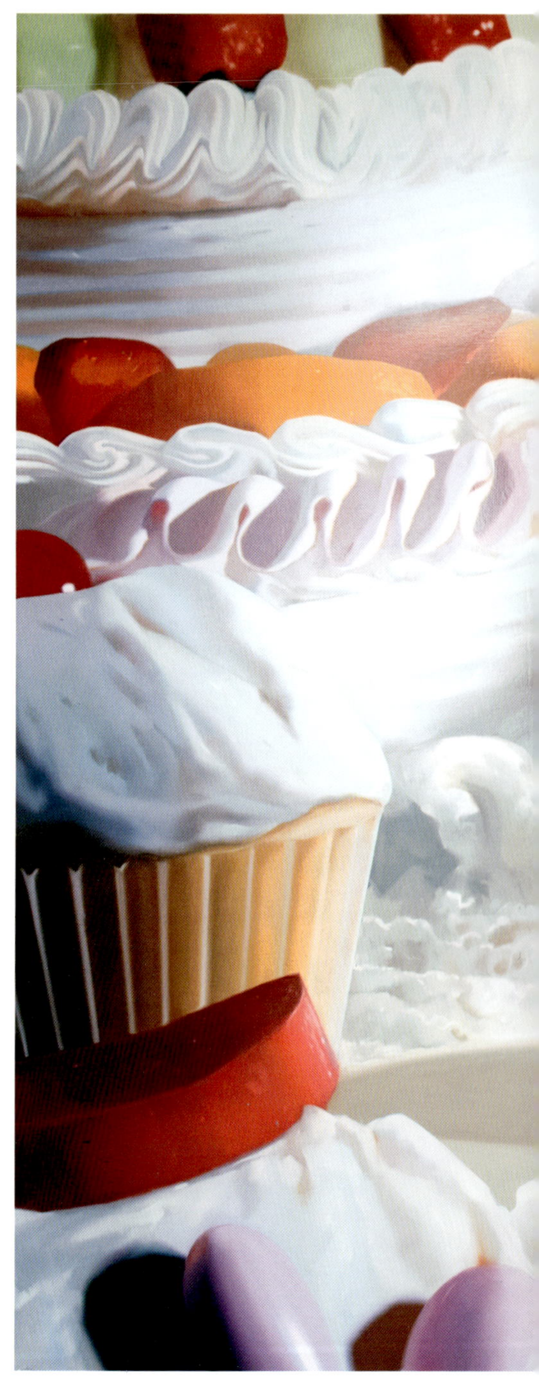

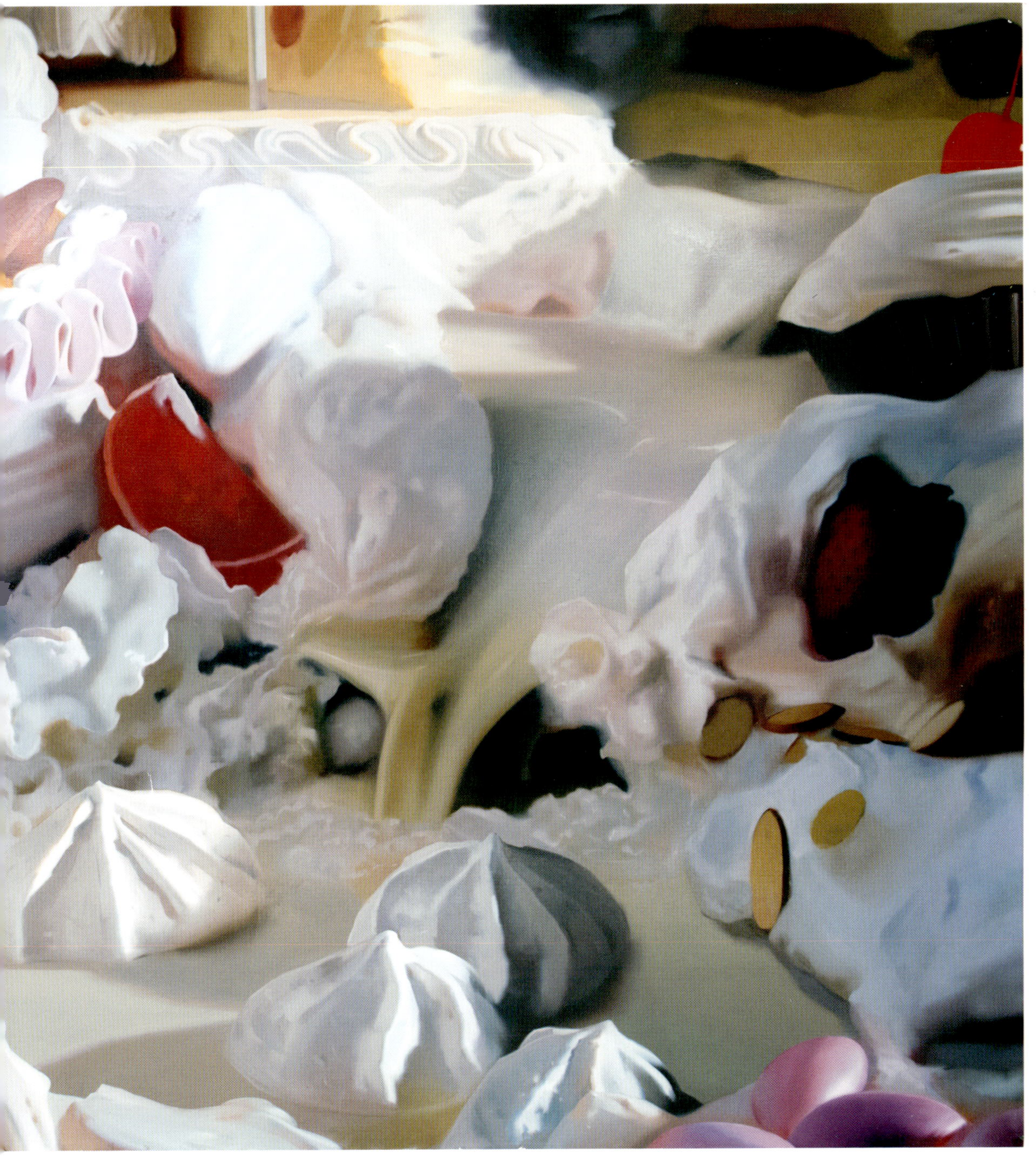

Will Cotton

Custard Cascade, 2001
Oil on linen / Óleo sobre lino
274 × 366 cm

The Spanish Context

El contexto español

In addition to the definite presence of international art in the Collection, its policy of acquisitions also includes a broad view of Spanish art from the 1970s until today, including both abstract and figurative art.

The MER Collection's direct, personal relation to Spanish painting is juxtaposed with other contemporary international visions from a significant variety of different geographical and cultural contexts.

Además de una clara presencia internacional, destaca en la Colección una política de adquisiciones que supone una muy amplia visión de la pintura española desde la década de 1970 hasta la actualidad, que abarca tanto el arte abstracto como el figurativo.

Esta relación tan directa y personal de la Colección MER con la pintura española, se confronta aquí con otras visiones de sus coetáneos internacionales, de notable variedad geográfica y cultural.

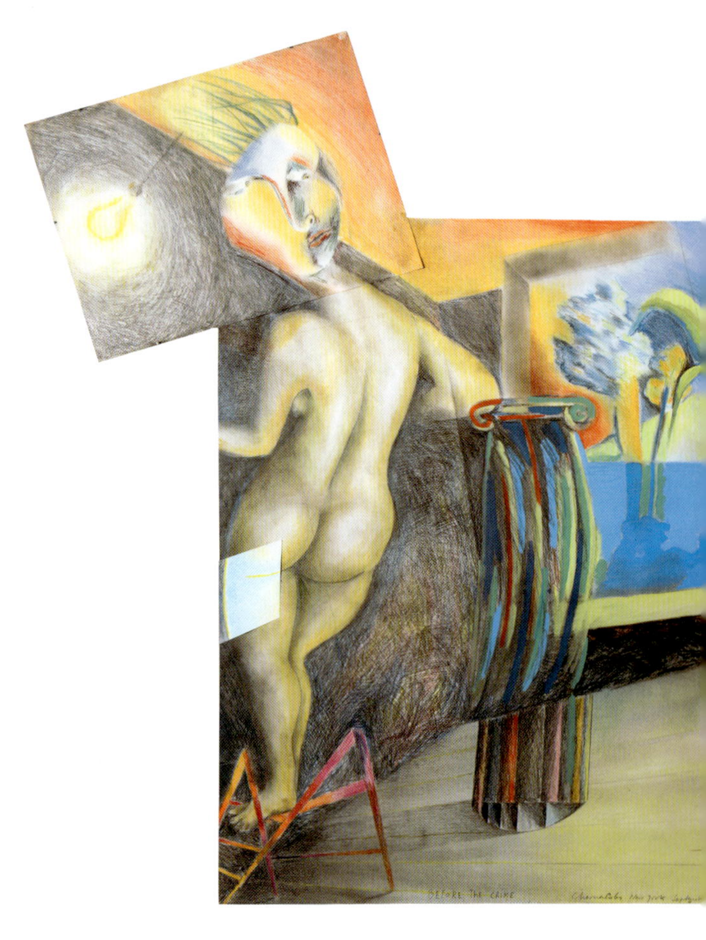

BEFORE THE CRIME

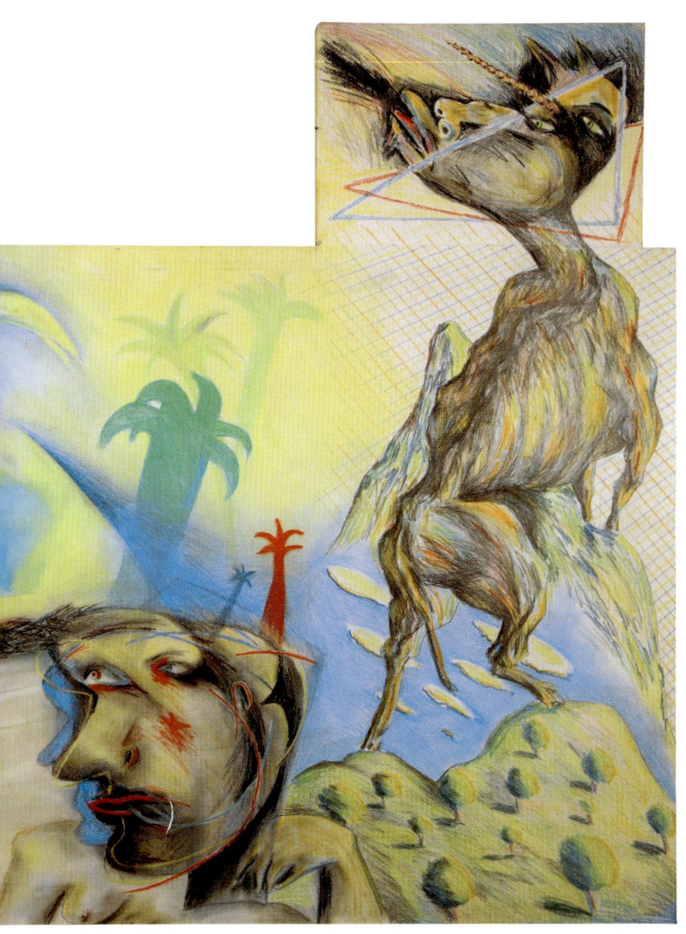

Chema Cobo

Before de crime, 1981
Mixed media on paper /
Técnica mixta sobre papel
141 × 225 cm

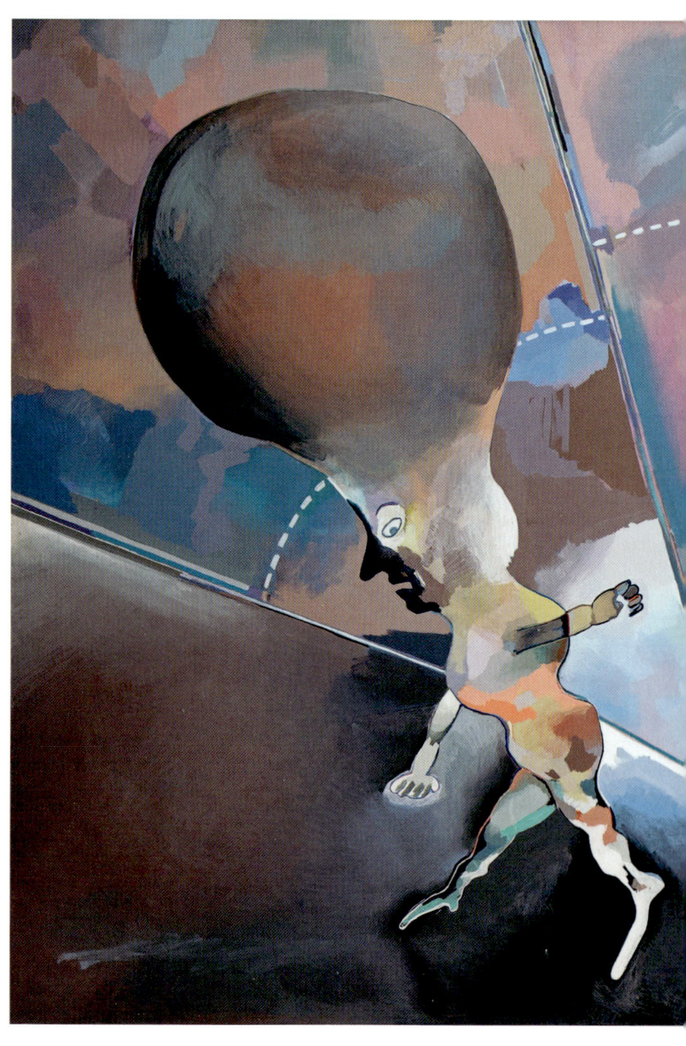

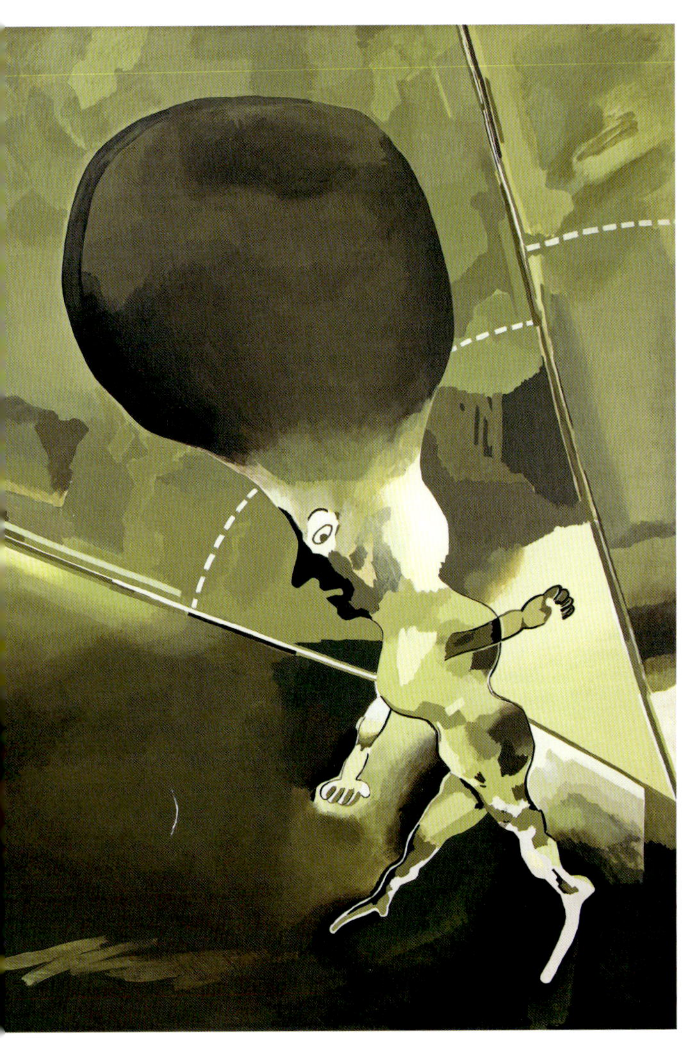

Luis Gordillo

Andarín Cabezón Duplex, 1975
Oil on canvas (diptych) /
Óleo sobre lienzo (díptico)
160 × 235 cm (overall)

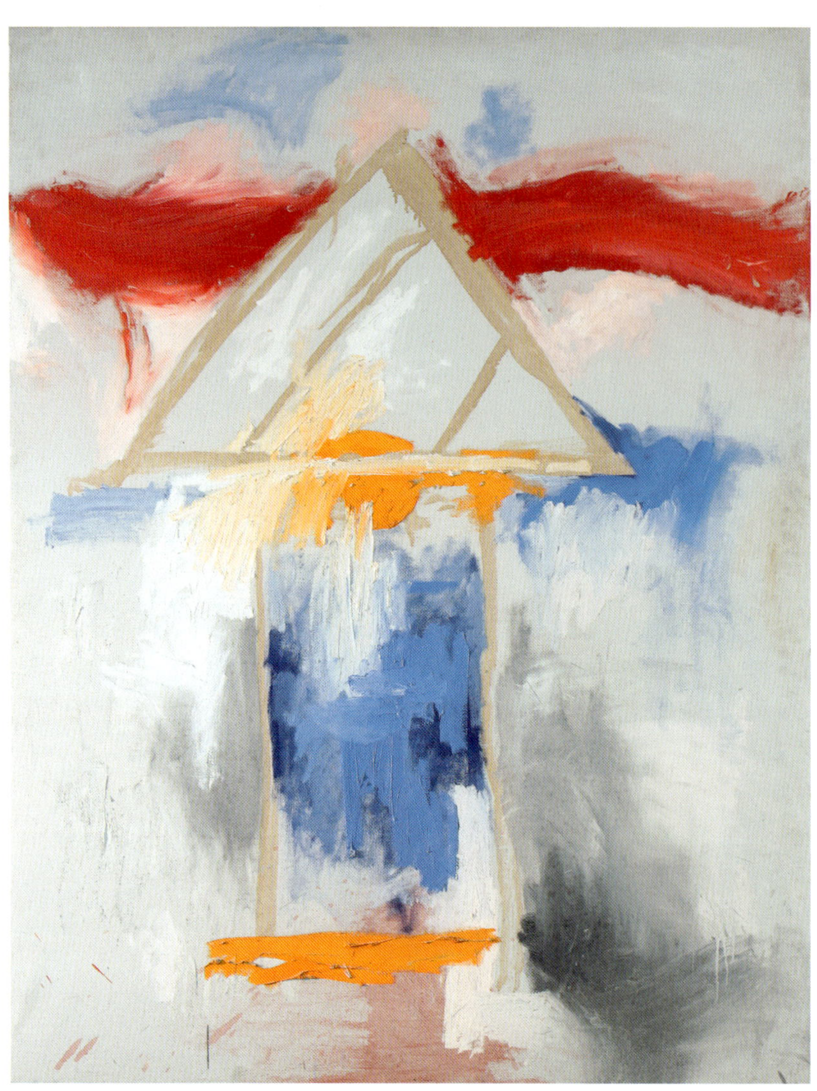

José Manuel Broto

Sin título, 1981
Oil on canvas / Óleo sobre lienzo
130 × 97 cm

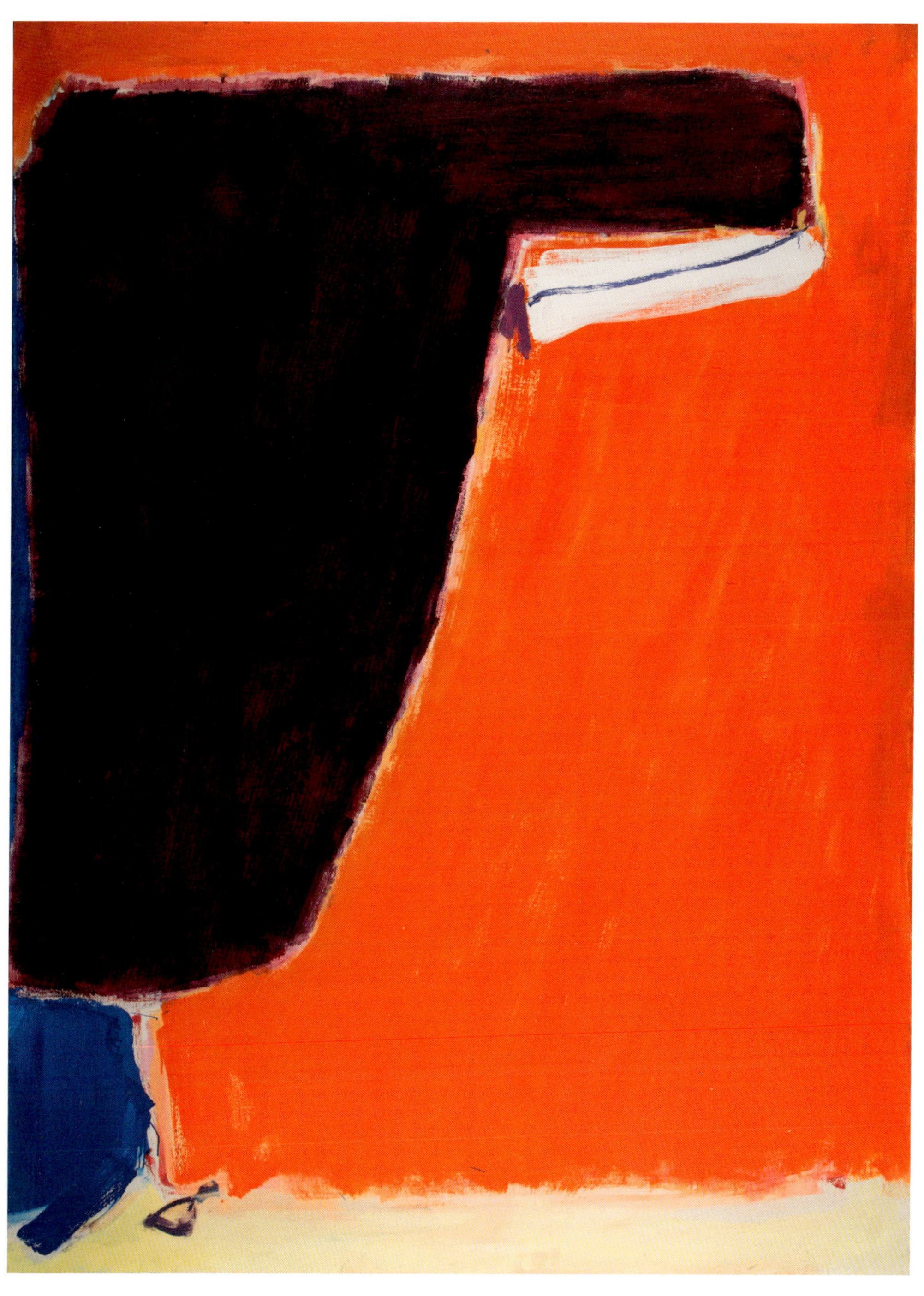

José Guerrero

Lateral violeta, 1979
Oil on canvas /
Óleo sobre lienzo
184 × 130 cm

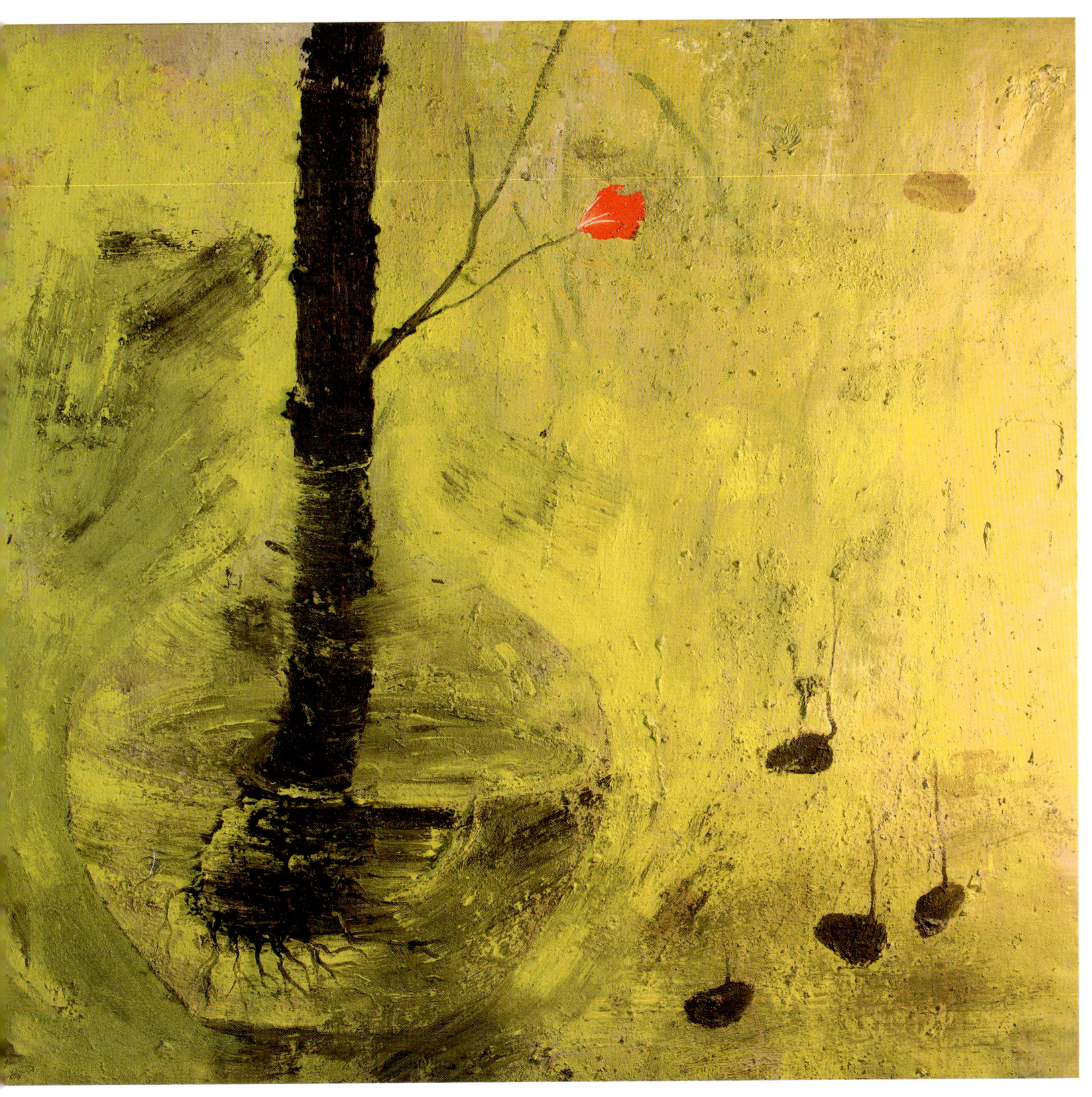

Miquel Barceló

Yellow, Red and Water, 1987
Mixed media on canvas /
Técnica mixta sobre lienzo
190 × 190 cm

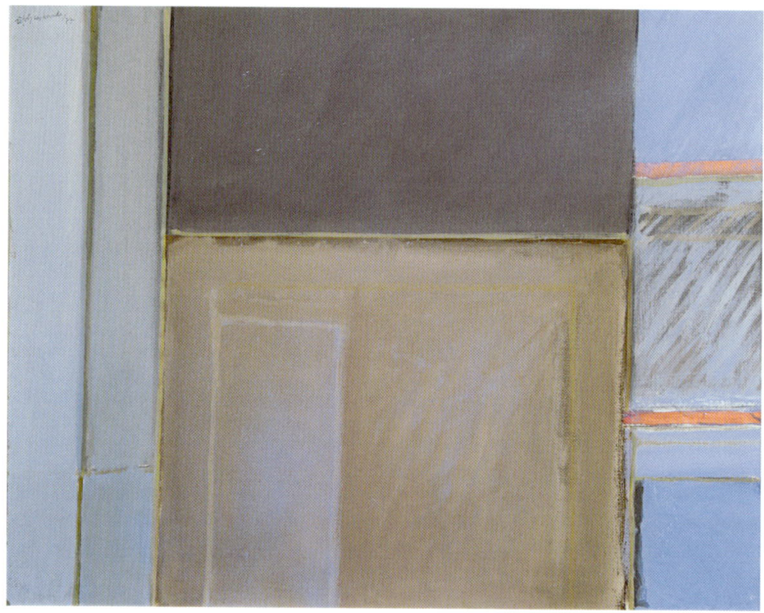

Albert Ràfols Casamada

Triple espai vertical, 1977
Acrylic on canvas /
Acrílico sobre lienzo
83 × 102 cm

José María Sicilia

Flor roja, 1987
Acrylic on canvas /
Acrílico sobre lienzo
300 × 200 cm

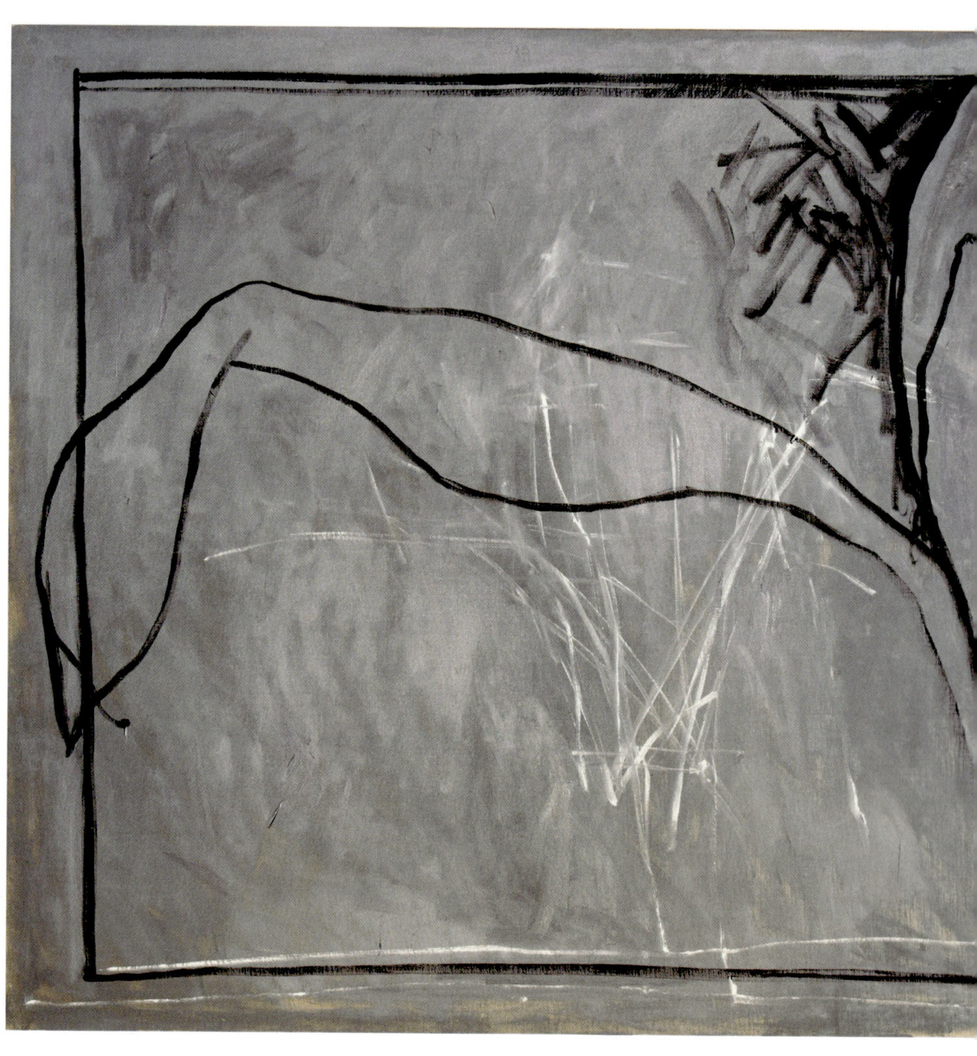

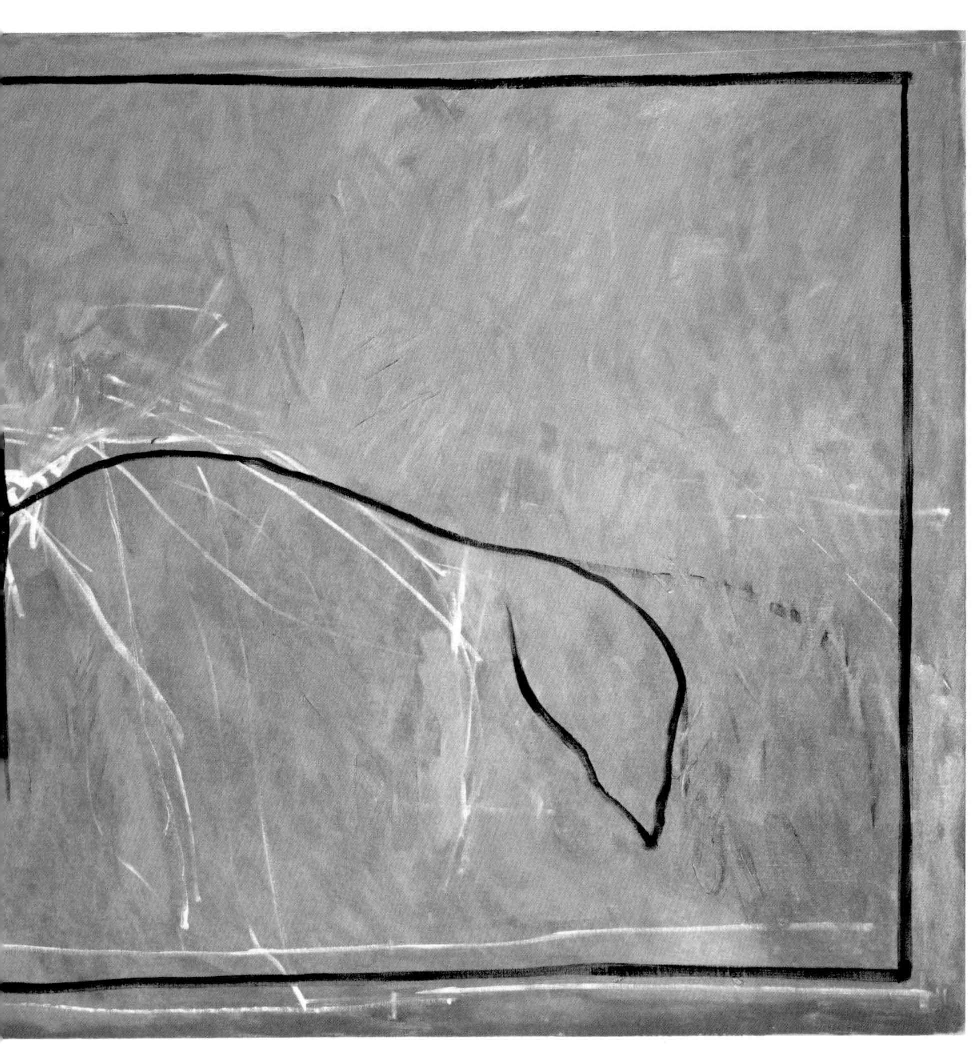

Joan Hernández Pijuan

Paisatge, 1984
Oil on canvas (diptych) /
Óleo sobre lienzo (díptico)
150 × 300 cm (overall)

Ferrán García Sevilla

África, 1987
Acrylic on canvas /
Acrílico sobre lienzo
250 × 200 cm

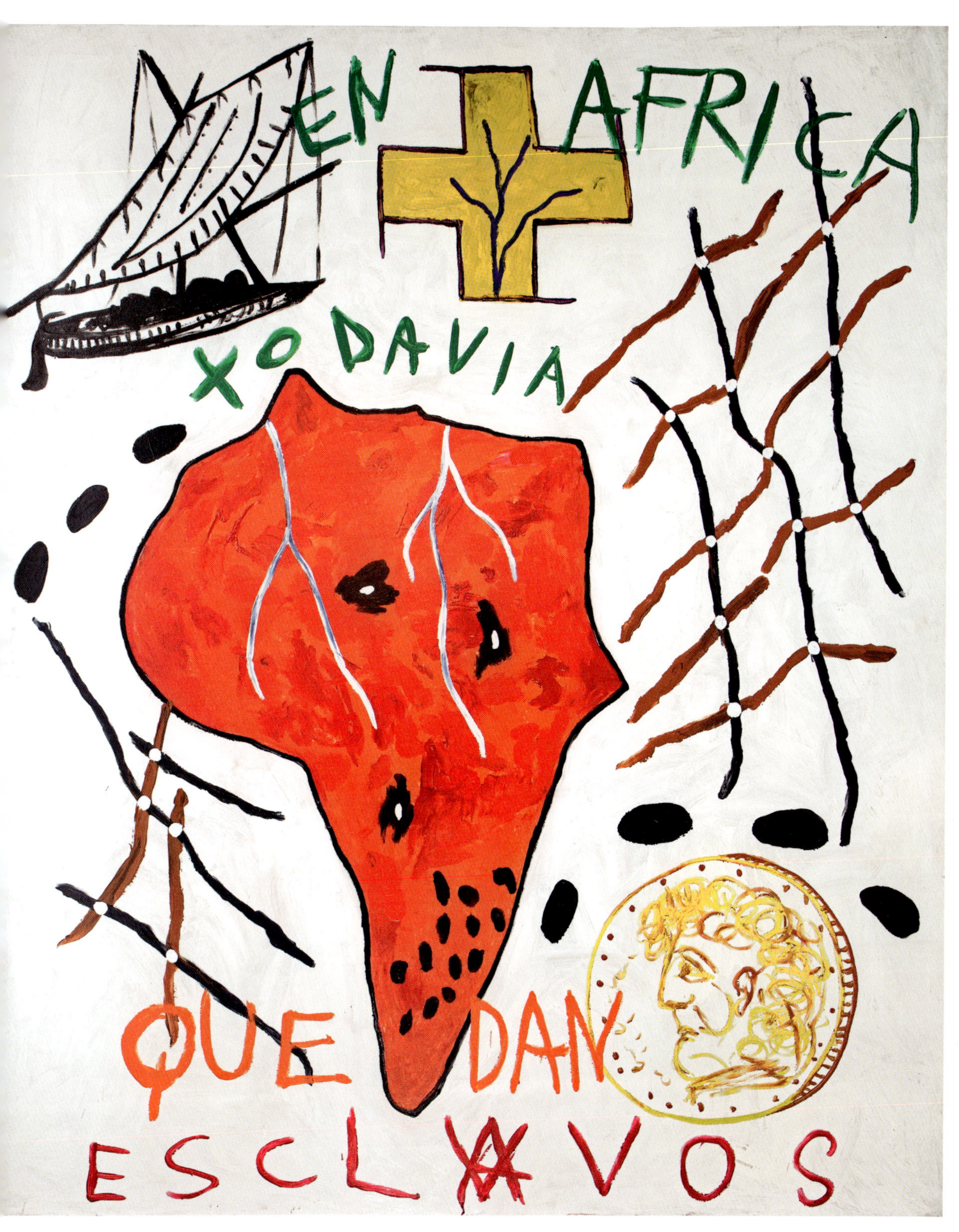
EN AFRICA
XODAVIA
QUE DAN
ESCLAVOS

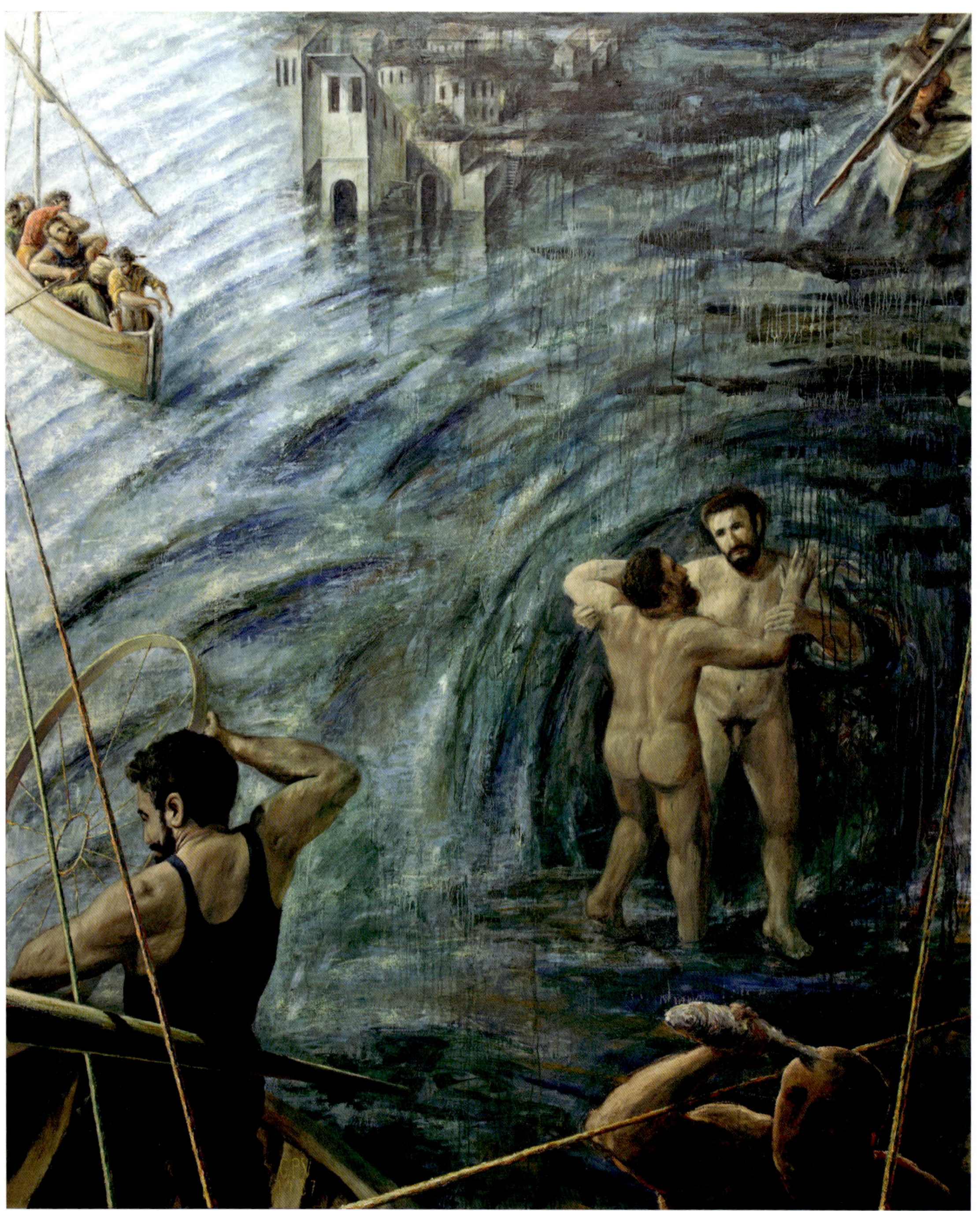

Guillermo Pérez Villalta

El mar de las dudas, 1987
Oil on canvas /
Óleo sobre lienzo
223 × 180 cm

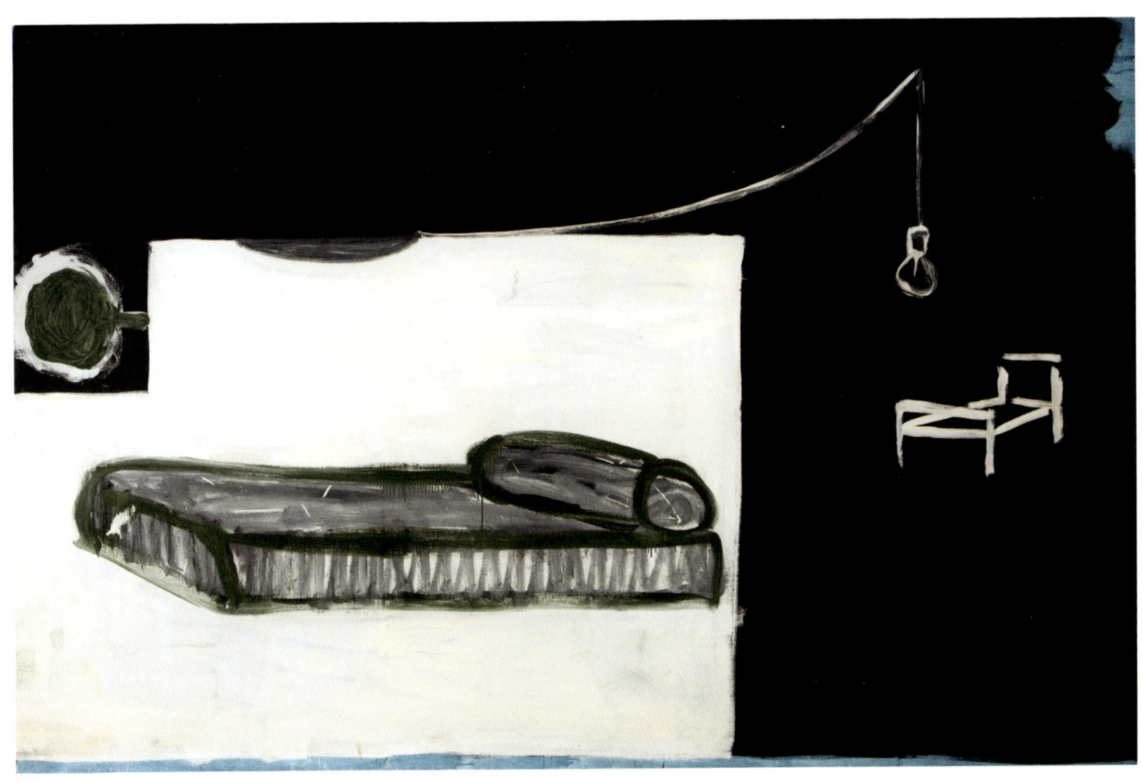

Miguel Ángel Campano

Cama I, 1989
Oil on canvas / Óleo sobre lienzo
160 × 234 cm

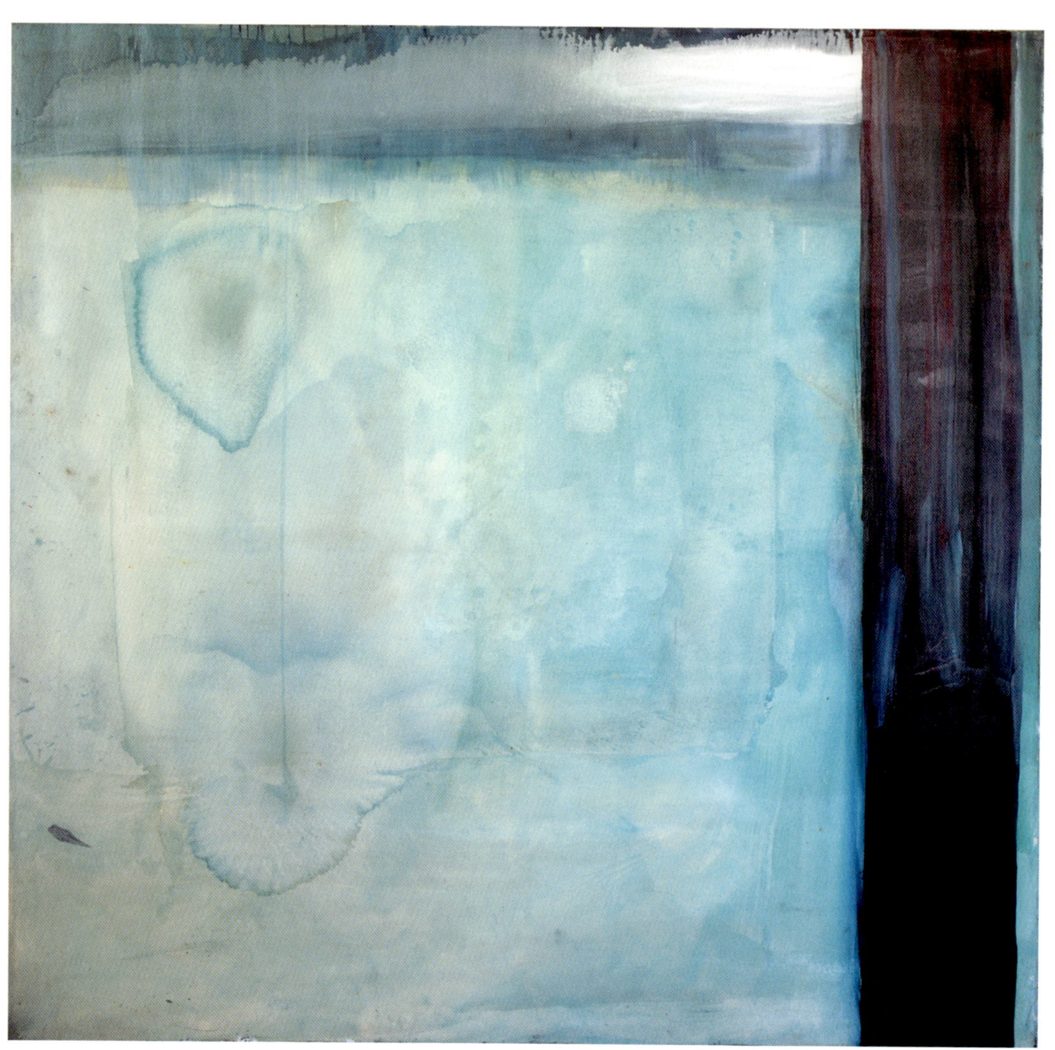

Juan Uslé

Nebulosa, 1990
Acrylic on canvas /
Acrílico sobre lienzo
200 × 200 cm

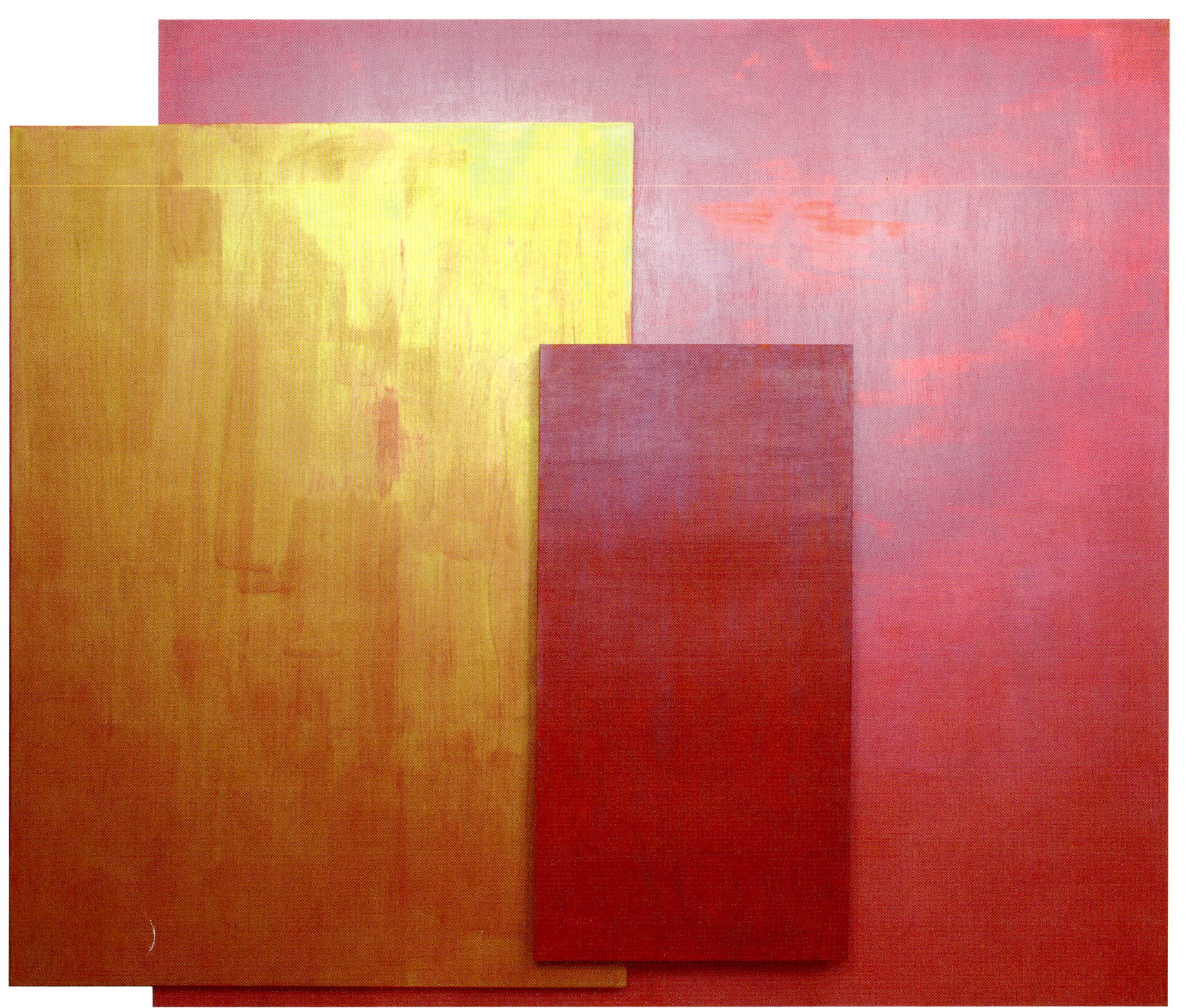

Rosa Brun

Zahen, 1999
Mixed media on wood /
Técnica mixta sobre madera
200 × 226 × 20 cm

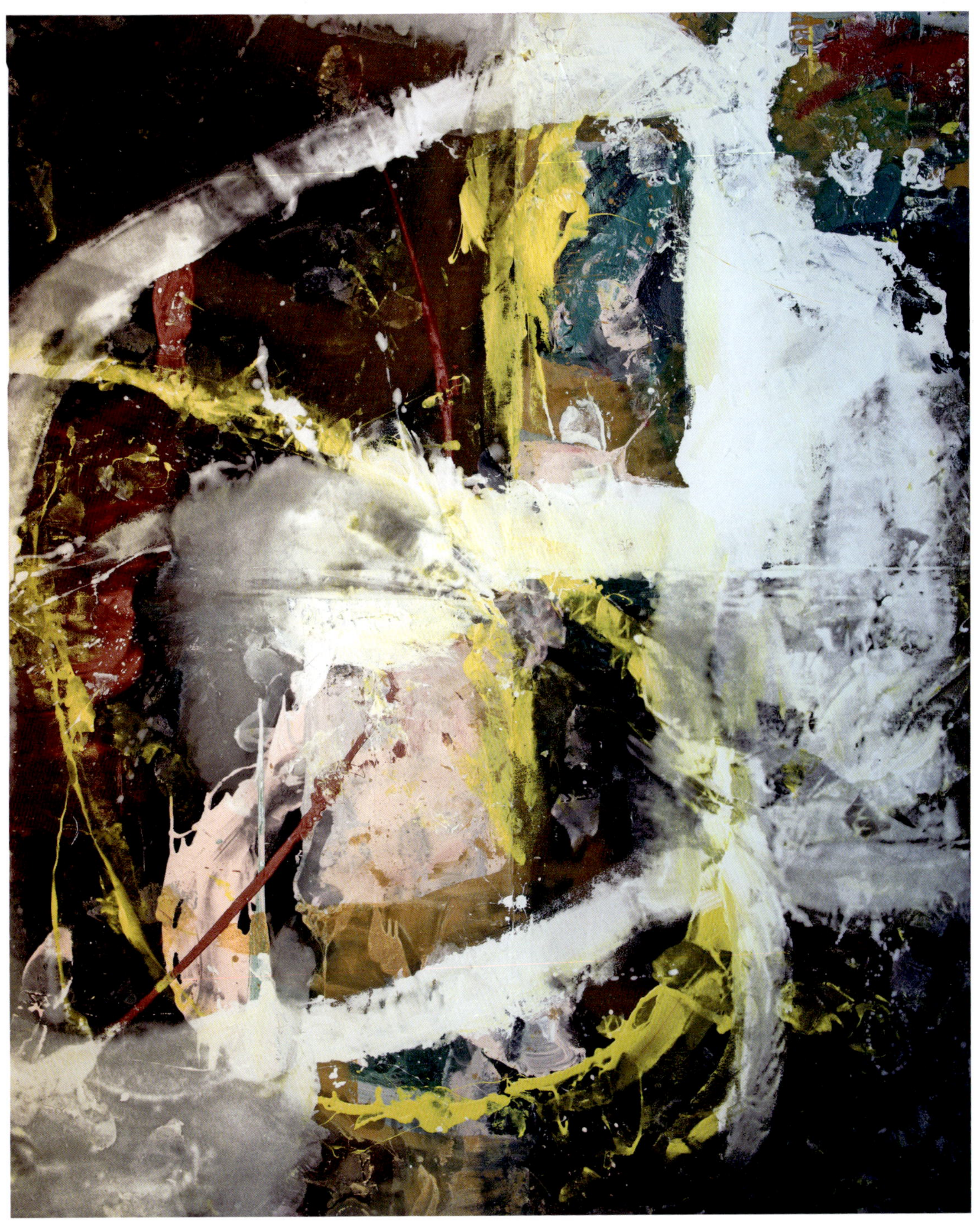

Jorge Galindo

Sol Peyote, 1993
Acrylic on canvas /
Acrílico sobre lienzo
250 × 200 cm

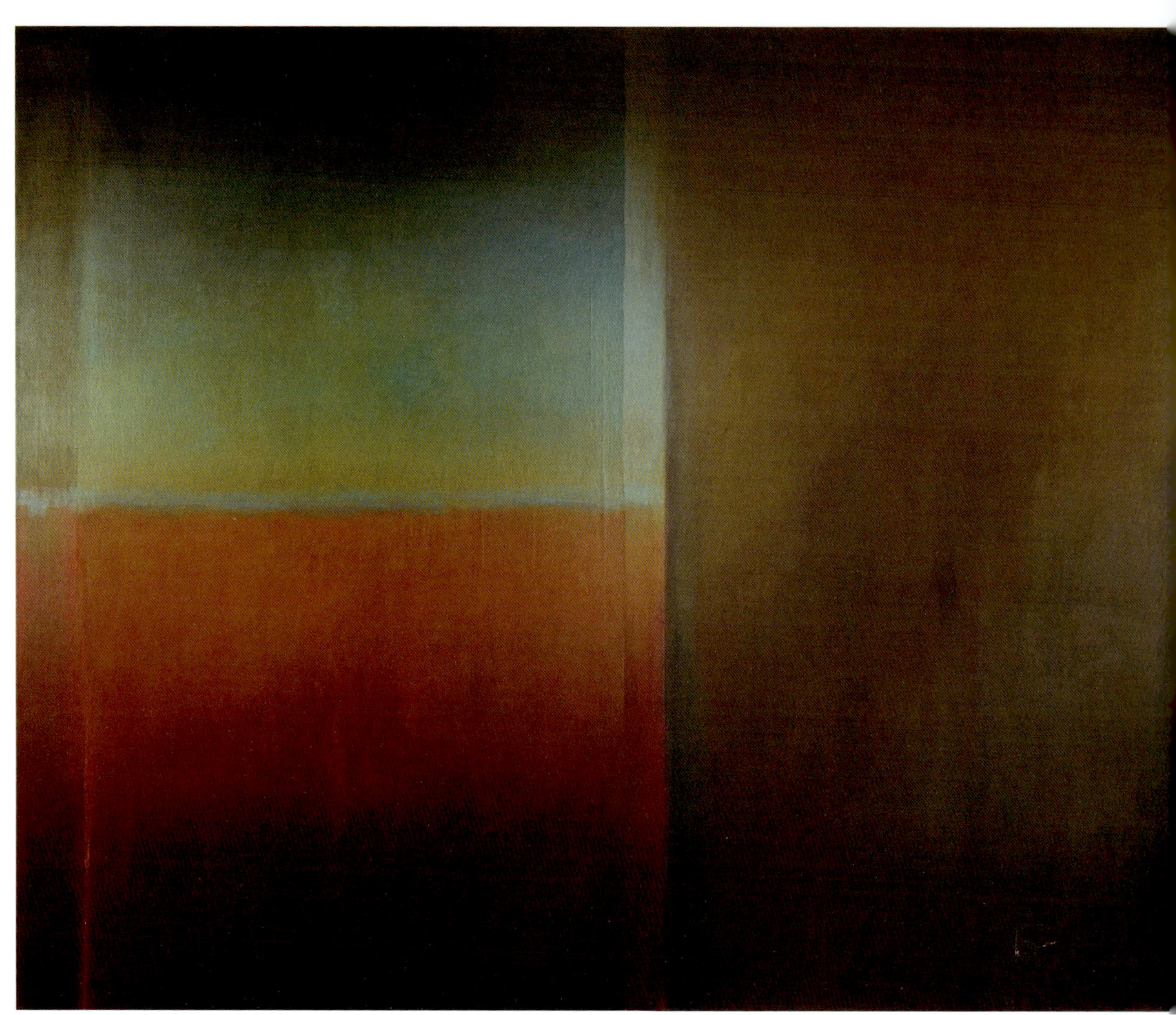

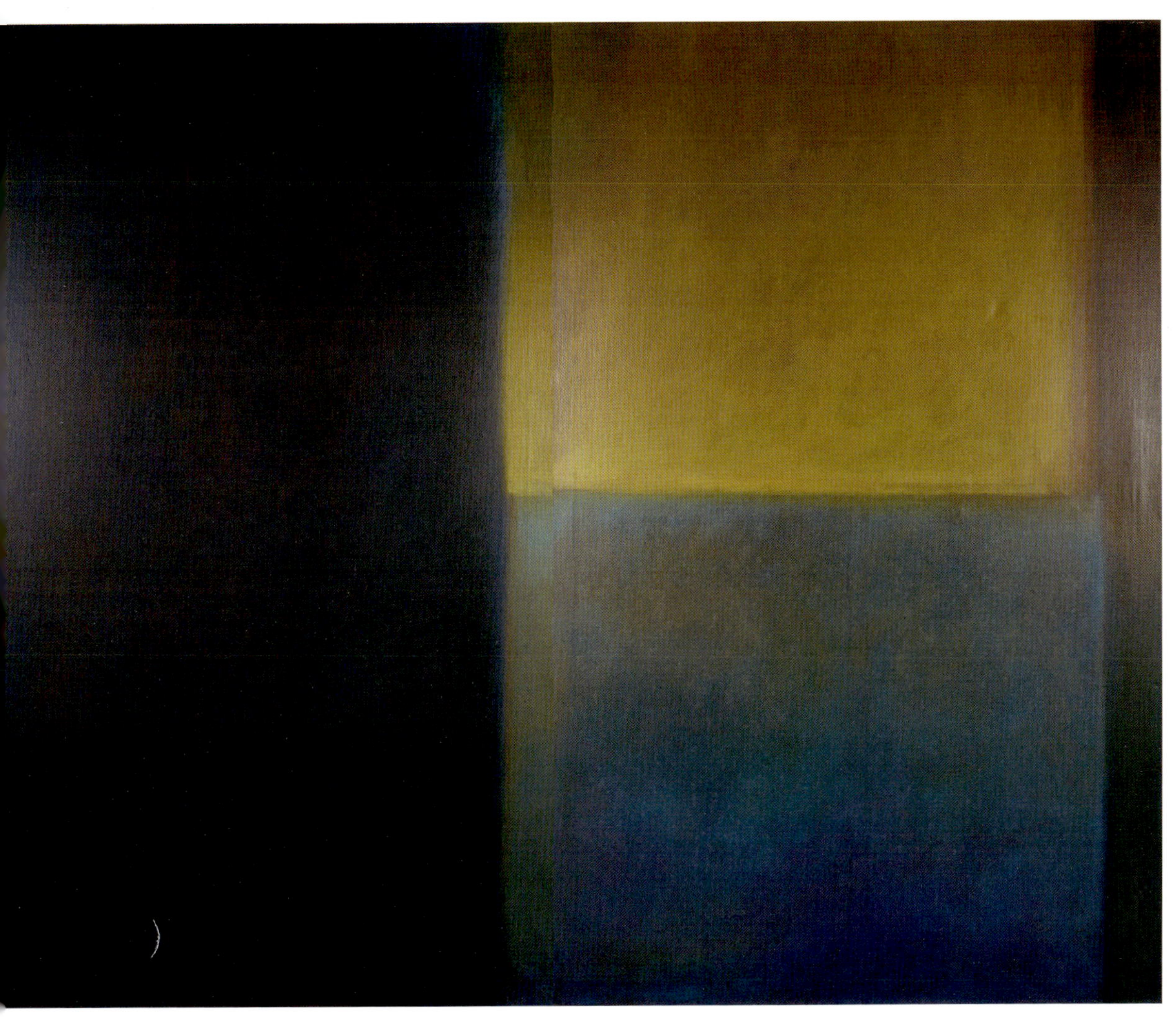

Soledad Sevilla

Vélez Blanco V, 1995
Acrylic on canvas (4 pieces) /
Acrílico sobre lienzo (4 piezas)
219 × 516 cm (overall)

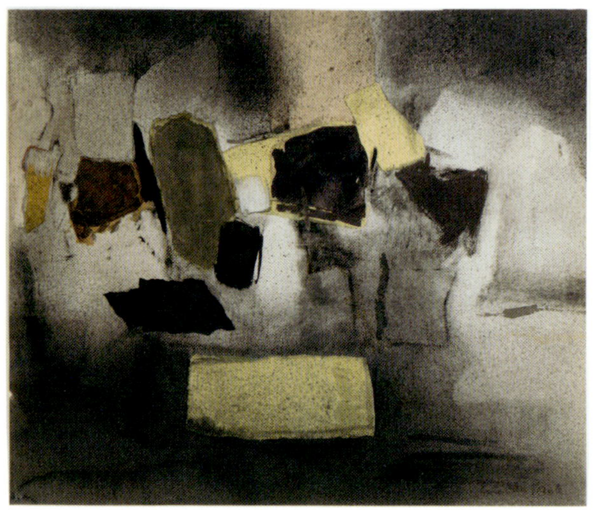

Esteban Vicente

Sin título, 1980
Collage on paper /
Collage sobre papel
42 × 50 cm

Juan Uslé

Lid (620), 1997
Vinyl, dispersion paint and pigments
on canvas / Vinilo, pintura en
dispersión y pigmentos sobre lienzo
274 × 203 cm

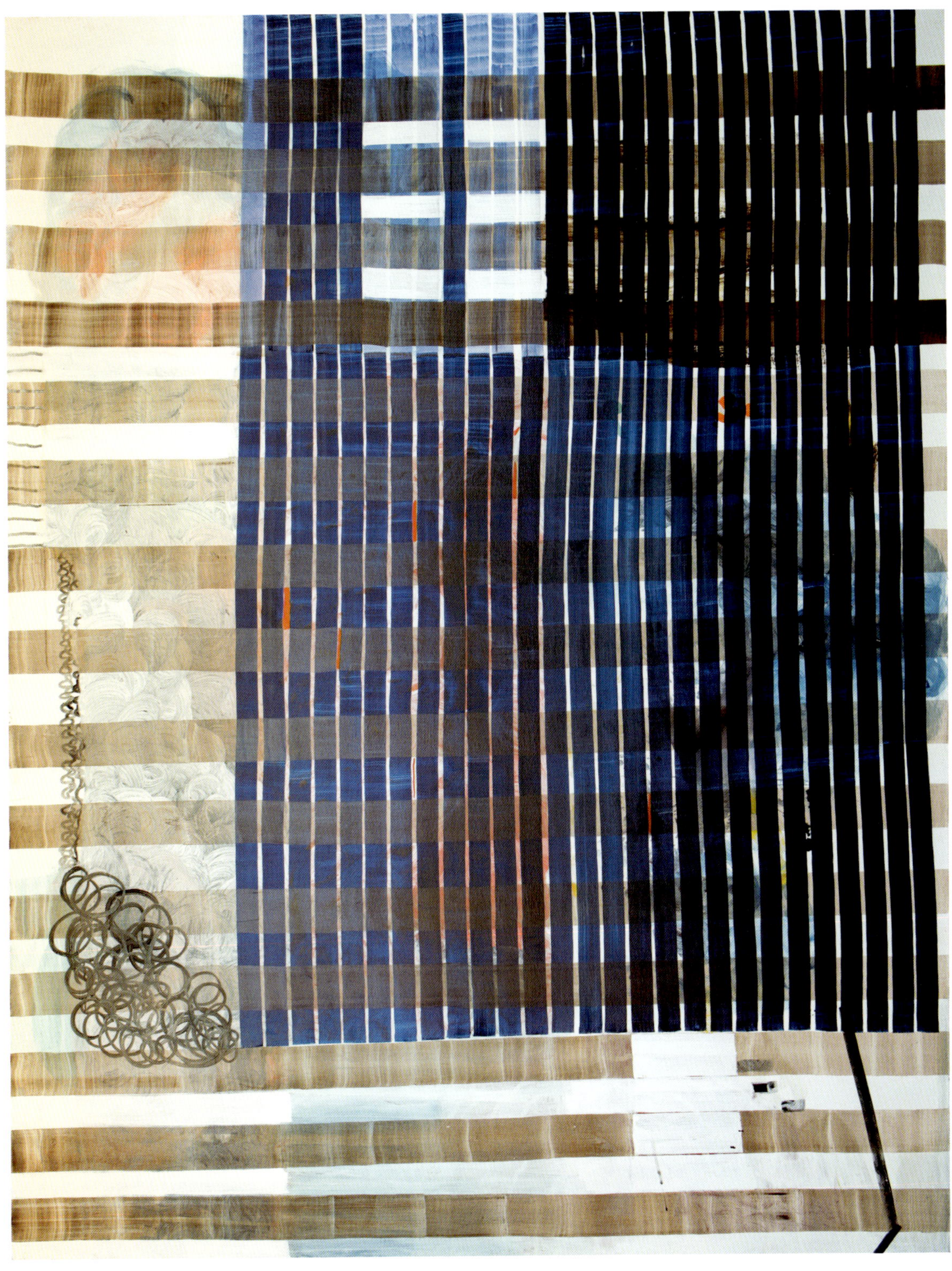

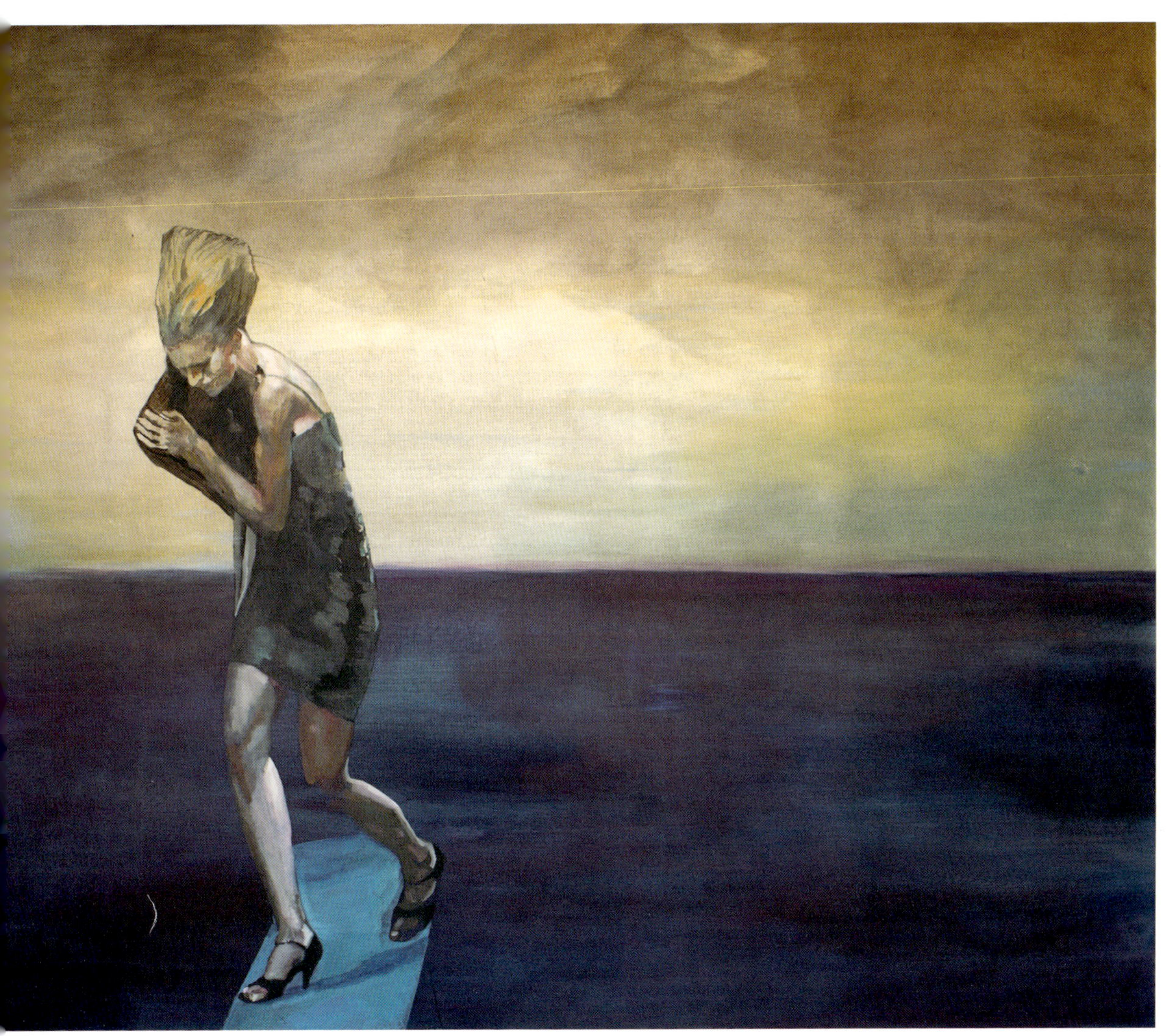

Victoria Civera

En el paisaje, 2000
Acrylic and pigment on linen /
Acrílico y pigmento sobre lino
203 × 305 cm

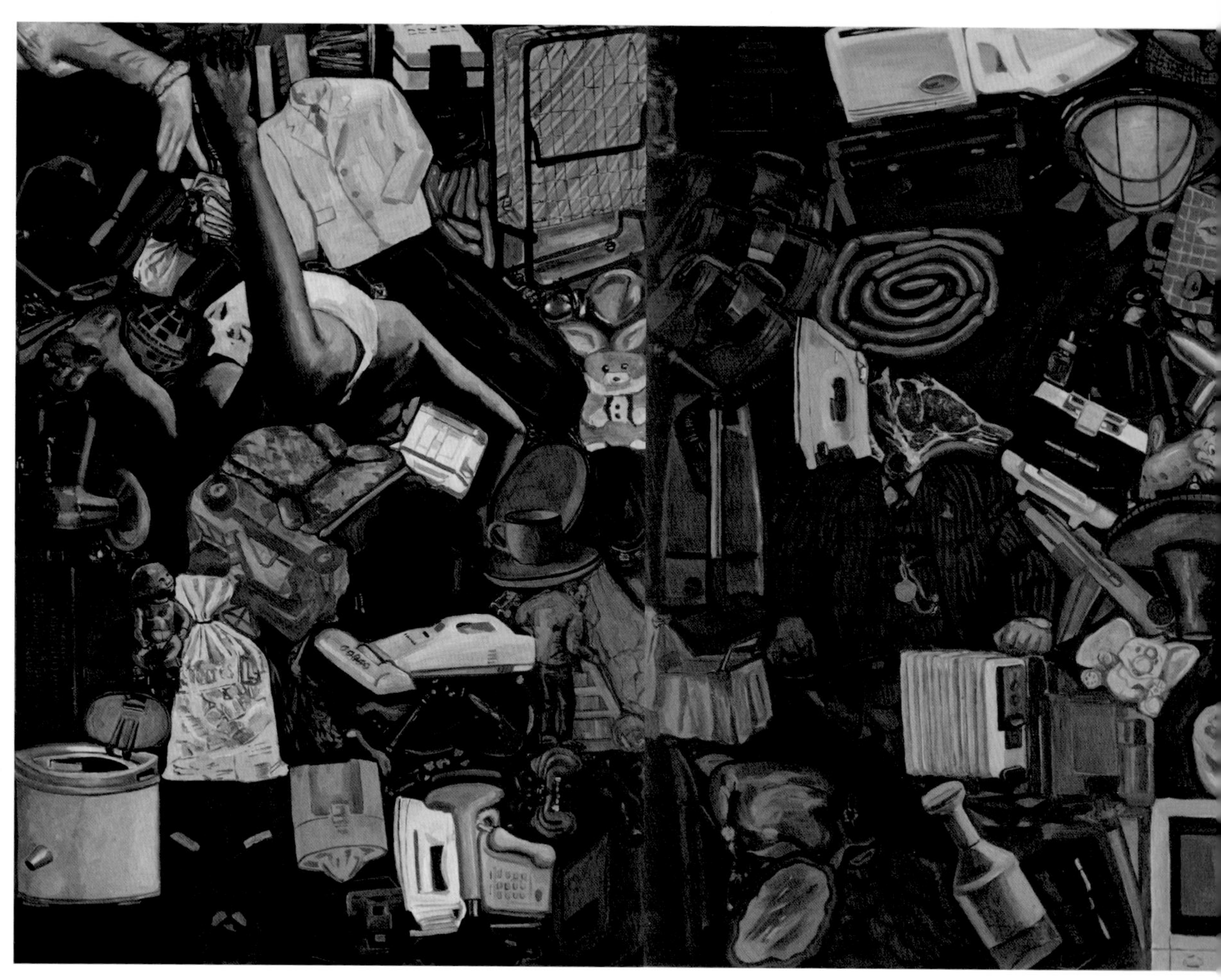

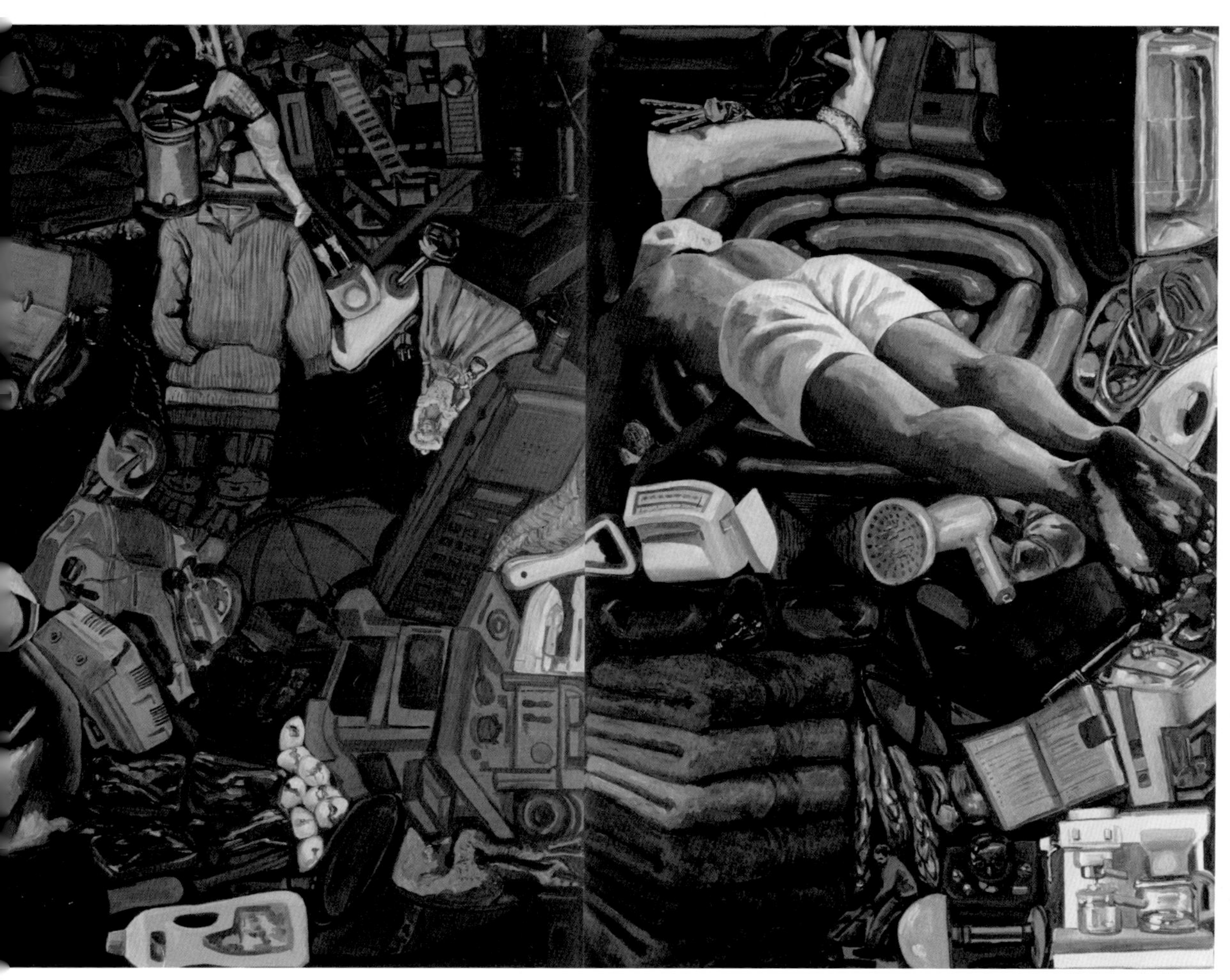

Curro González

El país de la cucaña, 1994
Oil on canvas and wood (4 pieces) /
Óleo sobre lienzo y madera (4 piezas)
183 × 122 cm (each)

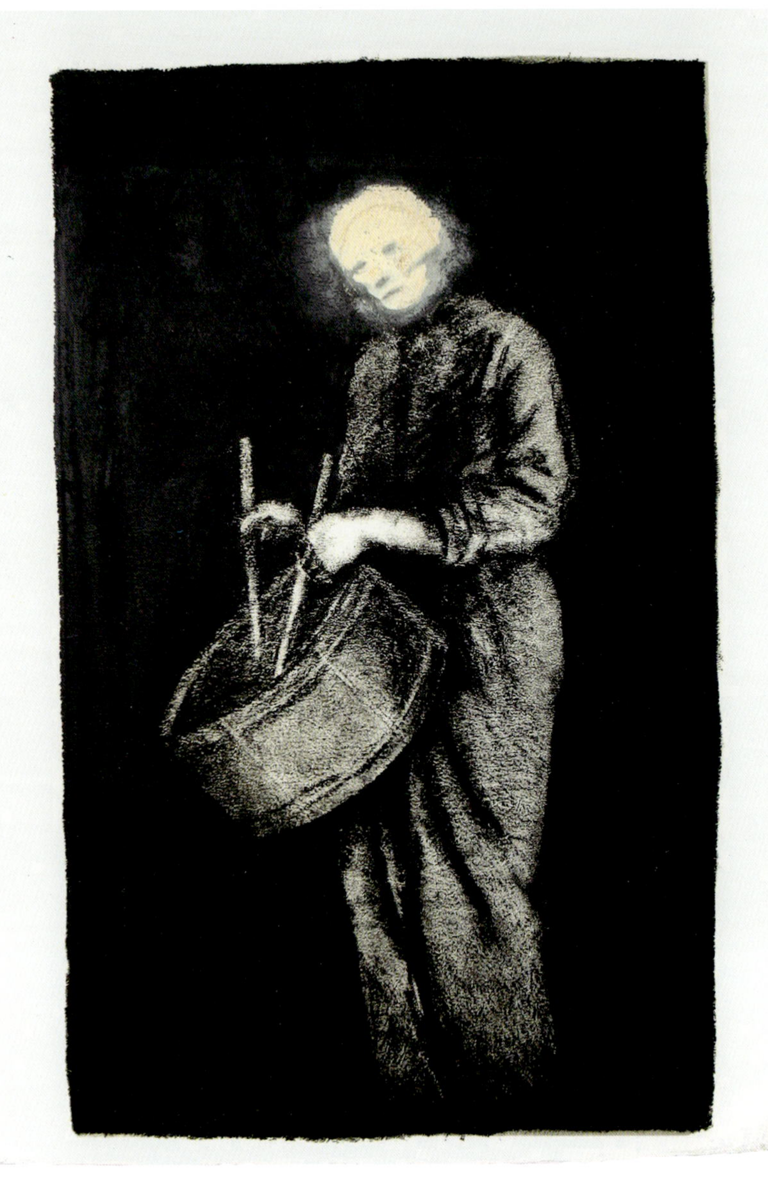

Juan Muñoz

Sin título, 1995
Oil on paper and canvas /
Óleo sobre papel y lienzo
197 × 133 cm

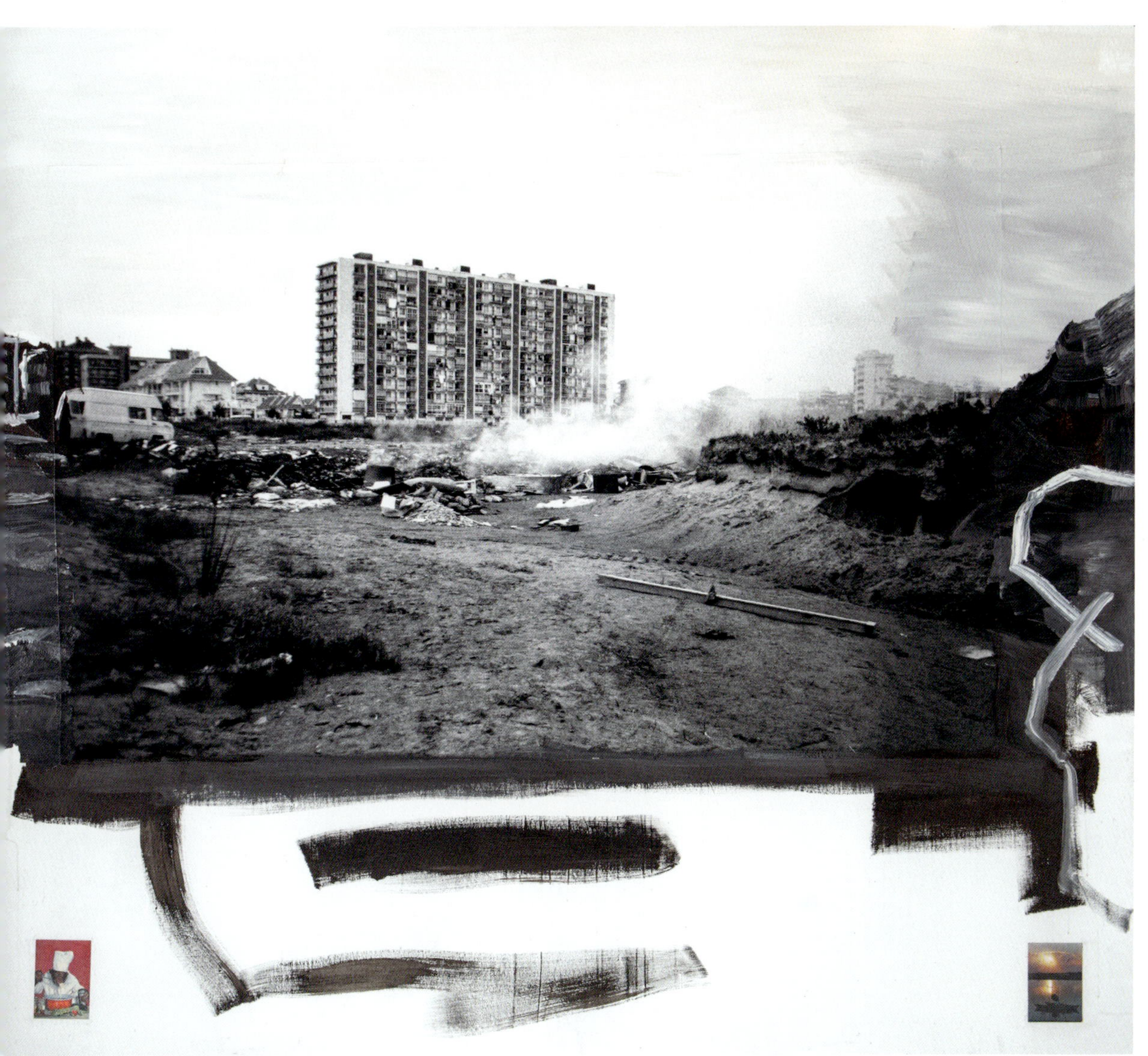

Juan Ugalde

S/T, 1997
Collage on paper /
Collage sobre papel
196 × 212 cm

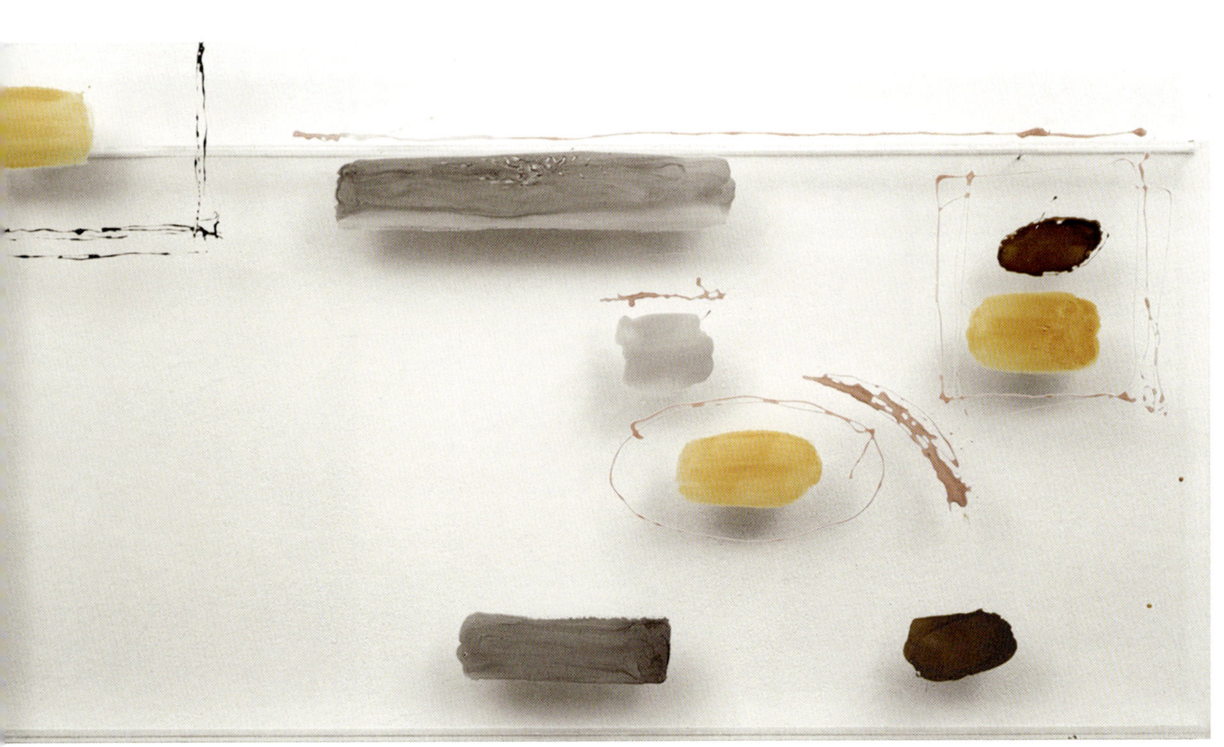

Helmut Dorner

Untitled, 1999
Lacquer on plexiglass /
Laca sobre plexiglás
90 × 157 × 7 cm

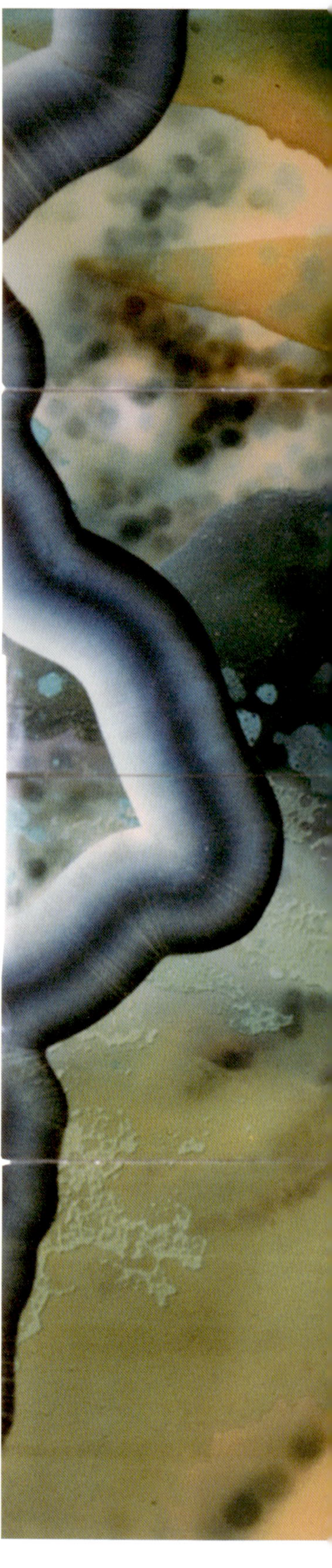

Darío Urzay

Observador distante-umbilical
(17 bloody images), 2000
Oil and epoxy on wood (diptych) /
Óleo y epoxi sobe madera (díptico)
280 × 280 cm (overall)

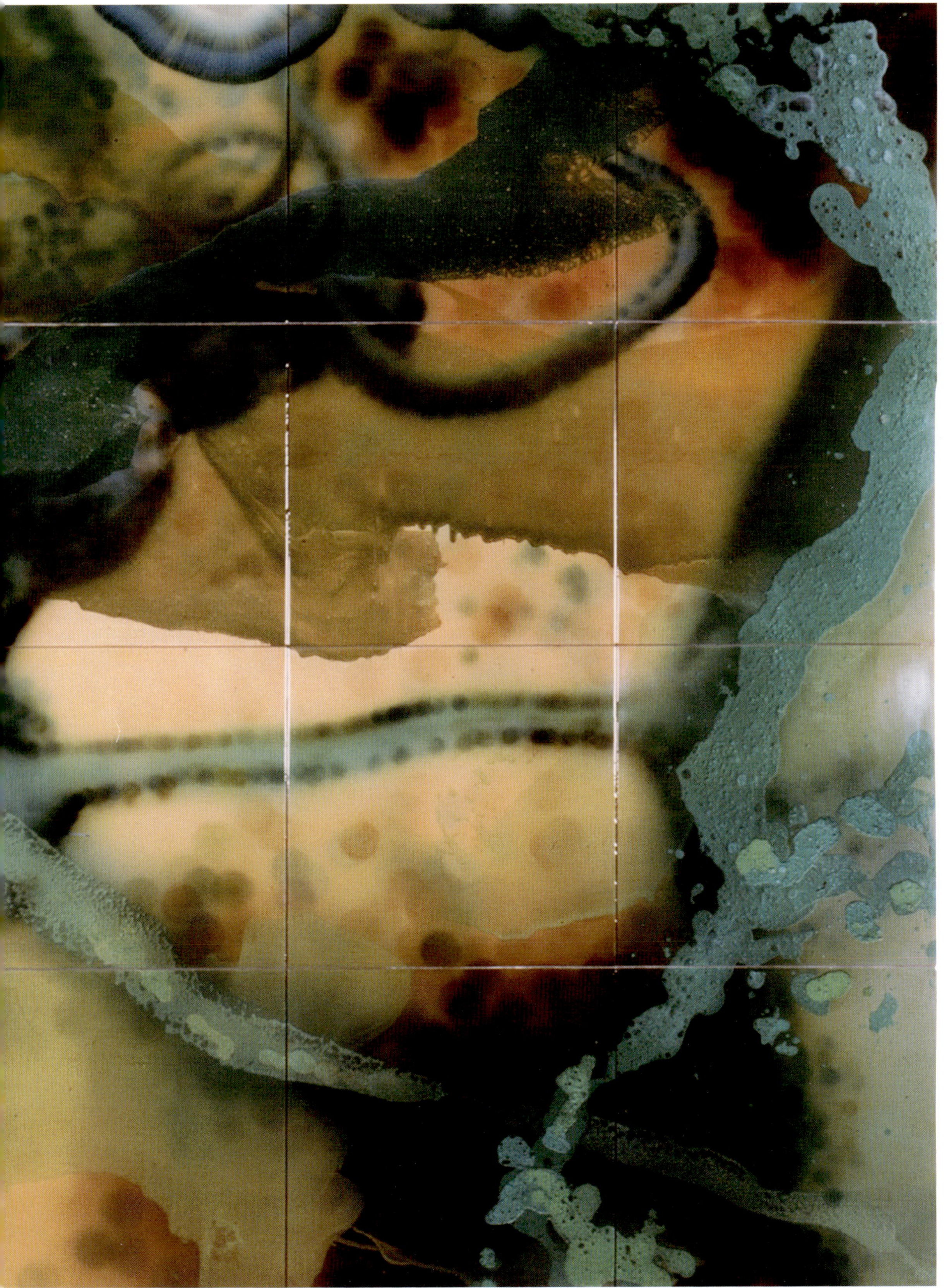

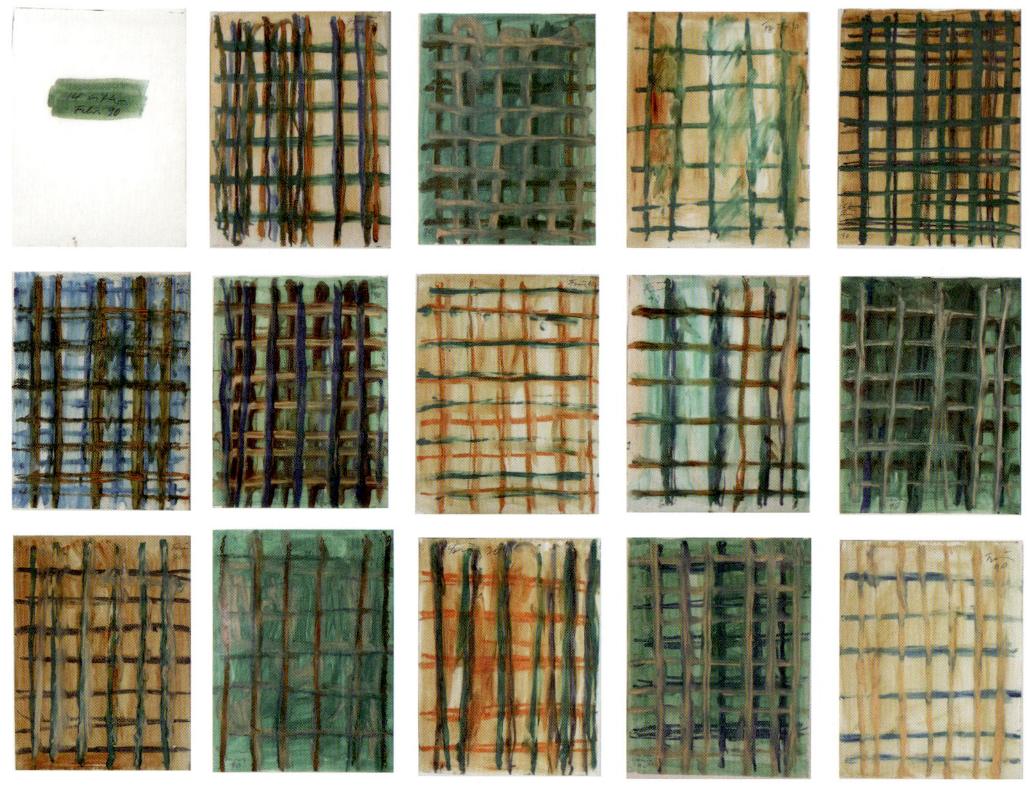

Günther Förg

14 Gitter, 1990
Gouache on paper (15 pieces) /
Gouache sobre papel (15 piezas)
32 × 24 (each)

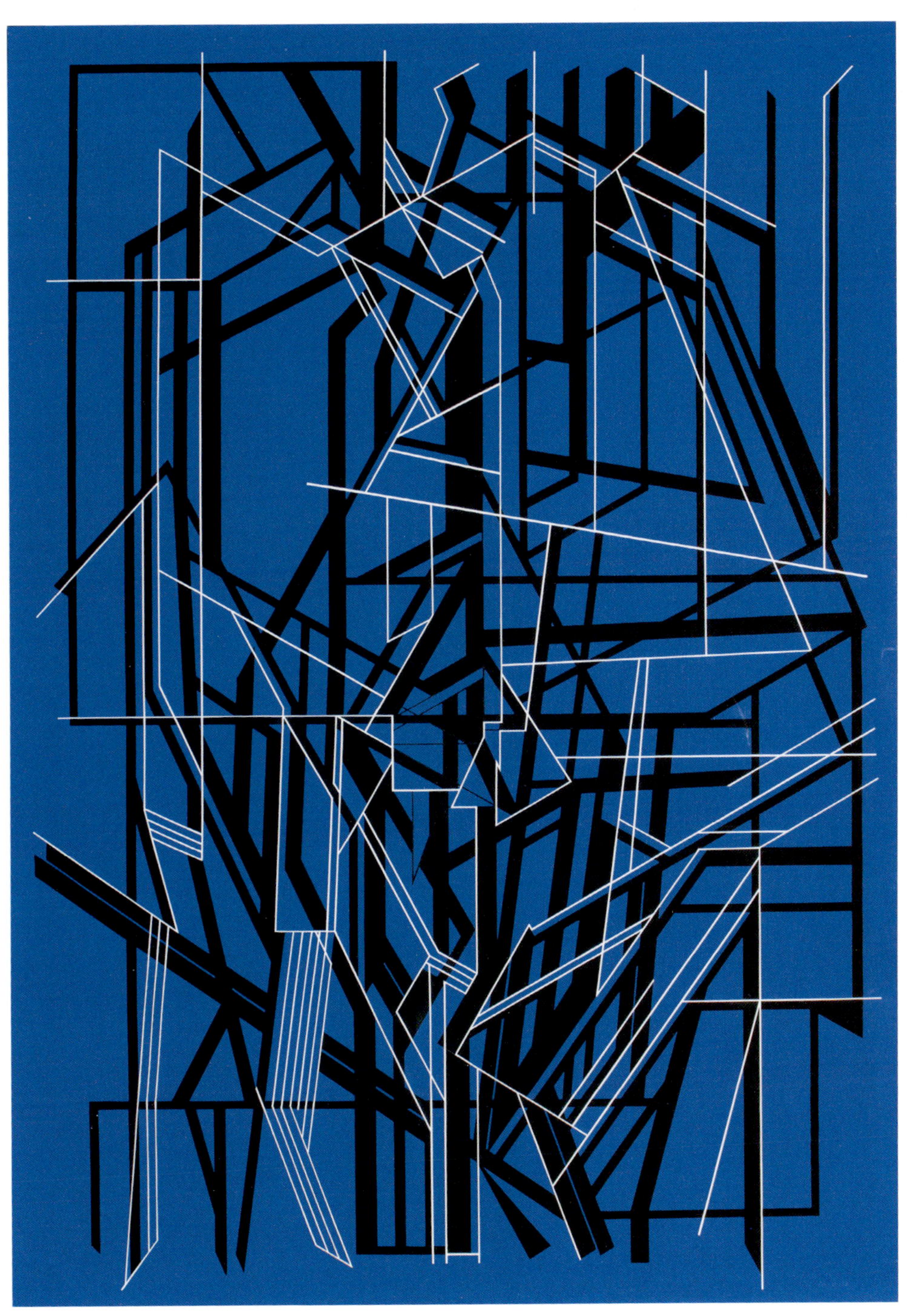

Pablo Palazuelo

De Somnis I, 1995
Oil on canvas /
Óleo sobre lienzo
220 × 150 cm

Imi Knoebel

Nonnoa, 2002
Acrylic on aluminum /
Acrílico sobre aluminio
307 × 307 × 11 cm

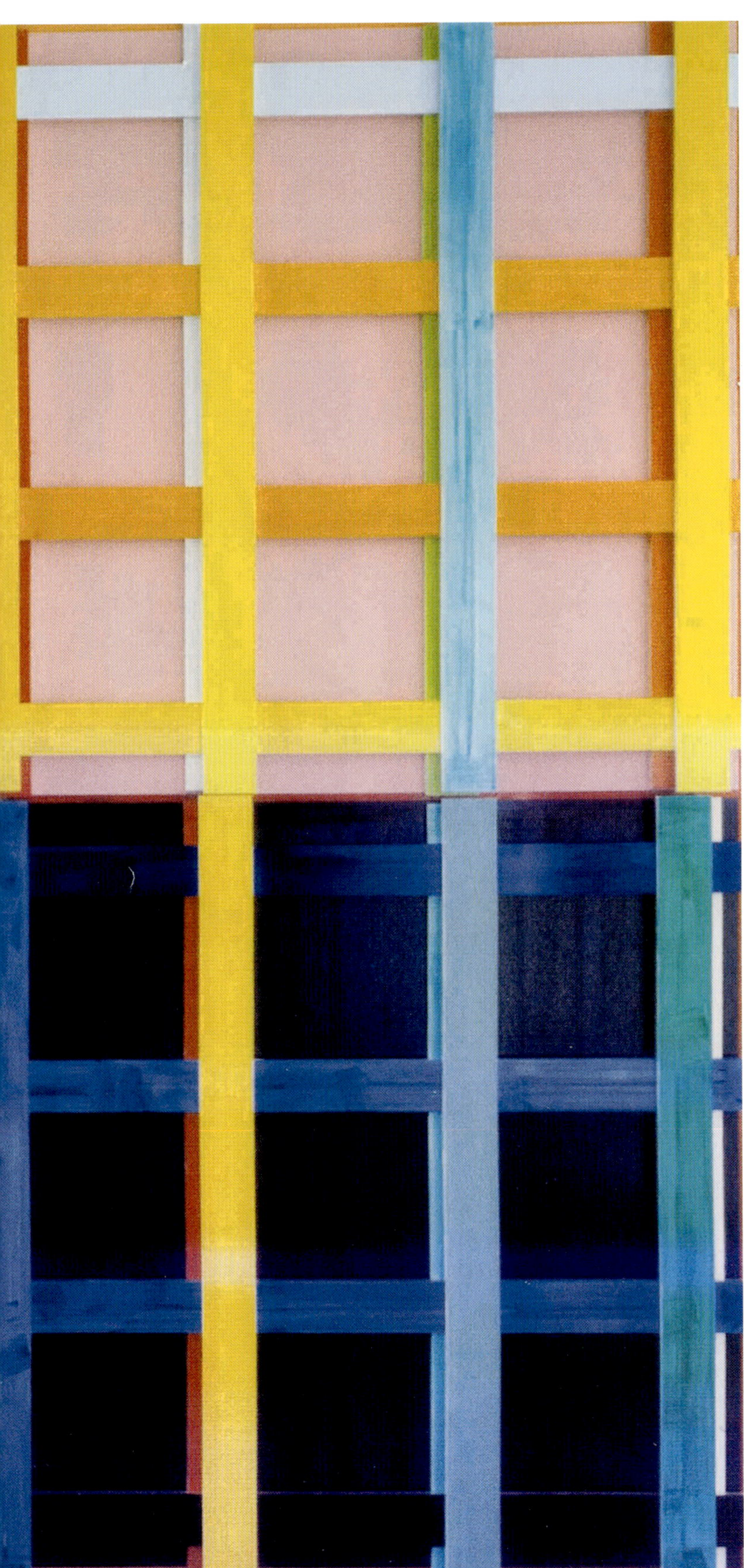

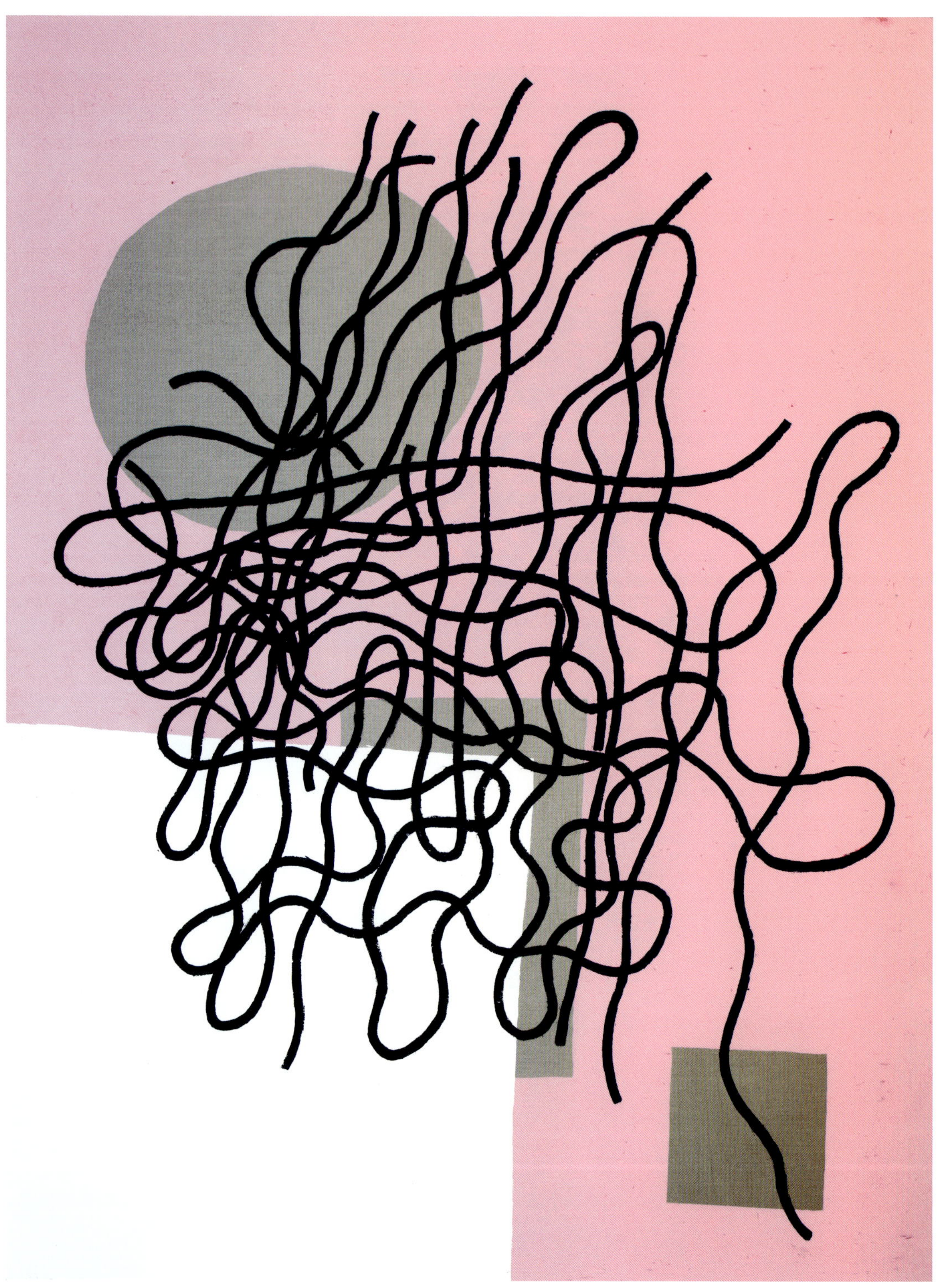

Miguel Ángel Campano

LVER Felices, 1998
Oil on canvas / Óleo sobre lienzo
289 × 210 cm

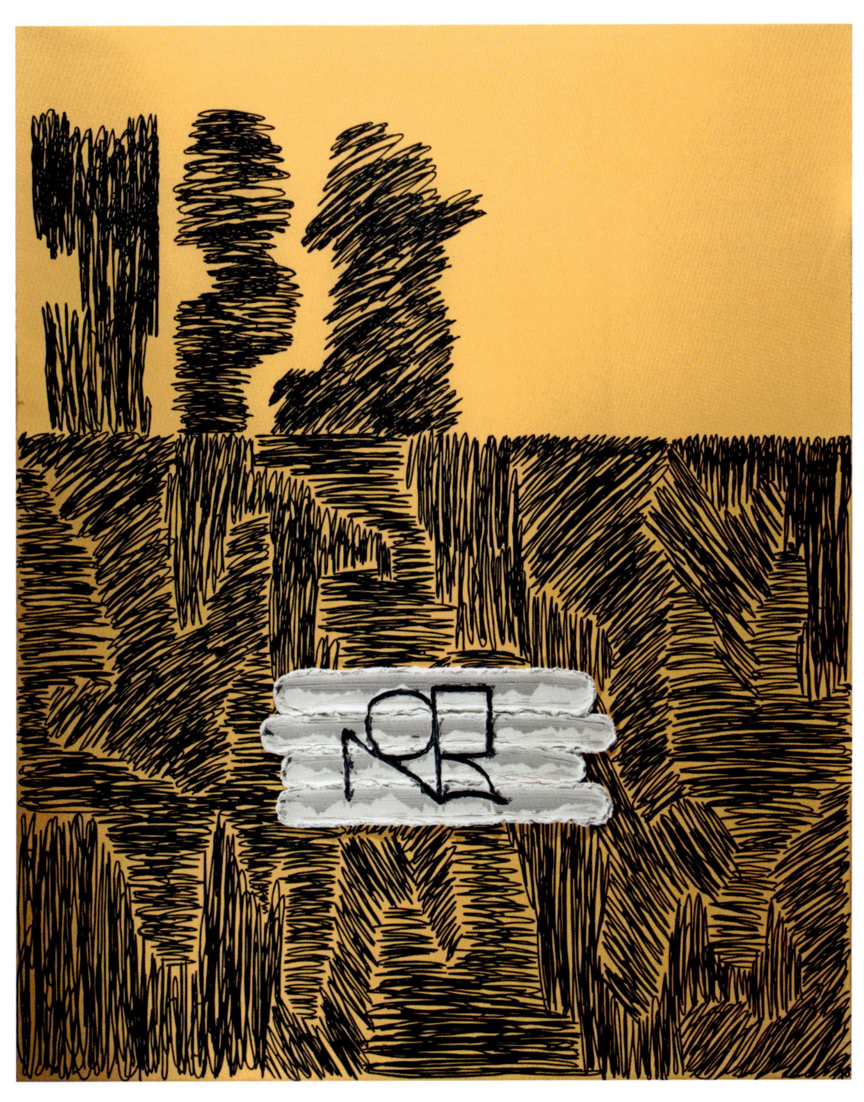

Jonathan Lasker

The Divergence of Truth and Beauty, 1994
Oil on canvas / Óleo sobre lienzo
183 × 142 cm

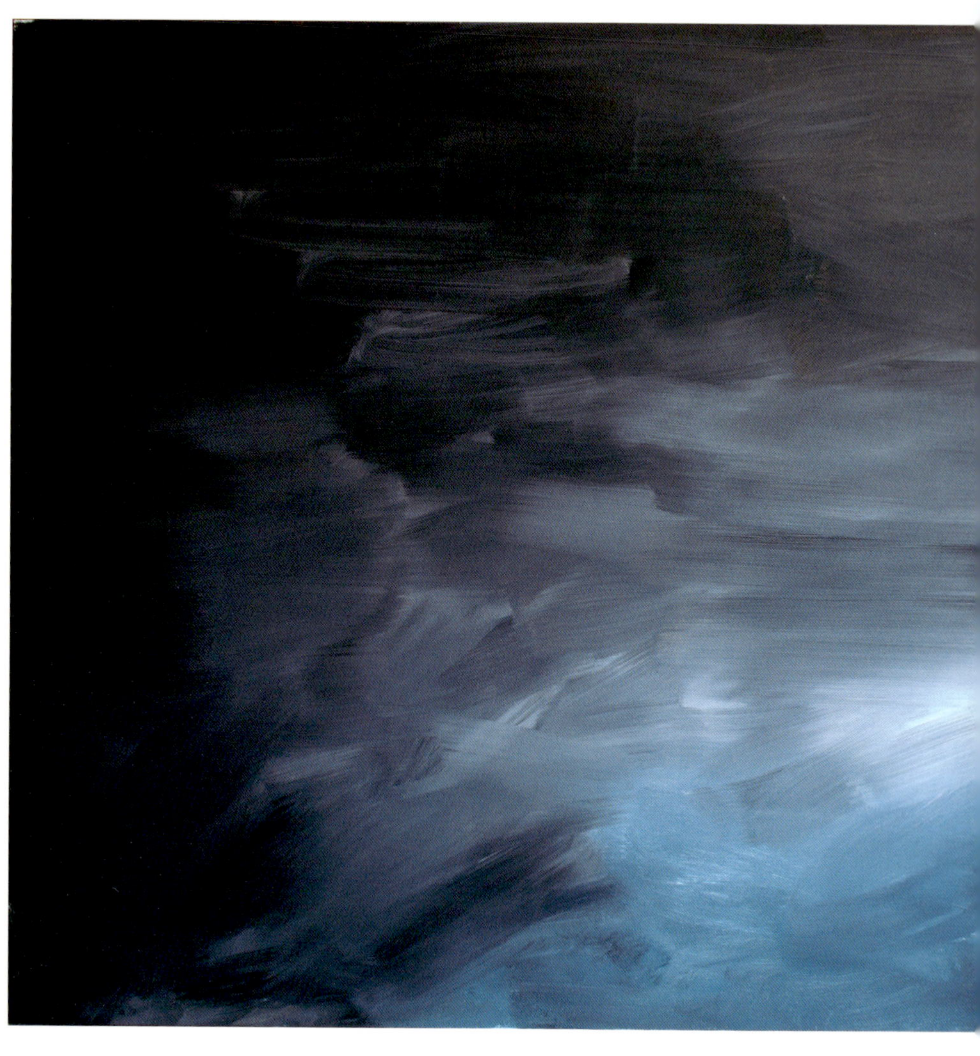

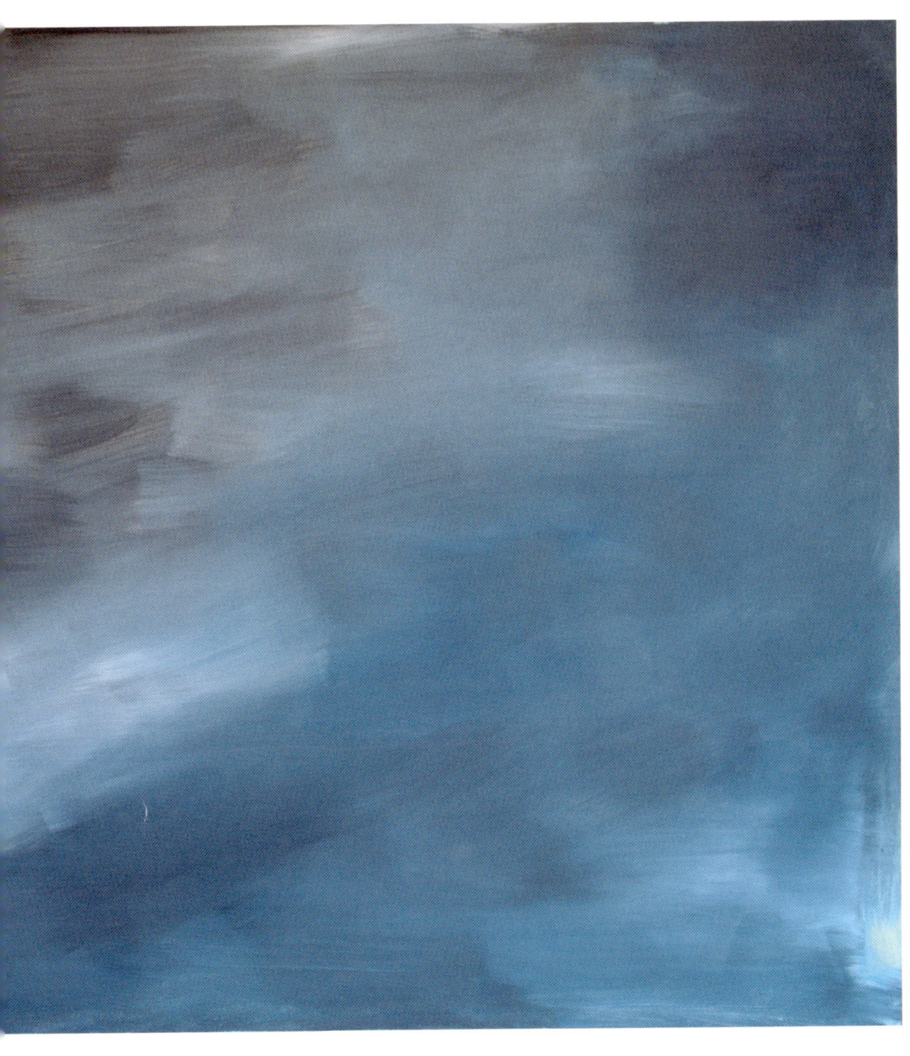

Herbert Brandl

Untitled, 1999
Oil on canvas / Óleo sobre lienzo
150 × 300 cm

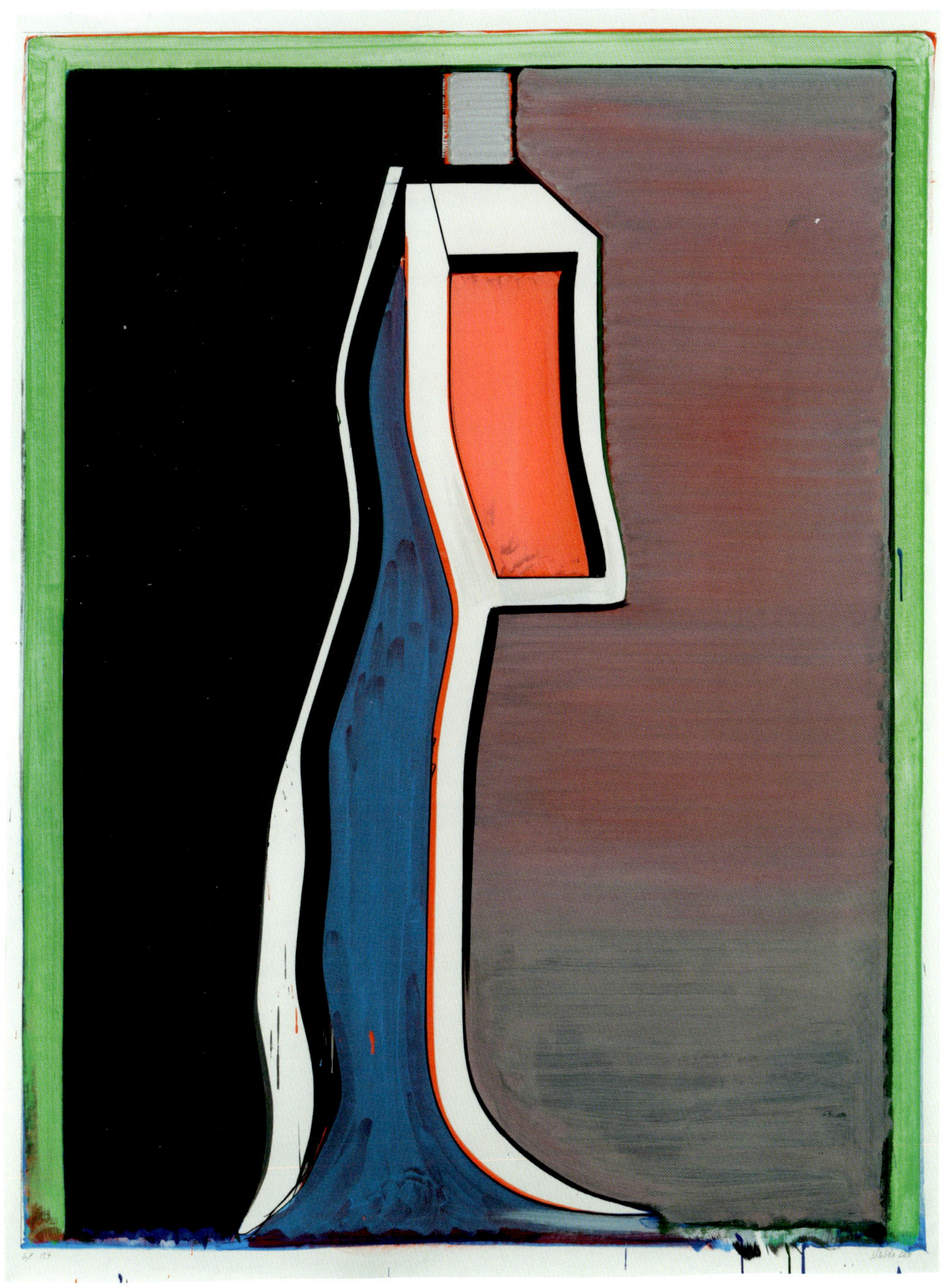

Thomas Scheibitz

GP 154, 2010
Vinyl and pigment marker on rag paper /
Vinilo y rotulador sobre papel entelado
215 × 156 cm

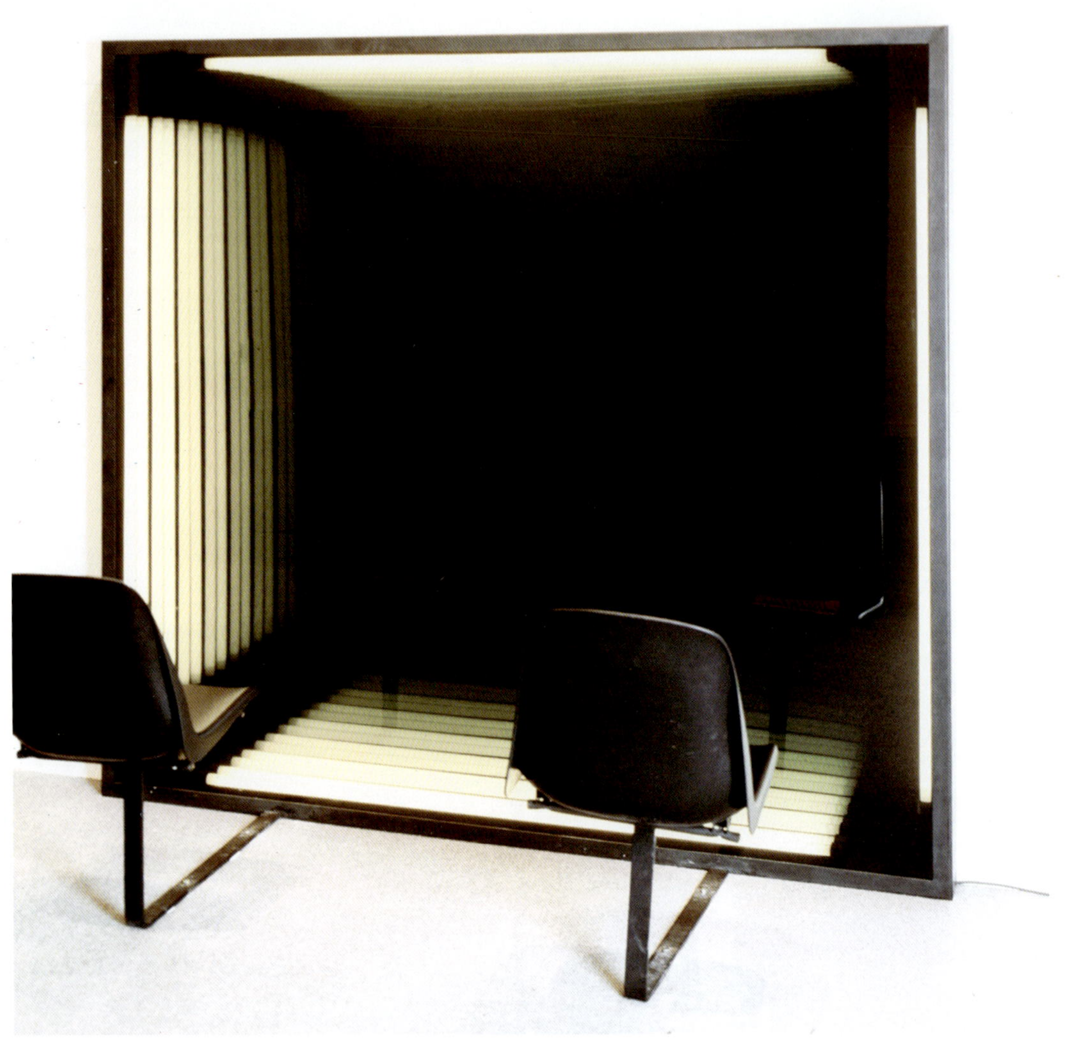

Pedro Mora

Simultaneous Room, 2000
Mirrors, fluorescents and chairs /
Espejos, fluorescentes y sillas
185 × 200 × 10 cm

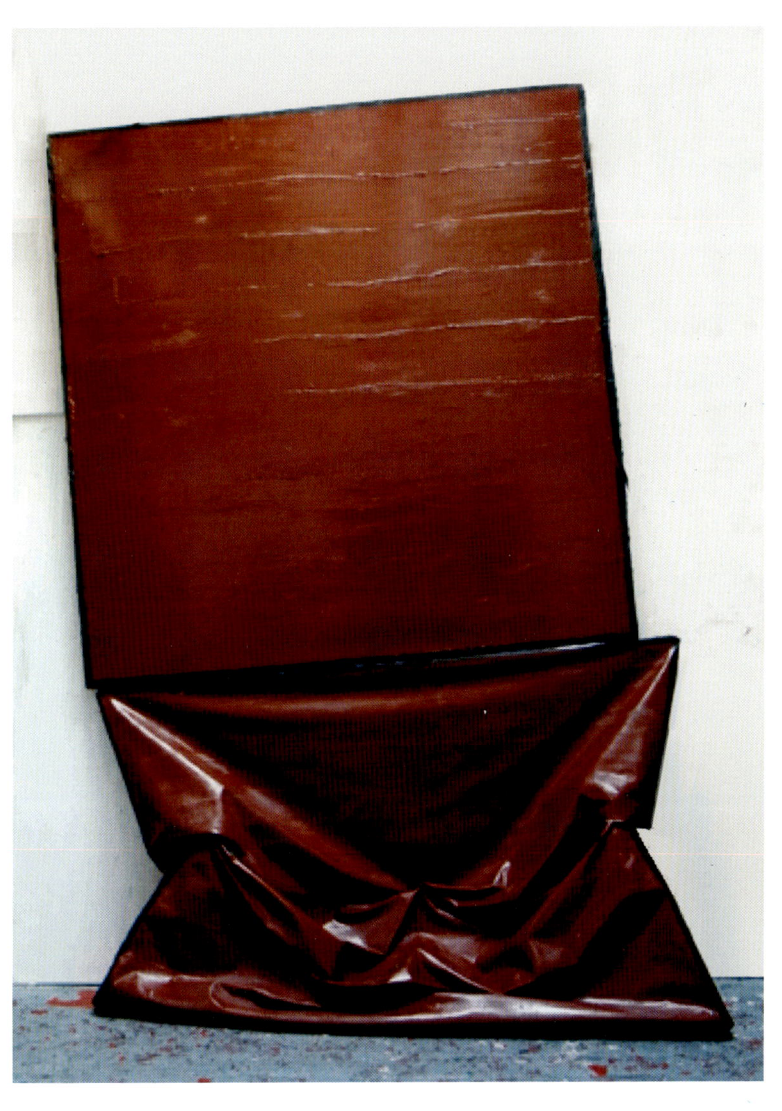

Ángela de la Cruz

Reach (Brown) Two Parts, 2002
Oil on canvas / Óleo sobre lienzo
347 × 237 × 45 cm

Works on Paper and Other Media

One of the MER Collection's most outstanding areas is its drawings, collages, prints and other works on paper, by artists who may also have painted works in the Collection, but also may only be represented in such media.

These studies and sketches, often in serial form, allow a much more complete exploration of an artist's work, through a medium that is often more direct, intimate, agile, and fresh than painting.

Obras sobre papel y otras técnicas

Uno de los ámbitos en los que la Colección MER destaca es el del dibujo, el *collage*, el grabado y otras obras sobre papel, de autores de los que se tienen también pinturas y de otros que están solamente representados en este medio en la Colección.

Estos estudios y bocetos, creados en serie en muchos casos, permiten descubrir a un artista de una manera más completa a través de un medio que es más directo, íntimo, ágil y fresco que el de la pintura.

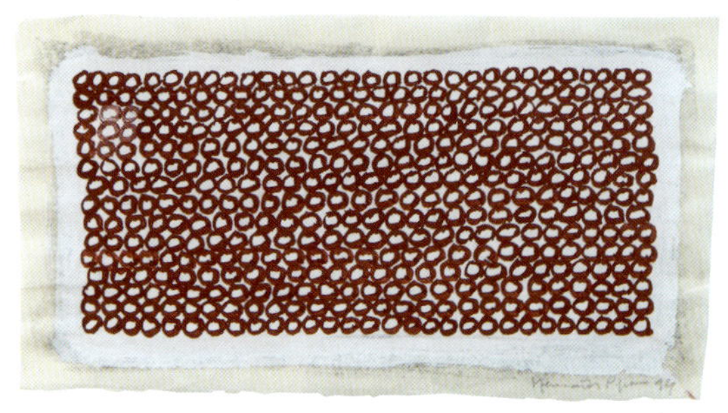

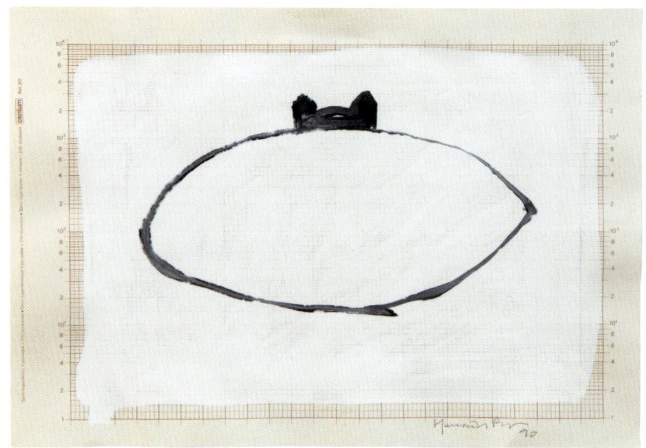

Joan Hernández Pijuan

Sin título, 1994
Gouache on Japanese paper /
Gouache sobre papel japonés
14 × 24 cm

Joan Hernández Pijuan

Sin título, 1990
Gouache on graph paper /
Gouache sobre papel gráfico
21 × 30 cm

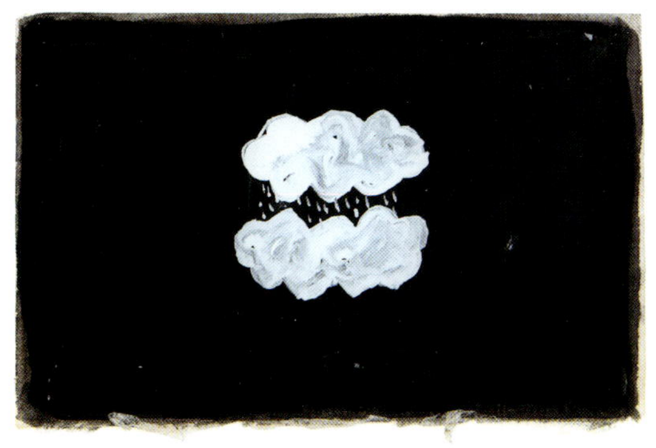

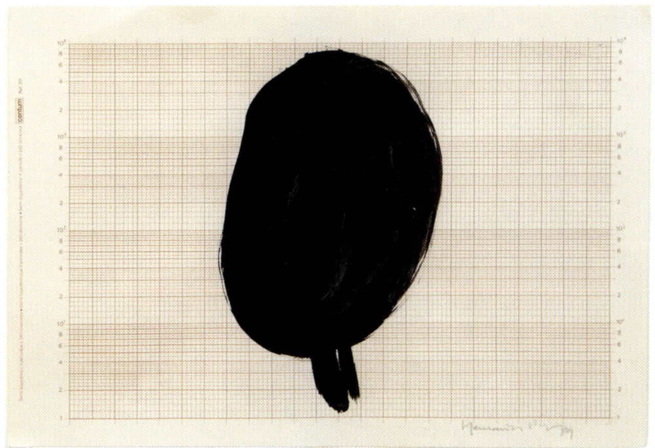

Joan Hernández Pijuan

Sin título, 1992
Gouache on Japanese paper /
Gouache sobre papel japonés
17 × 25 cm

Joan Hernández Pijuan

Sin título, 1990
Gouache on graph paper /
Gouache sobre papel gráfico
21 × 30 cm

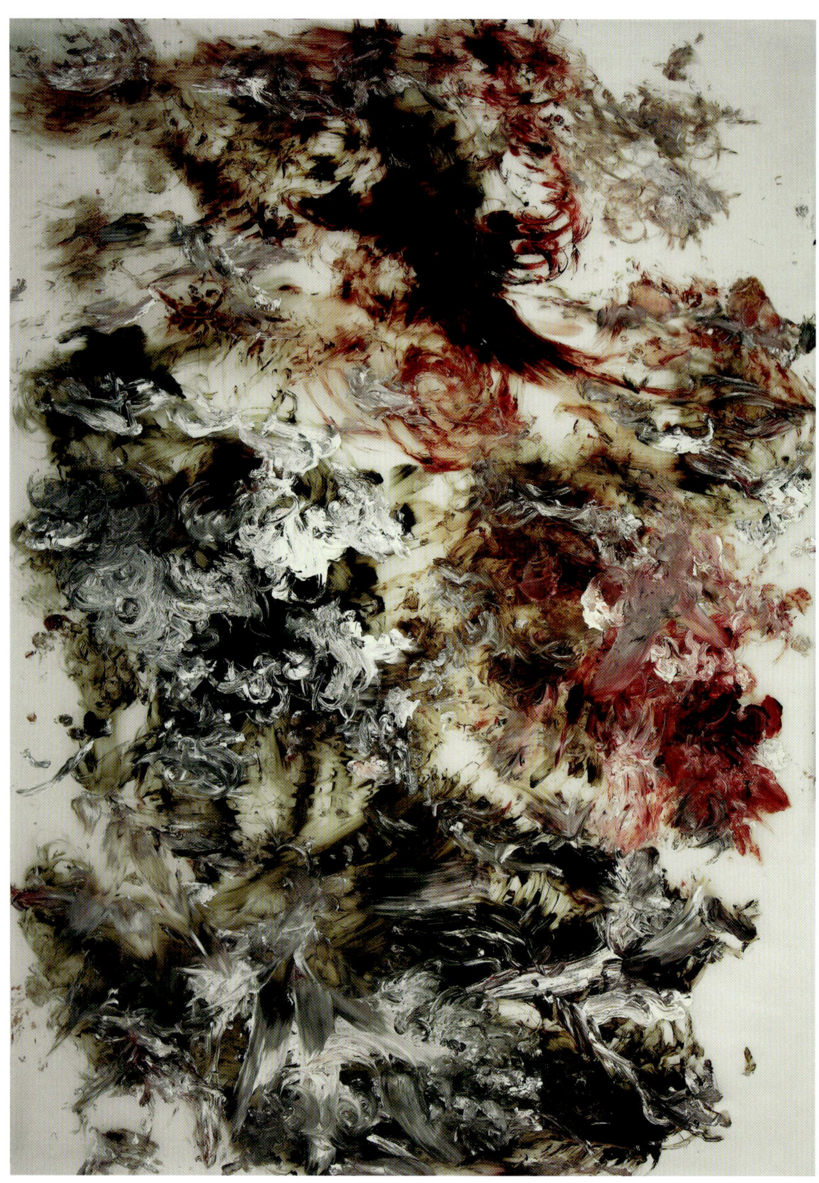

Carlos León

De granates y marrones, 2007
Polyester on methacrylate /
Poliéster sobre metacrilato
119 × 84 cm

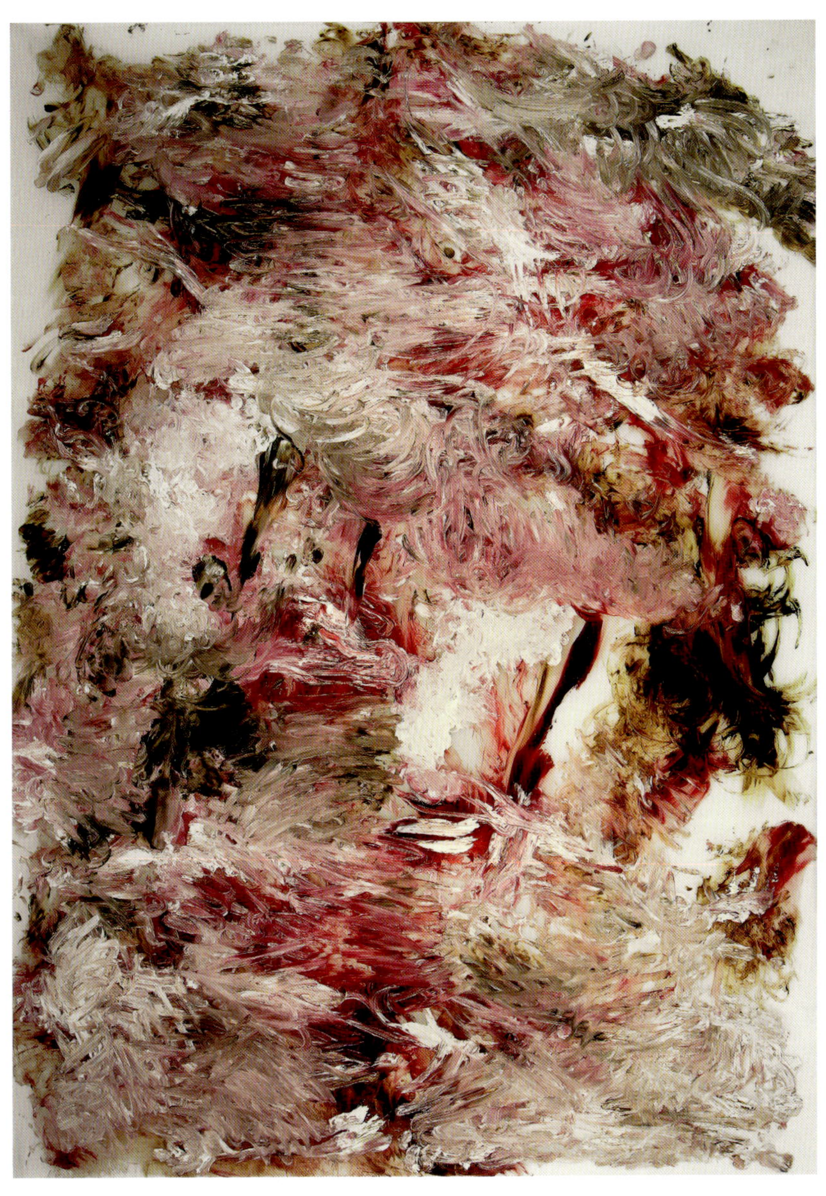

Carlos León

De granates y marrones, 2007
Polyester on methacrylate /
Poliéster sobre metacrilato
119 × 84 cm

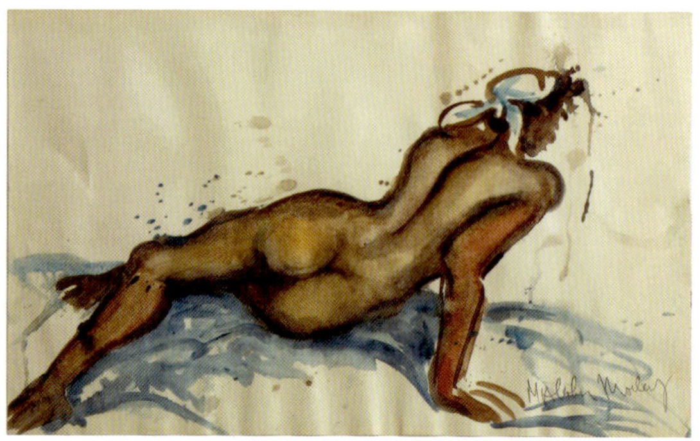

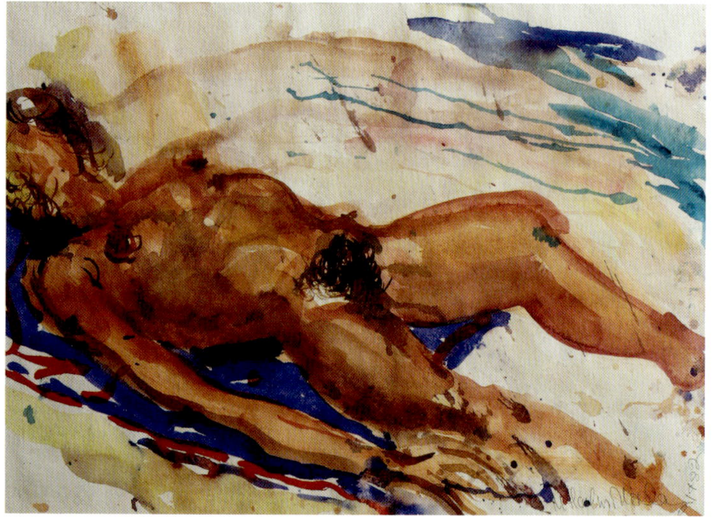

Malcolm Morley

Untitled, 1982
Watercolor on paper /
Acuarela sobre papel
36 × 56 cm

Malcolm Morley

Untitled, 1982
Watercolor on paper /
Acuarela sobre papel
55 × 75 cm

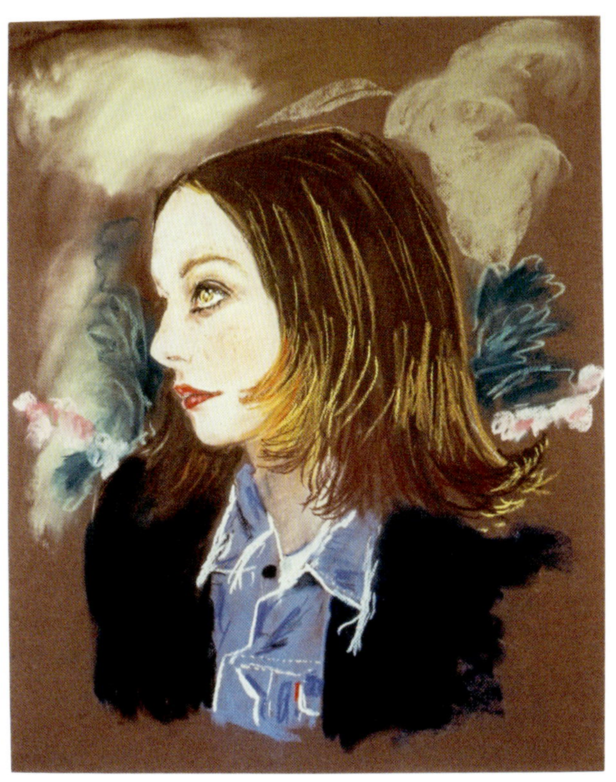

Karen Kilimnik

Blue Shirt, 1993
Pastel on paper / Pastel sobre papel
63 × 50 cm

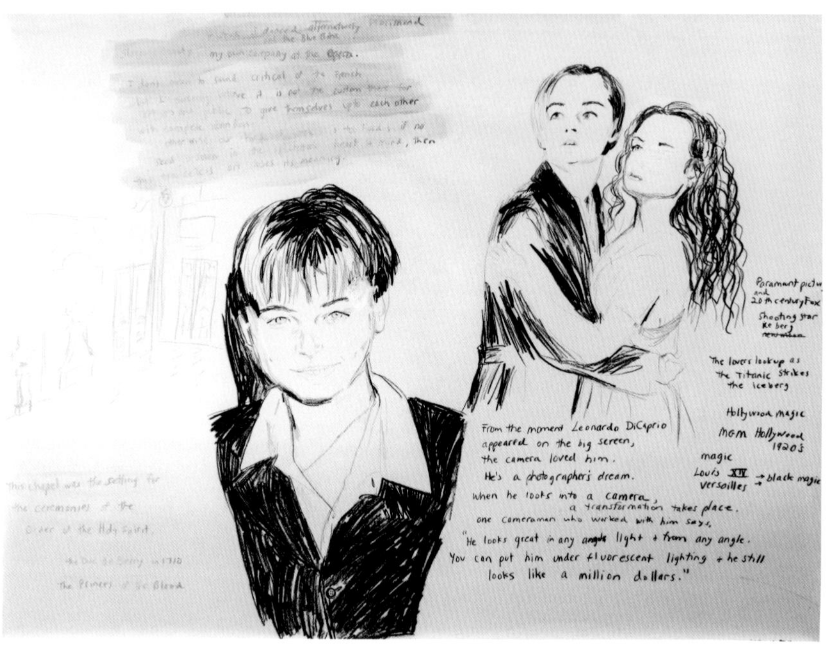

Karen Kilimnik

Leo and Kate and the Iceberg, 1998
Crayon, graphite and acrylic on paper /
Cera, grafito y acrílico sobre papel
66 × 86 cm

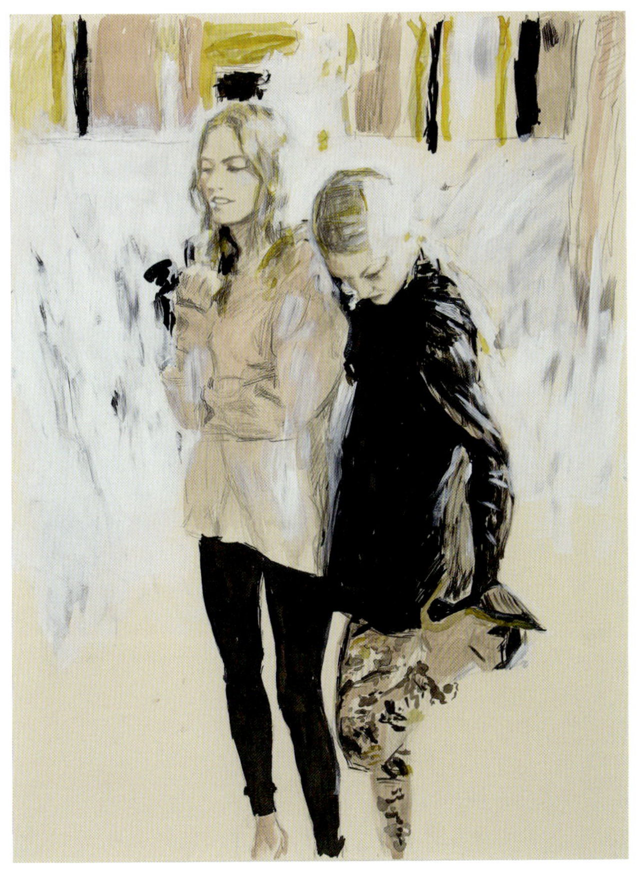

Philip Jones

S/T (Paris Show, March 2010), 2010
Oil, pencil, watercolor, ink and acrylic
on paper / Óleo, lápiz, acuarela, tinta
y acrílico sobre papel
84 × 59 cm

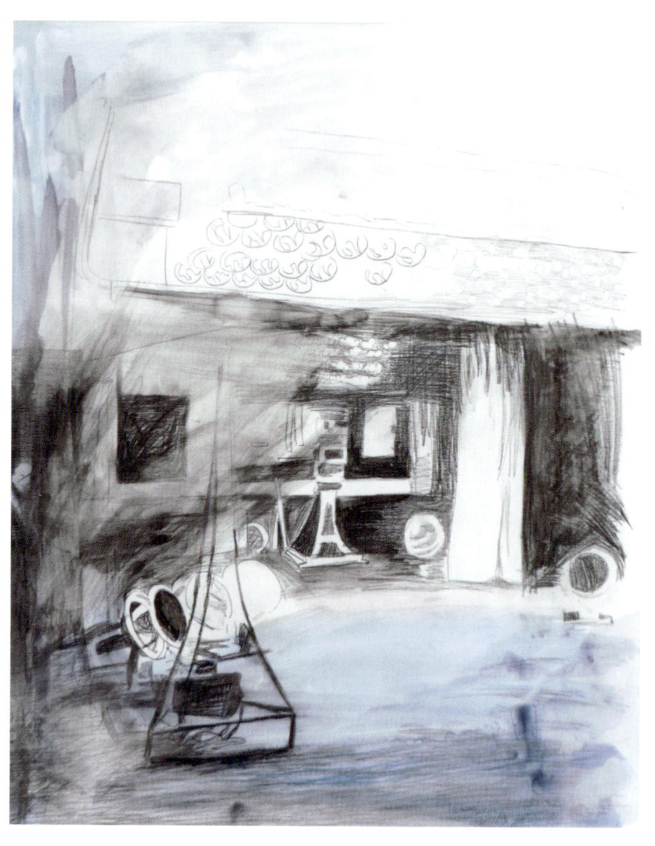

Tony Ousler

Sin título, 1997
Mixed media on paper /
Técnica mixta sobre papel
65 × 50 cm

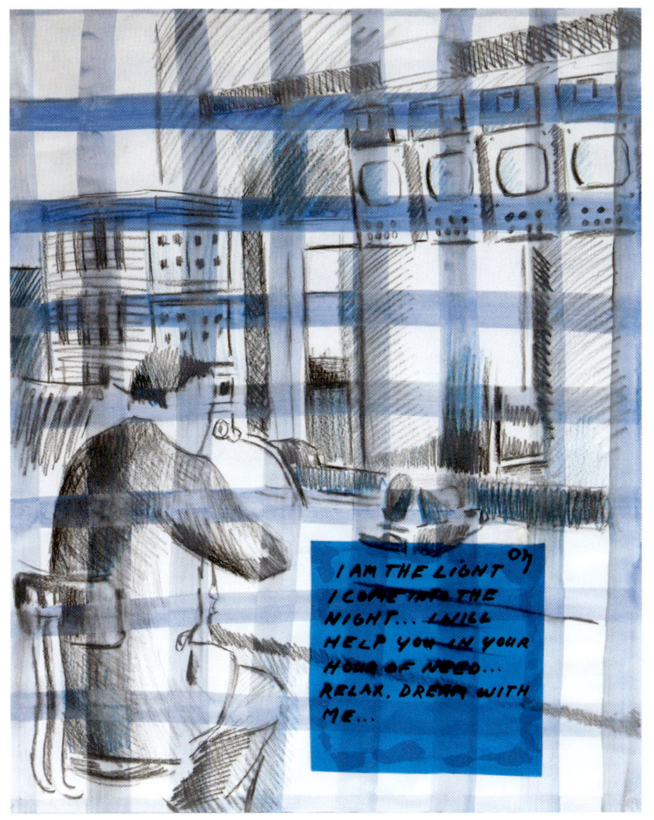

Tony Ousler

Sin título, 1997
Mixed media on paper /
Técnica mixta sobre papel
65 × 50 cm

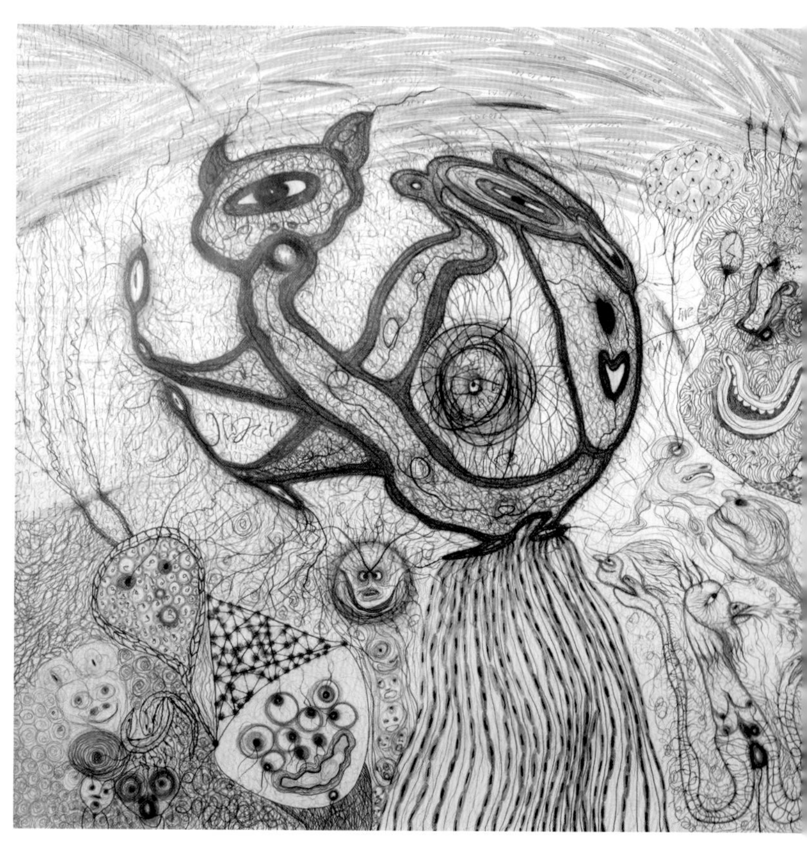

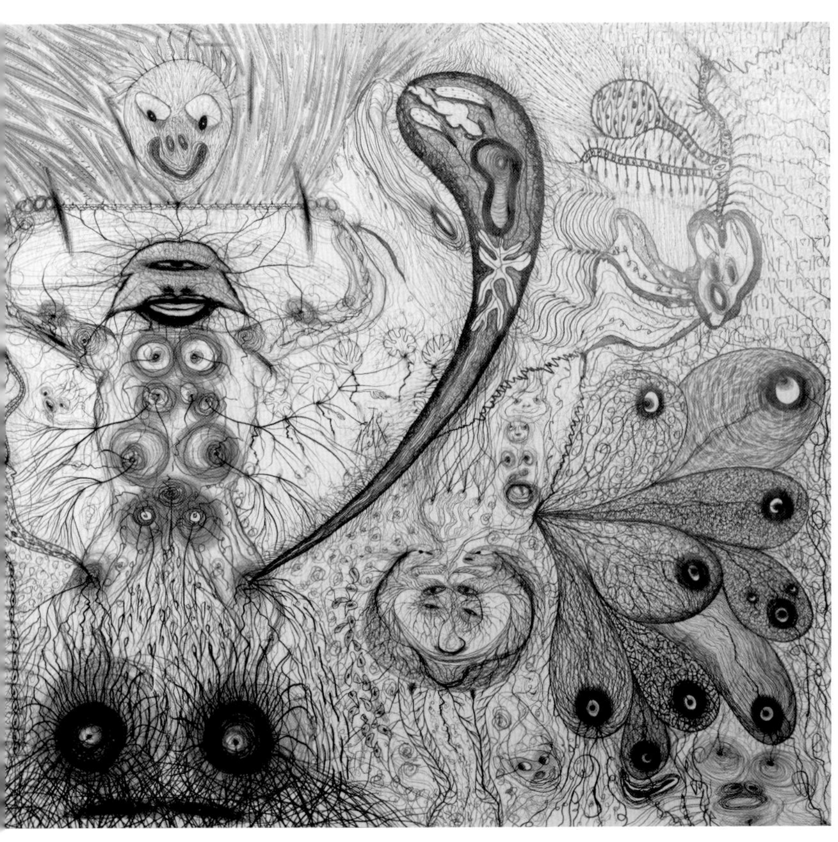

Zush

Rerune, 1990
Pencil drawing on paper /
Dibujo a lápiz sobre papel
90 × 186 cm

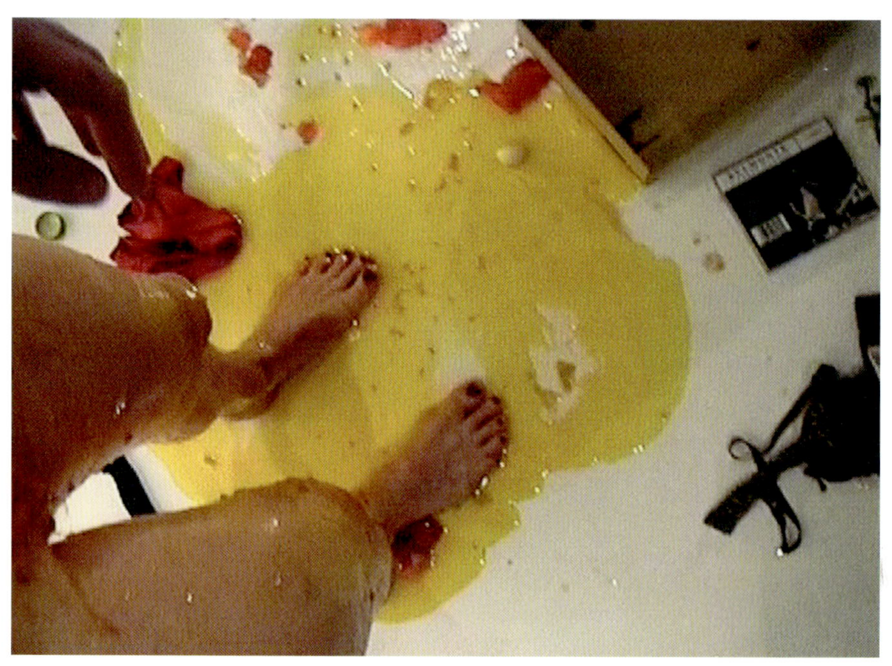

La Ribot

Another Pa Amb Tomaquet, 2002
DVD
12" Edition 4/25

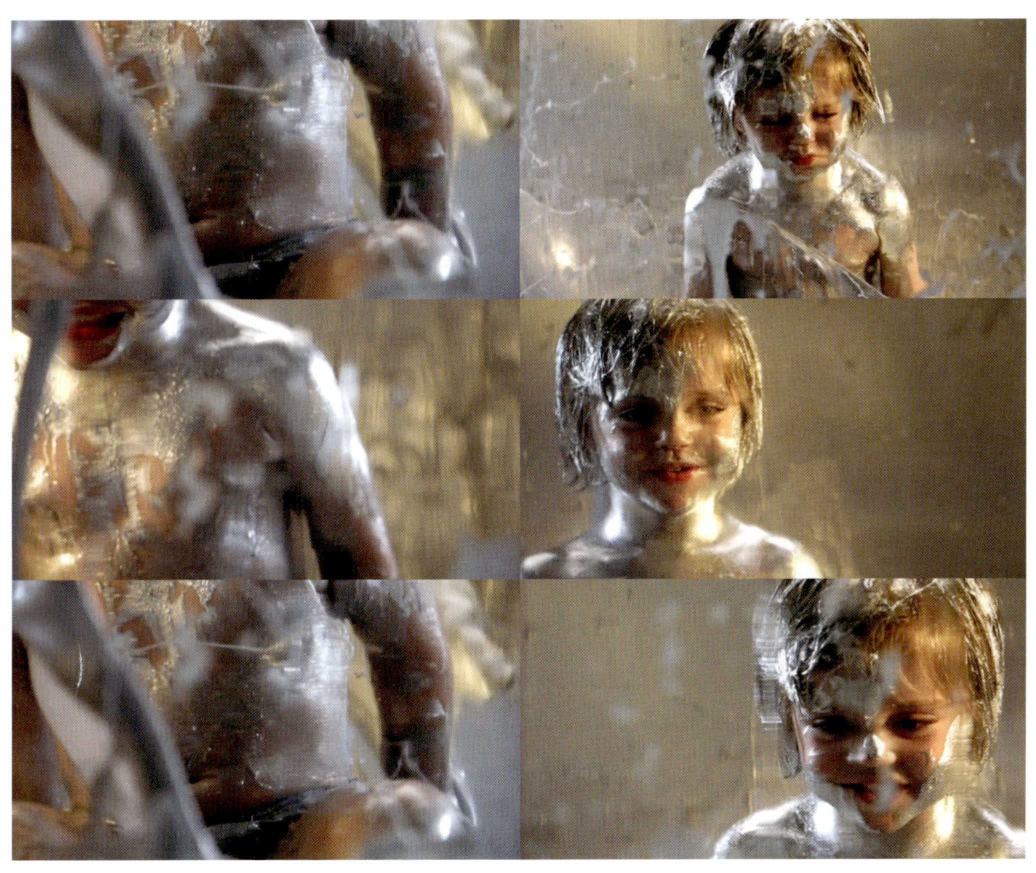

Marilyn Minter

Playpen, 2011
Video & audio
Edition AP 1/5, 2 APs
20' 43"

Photography

Fotografía

The spectacular development of photography since the 1980s has opened up contemporary art almost immeasurably. The Collection is aware of the importance of the medium and has made a dedicated effort to represent it in the work of many artists who use it as their main means of expression, as well as others who combine photography with other media.

Este medio ha proporcionado al arte contemporáneo una apertura casi ilimitada, con un espectacular desarrollo desde la década de 1980. La Colección, consciente de su importancia, se ha volcado en este género representado a través de muchos artistas que trabajan con la fotografía como medio fundamental de expresión y otros que se manejan con igual maestría en ella y en otros formatos de las artes visuales.

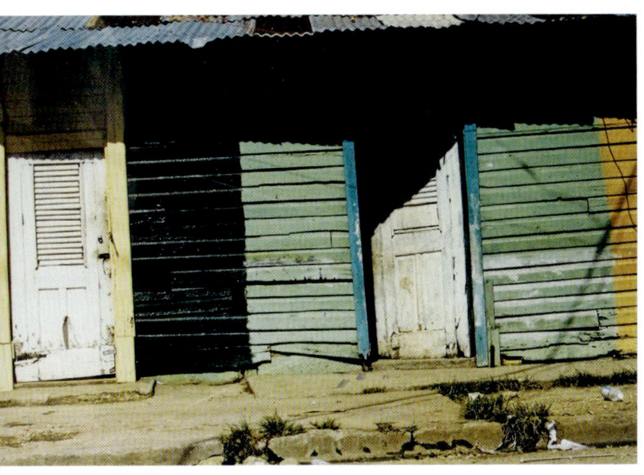
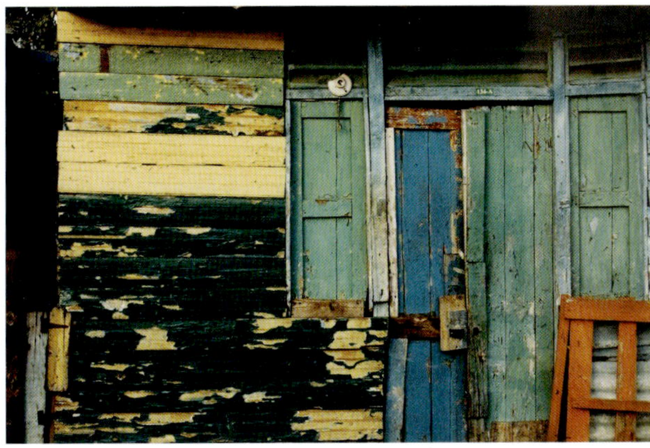
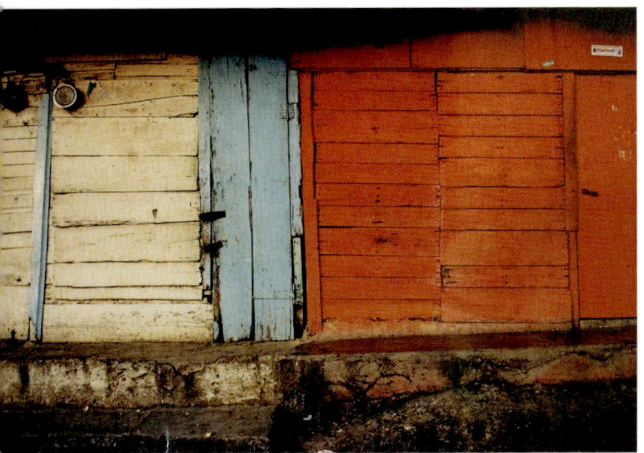
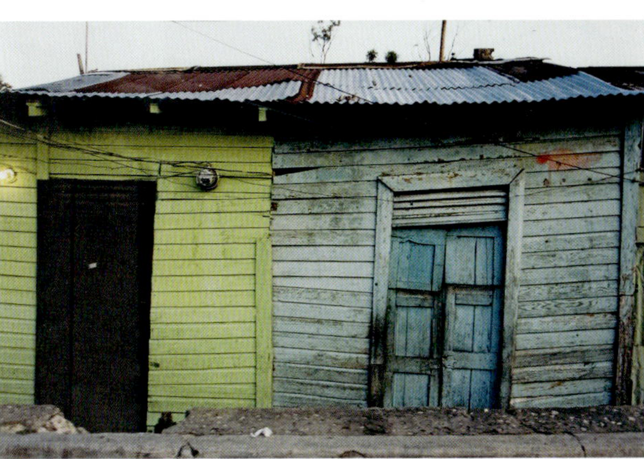
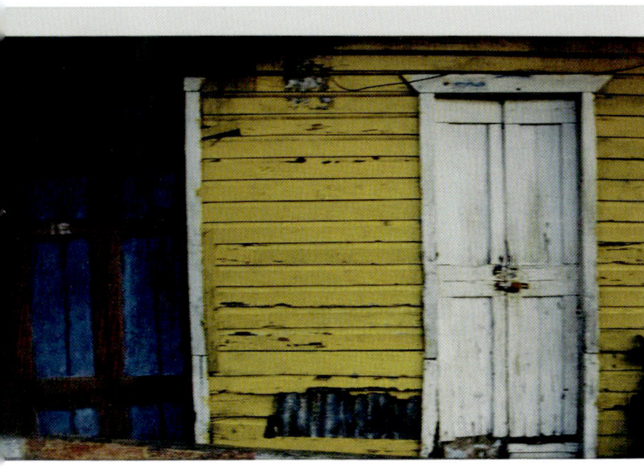
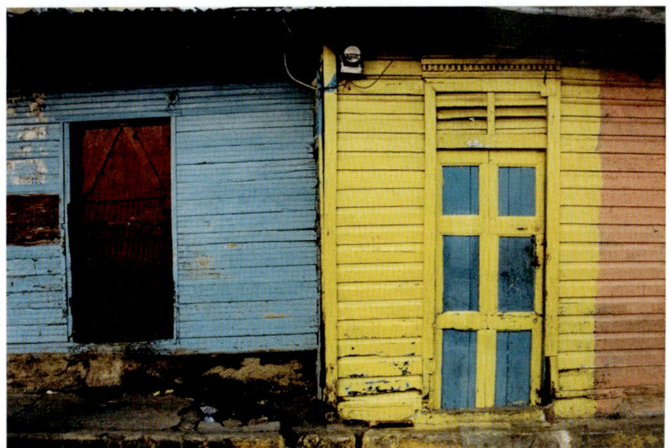

Sean Scully

Santo Domingo for Nené, 1999
Cibachrome on paper (edition of 24) –
1 to 6 of 12 pieces / Cibachrome sobre papel
(edición de 24) – 1 a 6 piezas de 12
51 × 61 cm (each)

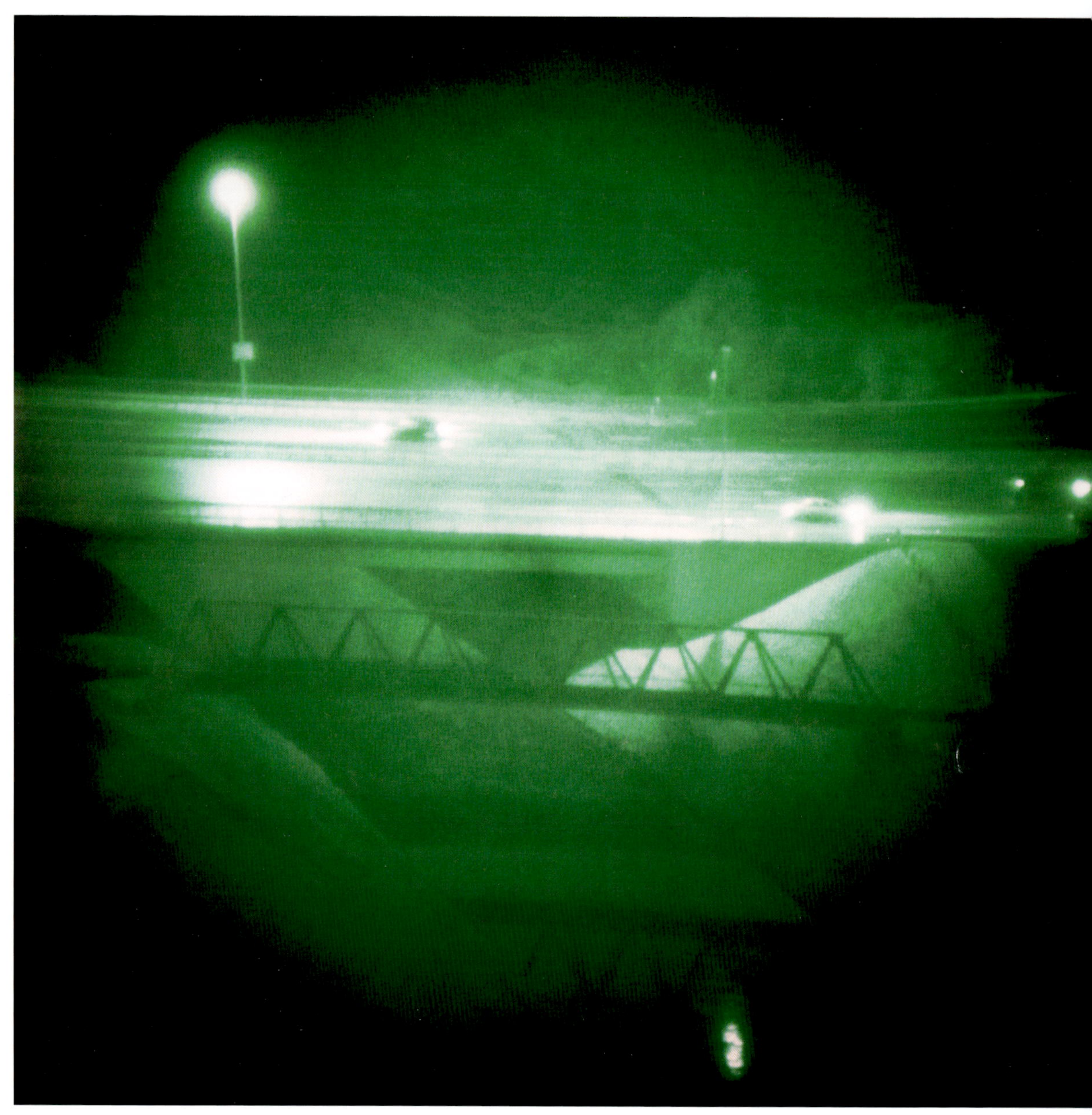

Thomas Ruff

Nacht 20 III, 1995
C-print on paper (edition 1/2) /
C-print sobre papel (edición 1/2)
190 × 190 cm

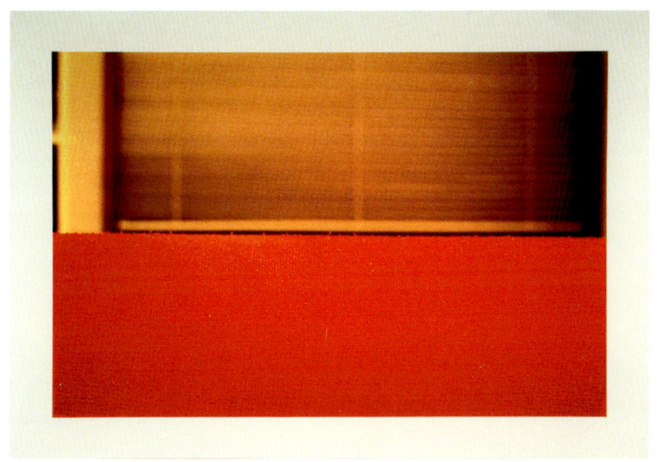

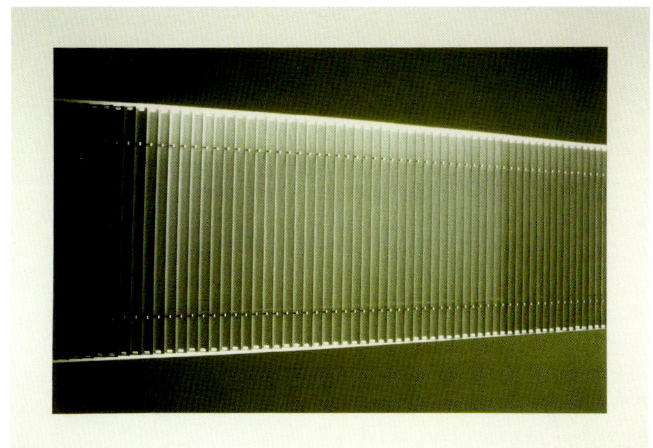

Juan Uslé

Luz aislada – 2 – Home, 1997
Cibachrome on cardboard (edition 9/20) /
Cibachrome sobre cartulina (edición 9/20)
57 × 40 cm

Juan Uslé

Luz aislada – 9 – Jeu de Paume, 1995
Cibachrome on cardboard (edition 9/20) /
Cibachrome sobre cartulina (edición 9/20)
57 × 40 cm

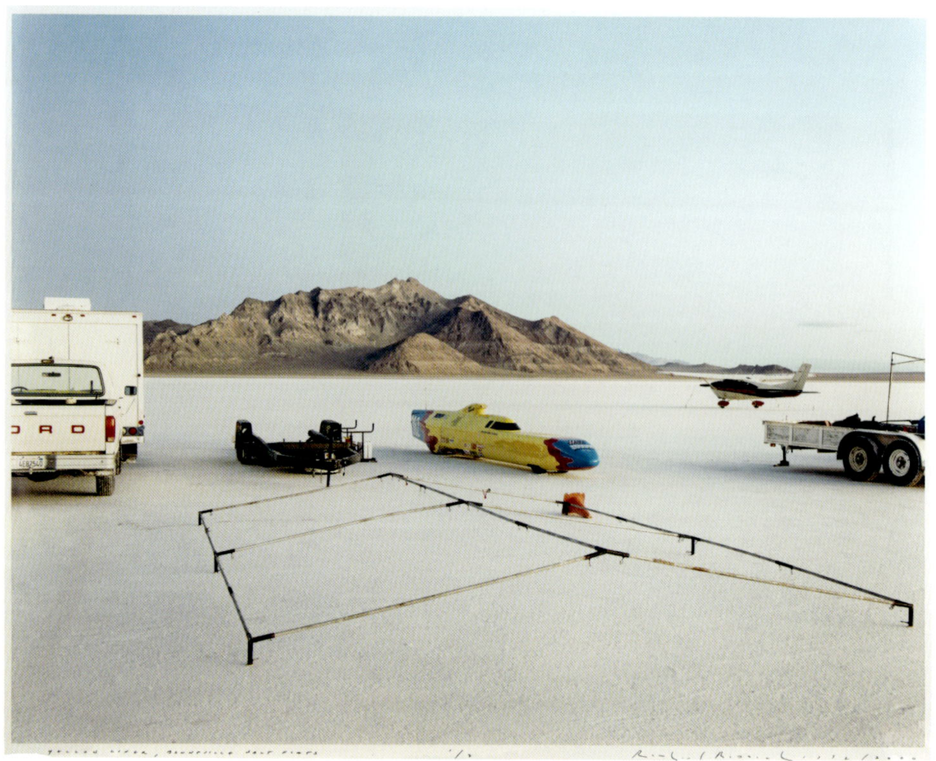

Richard Misrach

Yellow Liner, Bonneville Salt Flats, 1992
Dye Coupler chromogenic print on paper
(edition 7/7) / Impresión cromogénica
Dye Coupler sobre papel (edición 7/7)
76 × 102 cm

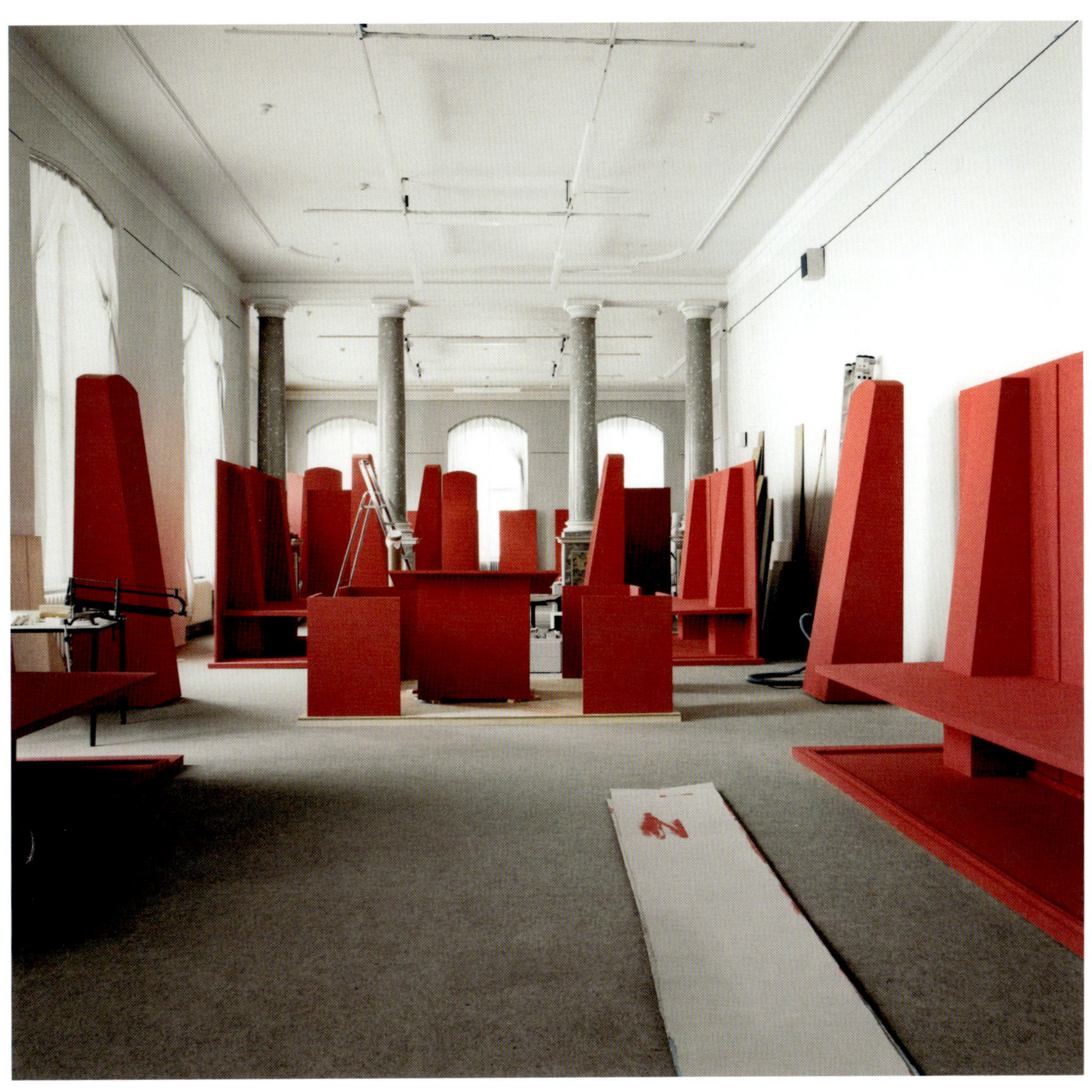

Candida Höfer

Museum für Völkerkunde Dresden III, 1999
C-print on paper (edition 4/6) /
C-print sobre papel (edición 4/6)
120 × 120 cm

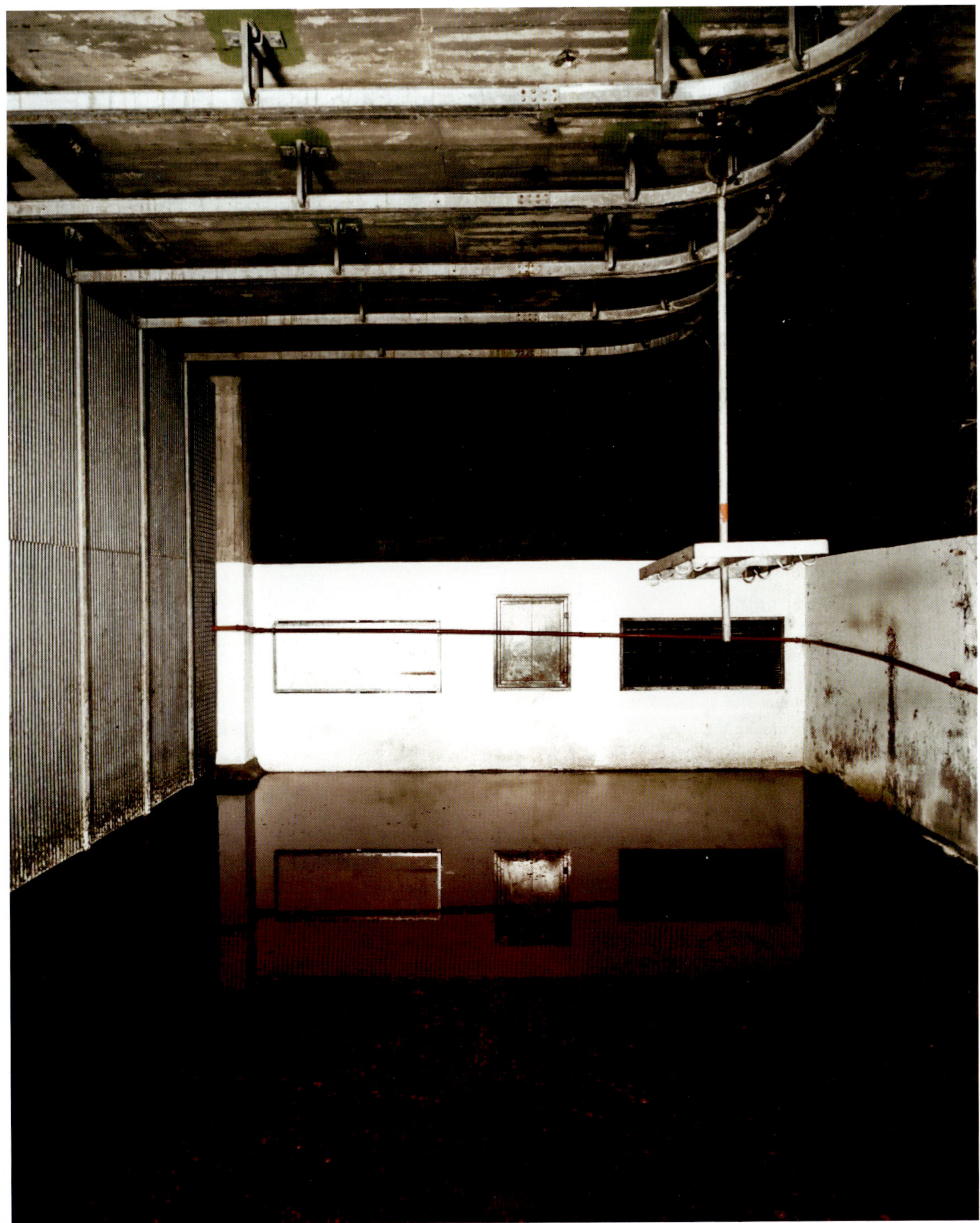

Per Barclay

Slaktehus, 1996
Color photograph on aluminum
and methacrylate / Fotografía color
adhesivada en aluminio y metacrilato
205 × 165 cm

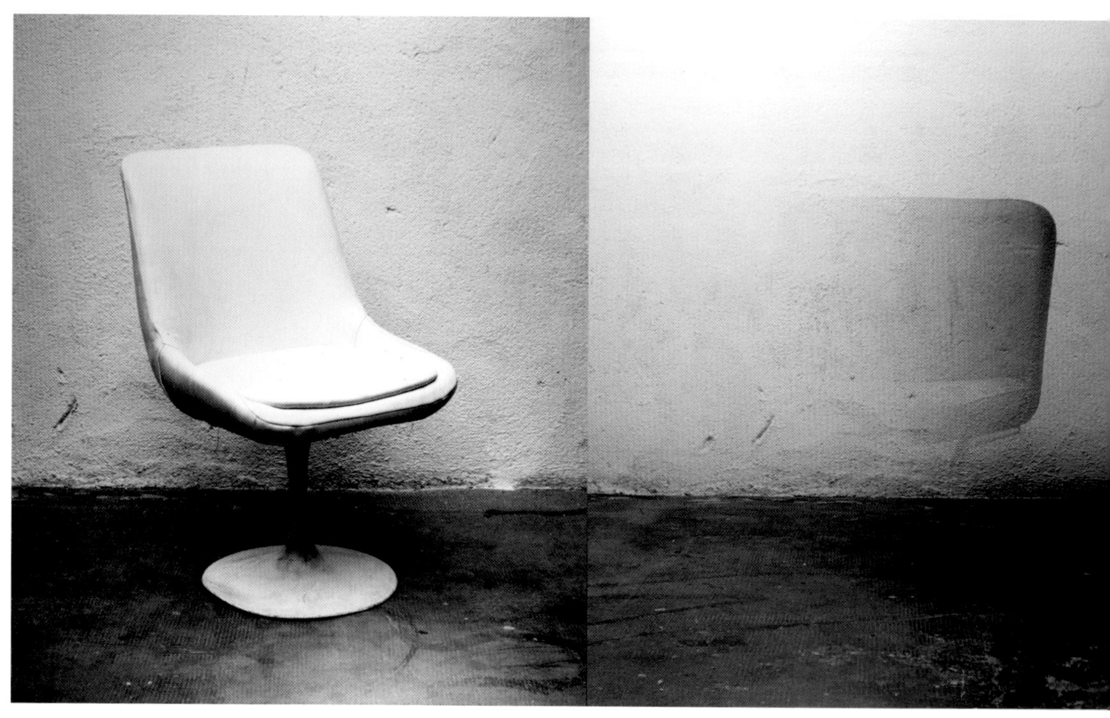

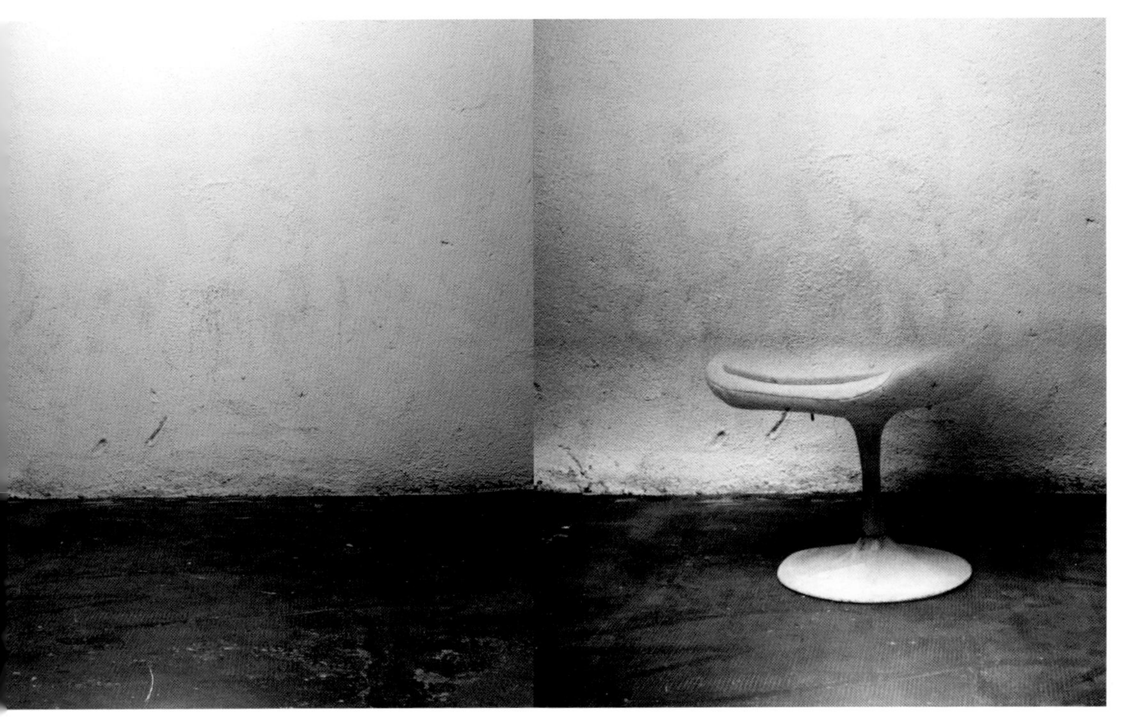

Alicia Martín

Sin título (serie «Sordos, Mudos, Ciegos»), 1999
Color photograph on aluminum (edition 1/3) –
4 pieces / Fotografía color sobre aluminio
(edición 1/3) – 4 piezas
147 × 122 cm (each)

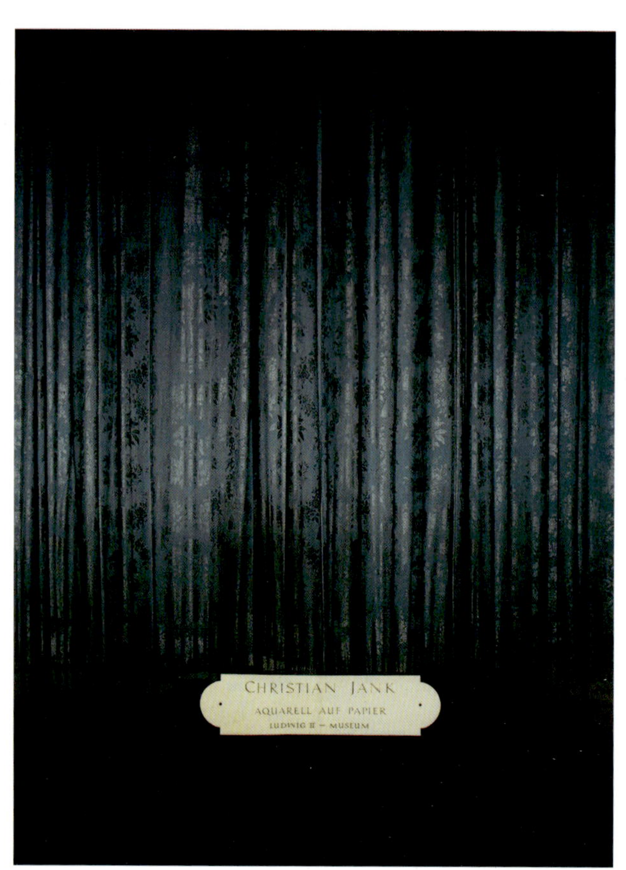

CHRISTIAN JANK
AQUARELL AUF PAPIER
LUDWIG II – MUSEUM

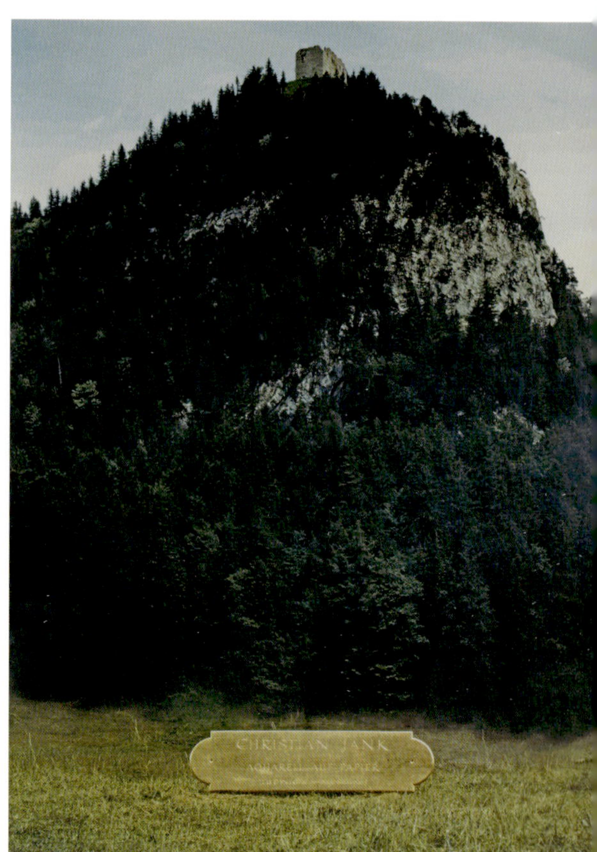

CHRISTIAN JANK
AQUARELL AUF PAPIER

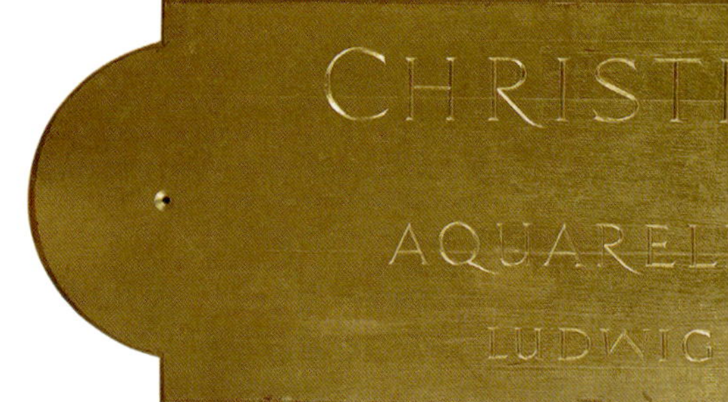

CHRISTI
AQUAREL
LUDWIG

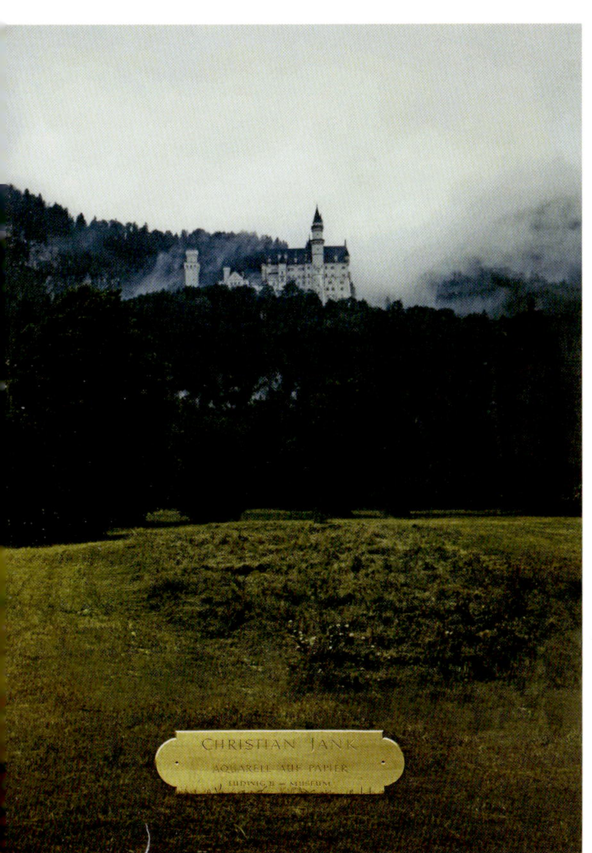
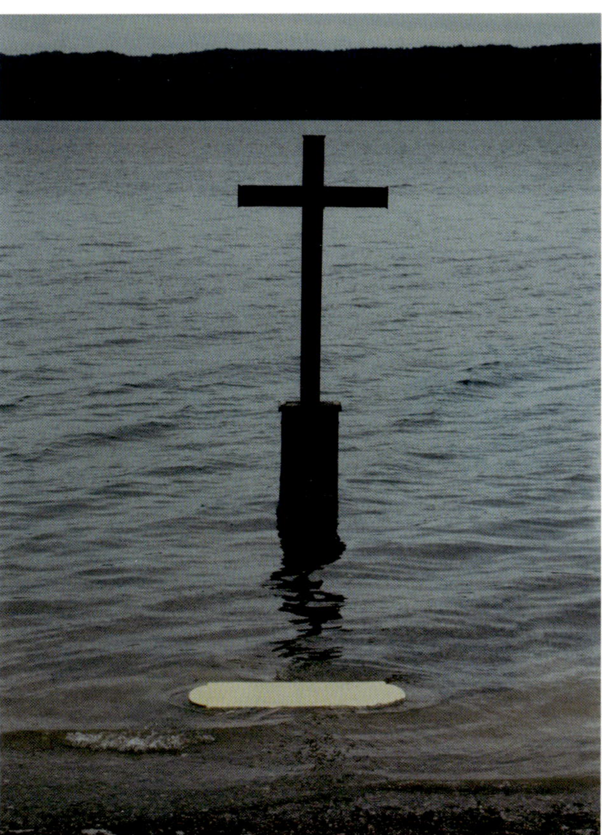
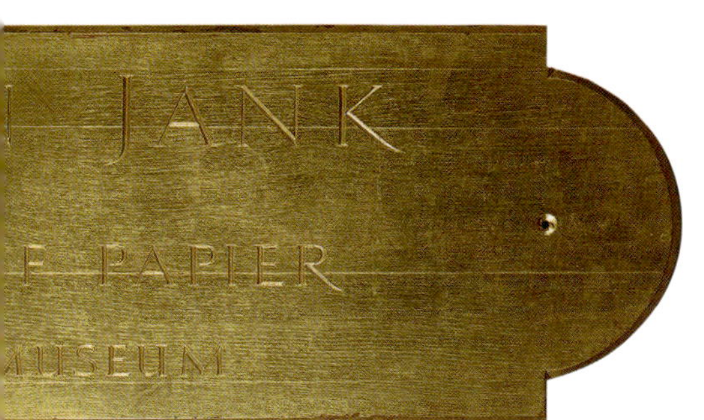

Perejaume

Ludwig II – Museum, 1989
4 photographs on paper + plate
(single piece) / 4 fotografías
sobre papel + placa (pieza única)
141 × 99 cm (each) & 30 × 110 cm (plate)

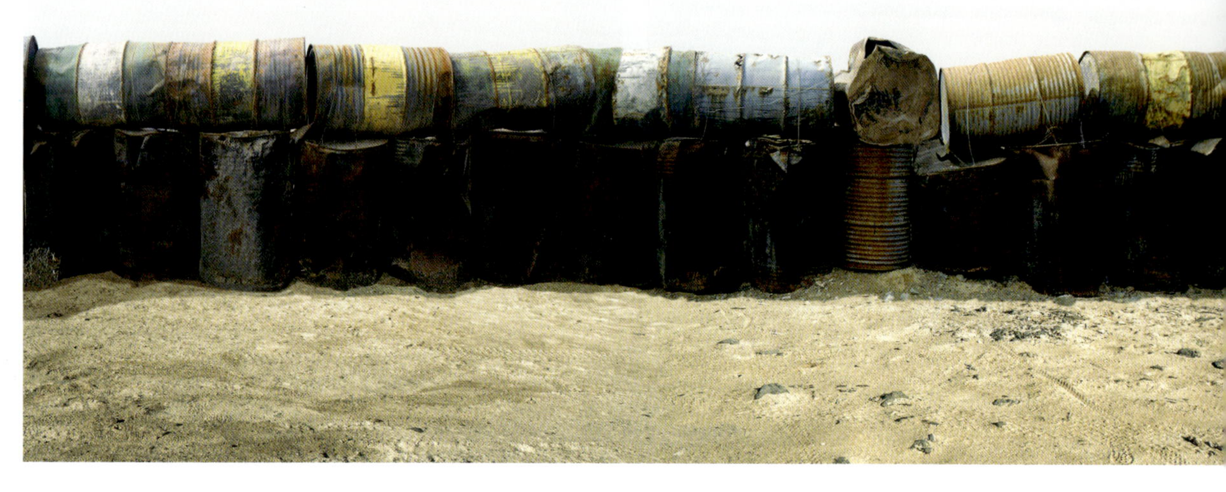

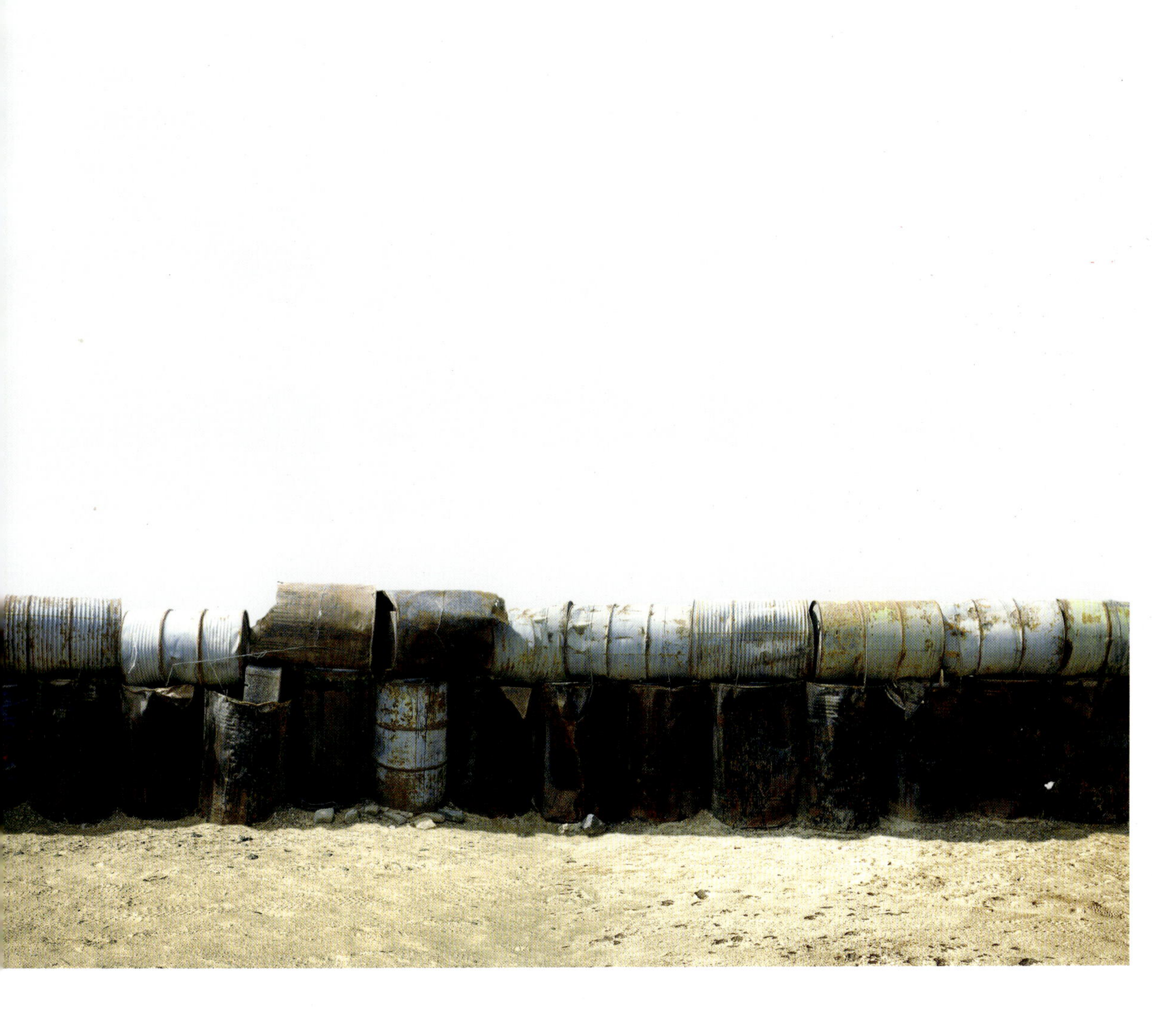

Montserrat Soto

Sin título – Valla Contenedores, 2002
Color photograph (4 pieces) on aluminum
(edition 1/3) / Fotografía a color (4 piezas)
sobre aluminio (edición 1/3)
230 × 500 cm (overall)

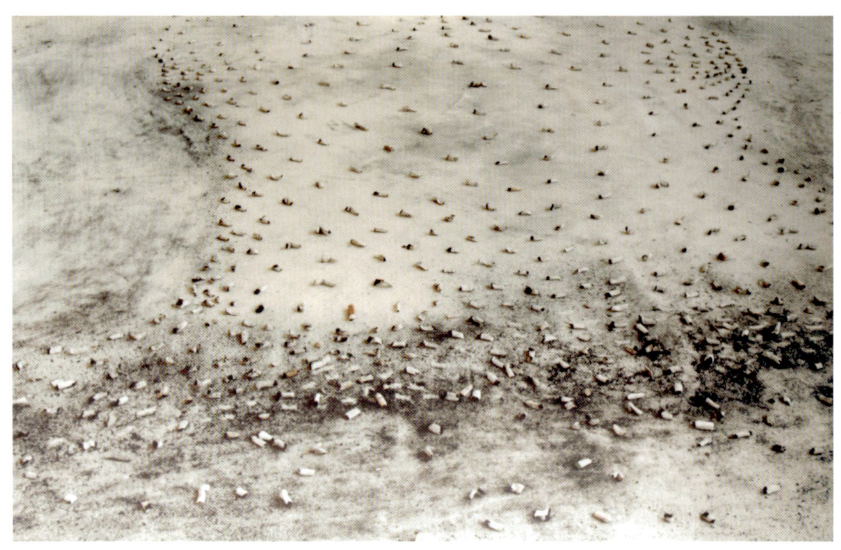 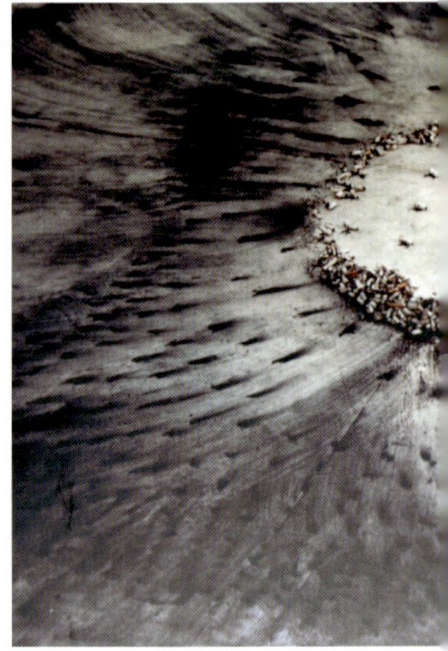

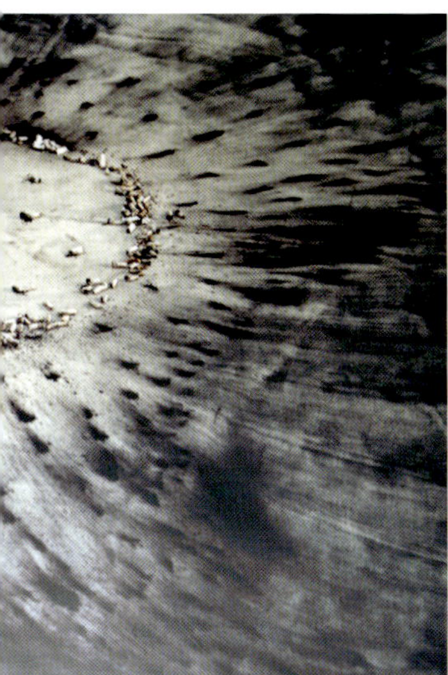 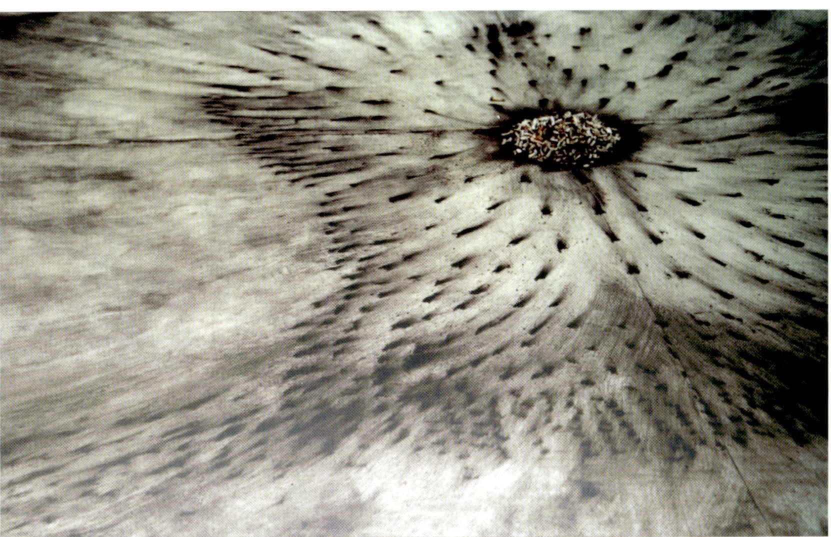

Eulalia Valldosera

La Panxa de la Terra. Escombrera I, II, III, 1999
Color photograph on aluminum (edition of 3) /
Fotografía a color sobre aluminio (edición de 3)
84 × 134 cm (each)

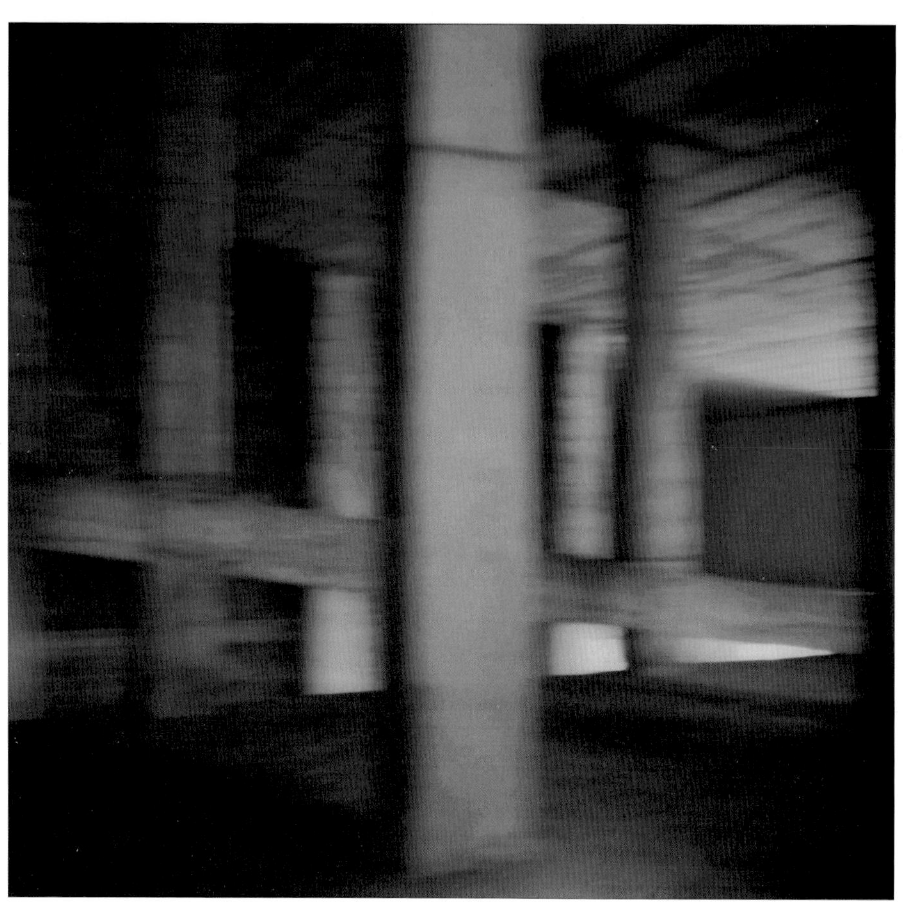

Aitor Ortiz

Modular Rec 020, 2003
Digital photograph on wood
(edition 2/3) / Fotografía digital
sobre madera (edición 2/3)
100 × 100 cm

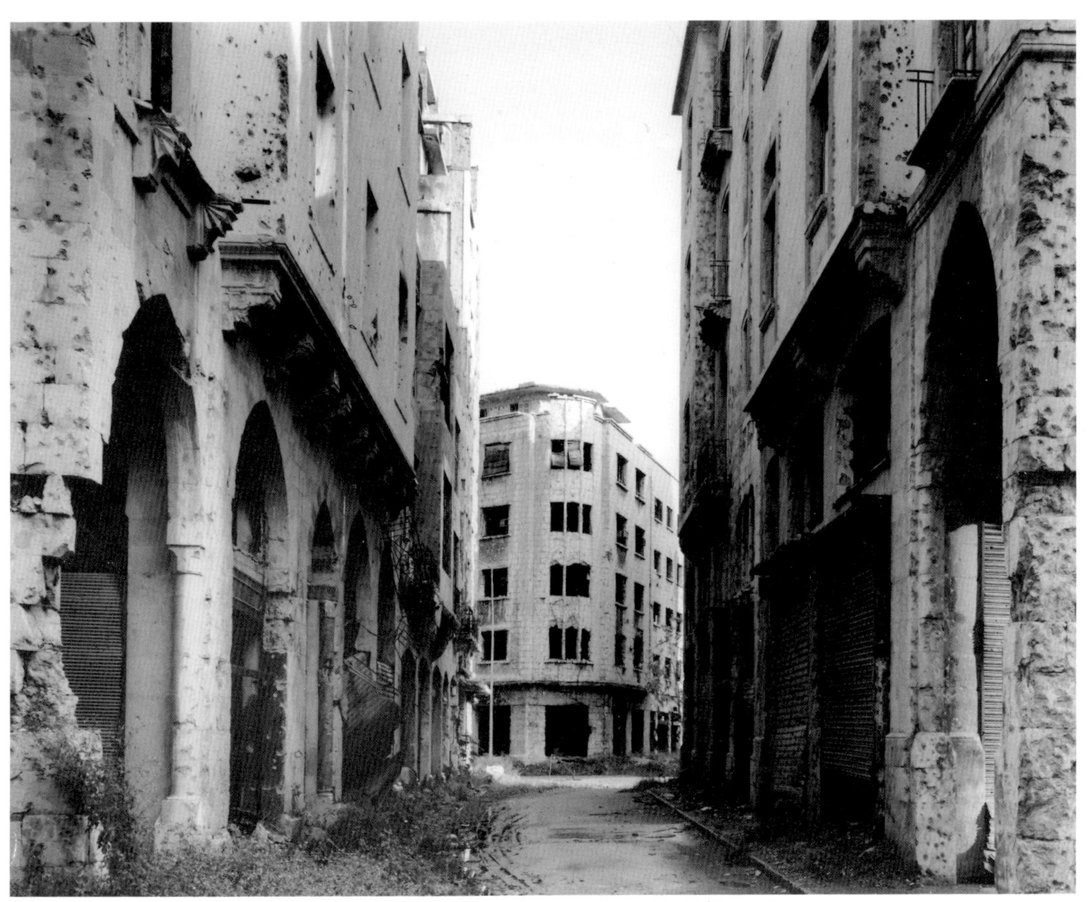

Gabriele Basilico

Rue Dirkè, 1991
Black and white photograph on paper
(edition 2/15) / Fotografía en blanco y
negro sobre papel (edición 2/15)
100 × 120 cm

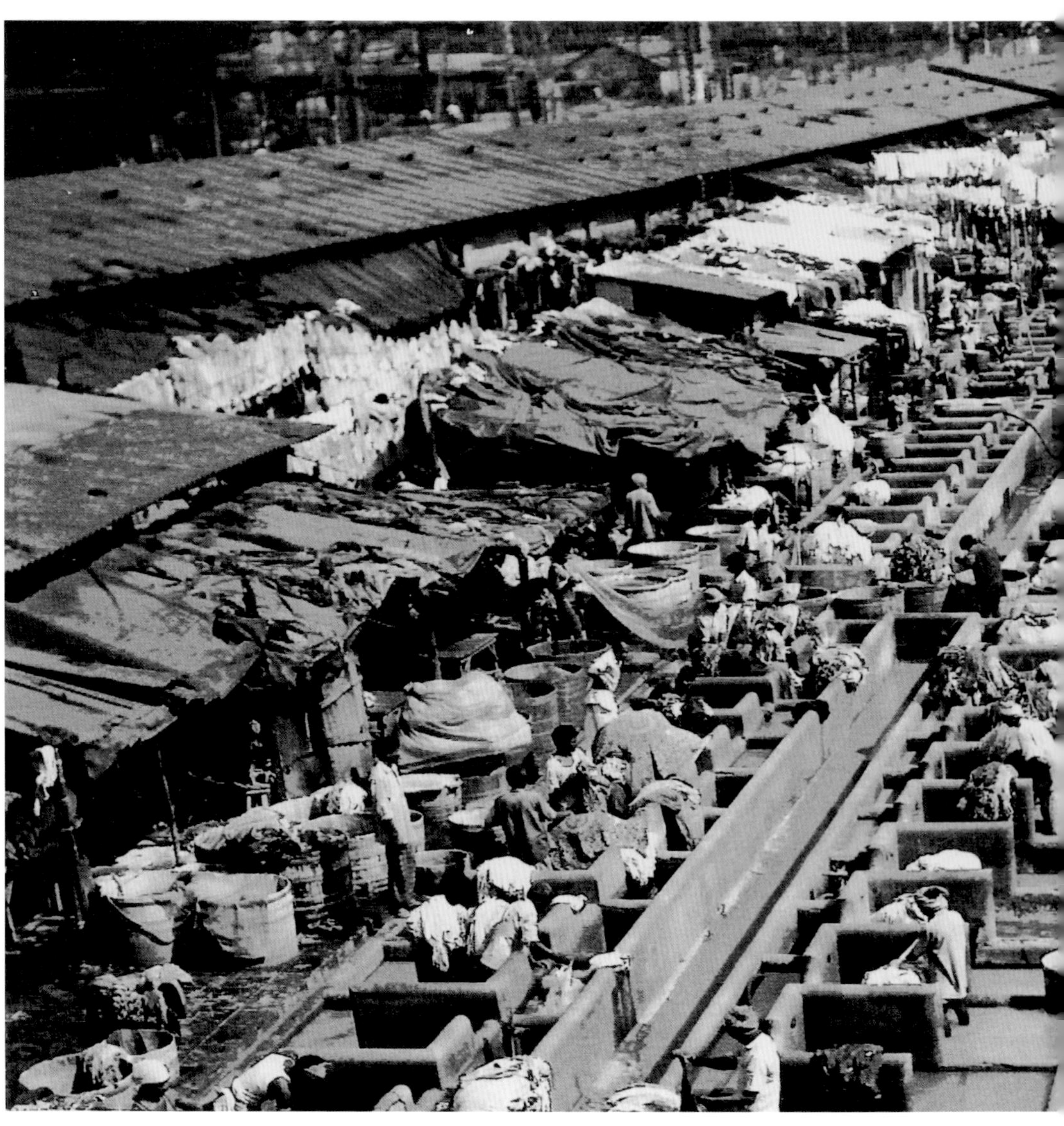

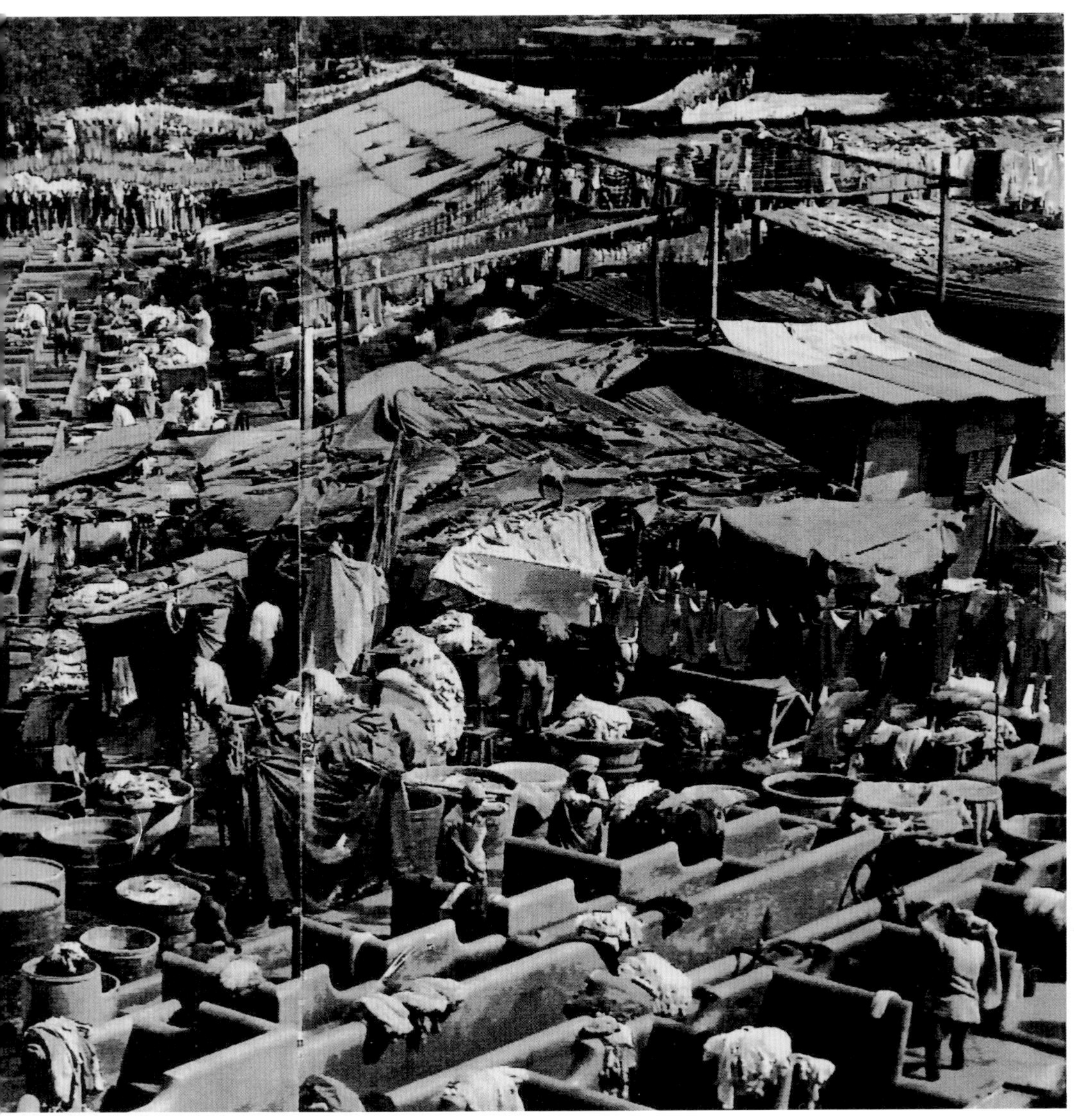

Hanna Collins

Body on Place, 2000
Black and white photograph (silver emulsion)
on linen / Fotografía en blanco y negro
(emulsion en plata) sobre lino
185 × 374 cm

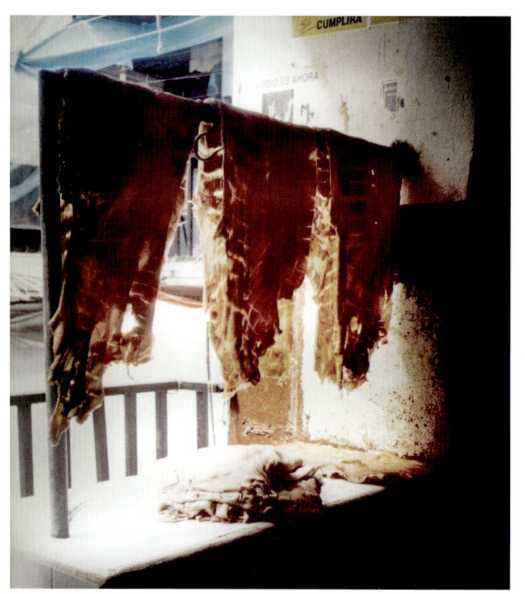 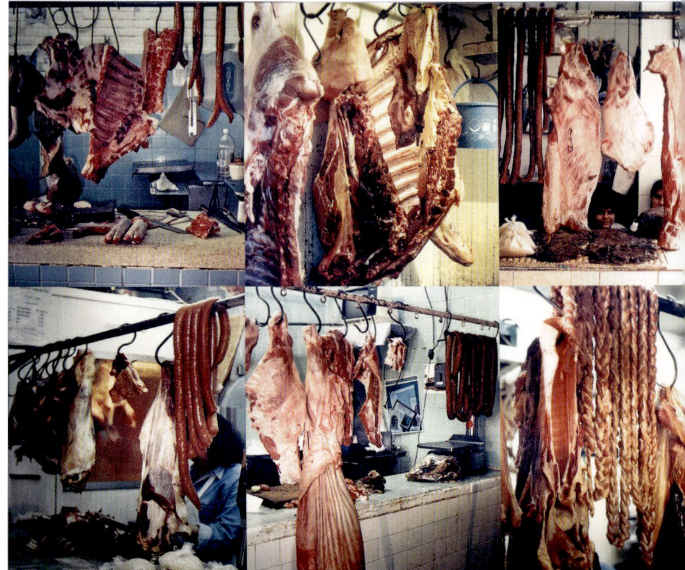

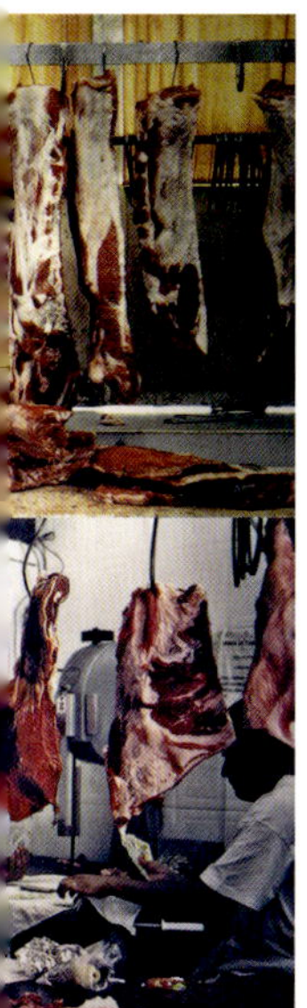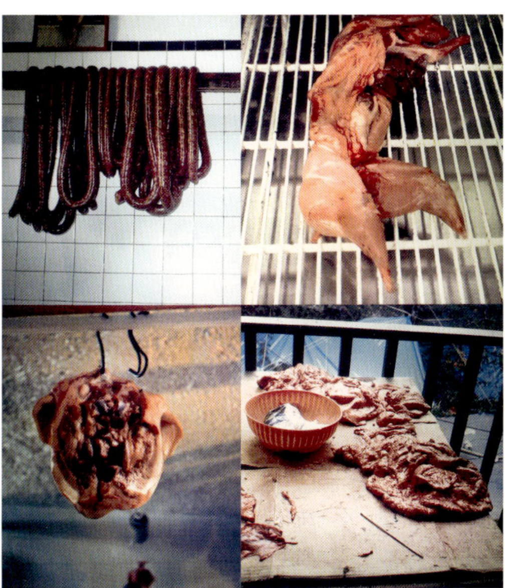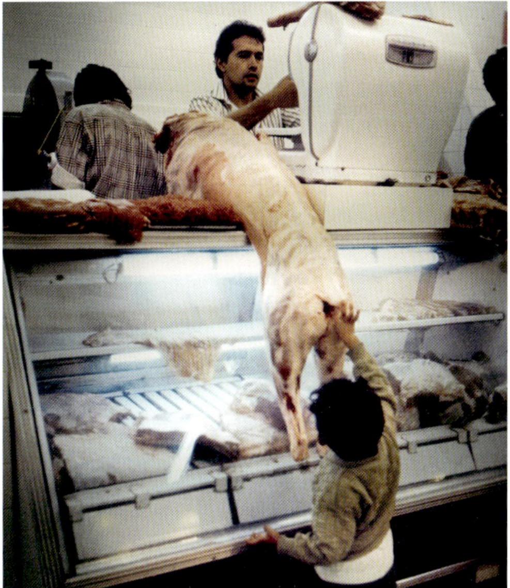

Adriana Varejão

Alegría, 1999
Transparency on backlight (edition 4/5) –
4 pieces / Transparencia sobre caja de luz
(edición 4/5) – 4 piezas
82 × 71 × 13 cm (3 p.) & 82 × 137 × 13 cm (1 p.)

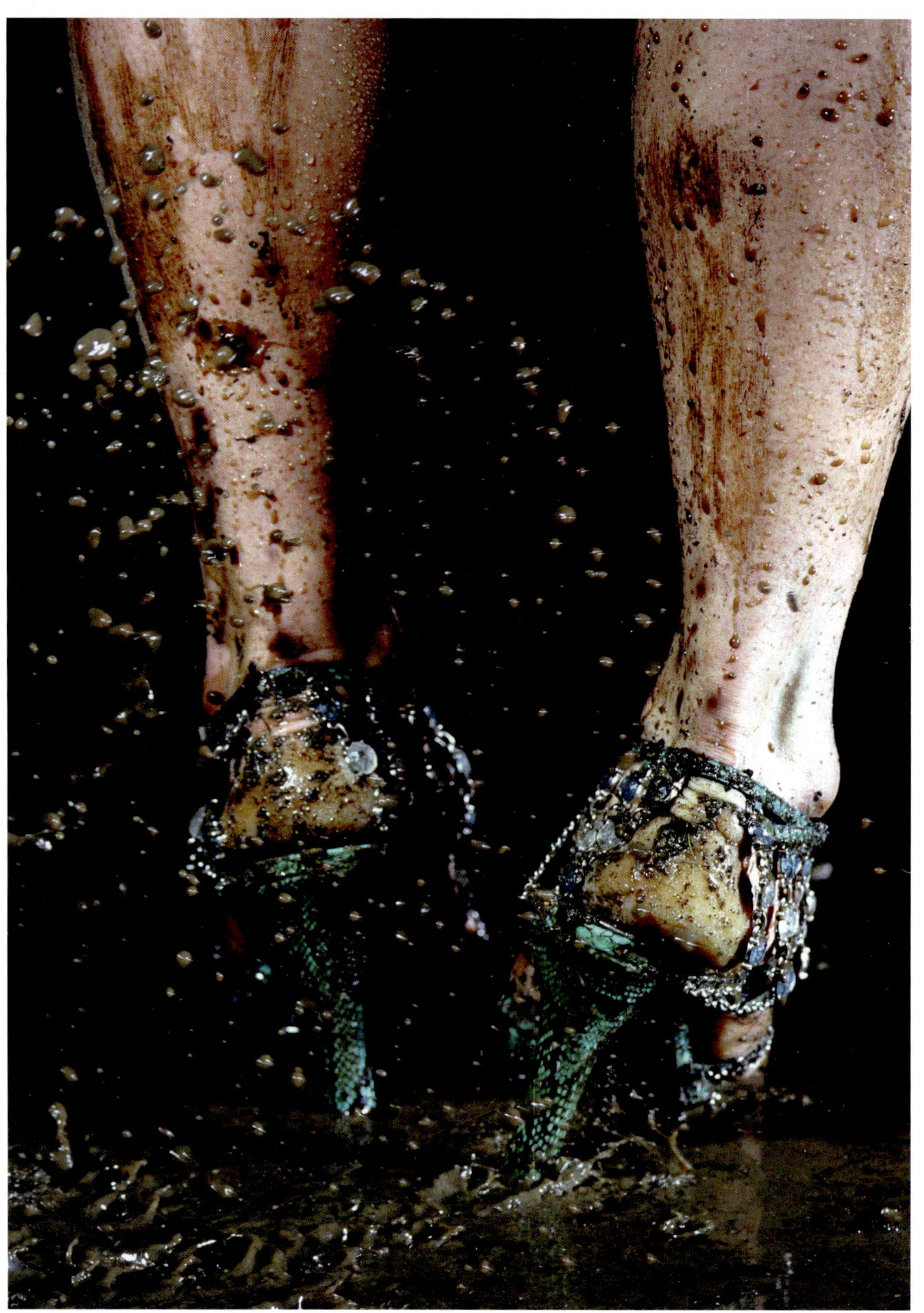

Marilyn Minter

Twins, 2006
C-print on paper (edition 2/3) /
C-print sobre papel (edición 2/3)
216 × 149 cm

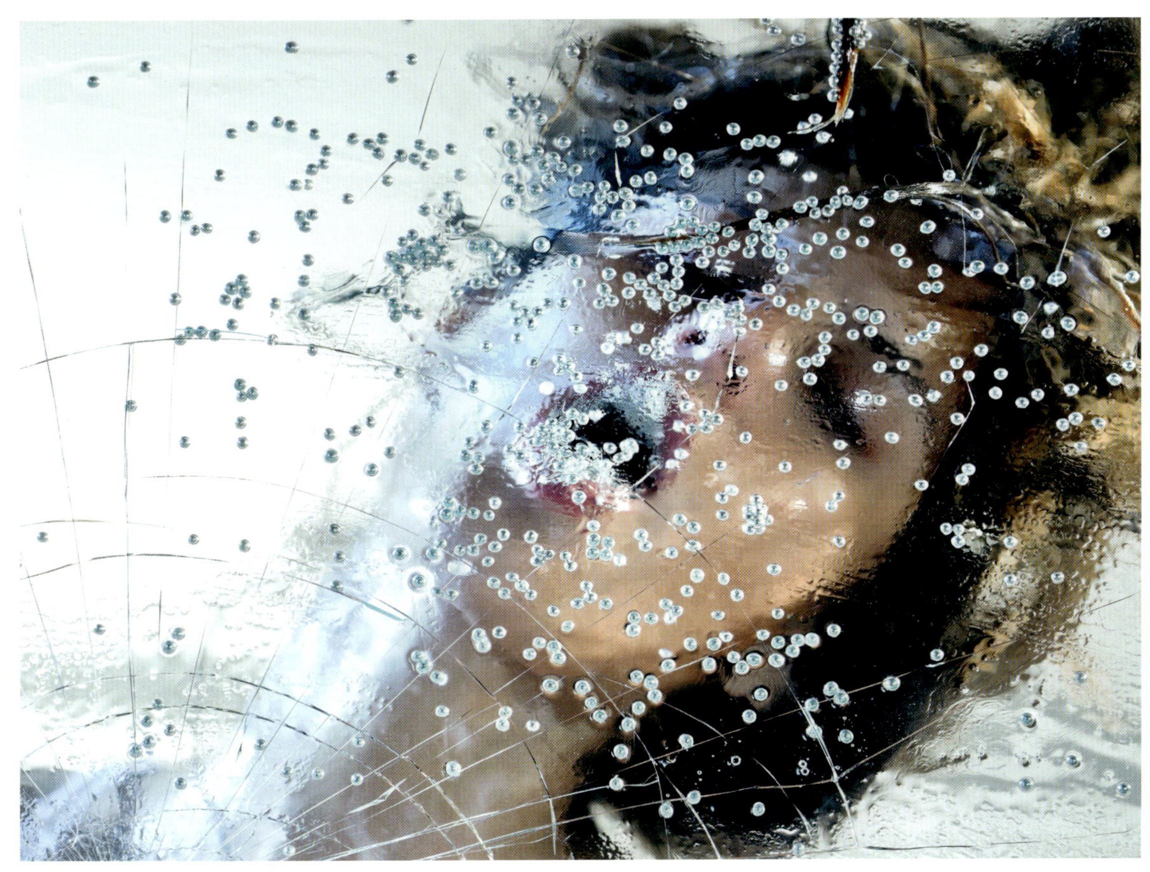

Marilyn Minter

Spit Ball, 2012
C-print on paper (edition 1/3, 2 APs) /
C-print sobre papel (edición 1/3, 2 APs)
179 × 235 cm

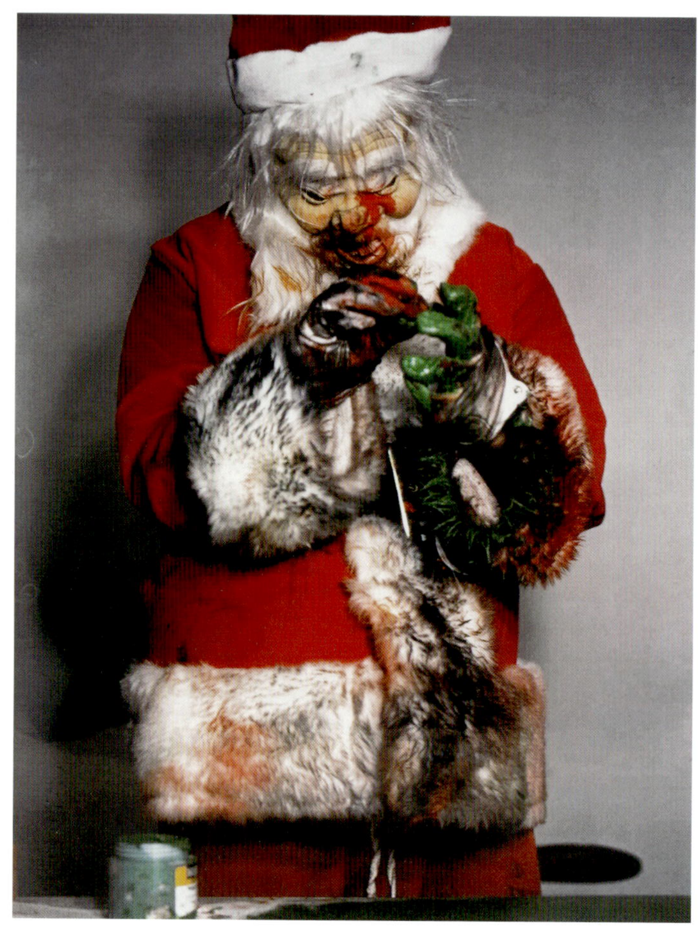

Paul McCarthy

Tokyo Santa, 1996
Cibachrome on paper /
Cibachrome sobre papel
104 × 78 cm

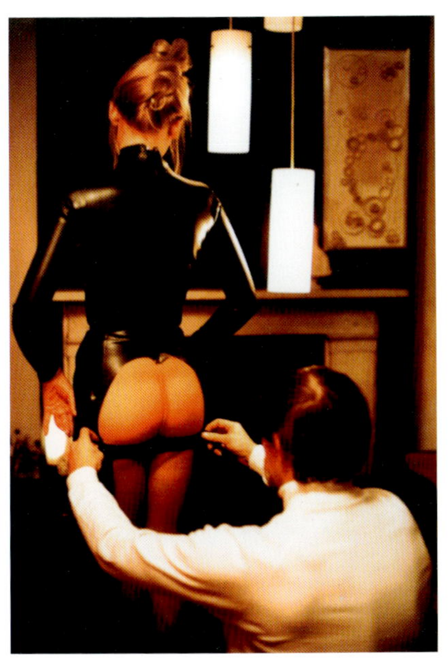

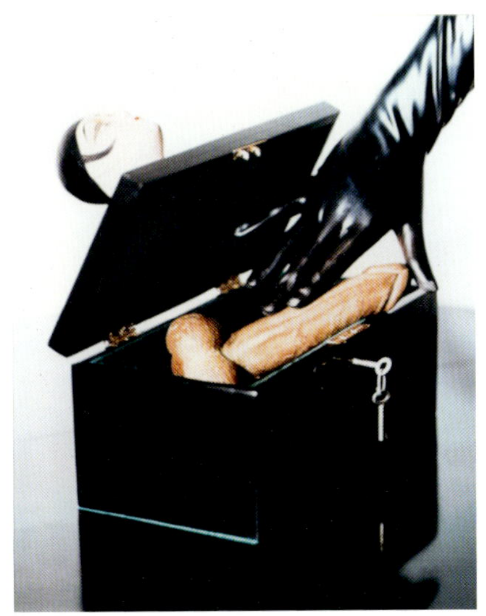

Allen Jones

Made to Measure, 1970
Photograph on paper (edition of 40) /
Fotografía sobre papel (edición de 40)
50 × 33 cm

Allen Jones

Pandora's Box, 1978
Photograph on paper (edition of 40) /
Fotografía sobre papel (edición de 40)
39 × 30 cm

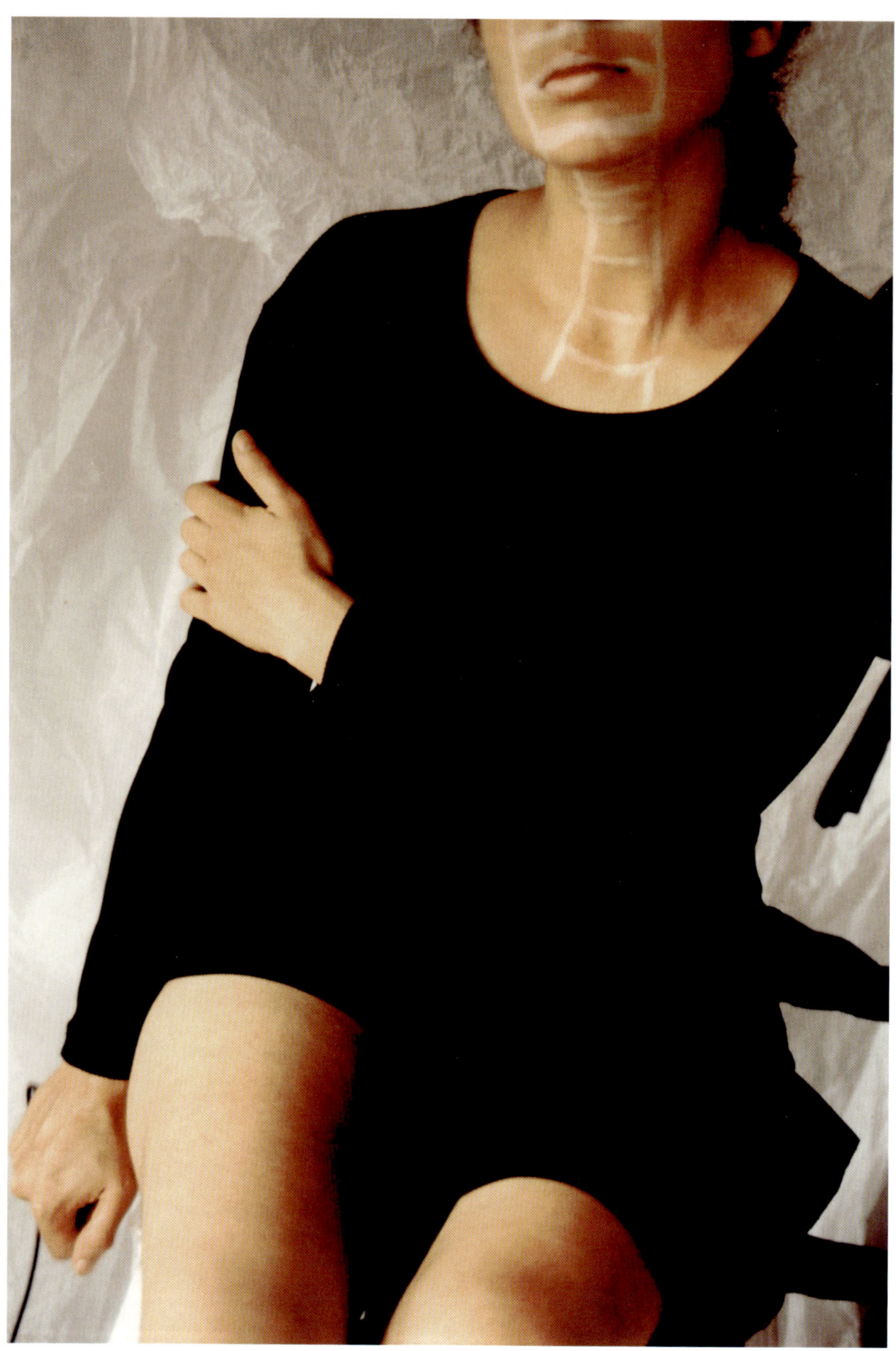

Laura Torrado

Mujer escalera II, 2000
Color photograph on aluminum /
Fotografía color sobre aluminio
195 × 125 cm

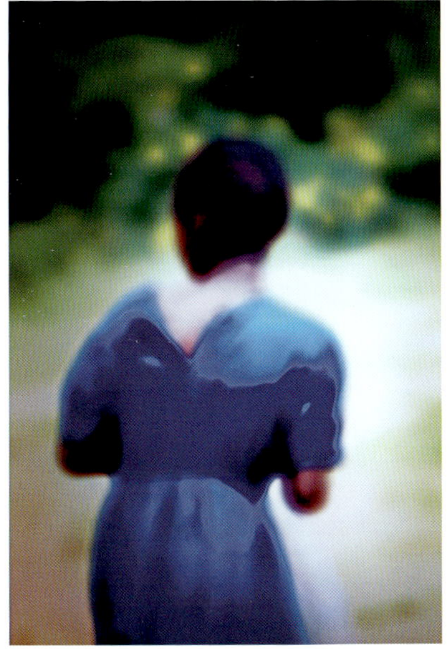
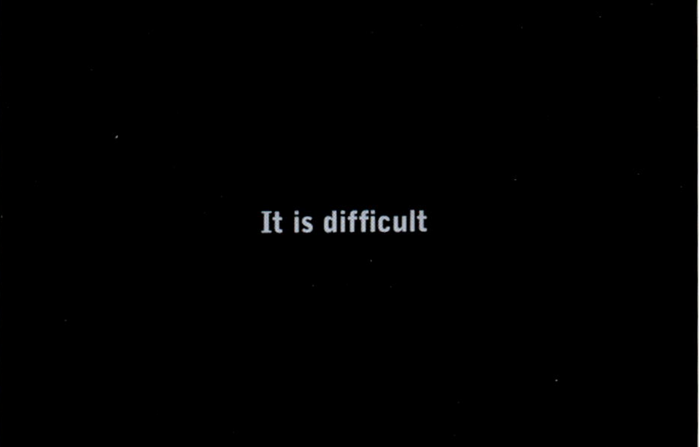

Alfredo Jaar

Six Seconds, 2000
Transparency on lightbox (diptych) /
Transparencia sobre caja de luz (díptico)
51 × 36 cm / 36 × 51 cm

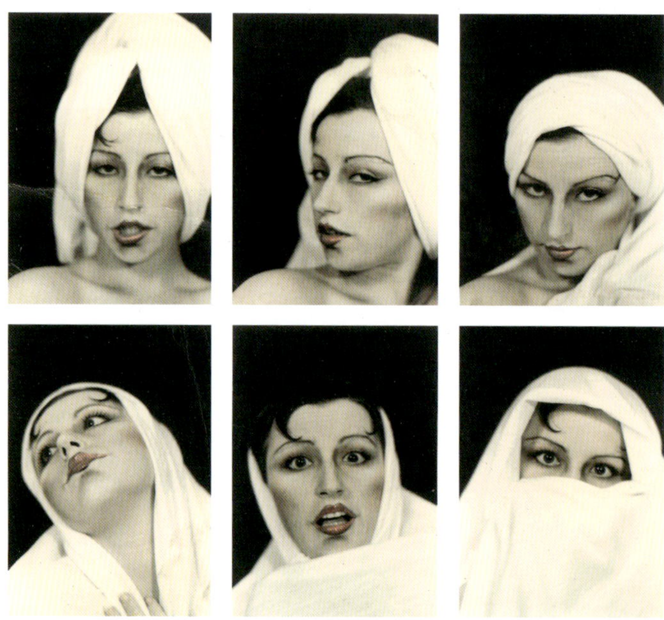

Cindy Sherman

Untitled (6 of 6), 1976
Hand-colored black and white photograph on
paper (numbered on the back 83–86, 88, 89) /
Fotografía en blanco y negro coloreada a mano
sobre papel (nos. 83-86, 88, 89 en el reverso)
10 × 7 cm (each)

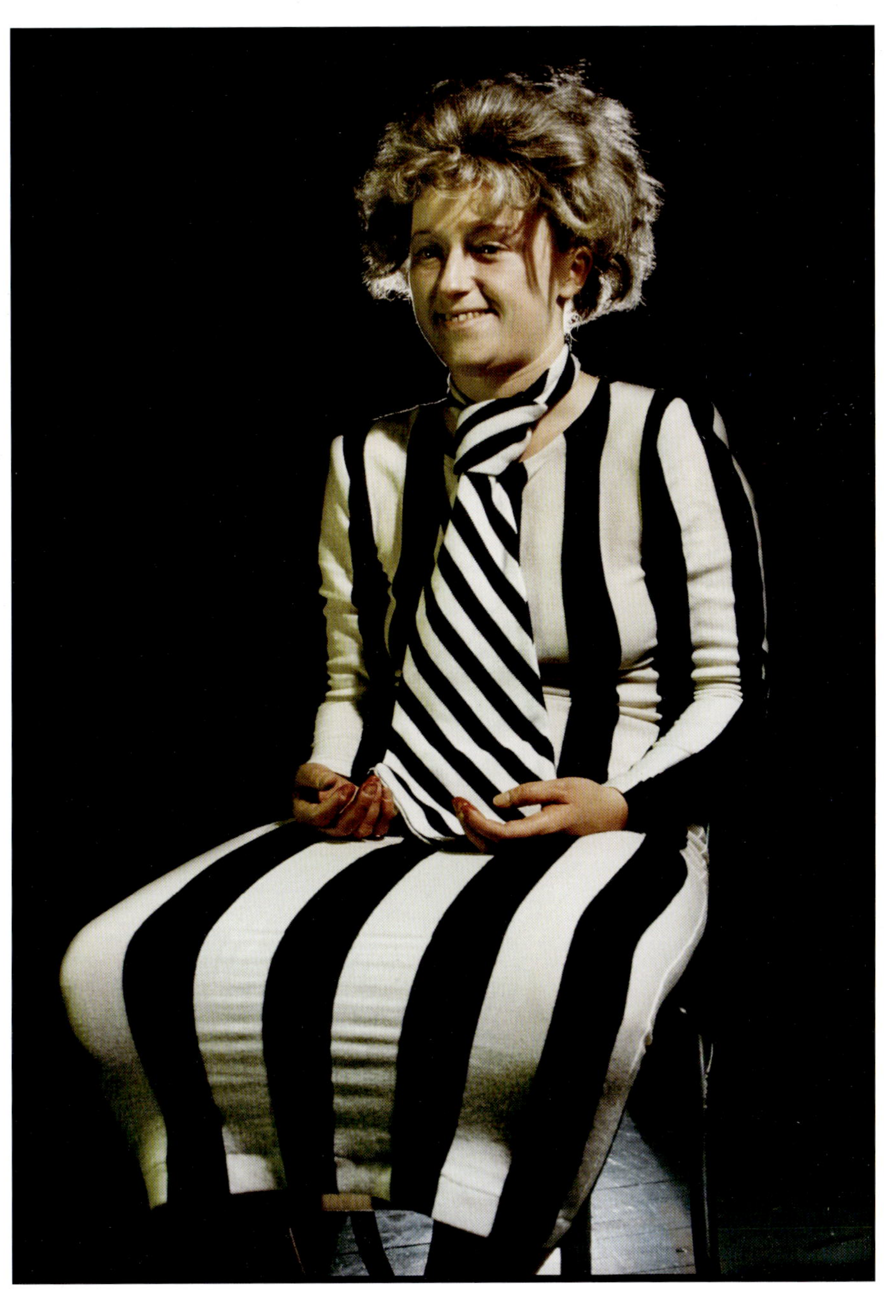

Cindy Sherman

Untitled # 138, 1984
Color photograph on paper (edition 5/5) /
Fotografía a color sobre papel (edición 5/5)
180 × 123 cm

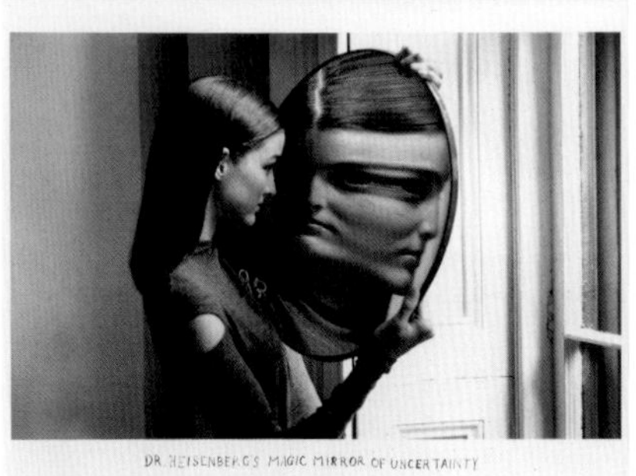

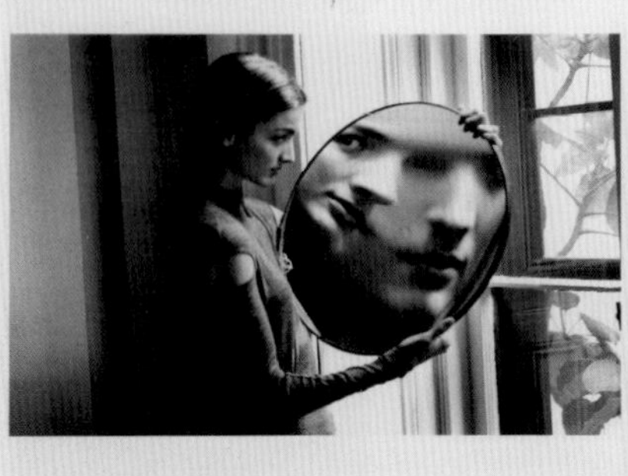

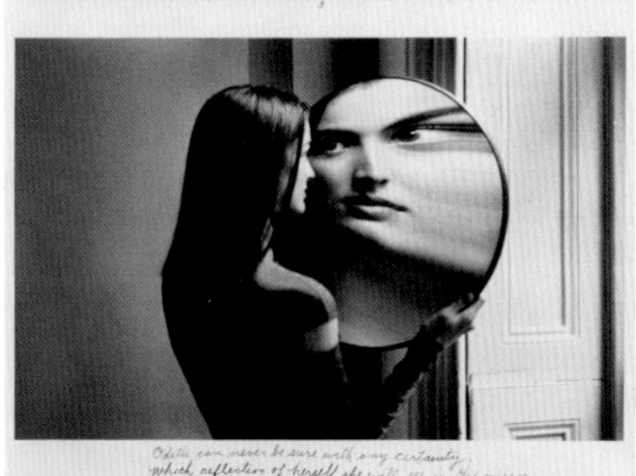

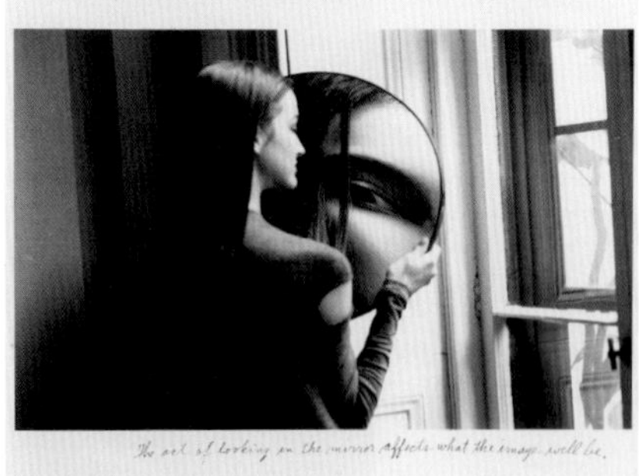

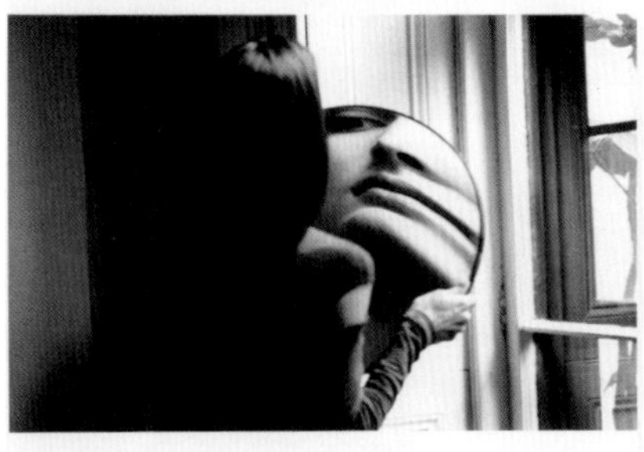
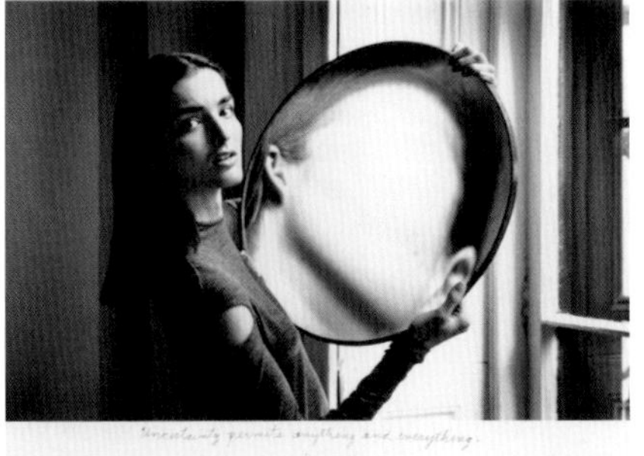

Duane Michals

*Dr. Heisenberg's Magic Mirror of
Uncertainty*, 1998
Platinum print on gelatin (edition
9/25) – 6 pieces / Fotografía en blanco
y negro (edición 9/25) – 6 piezas
33 × 39 cm (each)

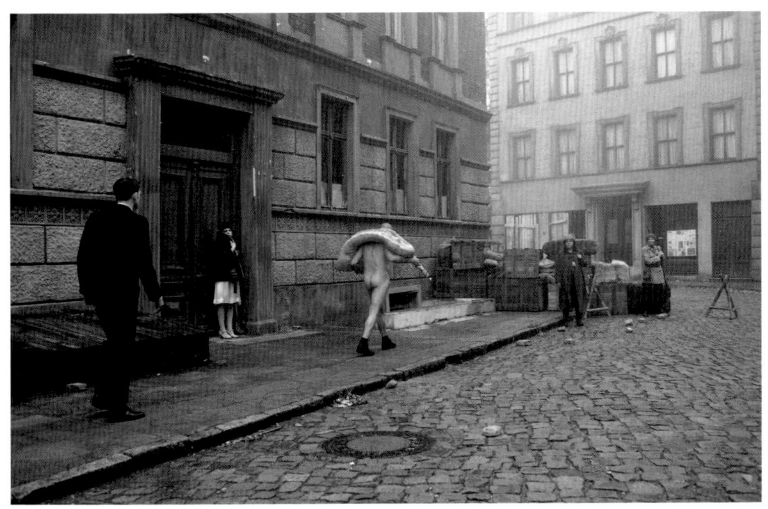

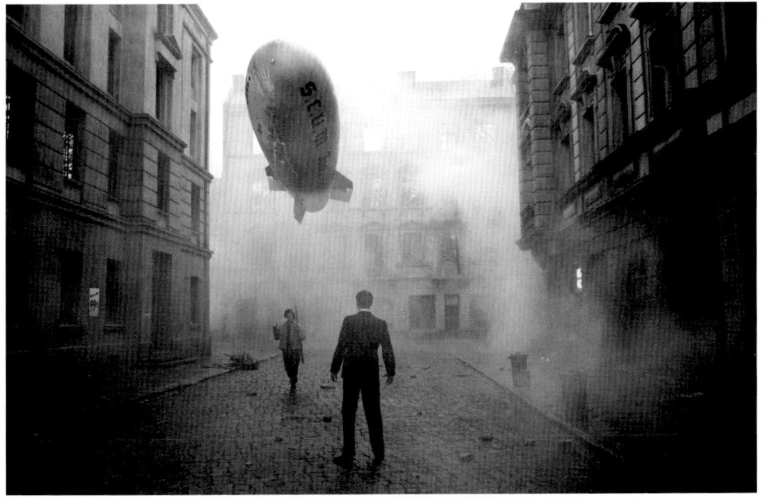

Julian Rosefeldt

Deep Gold (Nr. 2 & 3), 2013-2014
Black and white photograph, lightjet print
on paper (edition 3/6 + 2 APs) / Fotografía
en blanco y negro, impresión lightjet sobre
papel (edición 3/6 + 2 APs)
56 × 84 cm

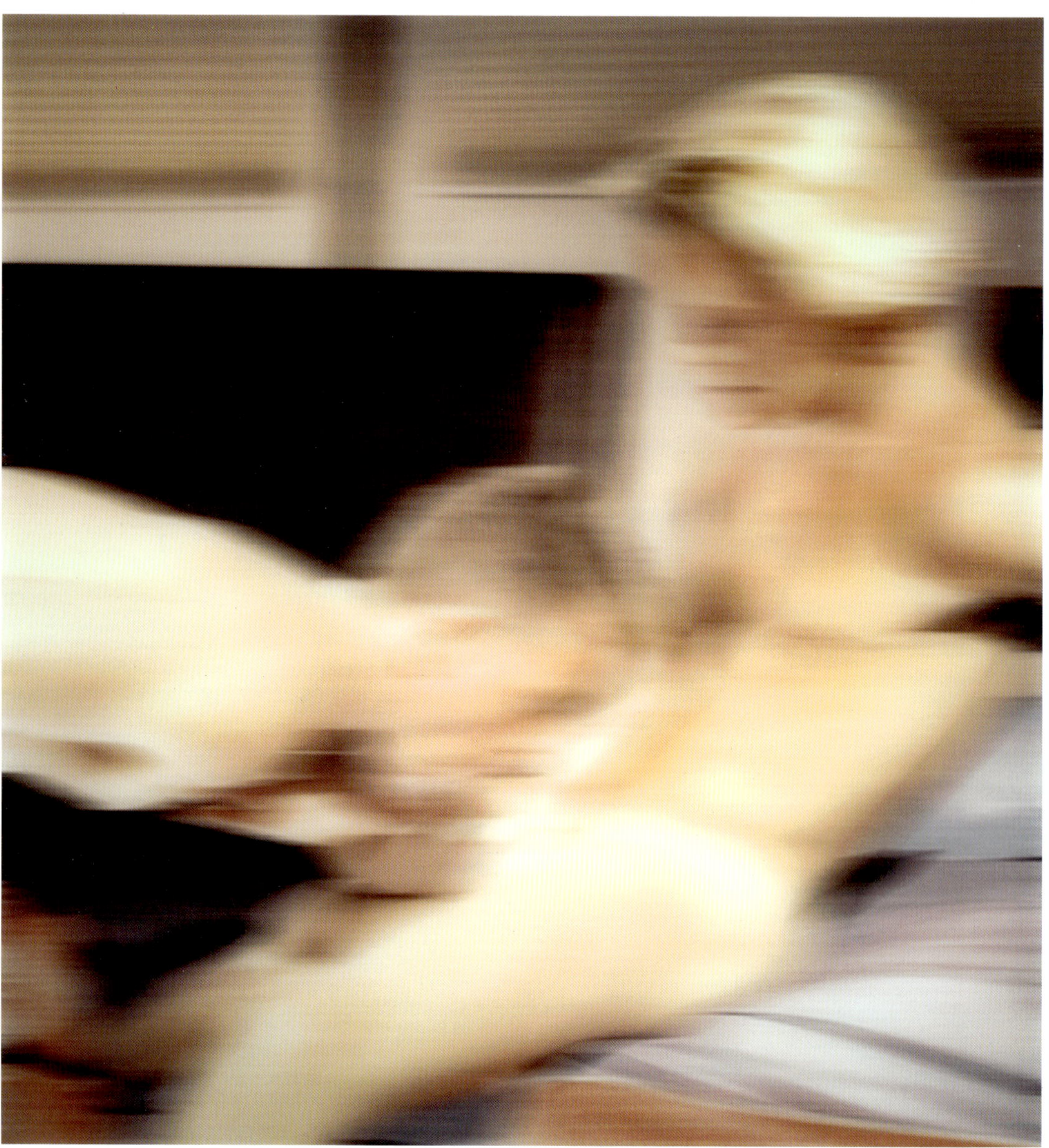

Thomas Ruff

Nudes g021, 2000
Laserchrome and Diasec on cardboard
(edition 2/5) / Laserchrome y Diasec
sobre cartulina (edición 2/5)
140 × 120 cm

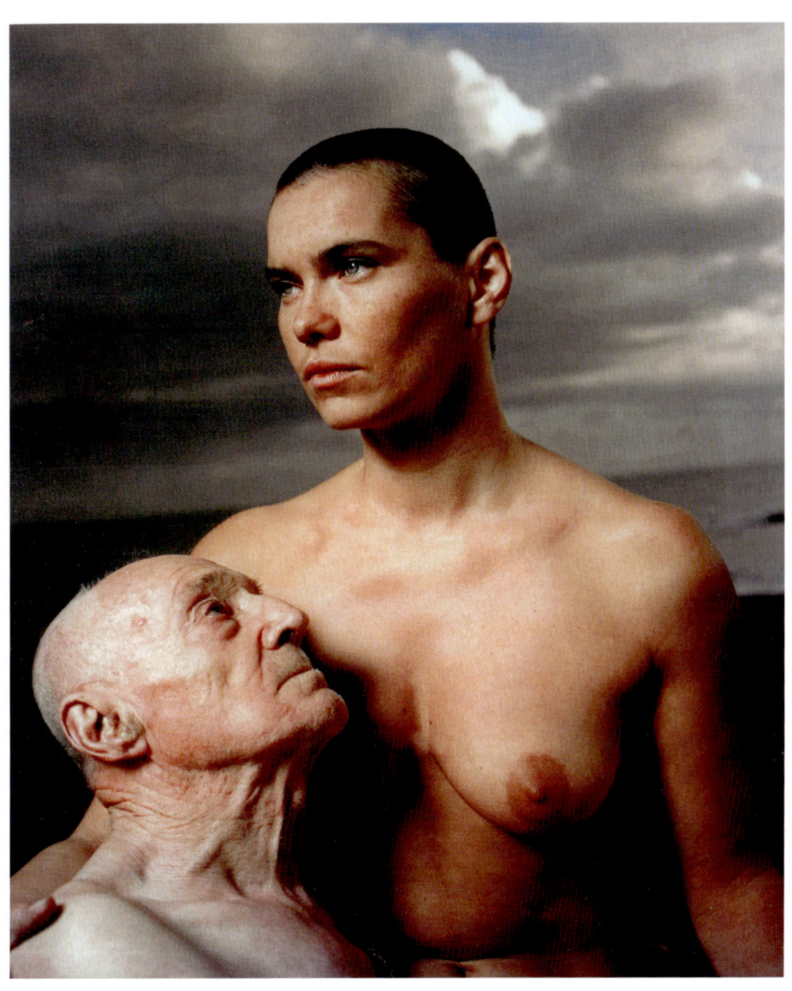

Andrés Serrano

A History of Sex (Antonio y Ulrike), 1995
Cibachrome, silicone on methyl methacrylate
(edition 1/7) / Cibachrome y silicona sobre
metacrilato de metilo (edición 1/7)
101 × 82 cm

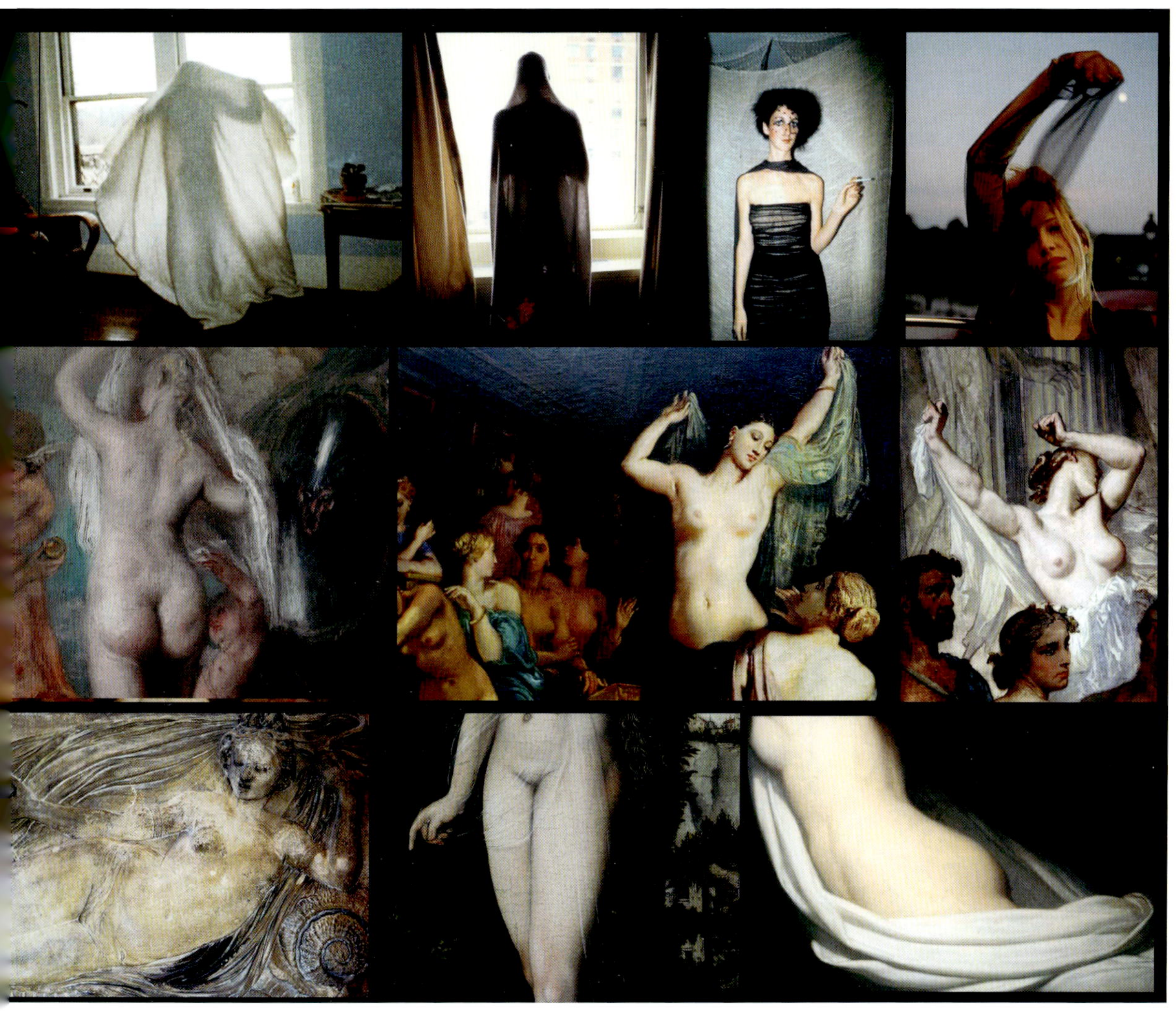

Nan Goldin

Veils, 2011-2014
Chromogenic print on paper
(edition 3/3) / Impresión
cromogénica sobre papel
(edición 3/3)
114 × 135 cm

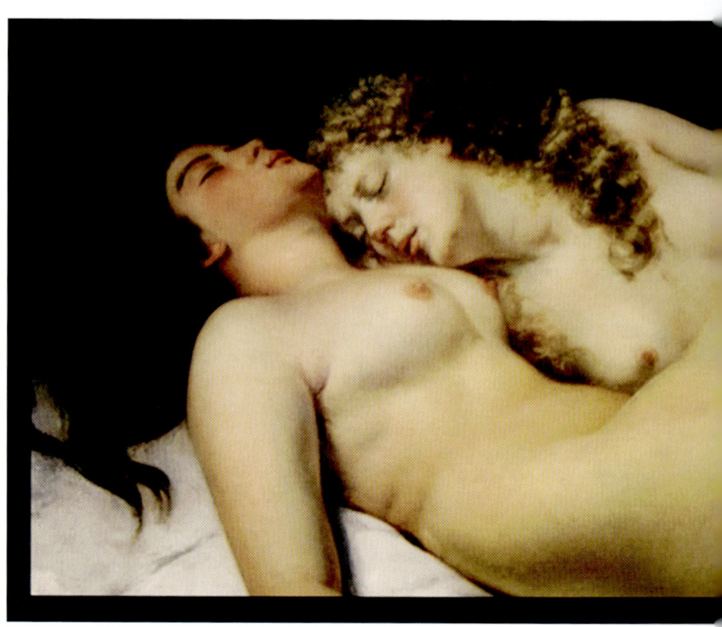

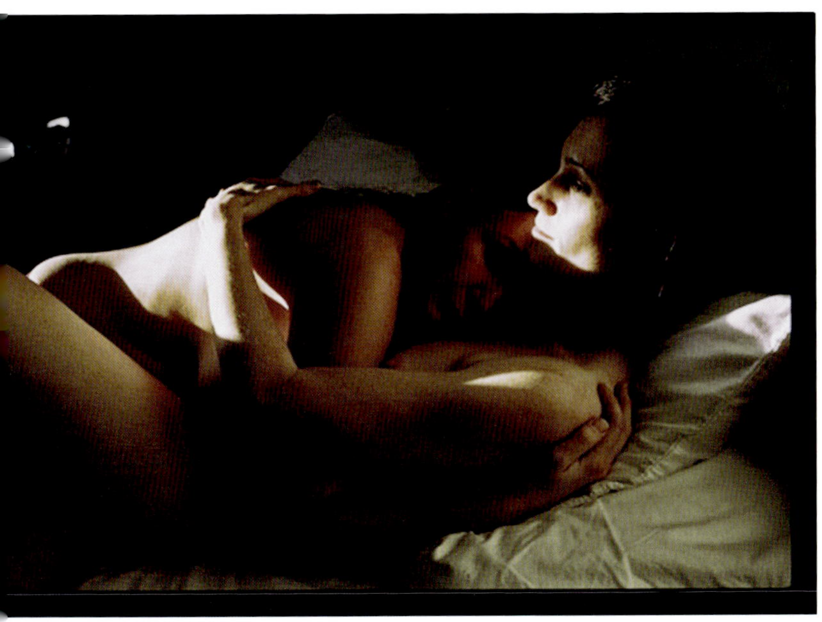

Nan Goldin

The nap, 2010
Chromogenic print on paper
(AP2 edition of 3) / Impresión
cromogénica sobre papel
(AP2 edición de 3)
61 × 164 cm

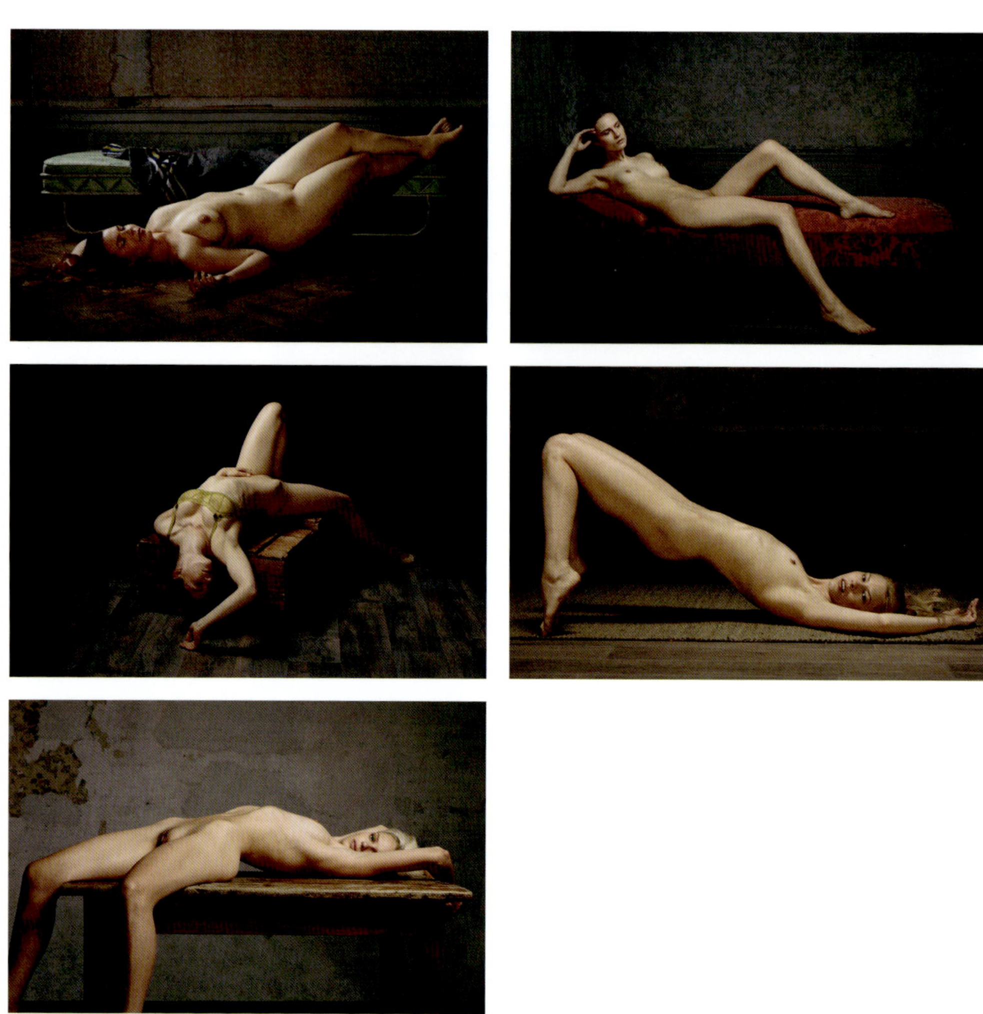

Erwin Olaf

Reclining Nude Nos. 1, 2, 4, 6, 8 – Skin Deep, 2015
Color photograph on Fujicolor Chrystal archive
digital paper (edition of 15 + 2 APs + HC) /
Fotografía a color sobre papel Fujicolor Chrystal
archivo digital (edición de 15 + 2 APs + HC)
23 × 35 cm (each)

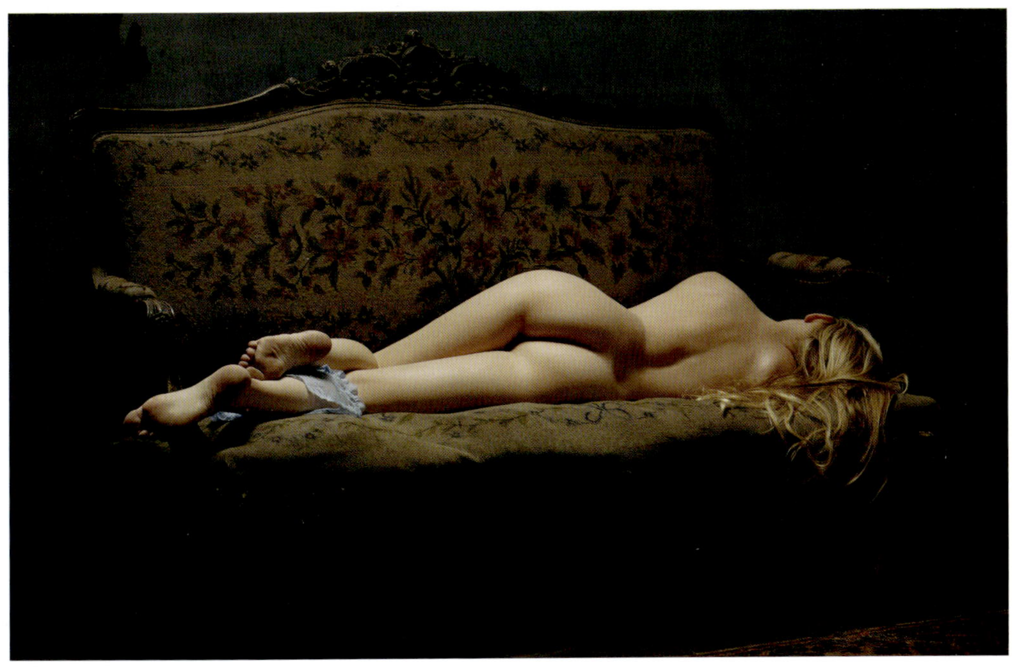

Erwin Olaf

Skin Deep No. 7 – Skin Deep Large, 2015
Color photograph on Fujicolor Chrystal
archive digital paper (AP1 of an edition of 7+
2 APs+HC) / Fotografía a color sobre papel
Fujicolor Chrystal archivo digital (AP1 de
una edición de 7+2 APs+HC)
100 × 152 cm

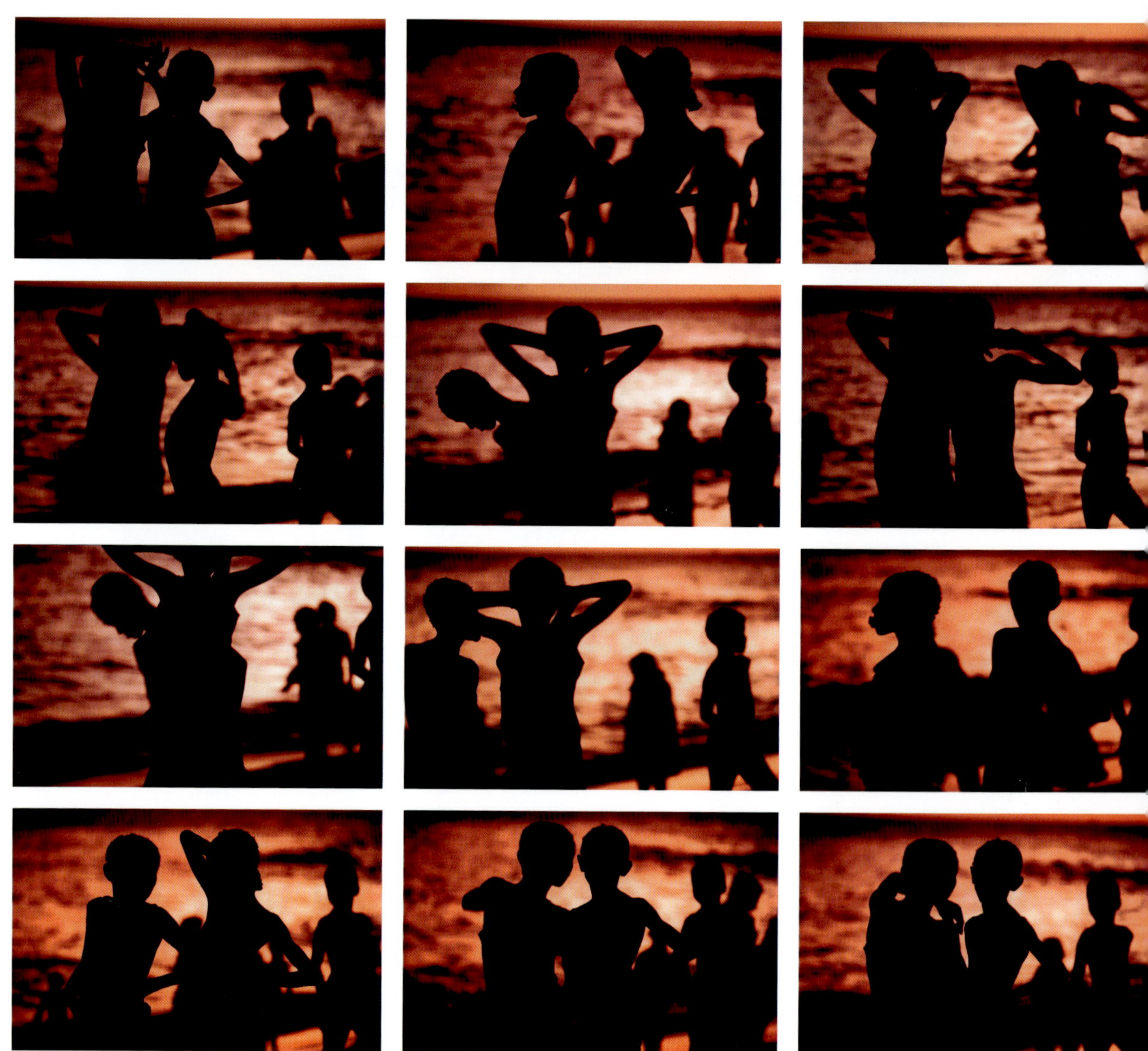

Miguel Río Branco

Chupeta, 1997
Cibachrome on metal (12 pieces) –
edition 1/5 / Cibachrome sobre metal
(12 piezas) – edición 1/5
39 × 59 cm (each)

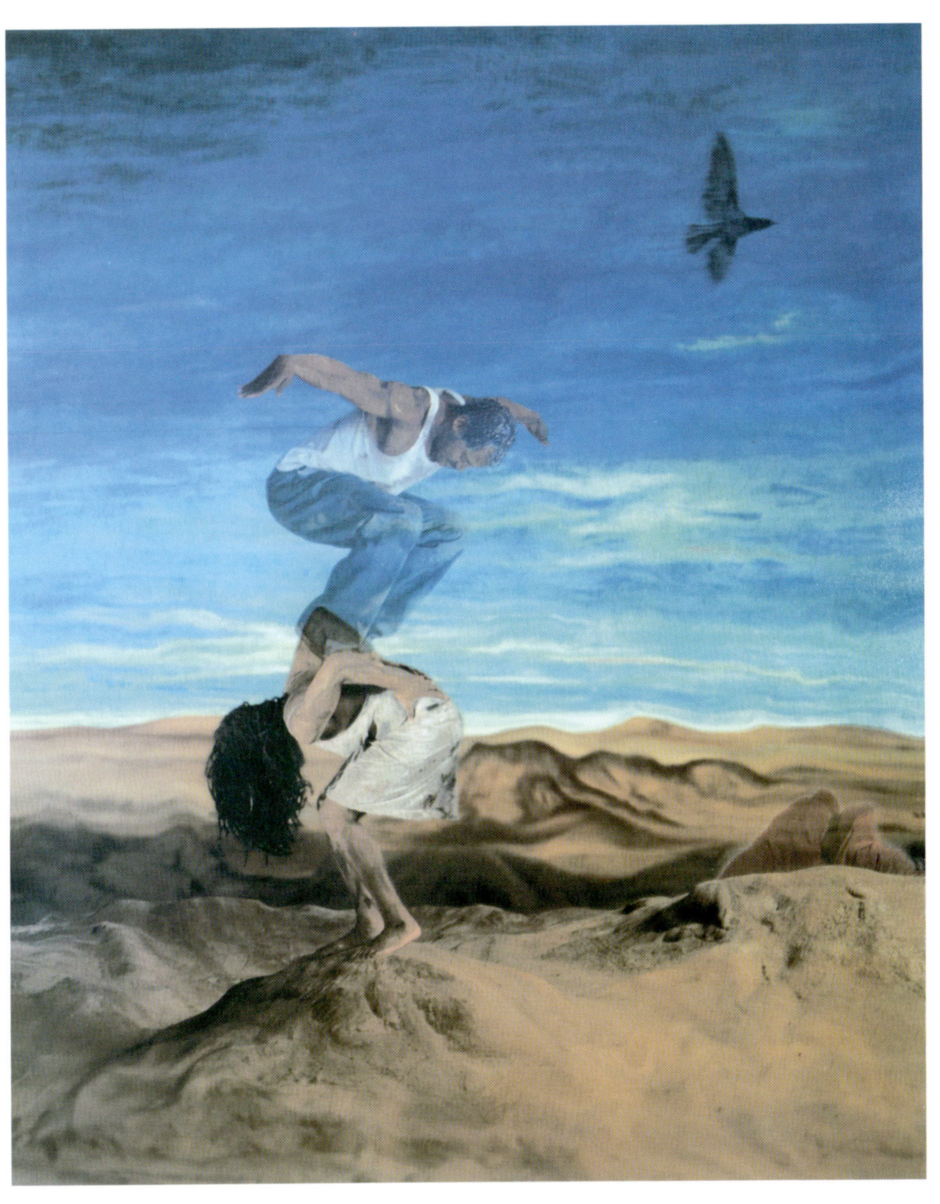

Tracey Moffatt

Invocations # 10, 2000
Photograph-serigraph on paper
(edition X/XV) / Serigrafía fotográfica
sobre papel (edición X/XV)
147 × 122 cm

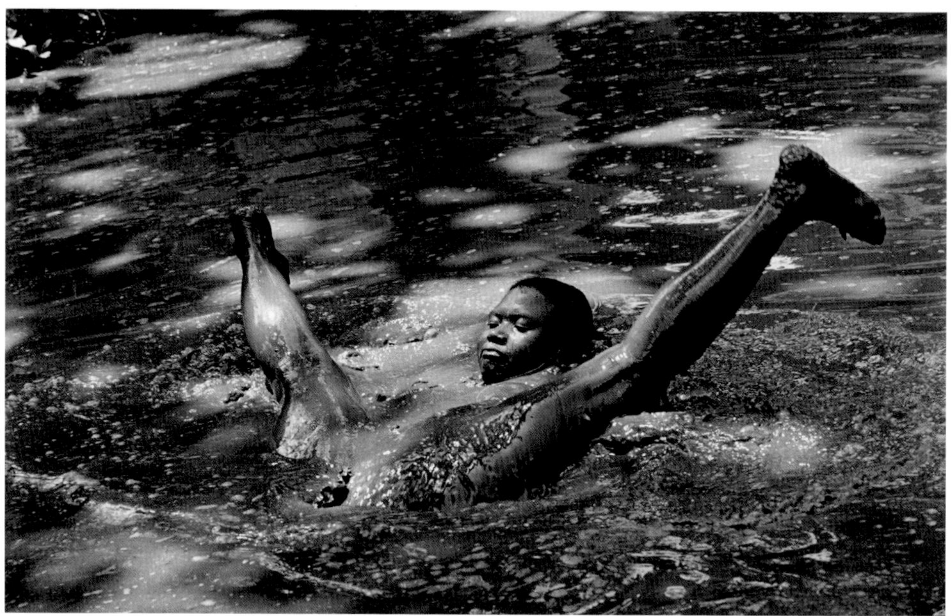

Cristina García Rodero

Plaine du Nord (serie «Rituales en Haití»), 2000
Black and white photograph on paper (edition 1/7) /
Fotografía en blanco y negro (edición 1/7)
76 × 113 cm

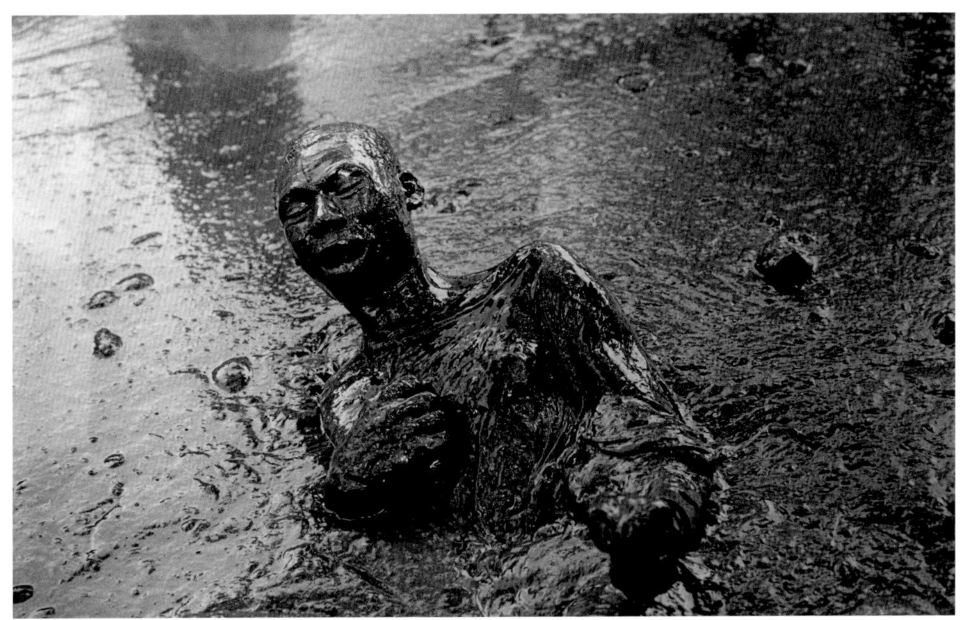

Cristina García Rodero

Plaine du Nord (serie «Rituales en Haití»), 1997
Black and white photograph on paper (edition 1/7) /
Fotografía en blanco y negro (edición 1/7)
76 × 113 cm

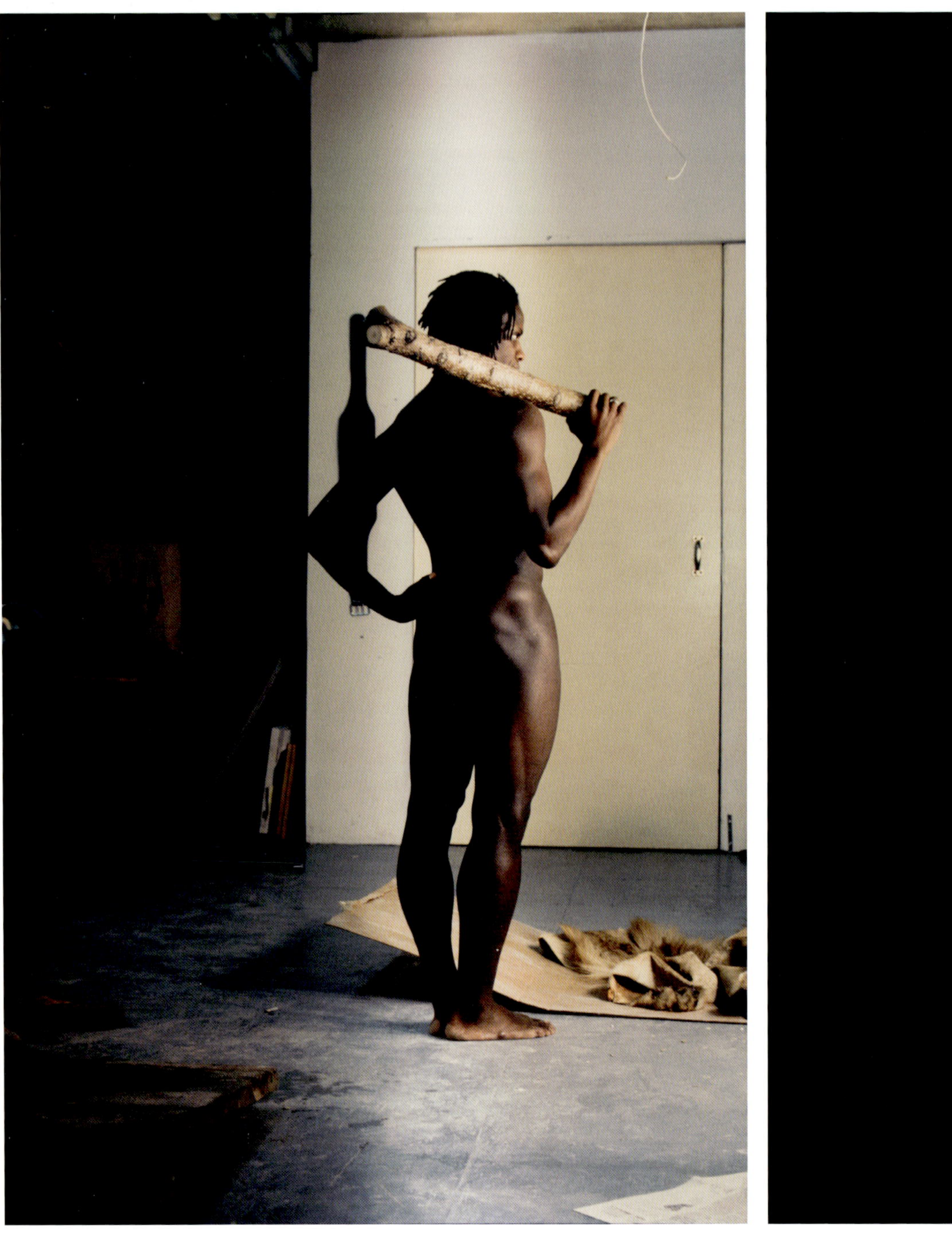

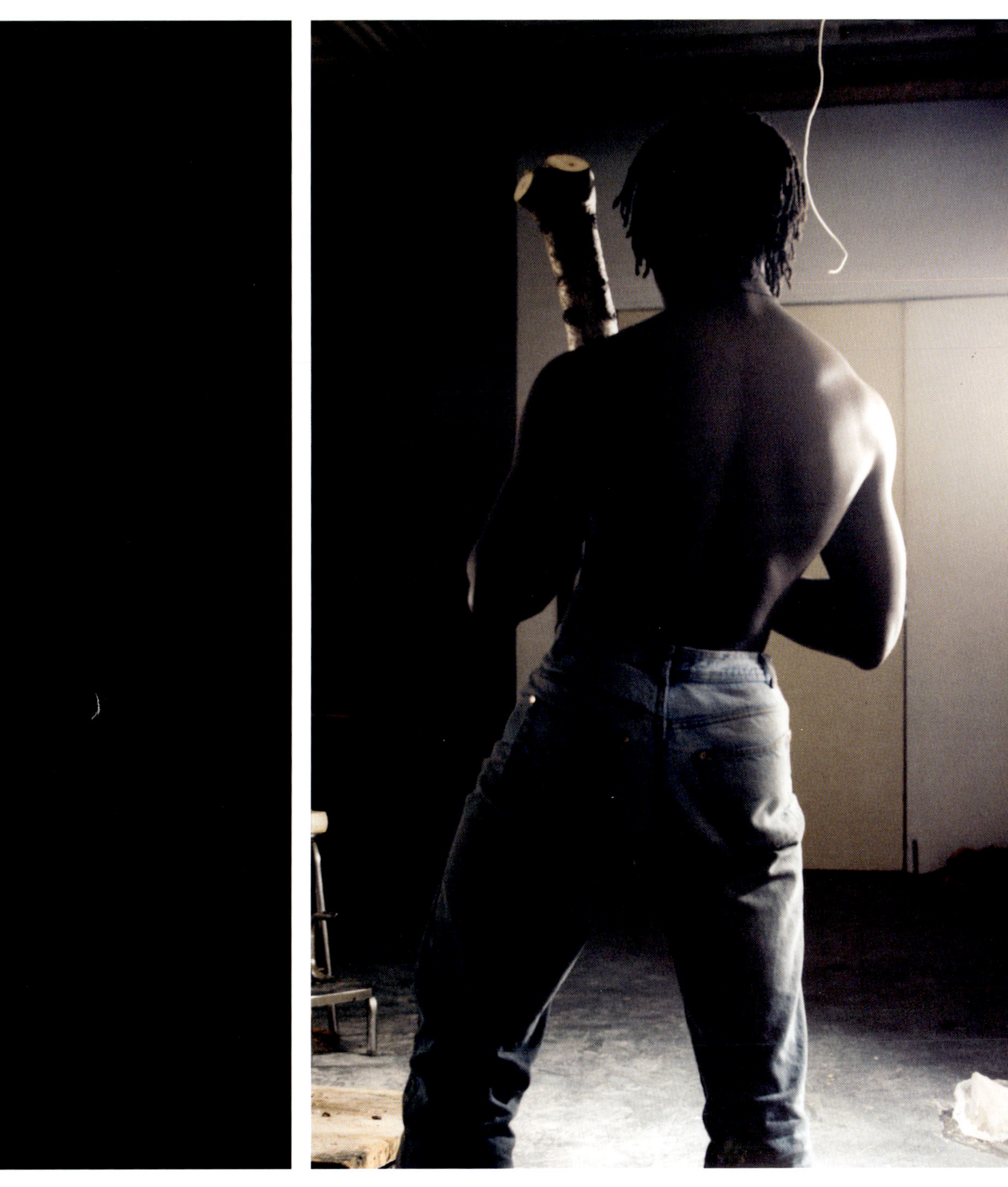

Txomin Badiola

El juego del otro, 1997
Color photograph (triptych) on paper
(edition 2/3) / Fotografía a color
(tríptico) sobre papel (edición 2/3)
200 × 120 cm (each)

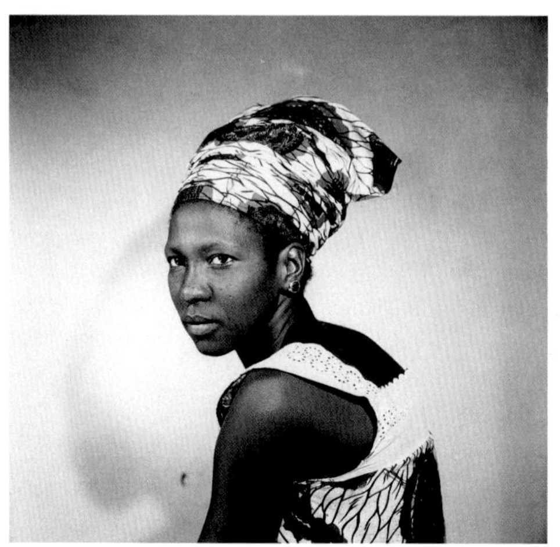

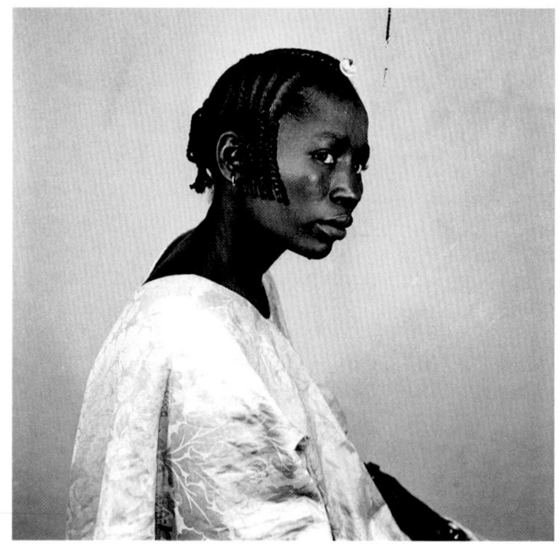

Malick Sidibé

Madame Rokia Saugaré, 1965-2009
Gelatin silver on paper /
Gelatina de plata sobre papel
48 × 48 cm

Malick Sidibé

Avec ma tresse, 1965-2009
Gelatin silver on paper /
Gelatina de plata sobre papel
48 × 48 cm

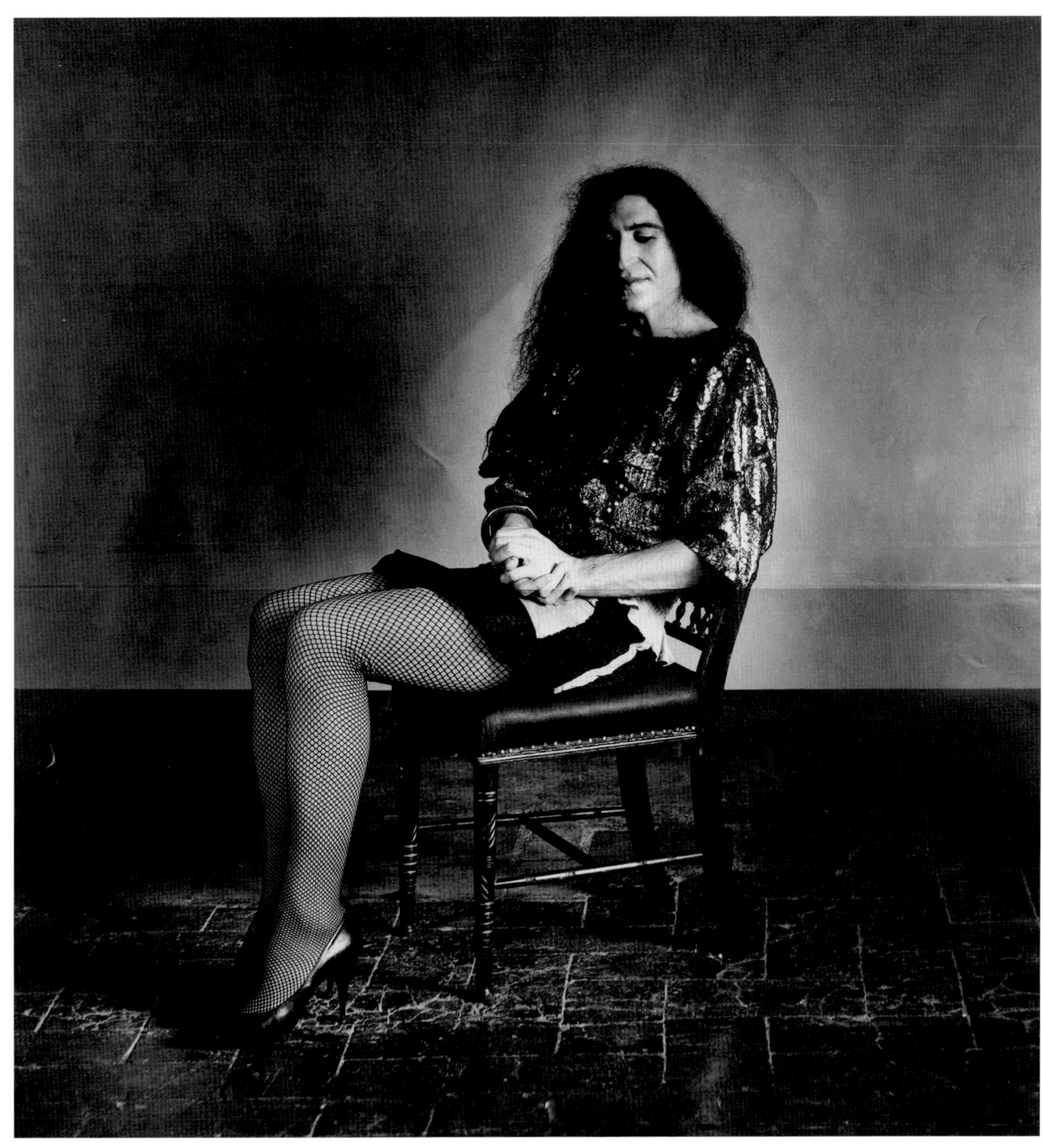

Hanna Collins

Francesca, 1990
Photograph (silver emulsion) on cotton
paper / Fotografía (emulsión de plata)
sobre papel de algodón
187 × 171 cm

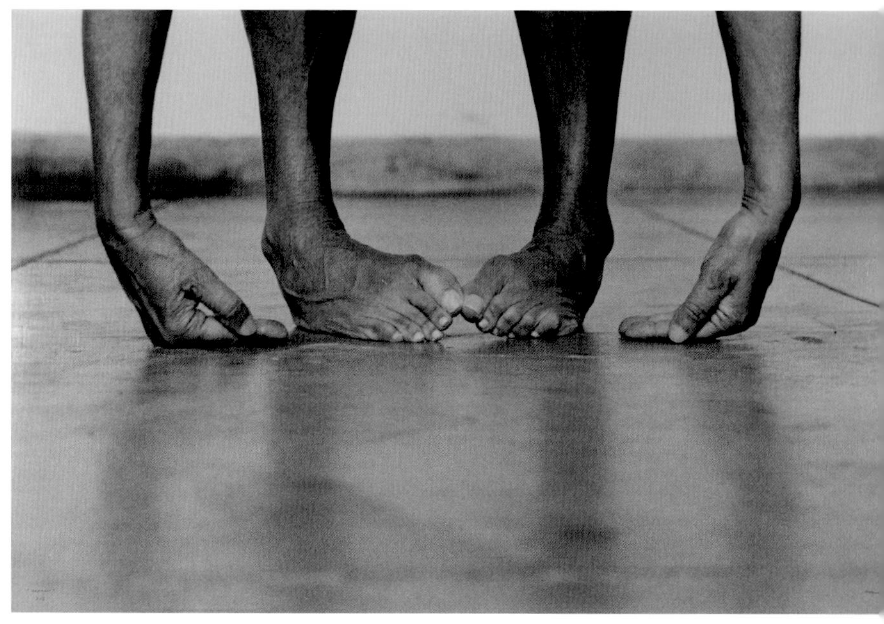

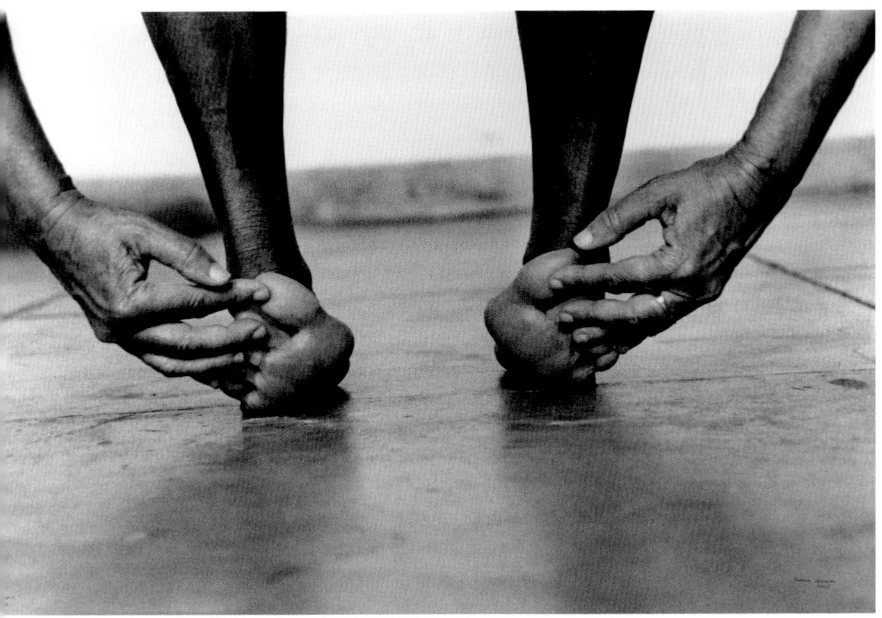

Helena Almeida

Seduzir (#30), 2001
Black and white photograph on paper
(diptych) – edition 2/6 / Fotografía en blanco
y negro sobre papel (díptico) – edición 2/6
68 × 104 cm (each)

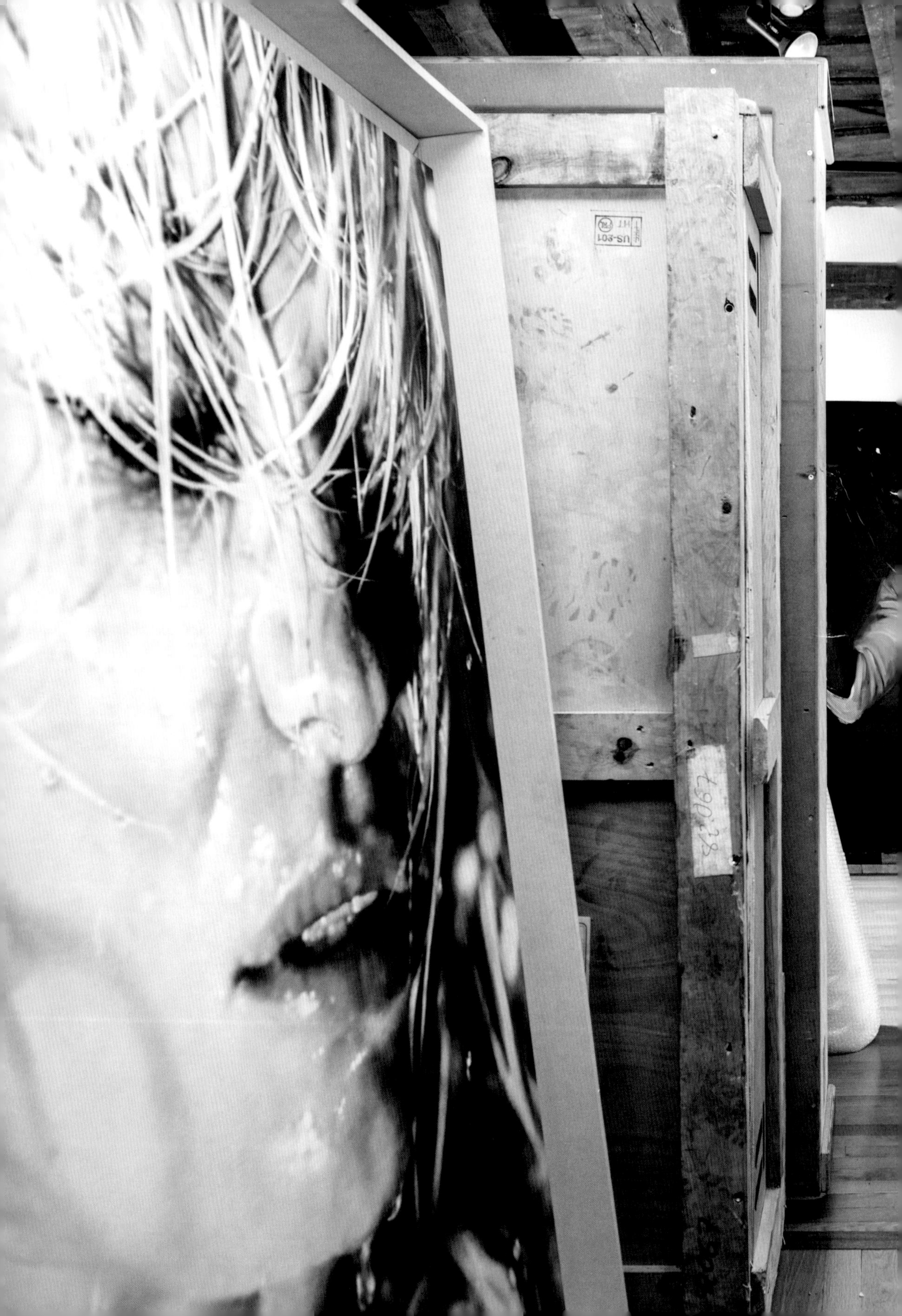

Dan Cameron

The Collectors' House

Although there are as many different motivations for collecting contemporary art as there are individuals who indulge in such activity on a sustained, devoted basis, most collectors seem to fall into one of three distinct categories. The most frequently encountered collector is probably the aspirational sort, who considers the possession of many wonderful artworks as a personal statement about their position in the world of intellect, ideas, and materialism. Delight in their ongoing discoveries of new and challenging forms of art is delicately balanced with the deep-seated conviction that art is, in the final analysis, a nonessential part of life—something that can be indulged only when all of life's true necessities have already been met. A second group of collectors frames their activity in terms of a competition with other collectors, to accumulate the greatest number of examples of the best and most challenging works of art they can locate, ideally before other collectors have had a chance to get in on the action. Although this second group is numerically smaller than the first, they likely account for a much larger share of the contemporary art sold today, because the template of cornering the market on a rare commodity is never far from their collecting priorities, even if it is not articulated in quite that way. While the aspirational collector is content to fill her empty walls and floor space with paintings, photographs, and sculpture, the competitive collector is never satisfied, because of a nagging anxiety that other collectors might buy out the contents of an emerging artist's studio before they have had their chance to do the same.

The third category of collector is the rarest of the three, but in many ways the most compelling. These are collectors who often start out approaching contemporary art somewhat warily, not knowing exactly how to find their bearings in the midst of an overflowing cornucopia of divergent styles, forms, and individual practitioners. This third category of collector is not hunting for art as such, but for a deep connection between artistic activity and a personal search for forms of beauty that can function as a corollary of their spiritual growth and individual self-expression. The works of art that become the possession of this third category of collector are cherished both for their capacity to instill delight and wonder, and as pathfinders on a journey whose outward boundaries ebb and flow, in synchronicity with the unfolding and expansion of their new owners' worldview. The family of Marcos Martín Blanco and Elena Rueda, along with their son Rafael Martín Blanco, who together make up the MER Foundation, belongs squarely within this third category of collector, who can loosely be described as the collector ecstasy.

Upon entering the family home in the city of Segovia, one's first impression is of a disarming lack of pretension. The furnishings are tasteful but hardly stately or cutting edge, the domestic spaces warmly inviting. The many windows open onto dramatic views of the city's historic architecture and open vistas. Family photos proliferate alongside examples of needlepoint scavenged from the *rastro* in Madrid. Their Collection coexists happily alongside the accoutrements of everyday life, which include casual assemblages of used or accumulated objects made by Elena, and a scattering of paintings and cultural reliefs by the late El Grupo de Cuenca artist Gerardo Rueda, who was her cousin. Even so, the dramatic visual impact of an oversized photograph of Pamela Anderson by Marilyn Minter, a dynamic color abstraction by José Guerrero, and a tongue-in-cheek untitled 1992 figurative painting of prosperous nudists by Eric Fischl hinges partly on the complete absence of pretension evident in the works' surroundings. The sense of incongruity produced by encountering outstanding but occasionally provocative examples of contemporary art installed in a home whose street view gives the impression of having been decorated with far less challenging objects and pictures is compounded when one descends to the sprawling basement rooms, which house approximately eight-tenths of the family Collection. Here one has the first glimpse of the unmatched tenacity and sincerity that over many years have gone into building this group of works, which at this writing comprises some approximately eight hundred pieces, out of which the overwhelming majority are by artists living in either Spain or the United States.

When Marcos and Elena began to educate themselves about contemporary art in earnest some twenty-five years ago, the El Paso aesthetic, which typically favored somber palettes, impasto textures, and highly personalized gestures, had not been a dominant force in Spanish art for decades, and yet the more pluralist world reflected by the regular offerings of galleries in Madrid was highly fragmented, and noticeably lacking a core set of values and beliefs. While carefully selecting key works by such stars of the 1980s scene as Miquel Barceló and José María Sicilia, they also found themselves drawn increasingly to the more eclectic and idiosyncratic work of Luis Gordillo, from a slightly older generation, whose restless technique bridged the Pop-inflected figuration of the 1970s with the more expressionist techniques of the following decade. Gordillo was celebrated by younger artists for his conspicuous independence from the dominant trends in Spanish art, so it is unsurprising that relatively adventurous trends in their collecting soon marked the couple as possessing a comparably nonconformist set of principles. From the Madrid gallery owned by Soledad Lorenzo, who represented all three of the above-named artists, the couple developed an interest in American painters like Eric Fischl and Julian Schnabel, and from that starting point began to expand their research to include galleries and museums in New York, which they visited at least once a year. Although their interest in New York figurative painting is far from unusual for the time, two characteristics of their collecting patterns stand out somewhat dramatically in comparison to what their contemporaries in Spain were paying attention to. On the one hand, Marcos and Elena quickly developed a powerful attraction to the work of younger New York painters such as John Currin, Marilyn Minter, and Lisa Yuskavage, none of whom were actively showing in Spain at the time. Meanwhile, as their interest intensified in art in the U.S., their commitment to supporting artists in Spain deepened as well, as demonstrated by their in-depth acquisition of such painters as Carlos León, Jorge Galindo, Soledad Sevilla, Curro González, and Juan Ugalde, none of whose output fits neatly into a narrowly defined stylistic context.

The idea that the contours of an art collection should conform to the parameters of its owners' process of self-education and personal growth is not new in any sense, although it is a fairly recent development that such interests might cover as broad a swatch of stylistic territory as tends to be true in the case of the MER Collection. This does not mean that they eschew advice or help from well-meaning friends or experts in the field, but rather that they simply do not subscribe to the notion that a particular stylistic tendency is superior to another. For example, while in general their emphasis on art produced by Americans tends to favor figuration over abstraction, they happen to also possess outstanding works from the mid-1980s by Jonathan Lasker and Julian Schnabel, while not pursuing either artist past their presumed heyday. Likewise, the figuration of Fischl and David Salle, which depends on both photographic and live-model sources, might be said to have peaked by 1990, at which point it was overtaken by the likes of Currin, Minter, and Yuskavage, all of whom rely heavily on photography. Although not many American critics or art historians would push back against such a characterization, few collectors in the U.S. have managed to bridge both sides of the stylistic line as effortlessly as Marcos and Elena, who own key early works by all three. Likewise, not many would link the mid-1980s work of Cindy Sherman and Nan Goldin to the photographic studies produced a decade later by Minter using quite the same instinct for establishing visual connections as the MER Collection has done.

One of the realms in which contemporary art appears to have been something of a godsend to Marcos Martín Blanco and Elena Rueda, as well as to their son Rafael, is related to how the human body has been depicted within the art of the past thirty years. Perceived from within a cultural framework of conservative Catholicism and a modern political history of dictatorship and deep partisan divides, any open celebration of the pleasures of human flesh has tended to be suppressed or satirized, in order to lend priority to the values of self-abnegation, sacrifice, and obedience. In response, Marcos and Elena have consistently sought out a visual language to give form to the self-actualization that seemed to burst forth during both the post-Franco period of the *movida* in Spain, as well as from the new artistic trends unfolding with the U.S., Italy, and Germany during the 1980s. There is a splash of decadent glamour in their selection of early 1980s German painters Rainer Fetting and Helmut

Middendorf, who revered the male nude, just as the photographs by Erwin Olaf and Julian Rosefeldt project an almost clinical interest in the unclothed female form at its most psychologically arousing. In the separate examples of Laura Torrado, Thomas Ruff, Alan Jones, Begoña Montalbán, and Cristina García Rodero, it is likely that the artists' eagerness to reconsider the ways we perceive the human nude is one of the primary reasons Marcos and Elena became interested in their work in the first place. But even in the majority of cases where the nude is not explored for explicitly erotic purposes, an interest in how we invariably experience nudity through a sociocultural as much as an aesthetic lens is the link connecting Fischl, Salle, Yuskavage, and Minter, and a far deeper bond linking them with Marlene Dumas, who characteristically paints the nude after it has already been exposed by photographic media; and Jenny Saville, who in her *Study for Pentimenti IV (After Michelangelo's "Virgin and Child")* paints and draws at a scale surpassing that of her human subjects, providing intimacy and monumentality in the same moment.

In thinking about how the subject of the nude offers a thematic framework to understanding the MER Collection as a whole, a related point worthy of attention is that there appear to be several distinct perspectives upon which the family's collecting efforts have become focused over the years. Another way of describing this multi-tiered expression of interests is by proposing that a large, stylistically diverse exhibition focused exclusively on contemporary understandings of the nude could be assembled using only works owned by this particular family, and such an exhibition would be able to be experienced at the highest level of artistic connoisseurship. The main reason why this hypothetical exhibition would be so easy to organize is that so much of the curatorial work has already been done, in the form of a gradual accumulation of distinct artistic encounters, followed by a few very select acquisitions, spread across many years. This accumulation is itself a type of research, and has in turn required a gradual opening up and exposure to unimagined intellectual and sensorial experiences, in which new revelations build off of prior discoveries, while the capacity to be amazed, and even altered, by the encounter with new art remains an achievement that seems justified each time a new object joins the ranks.

Another fully realized exhibition lying in wait to be assembled from the family's labors is an in-depth view of Spanish painting from the early 1980s to the late 1990s, in which both abstraction and figuration are given equal weight. Sidestepping any temptation to compete with the official narrative of Spanish modernism peaking in the 1950s and 1960s, the starting point here is the 1970s, as summarized by José Guerrero's aforementioned 1979 painting *Lateral violeta*, with its partly translucent black form leaning ominously into a tomato-red field, and its contours, depth, and perspective oscillating in ambiguous spatial relation with each other. The historic foundation to the Collection's understanding of Spanish painting at the close of the twentieth century continues with the soft geometry of Albert Ràfols Casamada's 1977 *Triple espai vertical* and Gordillo's erratic *Andarín Cabezón Dúplex* (1975), but the perspective becomes even clearer with pivotal works like José Manuel Broto's large untitled 1981 abstraction, Chema Cobo's new figuration in *Before de crime* (also 1981), and Joan Hernández Pijuan's 1984 *Paisatge*, which treads a careful line between symbolic and gesture. By the mid-1980s, new Spanish painting had begun attracting international attention, and MER's summary of this moment narrowed in on iconic works by the most recognized names of that generation: José María Sicilia's widely reproduced *Flor roja* (1987), Ferrán García Sevilla's bold statement on slavery in *África* (1987), Guillermo Pérez Villalta's romantic narrative *El mar de las dudas* (1987), Miguel Ángel Campano's matter-of-fact *Cama I* (1989), and Miquel Barceló's shimmering *Yellow, Red and Water* (1987). With such jewels in their possession, many collections would likely be content to congratulate themselves on their fine judgment, but because much of the MER Foundation's collecting patterns were established during the 1990s, most of the aforementioned works were purchased as a way of grounding their future acquisitions by way of a key handful of works that helped define the heady decade of the 1980s.

The next stage of the Collection's relationship to Spanish painting might be described as more personal, if only because so many of the stylistic shifts that were unfolding in the rapidly expanding Spanish art scene of the 1990s are fully present today in the MER Collection at a particularly expansive and lucid level. It suggests that the family began experiencing heightened levels of confidence in their own choices at precisely the moment when painting in Spain became a far more public and contested terrain. For that reason, outstanding but utterly distinct forms of abstraction—for example, Juan Uslé's luminous 1990 *Nebulosa*; Rosa Brun's monolithic, multi-paneled *Zahen*; Jorge Galindo's expressionistically brushed *Sol Peyote* (1993); and Soledad Sevilla's architectonic *Vélez Blanco V* (1995)—coexist alongside equally significant examples of figuration from the same historical moment, such as Juan Ugalde's dry untitled 1997 canvas lamenting shoddy real estate development; Curro González's somber look at our manic accumulation of objects in *El país de la cucaña* (1994); Victoria Civera's obliquely burdened figure in *En el paisaje* (2000); or Juan Muñoz's untitled 1995 single Goya-like drummer with a glowing ghost-head. If the hidden strength of Spanish painting in the 1990s was its staunch rejection of a single stylistic canon, its vigor may well be better reflected by the MER Collection than in almost any other single repository, whether owned by an individual, a corporation, or the state. Through study, discernment and deep commitment to their subject, they have created a unique curatorial environment where a particularly strong painting, such as Carlos León's 1997 *Galisteo*, for example, gains tremendous significance when encountered within a context where it can be studied as part of a broader selection of Spanish painting post-1980, but also as a part of León's own oeuvre, since MER owns dozens of examples by him and many other artists from his generation.

To describe this essential part of the MER Collection in such detailed terms with respect to Spanish painting might seem to be inadvertently ascribing a form of nationalization to its perspective, when in reality the exploration of—to take an example—abstract painting extends across a surprisingly wide geographic and cultural range, from significant examples by such highly regarded German masters as Helmut Dorner, Günther Förg, and Imi Knoebel to their younger contemporaries Thomas Scheibitz and Dirk Skreber. The Austrian Herbert Brandl is represented by an outstanding blue and gray study of what might be a cloudy sky, while examples by the Americans Jonathan Lasker and Leslie Wayne argue for a deconstructed idea of abstraction, in which parts are disassembled and their constituent parts reassembled into startling new combinations. Viewed in such company, a painting like Pablo Palazuelo's 1996 *De Somnis I* can be newly understood and appreciated in a way that transcends the limits of regional debates about what abstraction means. The results are even more impressive relative to representational and figurative work, which expands far beyond the provocations of the U.S. school represented by Salle, Yuskavage, Minter, and Karen Kilimnik. Some of these were acquired fairly recently, such as Markus Oehlen's ambiguous yet disturbingly violent untitled painting from 2013, or Lynette Yiadom-Boakye's more lighthearted 2012 painting, *Bound Over to Keep the Peace*. Others, such as *Paravent*, Stephan Balkenhol's five-part carved wooden screen, have been a core part of the Collection since its first major acquisitions in the mid-1990s, and seem almost prophetic when considered alongside certain acquisitions of the past ten years.

If a collection can be said to excel in certain areas of concentration, it can also excel in its concentration on particular media. Until now, most of the discussion has focused, quite reasonably, upon painting, since that is the area in which so many of the MER Collection's core strengths are plainly visible. But this overlooks two areas in which the concentrations of holdings are such that they could be thought of as constituting a completely new area of investigation and discovery. One of these, and possibly the less surprising of the two, is in the area of drawings and works on paper. One of the most exciting early points in the development of one's own powers of connoisseurship has to do with recognizing the "touch" of a particular artist, apart from how it is visible in a finished or developed painting. This thread of stylistic legibility is what connects the many hundreds of often small, often serially created studies and sketches in the MER Collection. Key among these are some of the signature artists from the Collection's early days, such as Ràfols Casamada, Gordillo, Barceló, Hernández Pijuan, García Sevilla, and Carlos León, but there are innumerable more from Uslé, Lasker, Fischl, Currin, Ugalde, Yuskavage, and Salle, as well as multiples examples by artists not otherwise represented elsewhere in the Collection, such as Zush, Carlos Franco, Karen Kilimnik, Marlene Dumas, Malcolm Morley, and Tony Oursler. Taken together, these concentrations within the collection offer a rich research tool for viewers of future generations, who often do not have the chance to see such intimate evidence of the artist's hand.

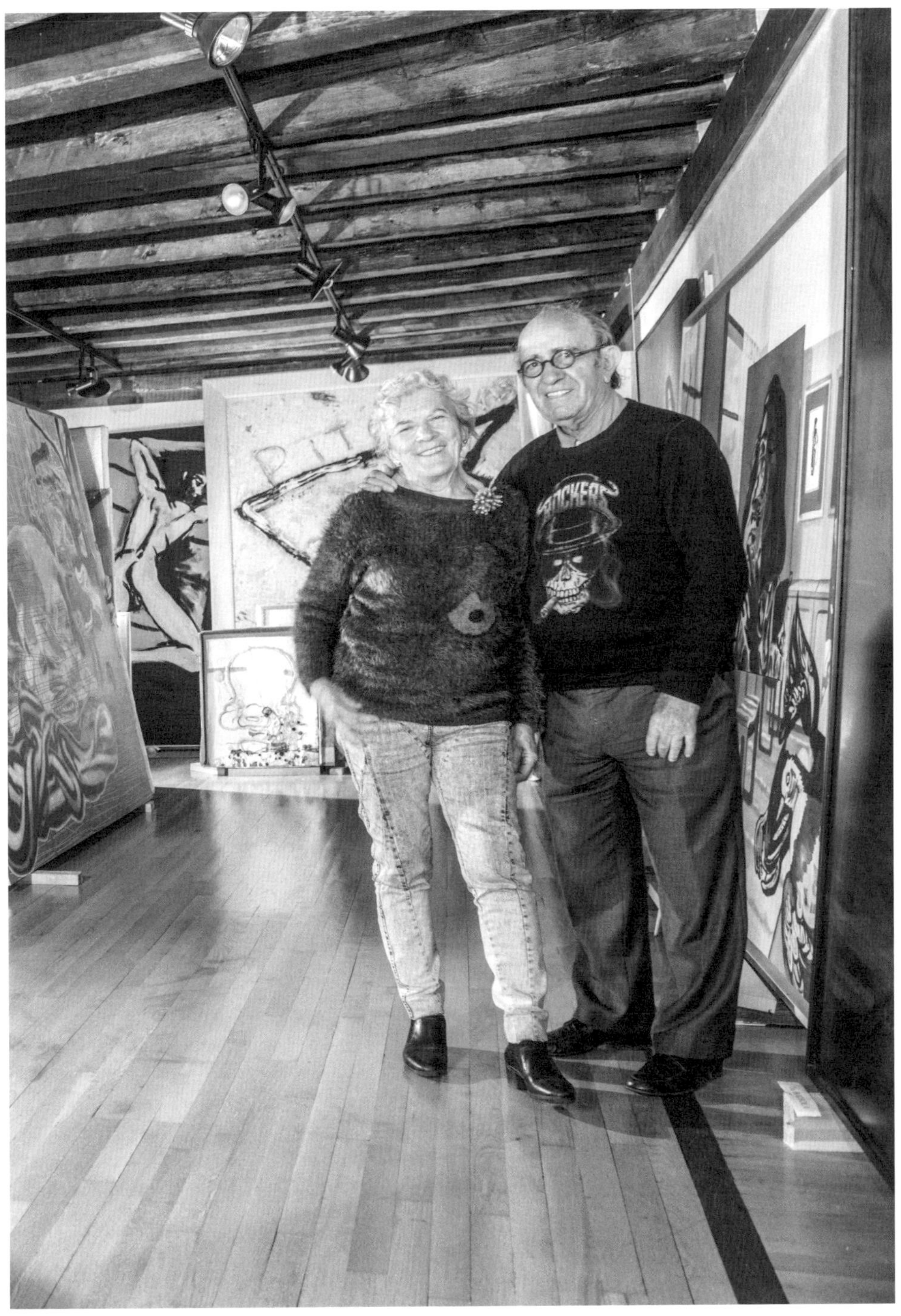

Aside from paintings, drawings, collages, prints, and other works on paper, the area in which the MER Collection's deepest passions seem to be invested is photography. This makes particular sense if we consider that the ascendance of photography as a medium on a par with painting and sculpture did not take place until the 1980s, with postmodern artists such as Cindy Sherman basing their entire body of work on fictional self-portraiture, and painters like David Salle bringing photography back into the studio process in a more explicit way than earlier generations had attempted. It is crucial that both artists' work form part of the MER Collection, but even more that the milieu they helped to generate be seen as a much broader cultural phenomenon in which fine art is moving closer to fully embracing photography and video as twin visual archetypes for all artistic mediation. An impressive proportion of the artists within the Collection work in photography as their principal medium, even if in many cases they are only represented by one or two prints, and it goes without saying that an outstanding exhibition of photography as a fine art medium could be organized using this Collection as its only source. As was the case with drawings, key American painters such as Minter, Fishl, and Salle are generously represented by their photography, as are Uslé, the Irish abstract painter Sean Scully, and the Brazilian interdisciplinary artist Adriana Varejão. So too, Alberto Villar, Dennis Hopper, Alicia Martín, Aitor Ortiz, Christopher Taylor, José Noguero, Per Barclay, and Helena Almeida. But there are also rare college-era photographs by Sherman, a triptych of carefully arranged cigarette butts by Eulalia Valldosera, an Andrés Serrano *Sex* photograph; three separate Richard Misrach prints, a massive photomural triptych by Montserrat Soto, an iconic shot from Paul McCarthy's *Tokyo Santa* series, a Duane Michals portfolio, a photographic light box by Javier Vallhonrat focusing on architectural detail, Txomin Badiola's unsettling behavioral tableau *El juego del otro*, two blurred monochrome photos by Thomas Ruff, a pair of Malick Sidibé portraits, Julian Rosefeldt's historicist *Deep Gold* series based on a period Berlin strip club, and a large four-part photo-work about Ludwig's Castle—complete with engraved plaque—by the Catalan neo-symbolist Perejaume. Even among such august company, a handful of photographic standout works include Hannah Collins's 1990 seated portrait *Francesca*; Gabriele Basilico's bleak urbanity in the 1991 *Rue Dirkè*; Edwin Olaf's sultry *Reclining Nude* series of 2015; and Nan Goldin's multi-panel works, also recent, contrasting intimate poses of her models with images borrowed from art history.

Historically speaking, art museums have always needed to fulfill multiple functions for patrons and public alike, and a contemporary art museum has an even more abundant menu of approaches it has to take into account in order to become an essential cultural asset for its community. At the public level, there exists the task of providing basic aesthetic pleasures for visitors, while, in its more official capacity, the presentation of a sufficiently specialized perspective is important as a means of distinguishing the museum from other, potentially comparable institutions. However, the most frequently overlooked priority, and yet the most resonant from a long-term perspective, is the requirement that an art museum create an informed encounter with its subject that cannot be obtained elsewhere. It is in this last respect that the MER Collection can make the most convincing case for its projected role within Spain's ongoing cultural discourse, since it has embraced the new and potentially risky in a way that has required the passage of time to level out the discussion. But if we are to judge from the quarter-century perspective that allows us to consider the art of the 1990s with some degree of objectivity, the choices made by Marcos, Elena, and Rafael in acquiring art from that decade have been informed and accurate to the point of prescience, and their success rate only improves when the relatively few works from earlier decades are taken into account. This is not to claim that the MER Collection should be considered comprehensive or even representative of its era in some sweeping, generalized way. On the contrary, there is a very compelling narrative of how a single family in Segovia, working without art consultants or museum connections, built a Collection that has the capability of conveying to the public for generations to come what it was like to be an active participant in some of the most powerful stylistic upheavals in contemporary art for the past few decades. The point is not that institutions and individuals in Spain or elsewhere could not have done more, or at a grander scale, or with more effective p.r. branding, but rather that people who are so passionate about new art that they happily transform their lives in its pursuit have always been, and will always be, the most vital and effective allies that visual artists could ever desire.

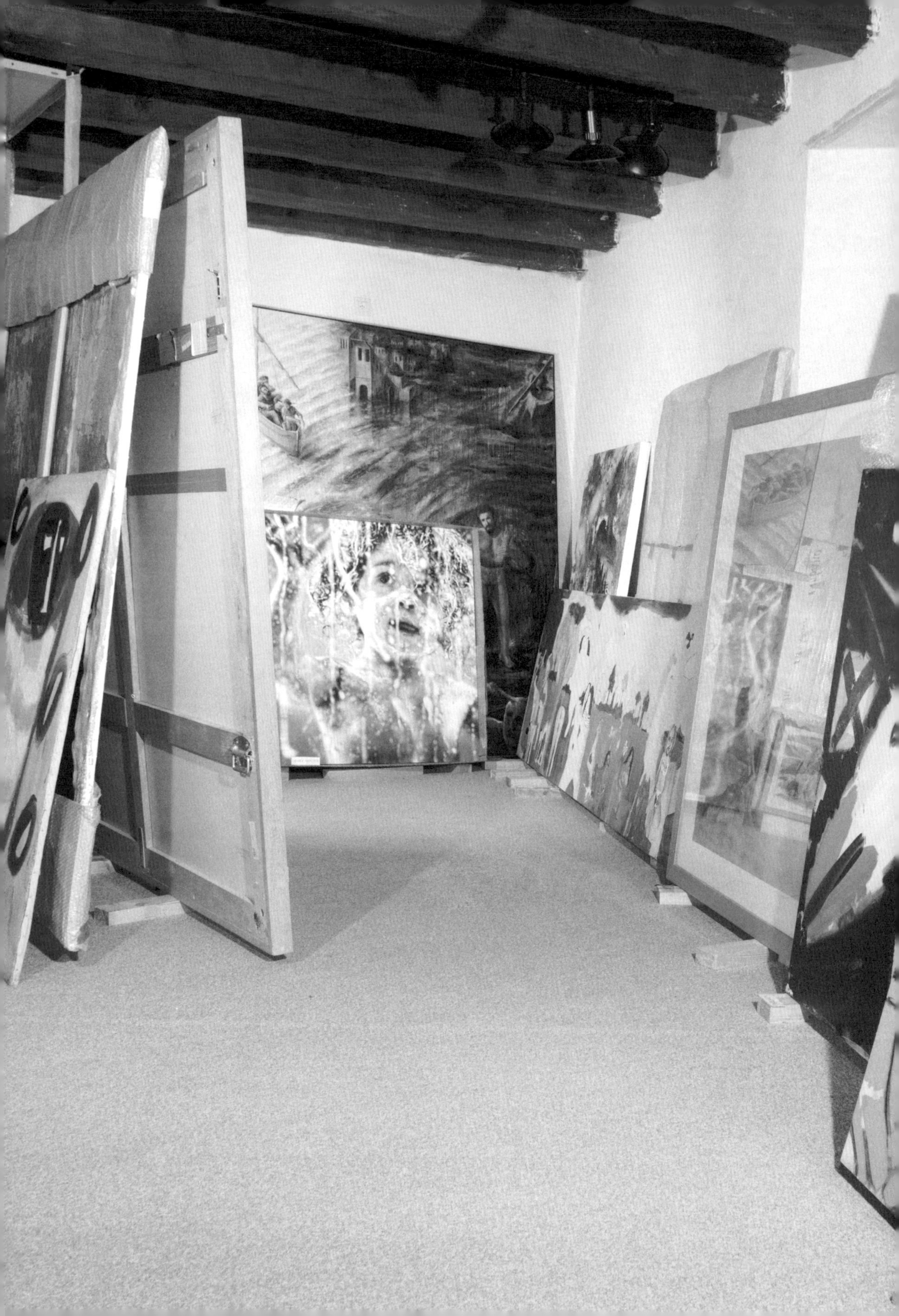

Dan Cameron

La casa de
los coleccionistas

Aunque existen tantas motivaciones diferentes para coleccionar arte
contemporáneo como individuos que se entregan a esta práctica de manera
prolongada y apasionada, se podría decir que la mayoría de los coleccionistas
se pueden encasillar en tres categorías bien definidas. El más habitual es quizá
el coleccionista con pretensiones, que considera que la posesión de una buena
cantidad de obras de arte maravillosas es una manera personal de afirmar su
posición en el mundo del intelecto, las ideas y el materialismo. El placer que le
produce el descubrimiento constante de formas de arte novedosas y provocadoras
se combina sutilmente con la firme convicción de que el arte, en última instancia,
no es una parte indispensable de la vida; es una actividad a la que uno solo se
puede entregar una vez que ha cubierto las verdaderas necesidades de la vida.
Un segundo grupo de coleccionistas se plantea esta afición como una competición
con otros coleccionistas. Su objetivo es acumular la mayor cantidad de obras de
arte excelentes y provocadoras que puedan encontrar, a ser posible antes de que
los demás tengan la oportunidad de hacerse con ellas. Si bien este segundo grupo
es menos nutrido que el primero, es probable que acapare una proporción muy
superior del arte que se vende en la actualidad, pues el esquema de monopolizar
el mercado de un bien escaso no se aleja demasiado de sus prioridades
como coleccionistas, aunque no se exprese en tales términos. Mientras que el
coleccionista con pretensiones se conforma con llenar las paredes y los suelos de
su casa con pinturas, fotografías y esculturas, el coleccionista competitivo nunca
se siente satisfecho, angustiado por la posibilidad de que otros se hagan con la
totalidad de las obras del estudio de un artista emergente antes que ellos.

La tercera categoría de coleccionistas es la menos habitual de las tres, pero en
muchos sentidos la más fascinante. Se trata de un tipo de coleccionistas que suelen
acercarse al arte contemporáneo con cierta cautela, sin saber muy bien cómo
orientarse en esa cornucopia rebosante de estilos, formas y artistas divergentes.
Los coleccionistas de esta tercera categoría no buscan el arte en cuanto tal, sino una
conexión profunda entre la actividad artística y una búsqueda personal de formas
de belleza que pueda servir de corolario a su crecimiento espiritual y a la expresión de
su propia identidad individual. Las obras de arte que acaban comprando se valoran
tanto por su capacidad para inspirar placer y asombro como por la ayuda que les
prestan para encontrar el camino en un viaje cuyas fronteras exteriores fluctúan
en sincronía con el despliegue y el desarrollo de la nueva visión del mundo de
sus propietarios. La familia de Marcos Martín Blanco y Elena Rueda Rodríguez

que, junto a su hijo Rafael Martín Rueda, forman la Fundación MER, pertenece claramente a esta tercera categoría de coleccionista que se podría definir en términos generales como el coleccionista del éxtasis.

Cuando uno entra en su casa de Segovia, la primera impresión que tiene es una falta de pretensiones encantadora. Los muebles son elegantes, pero no son ni mucho menos majestuosos ni atrevidos; los espacios domésticos son cálidos y acogedores. A través de las numerosas ventanas se pueden contemplar unas vistas imponentes de los edificios del centro histórico de la ciudad. Abundan los retratos familiares, al lado de piezas de bordado encontradas en el Rastro de Madrid. Las obras de la Colección conviven sin ningún problema con los accesorios de la vida cotidiana, entre los cuales podemos encontrar las composiciones que improvisa Elena con objetos usados o algunas pinturas y relieves culturales del desaparecido Gerardo Rueda, el artista perteneciente al grupo de Cuenca, su primo. Aun así, el impresionante efecto visual de algunas obras de la Colección se consigue en parte gracias a la patente y absoluta falta de pretensiones de los espacios que las rodean, como sucede con la descomunal fotografía de Pamela Anderson de Marilyn Minter, con una dinámica y colorida pieza abstracta de José Guerrero o con la irónica pintura figurativa sin título de unos opulentos nudistas de Eric Fischl fechada en 1992. La sensación de incongruencia que uno experimenta al encontrar estas piezas de arte contemporáneo extraordinarias, pero provocativas en algunos casos, en una casa que, a juzgar por su apariencia exterior, parecería albergar objetos y pinturas mucho más convencionales, se acentúa aún más cuando uno desciende a las amplias habitaciones del sótano, que albergan aproximadamente el ochenta por ciento de la Colección de la familia. Allí, uno vislumbra por primera vez la tenacidad y la sinceridad inigualables que a lo largo de muchos años les ha permitido reunir un conjunto de obras que en el momento en que escribo este ensayo alcanza unas ochocientas piezas, pertenecientes en su inmensa mayoría a artistas que residen en España o en Estados Unidos.

Hace unos veinticinco años, cuando Marcos y Elena empezaron a interesarse en serio por el arte contemporáneo, ya hacía varias décadas que la estética del grupo El Paso, que se caracterizaba por la predilección por una paleta de colores sombríos, por las texturas del empastado y los gestos profundamente personalizados, había dejado de ser una fuerza dominante en el arte español, y la escena artística que reflejaba la oferta habitual de las galerías de Madrid se encontraba profundamente fragmentada y carecía de valores y creencias establecidos. Aunque seleccionaron cuidadosamente algunas obras claves de estrellas de la escena artística de la década de 1980, como Miquel Barceló y José María Sicilia, se sentían cada vez más atraídos por la obra más ecléctica e idiosincrásica de Luis Gordillo, que pertenecía a una generación un poco anterior y cultivaba una técnica frenética que servía de puente entre la estética figurativa de la década de 1970, influida por el pop, y las técnicas más expresionistas de la década posterior. Los artistas más jóvenes ensalzaban la figura de Gordillo por su manifiesta independencia de las tendencias dominantes del arte español, y por eso no es de extrañar que, gracias a la preferencia de la pareja por las obras relativamente atrevidas, pronto se granjearan la reputación de poseer unos principios igual de inconformistas. En la galería madrileña de Soledad Lorenzo, que representaba a los tres artistas que acabamos de mencionar, comenzaron a interesarse por pintores americanos como Fischl y Julian Schnabel, y después ampliaron su ámbito de investigación para incluir galerías y museos de Nueva York, una ciudad que visitaban al menos una vez al año. Aunque su interés por la pintura figurativa neoyorquina no era ni mucho menos inusual en la época, sus pautas de coleccionismo presentan dos características profundamente marcadas que les diferencian del resto de los coleccionistas españoles contemporáneos. Por una parte, Marcos y Elena no tardaron en desarrollar una poderosa atracción por la obra de una serie de pintores neoyorquinos más jóvenes, como John Currin, Marilyn Minter y Lisa Yuskavage, artistas que no exponían activamente en España en esa época. Pero a la vez que crecía su interés por el arte estadounidense, su empeño en apoyar a los artistas españoles también se fortaleció, como demuestra la gran cantidad de obras que adquirieron de pintores como Carlos León, Jorge Galindo, Soledad Sevilla, Curro González y Juan Ugalde, creadores de un arte que no encaja en ningún caso en un contexto estilístico bien definido.

La idea de que el perfil de una colección de arte debe ajustarse a los parámetros del proceso de aprendizaje autodidacta y crecimiento personal de su propietario no es ni mucho menos novedosa, pero existe una tendencia relativamente reciente a afirmar que tales intereses pueden llegar a abarcar una parcela de territorio estético tan amplia como la de la Colección MER. Esto no significa que estos coleccionistas rechacen los consejos o la ayuda que los amigos o los expertos en la materia les prestan con la mejor intención, sino más bien que sencillamente no consideran que una tendencia estética en particular sea superior a otra. Por ejemplo, aunque en términos generales, en su predilección por el arte de producción norteamericana suelen conceder prioridad a las representaciones figurativas en detrimento de la abstracción, se da la circunstancia de que también poseen algunas obras destacadas de mediados de la década de 1980 de Jonathan Lasker y Julian Schnabel, aunque no siguieron a ninguno de estos dos artistas después de su presunto apogeo. Del mismo modo, se puede decir que la obra figurativa de Fischl y David Salle, que se basa tanto en fotografías como en modelos reales, había alcanzado su cima en 1990, momento en que fue desbancada por artistas como Currin, Minter y Yuskavage, que recurren sobre todo a la fotografía. Aunque no creo que haya demasiados críticos o historiadores del arte norteamericanos que rechacen esta caracterización, son pocos los coleccionistas estadounidenses que han conseguido conectar ambos extremos del espectro estilístico con la misma naturalidad que Marcos y Elena, que poseen obras tempranas claves de estos tres artistas. Tampoco creo que haya muchos

coleccionistas capaces de relacionar las obras que crearon Cindy Sherman y Nan
Goldin a mediados de la década de 1980 con los estudios fotográficos que produjo
Minter una década después con la misma intuición para establecer conexiones
visuales que se puede apreciar en la Colección MER.

Uno de los ámbitos en los que el arte contemporáneo parece haber sido una
auténtica bendición para Marcos Martín Blanco, Elena Rueda y su hijo Rafael, es
el de la representación del cuerpo humano en el arte en los últimos treinta años.
En el contexto cultural del catolicismo conservador y la historia política reciente
de la dictadura y las marcadas divisiones partidistas, la celebración abierta de los
placeres de la carne se solía omitir o satirizar con el fin de conceder prioridad a
los valores de la abnegación, el sacrificio y la obediencia. En respuesta, Marcos
y Elena siempre han buscado un lenguaje visual que exprese el proceso de
actualización que surgió de manera espontánea en la época posfranquista de
la movida y también en las nuevas tendencias artísticas que se desarrollaron
en Estados Unidos, Italia y Alemania en la década de 1980. Hay cierto regusto
de *glamour* decadente en la selección de obras de principios de esta década de
los pintores alemanes Rainer Fetting y Helmut Middendorf, que veneraban el
desnudo masculino, y las fotografías de Erwin Olaf y Julian Rosefeldt reflejan
un interés casi clínico por los cuerpos femeninos sin ropa en su excitación más
psicológica. Es probable que en las obras aisladas de Laura Torrado, Thomas
Ruff, Alan Jones, Begoña Montalbán y Cristina García Rodero presentes en la
Colección, el afán de estos artistas por reconsiderar nuestra percepción del
desnudo humano sea una de las razones fundamentales que despertaron el interés
inicial de Marcos y Elena. Pero, incluso en la mayoría de los casos en los que el
desnudo no se estudia con fines explícitamente eróticos, el interés por el modo
en que experimentamos invariablemente la desnudez a través de una lente tanto
sociocultural como estética es el nexo que permite relacionar a Fischl, a Salle,
a Yuskavage y a Minter, y un vínculo mucho más profundo que conecta a estos
artistas con Marlene Dumas, que se caracteriza por pintar desnudos revelados
previamente a través de la fotografía; y con Jenny Saville, quien en su *Study for
Pentimenti IV (After Michelangelo's «Virgin and Child»)* pinta y dibuja empleando
una escala que sobrepasa la de sus modelos humanos para aportar a la obra
intimidad y monumentalidad al mismo tiempo.

En esta reflexión sobre el motivo del desnudo como marco temático para
comprender la Colección MER en su conjunto no debemos pasar por alto la
existencia de varias perspectivas diferenciadas en las cuales se ha concentrado
la familia a lo largo de los años en su esfuerzo por construir la Colección. Otra
manera de describir esta múltiple expresión de intereses es proponer que se
podría reunir una enorme y heterogénea exposición centrada exclusivamente
en las interpretaciones contemporáneas del desnudo basándonos solo en las obras
de la familia, y que esa muestra se podría experimentar al más alto nivel

de especialización artística. Esta hipotética exposición sería tan fácil de organizar porque gran parte de la labor curatorial ya está hecha, a través de la acumulación gradual de encuentros artísticos diferenciados, completada con un puñado de adquisiciones muy selectas, repartidas a lo largo de muchos años. Este proceso de acumulación es en sí mismo un tipo de investigación, y ha requerido a su vez una actitud receptiva y un contacto con experiencias intelectuales y sensoriales jamás imaginadas, en las que las nuevas revelaciones se construyen sobre los descubrimientos anteriores, mientras que la capacidad de asombro, e incluso de transformación, en virtud del encuentro con el arte nuevo es un logro que se justifica cada vez que una nueva pieza se suma a la Colección.

Otra exposición que podría organizarse sin esfuerzo alguno aprovechando la labor de coleccionismo de esta familia es una visión exhaustiva de la pintura española desde principios de la década de 1980 hasta finales de la de 1990, en la que se concedería la misma importancia al arte abstracto y al figurativo. Sin caer en ningún momento en la tentación de cuestionar la interpretación oficial del arte moderno español, que alcanzó su cima en las décadas de 1950 y 1960, nuestro recorrido comenzaría en la de 1970, década que resume la pintura de José Guerrero que hemos mencionado más arriba, *Lateral violeta* (1979), con una figura negra parcialmente traslúcida que se cierne amenazadora sobre un campo rojo tomate, y unos contornos, una profundidad y una perspectiva que oscilan y mantienen una ambigua relación espacial entre ellos. La fundamentación histórica de la interpretación de la pintura española de finales del siglo xx en la Colección prosigue con la delicada geometría del *Triple espai vertical* (1977) de Albert Ràfols Casamada, y con la errática pintura de Gordillo *Andarín Cabezón Dúplex* (1975), pero la perspectiva se aclara aún más con obras tan cruciales como la enorme pintura abstracta sin título que creó José Manuel Broto en 1981, la nueva figuración de Chema Cobo en *Before de crime* (1981) y el *Paisatge* (1984) de Joan Hernández Pijuan, que recorre la delicada frontera que separa lo simbólico de lo gestual. A mediados de la década de 1980, la nueva pintura española había empezado a atraer la atención internacional, y la síntesis de este momento que encontramos en la Colección MER se concreta aún más en obras emblemáticas de las figuras más conocidas de esa generación: *Flor roja* (1987) de José María Sicilia, tantas veces reproducida; la audaz ilustración de la esclavitud que ofrece Ferrán García Sevilla en *África* (1987), la romántica narración de Guillermo Pérez Villalta en *El mar de las dudas* (1987), la prosaica *Cama I* (1989) de Miguel Ángel Campano y la luminosa *Yellow, Red and Water* (1987) de Miquel Barceló. Con semejantes joyas en su haber, muchos coleccionistas se conformarían con felicitarse por la excelencia de su criterio, pero habida cuenta de que la mayoría de las pautas de coleccionismo de la Fundación MER se establecieron a lo largo de la década de 1990, gran parte de las obras que acabamos de mencionar se adquirieron con el fin de fundamentar las adquisiciones futuras con un puñado de obras representativas que ayudaran a definir la embriagadora década de 1980.

Podría considerarse que la siguiente etapa en la relación de la Colección con la pintura española es más personal, aunque solo sea porque muchos de los cambios estilísticos que se estaban produciendo en la escena artística española de la década de 1990, cada vez más amplia, se reflejan en la Colección MER con un grado de lucidez y diversidad encomiable. Da la sensación de que la seguridad de los coleccionistas en la selección de las obras se afianza precisamente en el momento en el que la pintura en España se convierte en un ámbito mucho más público y controvertido. Por esa razón, algunas formas de abstracción extraordinarias pero absolutamente diferenciadas —por ejemplo, la luminosa *Nebulosa* (1990) de Juan Uslé, la monolítica obra en varios paneles *Zahen* de Rosa Brun, las pinceladas expresionistas de *Sol Peyote* (1993) de Jorge Galindo, y las formas arquitectónicas de *Vélez Blanco V* (1995) de Soledad Sevilla— coexisten con otras muestras de arte figurativo del mismo periodo histórico igual de importantes, como el árido lienzo sin título en el que Juan Ugalde expresa su pesar por los desmanes del desarrollo urbanístico, la sombría visión de la demencial costumbre de acumular objetos de nuestra sociedad que ofrece Curro González en *El país de la cucaña* (1994), la oblicua figura cargada de *En el paisaje* (2000) de Victoria Civera, o el tamborilero de reminiscencias goyescas con una cabeza fantasmal e iluminada que creó Juan Muñoz en 1995. Si la fuerza oculta de la pintura española en la década de 1990 reside en el rechazo radical de un canon estilístico único, su vigor se reflejaría mejor en la Colección MER que en ningún otro fondo individual, ya sea particular, corporativo o estatal. A través del estudio, del buen gusto y de un profundo compromiso con el arte, han sabido crear un entorno curatorial único en el que una pintura particularmente intensa como *Galisteo* (1997) de Carlos León, por ejemplo, adquiere una enorme importancia al situarse en un contexto en el que puede ser estudiada como parte de una selección más amplia de pintura española posterior a la década de 1980, pero también en el marco de la propia obra de León, pues la Colección MER posee numerosas piezas de este y de otros artistas de su generación.

Al describir de una manera tan detallada la relación de la Colección MER con la pintura española podría parecer que estamos atribuyendo sin querer cierta forma de nacionalización a la perspectiva de los coleccionistas, cuando en realidad su visión de la pintura abstracta —por tomar un ejemplo— abarca una variedad geográfica y cultural sorprendentemente amplia, desde las piezas destacadas de maestros alemanes tan reconocidos como Helmut Dorner, Günther Förg e Imi Knoebel a otros contemporáneos más jóvenes, como Thomas Scheibitz o Dirk Skreber. La obra del austriaco Herbert Brandl está representada por un espectacular estudio en azul y gris que podría interpretarse como un cielo nublado, mientras que las pinturas de artistas norteamericanos como Jonathan Lasker y Leslie Wayne abogan por una visión deconstruida de la abstracción en la que las partes se desmontan para dar lugar a combinaciones nuevas y sorprendentes. En semejante compañía, una pintura como *De Somnis I* (1996) de Pablo Palazuelo, se puede entender y apreciar de una manera novedosa que trasciende los límites de los debates regionales sobre el significado de la abstracción. Los resultados son aún más impresionantes en el caso de las obras representativas y figurativas, que se extienden mucho más allá de las provocaciones de la escuela estadounidense representada por Salle, Yuskavage, Minter y Karen Kilimnik. Algunas de estas piezas son adquisiciones relativamente recientes, como la violenta pintura sin título que realizó Markus Oehlen en 2013, ambigua y sin embargo desasosegante, o *Bound Over to Keep the Peace* (2012) de Lynette Yiadom-Boakye, una obra más desenfadada. Otras, como *Paravent*, un biombo de cinco hojas de madera tallada de Stephan Balkenhol, constituyen una parte fundamental de la Colección desde mediados de la década de 1990, cuando se realizaron las adquisiciones más importantes, y casi parecen proféticas cuando se analizan junto a otras piezas compradas en los últimos diez años.

Si se puede decir que una colección destaca en ciertos ámbitos de especialización, también se puede afirmar que hace lo propio en su especialización en determinados medios. Hasta ahora nuestro análisis se ha centrado sobre todo, como parece bastante natural, en la pintura, pues este es el campo que mejor refleja las principales virtudes de la Colección. Pero al hacerlo corremos el riesgo de pasar por alto dos áreas en las que encontramos tal concentración de obras que se podría pensar que constituyen esferas de investigación y descubrimiento completamente nuevas. Una de ellas, quizá la menos sorprendente de las dos, es la de los dibujos y las obras en papel. Una de las experiencias más apasionantes que uno vive cuando empieza a afinar sus conocimientos artísticos es el del reconocimiento del «sello» personal de un artista determinado al margen de su presencia en una pintura terminada o desarrollada. Este hilo conductor de legibilidad estilística es el que permite relacionar los cientos de pequeños estudios y bocetos, creados en serie en muchos casos, de la Colección MER. En este ámbito, los artistas más emblemáticos de los primeros tiempos de la Colección, como Ràfols Casamada, Gordillo, Barceló, Hernández Pijuan, García Sevilla y Carlos León ocupan una posición clave, pero hay muchos más, como Uslé, Lasker, Currin, Ugalde, Yuskavage y Salle, y también numerosas muestras de artistas que no se encuentran representados en ningún otro lugar de la Colección, como Zush, Carlos Franco, Karen Kilimnik, Marlene Dumas, Malcolm Morley y Tony Oursler. Tomados en conjunto, estos cúmulos ofrecen una fructífera herramienta de investigación para los observadores de las generaciones futuras, que no suelen gozar de la oportunidad de observar un testimonio tan personal del sello de los artistas.

Aparte de la pintura, el dibujo, el *collage*, el grabado y otras obras en papel, el área de la Colección MER que parece haber despertado las pasiones más profundas de sus propietarios es la de la fotografía. Y no es de extrañar, sobre todo si tenemos en cuenta que este medio empezó a equipararse con el de la pintura y el de la escultura precisamente en la década de 1980, con artistas posmodernos como Cindy Sherman, cuya obra se basaba en su totalidad en autorretratos ficticios, y pintores como David Salle, que volvieron a introducir la fotografía en el proceso del estudio de una manera más explícita que las generaciones anteriores. La presencia de ambos artistas en la Colección MER tiene una importancia crucial, pero más determinante aún resulta el hecho de que el ambiente que ellos contribuyeron a generar se pueda interpretar como un fenómeno cultural mucho más amplio en el que las bellas artes están cada vez más cerca de considerar que la fotografía y el vídeo son los arquetipos visuales de toda mediación artística. Una sorprendente proporción de los artistas de la Colección trabajaban con la fotografía como medio fundamental, aunque en muchos casos solo se encuentran representados por una obra o dos, y es evidente que también se podría organizar una espectacular exposición de fotografía como medio artístico basada exclusivamente en esta Colección. Como sucedía con los dibujos, las fotografías de algunos pintores norteamericanos claves como Minter, Fishl y Salle, también cuentan con una generosa representación, y lo mismo se puede decir de Uslé, del pintor abstracto irlandés Sean Scully y de la artista multidisciplinar brasileña Adriana Varejão, de Alberto Villar, Dennis Hopper, Alicia Martín, Aitor Ortiz, Christopher Taylor, José Noguero, Per Barclay y Helena Almeida. Pero también encontramos algunas fotografías poco conocidas de los años universitarios de Sherman, un tríptico de colillas de cigarrillo cuidadosamente ordenadas de Eulalia Valldosera, una fotografía de Andrés Serrano de la serie *Sex*; tres fotos independientes de Richard Misrach, un descomunal tríptico fotomural de Montserrat Soto, una emblemática instantánea de la serie *Tokyo Santa* de Paul McCarthy, un portfolio de Duane Michals, una caja de luz fotográfica de Javier Vallhonrat que se centra en detalles arquitectónicos, el desasosegante cuadro conductual de Txomin Badiola *El juego del otro*, dos fotografías monocromáticas de Thomas Ruff, un par de retratos de Malick Sidibé, la serie historicista de Julian Rosefeldt *Deep Gold*, basada en un club nocturno berlinés de época, y una enorme obra fotográfica en cuatro partes sobre el castillo de Ludwig —con su placa grabada incluida— del neosimbolista catalán Perejaume. Incluso en esa compañía tan insigne, destacan un puñado de obras fotográficas como el retrato sedente de Hannah Collins *Francesca* (1990); la sombría sofisticación que retrata Gabriele Basilico en su *Rue Dirkè* (1991); la sensual serie de Edwin Olaf *Reclining Nude* (2015); y las obras en varios paneles de Nan Goldin, también recientes, en las que las poses íntimas de los modelos contrastan con imágenes apropiadas de la historia del arte.

Históricamente, los museos de arte siempre han necesitado desempeñar una gran cantidad de funciones para los mecenas y para el público, y un museo de arte contemporáneo ha de tener en cuenta una variedad de perspectivas aún más abundante para convertirse en un recurso cultural esencial de su comunidad. En lo que respecta al público, una de sus tareas consiste en proporcionar un placer estético elemental a las personas que lo visitan, pero desde un punto de vista más oficial es importante presentar una perspectiva suficientemente especializada que le permita diferenciarse de otras instituciones potencialmente comparables. Sin embargo, la prioridad más importante, un cometido que se suele pasar por alto a pesar de su relevancia desde una perspectiva a largo plazo, es la exigencia de crear un encuentro bien documentado con las obras que se exhiben, una experiencia que no se pueda obtener en ningún otro lugar. En este sentido, la Colección MER puede justificar de la manera más convincente su función proyectada dentro del discurso cultural español actual, pues los coleccionistas han abordado las novedades y los riesgos potenciales de una manera controvertida que ha ido cobrando sentido con el paso del tiempo. Ahora que ha pasado un cuarto de siglo y podemos analizar el arte de la década de 1990 con cierto grado de objetividad, constatamos que el criterio artístico de Marcos, Elena y Rafael a la hora de adquirir obras de estos años ha sido tan informado y acertado que parece premonitorio, y su porcentaje de éxito es aún mayor cuando tomamos en consideración las obras relativamente escasas de las décadas anteriores. Esto no equivale a afirmar que la Colección MER sea una muestra pormenorizada o incluso representativa de su época, en un sentido amplio y general. Por el contrario, es una narración fascinante que cuenta la historia de una familia de Segovia que, sin ayuda de asesores, sin ninguna relación con los museos, ha construido una colección capaz de transmitir al público de la próximas generaciones la experiencia de haber participado activamente de las convulsiones estilísticas más fuertes que ha experimentado el arte contemporáneo en las últimas décadas. Es posible que otras instituciones e individuos en España o en otros lugares hayan llegado más lejos, o hayan conseguido reunir colecciones más importantes y las hayan dado a conocer de una manera más eficaz, pero las personas que sienten tal pasión por el arte nuevo y que son capaces de transformar su vida gustosamente en su empeño, siempre han sido y serán los aliados más importantes y efectivos que puede desear cualquier artista visual.

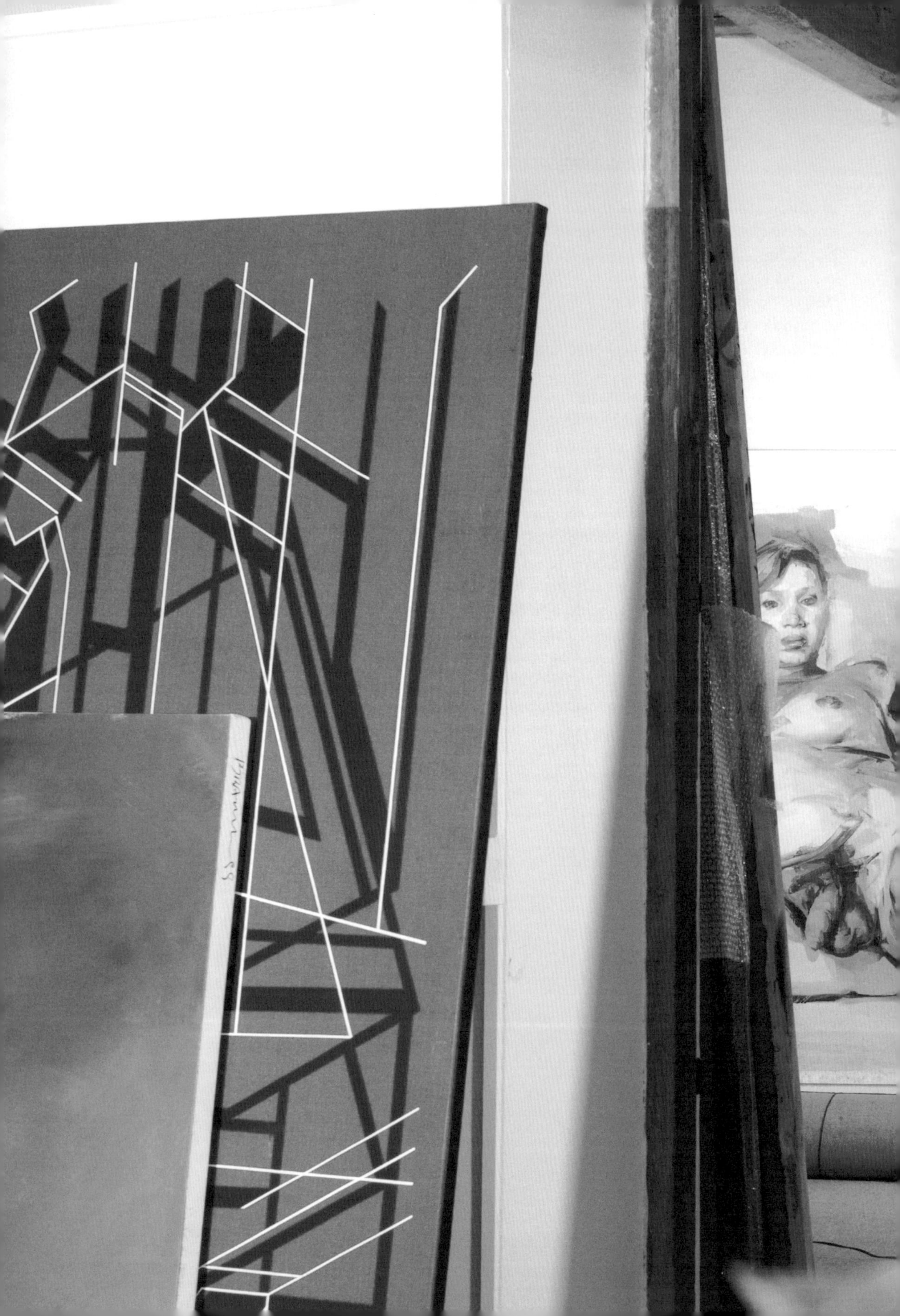

Chronology

1929

Marcos Martín Blanco is born on June 18 in El Guijar de Valdevacas, a small town in the province of Segovia. His parents, Toribio Martín and Margarita Blanco, are congratulated for this new addition to the family, which already consists of three daughters (Dominga, Pilar, and Juliana), because it will help ensure the family's future in the farming business. This is complemented by a small flock of sheep, which benefits agriculture as it produces manure and helps till the earth for the next season's crops.

It is not a big landowning family. Their full harvest of about 400 *fanegas* of grain (approximately 17,000 kilos) covers the annual farming and livestock costs, allowing a small living to be made. It is basically subsistence farming. There is no running water supply in the village; water is fetched from two public water pipes, while electricity is brought in via power lines strung up on wooden poles, with frequent outages.

1935

When he is six years old, Marcos begins to attend public school.

1936

The Spanish Civil War begins in July and would end in April of 1939.

1938

Elena is born on November 14 in Segovia. She is the fourth of seven siblings: two boys (Doroteo and Jesús) and four girls (Beatriz, Ana María, María de los Milagros, and Fuencisla). Her mother's name is Elena Rodríguez and her father's, Frutos Rueda. The latter comes from a family of industrialists who own leather tanning factories, the largest of which are located on Calle Santo Tomás in Segovia, where various branches of the family reside as well. In fact, until the 1980s, the street is popularly known as "the Ruedas' street."

1939–1940

A local woman who has returned to the town after working as a civil servant for the inspectors' corps of the Republican government, later falling victim to reprisals after the Spanish Civil War, gives private classes to add to the low income her husband makes from farming. Marcos becomes one of her students.

During Easter 1940, she speaks to Marcos's parents, as his teacher, about what a fine student he is and suggests that he sign up for classes in the baccalaureate program. At that time, this meant gaining admittance by passing an entrance exam, after taking seven years of courses and a final test in Madrid at the end of the last year. For the family, this means he will have to give up his plan of taking over from the previous generation on the farm, as well as having to deal with increased expenses to pay for a boarding school in Segovia.

Marcos has a cousin named Mariano Blanco, a teacher in the town of Turégano, who successfully teaches students to pass their baccalaureate entrance exam in Segovia. Marcos moves to Turégano with his sister Pilar, six years older than he is, riding on the back of a donkey. The exam Marcos's cousin gives him to test his knowledge is a complete failure. Disheartened, they return to their village on the donkey, but Mariano catches up with them and tells them that being unprepared to take the entrance exam then does not mean he will never be able to. There are three months left until the September exams that year, and his cousin offers to work full time at his own house to get Marcos ready.

Every day, he wakes up at seven in the morning, has breakfast and studies until noon. After that, he attends preparatory classes for the entrance exam with the other students at the town school. During the family lunch at two in the afternoon, he is given tests to check his memory of everything he has been taught. And so on, every single day. Taking a siesta is customary in these summer months, but Marcos prefers to go outside, wade barefoot in the irrigation ditches, and run through the local orchards. At four in the afternoon, he returns to his studies, re-reading the assignments he has been given until eight in the evening, when he shares a class with the town priest's nephew. After the family dinner, he gets together with a group of friends (José Manuel Ferradal Gómez, Félix Gómez Ferradal "El Bola," and Viti Castellanos Aguilar) in the town's main square. That friendship remains strong and grows throughout their lives.

In September, he takes the entrance exam to get into the Hermanos Maristas school in Segovia, quite easily earning a pass mark.

1943
Elena begins her education at the school run by nuns known as the Jesuitinas in Segovia, where she studies until completing the baccalaureate degree.

1947
Marcos's sisters gradually get married: Dominga, his confidant and advisor, marries Germán, a member of one of the town's wealthiest families, nicknamed the "Tostones"; Pilar marries Alejandro, from the "Colachos" family in Muñoveros, a town near their own; and seven years later, Juliana marries Primi, who harks from a humble family in Cantalejo.

In June, Marcos passes the final exam, held at the Cardenal Cisneros Institute, contiguous to Central University, then prepares for his entrance exam to the School of Public Works Assistants, a scientific degree that lasts just a short time and chosen because he is aware of his parents' inability to afford the costs of an engineering degree, though this was the field he would have preferred. However, Marcos fails to appreciate the high level of skill required in the drafting and technical drawing course, for which he is not sufficiently prepared; consequently, he fails the entrance exam.

To make matters worse, the guesthouse where he is staying on Calle Cardenal Cisneros raises its prices, and Marcos is forced to move to a place with cheaper rent on the more affordable Calle Barquillo.

Encouraged by his group of friends, with whom he meets up each Saturday at the Café Comercial, Marcos and Félix "El Bola" sign up as unregistered students for the first year of classes at the School of Economics. His friends provide him with the syllabus and class notes.

1948
He decides not to apply for acceptance into the School of Public Works and instead signs up as an unregistered student for the second year of classes at the School of Economics as well.

1950
In order to continue studying and cover his expenses, Marcos creates his own agricultural sales company known as REMAHC (an acronym which stands for the Madrid Regulator of Poultry, Eggs, and Game), with the help of his friend Manolo Rubio (the industrial partner), and his sister Dominga and his parents as financial partners. The company makes wholesale purchases of the goods it receives (either through final sales or on commission) and resells them to the central poultry, egg, and game markets in Madrid, located in the city's abattoir around Legazpi Square, where retailers come to buy

their stock. This company finds a niche in the Madrid market and achieves quite a large business volume.

Marcos is directly in charge of several tasks within the company, and because the School of Economics is located on Calle San Bernardo just a short way from the office, he can devote an hour and a half per day to attending class, commenting on information about courses with friends while getting class notes from them on all subjects. When it comes time to pass his exams in June and September, he takes a thirty-day leave of absence from the company to put his heart and soul into preparing for them.

1955

Marcos earns his Economics degree in September.

1956–1957

The state Corps of Economists is created, and the first competitive examination is held to fill twenty-four positions. Marcos decides to study for the state exam and sells his share in the agricultural product sales company. By doing this, he is able to return the loan he borrowed from his family and keep part of the money to pay for his exam preparations and rent at the guesthouse.

The competitive exam consists of six different tests, including approximately three hundreds subjects, which require a fifteen-minute explanation each. For many of these topics, no sources are provided, and many are given in English. This enormous task forces exam takers to work in teams, with constant drills to memorize the subject matter and correct mistakes. Forming part of Marcos's group is Luis Bonhome, whose academic record is filled with high marks and honors. Bonhome suggests they form a two-man team to polish their knowledge and recite the information together at home. They meet every day from ten in the evening to midnight, except on Sundays, when Marcos spends his time reviewing every subject. Depending on

the weather and his mood, he does this at two different coffee shops near his guesthouse, at another café in the Puerta del Sol, in the gardens at Las Salesas, and in several spots in the Retiro Park, where he can recite his study materials out loud.

His preparations are extensive, lasting about two years. The oral and written exams end during the last few months of 1957, and twenty of the twenty-four positions are filled from among the forty aspiring candidates. Marcos is ranked tenth.

Marcos is sent to the Ministry of Public Works, where he becomes the Chief Economic Advisor.

1959

Elena begins studying Economics at the Central University on Calle San Bernardo in Madrid, a degree that will take her four years to complete.

From 1959 to 1971, Marcos carries out many research studies and publishes various reports with the cooperation of a wide range of specialists.

1960

During the 1960s, with another three partners, Marcos builds up the Grupo Sindical 6214 pig farm in Turégano, with 120 reproducing sows. In 1965, it is expanded by establishing the company Grupo Sindical de Colonización 1197 El Valle, a farm with 300 reproducing sows.

Marcos's older sisters, Dominga and Pilar, and their husbands' brothers-in-law are making a living from subsistence agriculture and own three or four animals, which they use for work in the fields. These are four families with poorly deployed workers and inadequate means. The concentration of land parcels carried out in the area makes it possible to think up new, more profitable ways of working and doing business. The solution is to create a cooperative and expand its activities into intensive livestock farming, like the farm Marcos had already been working on in Turégano.

The results surpass all expectations, with improvements in output, a decrease in farming costs, and an increase in new livestock farming activity, producing large profits and jobs for the partners' children, should they decide to continue with the new cooperative business model.

Over the following forty years, one livestock project after the other is implemented, reaching a figure of nearly 15,000 reproducing sows and production on the order of 300,000 pigs per year. All of this comes from starting out with 120 reproducing sows.

1961

In May, Elena and Marcos meet at the wedding of a friend of hers to a friend of his, with a reception at the Hotel Las Sirenas in Segovia. At the end of the celebration, they return to Madrid together in Marcos's Seat 600.

In June, Marcos sends Elena thirty flowers, to remind her of the days when they met. In July, he sends sixty more. In August, he embarrasses her by sending ninety flowers to Cestona, Guipúzcoa, where her family spends their summer holidays. In September, he sends 120 flowers…

1962

Marcos's eldest sister Dominga passes away in October.

In November, Elena and Marcos are married at the Sanctuary of the Virgin of La Fuencisla in the province of Segovia, with a banquet-reception at the Hotel Las Sirenas.

1963

Their son Rafael is born in November.

1964

Elena's father Frutos passes away.

1966

In July, the Museum of Spanish Abstract Art is opened in Cuenca, inside the "hanging houses."

With an initial collection containing twelve sculptures and approximately one hundred paintings, which Fernando Zóbel has gradually brought together over the years, somewhat fewer than half are put on display, with the idea of performing a constant but slow rotation of the works exhibited. Fernando Zóbel and Gustavo Torner hold joint presidency of the entity, and Gerardo Rueda becomes its curator.

1968

Periodically, Marcos records the output from the farms in which he holds a share with the engineer responsible for the Rural Management of the Region of the Pirón River in Segovia, Fernando Abril Martorell, a man highly sensitive to the needs of the pig farming economy in the region. Abril Martorell asks Marcos to design a cooperative project for these new livestock farmers, which leads to the creation of the company Proinserga, with the participation of an industrial partner (Prodegasa) and twenty-two farms with 1640 reproducing sows. This company is established so that the livestock raised for production and all other necessary goods and services can be provided by the cooperative: technical assistance with the farms' design; veterinary assistance and help with teaching and skills for workers; supplies (feed, livestock for breeding, semen, medicines, etc.); and, as of 1978, with the company Incoporc, the joint sale of living livestock and meat products.

Years later, a company located in Madrid would be purchased as well. It possesses an abattoir and cutting room, and would come to be named Campocarne.

In all of these Proinserga group projects, an essential role is played by Luis García García, an excellent specialist and strategist, who introduces Marcos into the field of technologies applied to livestock farming in 1960. He is the company's industrial partner and vice president of the entity until 1994, the year in which Proinserga purchases his shares, leaving the company exclusively in the hands of livestock farmers.

1970

In the 1970s, Marcos carries out a great deal of consultancy work abroad as a partner with several consulting firms, the most notable of which is Lasuén Asociados, S.A.

1971

From the time they get married, Elena and Marcos go to Segovia every weekend and on all holidays, staying at the house belonging to Elena's mother. They devote part of their free time at those weekends to looking for sites in Segovia where they can build their own home.

After a series of failed attempts from 1971 to 1973, they purchase several adjacent estates where an old manor house is located. It used to belong to the Manuel Entero family and includes the family home, stables and granary, with amazing views over the Eresma River and Monasterio del Parral.

1975

Francisco Franco dies.

1977

In the beginning, they plan to reconstruct the property they have bought and build a home for Elena and Marcos, along with another for Elena's mother and a third for her younger brother. In the end, her mother and brother are unable to join the project, so five houses are built for sale instead. The couple takes out several mortgage loans at a time when interest rates are far above 20% and in the middle of a real estate crisis. This led to financial difficulties until they were able to sell four of the homes in 1984.

1978

In November, the Museum of Spanish Abstract Art in Cuenca is re-inaugurated with more works.

In December, a democracy is established in Spain and the new Constitution is enacted.

During the early years of the democratic transition, Madrid's *movida* arose, a counterculture movement that lasted into the mid-1980s. It was an important catalyst for cultural change in the country.

1979

Marcos leaves his economic consulting post at the Ministry of Public Works to join the Institute for Agrarian Reform and Development at the Ministry of Agriculture, upon a request by then Minister Fernando Abril Martorell.

Painter and decorator Gerardo Rueda, Elena's cousin, decorates the couple's home in Segovia, putting up a series of paintings by Spain's latest avant-garde artists on its walls: Gerardo Rueda, Bonifacio Alfonso, Fernando Zóbel, Carmen Laffón, Antonio de Lorenzo and others. In all, there are thirty works by twenty artists, mostly from the Cuenca Group.

Gerardo is the person responsible for Marcos and Elena's late calling in life as collectors. The commission to decorate their home in Segovia provides a unique opportunity to share encounters on an ongoing basis with Gerardo from then on, as well as meeting at their homes in Madrid, which he also decorates years later, and at the house Gerardo owned in Cuenca. He is a highly educated and cultured individual, a true connoisseur.

1980

The Night of San Juan is the first night when the couple and their son sleep at the house in Segovia.

The selection of works that Gerardo hangs on the walls of the Segovia home, some then incomprehensible to both Marcos and Elena, arouses a curiosity for contemporary art in the couple nevertheless. They set the goal of devoting one evening each week to viewing contemporary art. With rare exceptions, the works make use of a dry plastic language that is difficult to grasp, and the reviews the couple read in the press are beyond their comprehension.

1981
From 1981 to 1991, María de Corral is the Director of Plastic Arts at the "la Caixa" Foundation, which holds important exhibitions to introduce international contemporary art to Spain.

1982
During that year, the first edition of the ARCO International Contemporary Art Fair is held in Madrid, under the management of gallery owner Juana de Aizpuru, who runs it until 1986. After her, the position is held by Rosina Gómez Baeza (1987–2006), Lourdes Fernández (2006–2010), and Carlos Urroz, who holds the position today.

1983
The exhibition *Italy: La Transavanguardia* is held at the "la Caixa" Foundation in Madrid, curated by Achille Bonito Oliva.

The exhibition *Trends in New York* at the Palace of Velázquez in Madrid brings together painters from the New Image movement, graffiti art and Neo-Expressionists David Salle, Julian Schnabel, and Eric Fischl.

1984
Because he does not take the exclusivity bonus offered at that time in the Public Administration, Marcos's work day, which ends at three in the afternoon, allows him to have the rest of the day free for the private activities in which he is taking part.

After three years of learning experiences while visiting exhibitions, Elena and Marcos's way of seeing art begins to evolve, and all the visual information they have gathered during this time surprisingly blossoms, gradually increasing their sensitivity for the works. At last, they begin to enjoy contemporary painting.

They start to buy works from the School of Vallecas and the new School of Paris, and their Collection is born…

Up to 1994, their purchases also include a large list of artists residing in Segovia, with as many as forty works; this forms part of a plan to provide a stimulus to the city's artists and, in particular, to Ángel Cristóbal, whose residency in New York they finance for several years.

Throughout the 1980s, their Collection is expanded with forty-four more works, improving the initial nucleus of the Collection with works by painters such as Luis Gordillo, Luis Feito, Xavier Grau, Albert Ràfols Casamada, and José Manuel Broto.

In May, an exhibition is held with the title *Origin and Vision: New German Painting* at the Palace of Velázquez in Madrid, showcasing well-known German artists of the day, including Georg Baselitz, Jiri Georg Dokoupil, Rainer Fetting, Jörg Immendorf, Anselm Kiefer, and A.R. Penk.

1986
On June 12, 1985, the treaty for Spain's accession to the European Economic Community, today's European Union, is signed and takes effect on January 1, 1986.

1987
The exhibition *Peintures 1987: José María Sicilia* is opened at the CAPC Musée d'Art Contemporain in Bordeaux, France, then travelling to the Palace of Velázquez in Madrid. At both, the work *Flor roja* is shown after being acquired for the Collection. In 1992, this work also forms part of the exhibition *Artcurial* at the Centre d'Art Plastique Contemporain in Paris, France.

In October, the work *Yellow, Red and Water* by Miquel Barceló is shown at the Leo Castelli Gallery in New York. It is acquired by the Martín family on the secondary market.

Over a time span of three years, during visits to Leo Castelli's New York gallery at 420 West Broadway in Soho, they show an interest in available works by Miquel Barceló. Everything indicates to them that his work has all been sold, but they are able to get placed on a waiting list. On their subsequent visit, their name no longer appears on the waiting list, so they have it added again. And so on, one trip after the other.

In November, Elena and Marcos celebrate their twenty-fifth wedding anniversary by going on a family trip to Istanbul and Cappadocia.

1988
In January, the exhibition *El arte y su doble* is held at the "la Caixa" Foundation in Madrid, curated by Dan Cameron.

In May, they travel to New York along with Alberto García Gil, their friend and the architect of their home in Segovia. They stay at the home of artist Ángel Cristóbal, who has a lovely flat near 42nd Street.

They devote this trip and many others in subsequent years to seeing exhibitions in Soho and in the most cutting-edge museums in the city. On many a night, they end the evening with drinks at Arthur's Tavern, a jazz place. Alberto, an agile maker of drawings and caricatures, entertains himself by sketching the performers and customers at the bar, as well as those at Marie's Crisis Café, a piano bar with a gay clientele in the jazz bar's basement.

1989
When, at the age of sixty, Marcos requests a leave of absence from his job with the public administration, he decides to spend a large part of his mornings at the gym. Along with his late calling for the art world, the gym and his weekly massage sessions have become the decisions with which he is most satisfied in life, allowing him to maintain his physical and mental strength.

In January, after purchasing *Las cifras: siete* by José Manuel Broto (230 × 230 cm) at the Maeght Gallery in Barcelona, they are forced to enlarge the door in their Segovia house so that the work will fit through.

In May, they make their first purchase at the Soledad Lorenzo Gallery. They forge a very close friendship with this gallery owner. Her series of exhibitions form one of the fundamental stimuli encouraging the couple to delve into the world of contemporary art.

In September, the exhibition *Fragmente der Monarchie—Perejaume* is officially opened at the Mosel und Tschechow Gallery in Munich, displaying Perejaume's *Ludwig II—Museum*, which the Collection acquires in 1993.

1990
In October, an exhibition by Barceló is opened at the Yvon Lambert Gallery in Paris. The work *Mouches, chevres, montagnes et nuages* is purchased for the Collection.

1991
The exhibition *El jardín salvaje*, curated by Dan Cameron, is officially opened in January at the "la Caixa" Foundation in Madrid.

In May, the facilities used as storage spaces for the Collection are improved at the Segovia house.

In June, the couple acquires *Ajax the Lesser* by Julian Schnabel at the Soledad Lorenzo Gallery. He is the first American artist whose work is acquired by the Collection. This work is to form part of the "Salon of the 16" at Madrid's Palace of Velázquez—in fact, it appears in the catalogue—but cannot be hung in the show because it weighs too much for the exhibition walls made of Pladur paneling.

Marcos grows accustomed to taking his summer nap in an armchair under this work, which hangs from a set of precarious hooks on a degradable plaster wall. It seems as if he will be buried by the sculpture in his sleep, thereby honoring the name of the series to which the piece belongs: *The Epitaphs*. He is saved from this hazard in 1994, when three large wedges of concrete are injected into the wall to anchor the work to it.

In October, the first acquisition is made at the Juana de Aizpuru Gallery, with a work by Ferrán García Sevilla.

The exhibition *Nicolas de Stäel: Retrospective* is held at the Museo Nacional Centro de Arte Reina Sofía in Madrid.

The schedule of exhibitions at the Museo Nacional Centro de Arte Reina Sofía during María del Corral's time as its director, with artists of renowned international prestige, becomes one of the most brilliant in the museum's history. It is undoubtedly one of the forces behind Elena and Marcos's love and understanding for contemporary art.

1992

The meat company Campocarne is sold to Campofrío due to a disagreement among the group's directors, though all the capital invested and loans made are recovered. Years later, in 2005, Campofrío hits the ball back in the form of a sweet poisoned trap wrapped up in a proposal so seductive that Proinserga could not refuse. Eight years have passed since Marcos was dismissed as the group's president.

That year, the World Expo was held in Seville and the Olympic Games in Barcelona, as Madrid became the European Cultural Capital.

The *Clyfford Still (1904–1980)* exhibition is held at the Museo Nacional Centro de Arte Reina Sofía in April.

In May, they acquire the work *The Last Female Icon* by George Condo at the Soledad Lorenzo Gallery. In October 1993, this work is shown at the thirteenth "Salon of the 16" at the Palace of Velázquez in Madrid.

In September, the permanent collection is opened at the Museo Nacional Centro de Arte Reina Sofía, which receives the art collections of the now closed Spanish Museum of Contemporary Art, as well as the painting *Guernica* by Pablo Picasso, originally displayed at the Casón del Buen Retiro.

To celebrate their thirtieth wedding anniversary, Elena and Marcos take a family trip to Vienna and Prague in November.

1993

In February, the couple buys the first work by Eric Fischl for their Collection, at the Soledad Lorenzo Gallery.

In March, they make their first purchases at an international auction (Sotheby's London), where they acquire one painting by Tàpies and another by Mimmo Paladino, both sold years later to reorganize the Collection.

In May, the *Robert Ryman* exhibition is held at the Museo Nacional Centro de Arte

Reina Sofía. Then, in June, *Bill Viola: Más allá de la mirada (imágenes no vistas)*. Later that year come *Agnes Martin* and *Bruce Nauman: Inside Out*.

1994

Exhibitions are held showcasing Joseph Beuys, Lucian Freud, and Gerhard Richter at the Museo Nacional Centro de Arte Reina Sofía, and in October comes *Cocido y crudo*, curated by Dan Cameron.

Purchase of *Sol Peyote* by Jorge Galindo and *Pitonisas* by Julian Schnabel, at the Soledad Lorenzo Gallery.

In November, they meet artist Carlos León, who comes to hold a decisive place within their journey through contemporary art. His works have such an impact on the couple that they soon buy three of them (including two large-format oil paintings and the series *Diana's Baths*). This operation and others thereafter allow Carlos to make his dream of living in New York come true. Thus begins a shared journey: the artist determines what exhibitions and galleries to visit and which artists they should become familiar with, carrying out two visits per year for eight years. This allows them to become privileged observers of the development of what came to be called the new figurative art of the 1980s, as well as its later consolidation in the 1990s.

1995

In February, Marcos purchases *Untitled* by Juan Muñoz at ARCO.

And he buys *Carnivorando 2* by Luis Gordillo at the artist's own studio. This was a highly compulsive purchase, due to the impact caused by viewing the work.

1996

Gerardo Rueda dies in June.

The couple buys a large-sized oil painting by Albert Oehlen at the Juana de Aizpuru Gallery.

Marcos travels to New York and stays in a spacious room at art dealer Mary Barone's studio. He visits the Whitney Museum, which is showing an installation by Stephan Balkenhol, and walks by the Barbara Gladstone Gallery, where *Paravent*, by the same artist, is on display in the window. It is a screen consisting of five sections crafted and painted on both sides, with a full size of 210 × 4 centimeters. Two days before he returns, the deal is made. It is almost madness, but with the passage of time he acknowledges that it is one of his finest acquisitions.

He visits Julian Schnabel's house-studio, Basquiat's exhibition at the Tony Shafrazi Gallery, Richter's at the Marian Goodman Gallery, Eric Fischl's at the Mary Boone Gallery, and the anthological Jasper Johns exhibition at MoMA.

1997

At the ARCO art fair, they buy *Ulrick and Antonio* by Andrés Serrano, winner of the third prize at the fair, from the Juana de Aizpuru Gallery. In April, they acquire *Drink* by David Salle at the Soledad Lorenzo Gallery.

At their storage site in Segovia, significant work is carried out to repair damage from damp and improve the facilities, equipping them with a large set of spaces high enough to allow them to store works measuring up to three meters in height under the proper environmental conditions.

In June, Marcos visits the Basel Fair, where he buys ten *Mao* silkscreens by Andy Warhol.

At the Marianne Boesky Gallery, he purchases *The Bad Habits* (five sculptures) and *Crowd in the Clouds* (a small oil painting) by Lisa Yuscavage.

In November, another trip is taken to New York, the most memorable parts of which are a purchase of three charcoal drawings by Lisa Yuscavage at the Marianne Boesky Gallery and five photos by Cindy Sherman at a Christie's auction, along with works on paper by Basquiat and Eric Fischl, as well as reaching a deal with the Xavier LaBoulbenne Gallery for the purchase of *Cherie*, Marilyn Minter's first work in the Collection.

The couple celebrates thirty-five years of marriage by taking a family trip to Syria.

1998

Marcos resigns as president of Proinserga after thirty years in the position. It now has 170 farms in all with 50,000 reproducing sows and production reaching one million pigs per year (the second largest producer nationwide).

Upon returning to the ARCO art fair once again, they purchase *De Somnis I* by Pablo Palazuelo.

In May, they acquire a series of twenty-five works on paper by Joan Hernández Pijuan, with a selection made by the artist himself.

In June, they travel to New York. The highlights of this trip are purchases of two works by Karen Kilimnik and one small oil painting by Lisa Yuscavage. They also attend auctions, purchasing a work on paper by Basquiat, the work *Heads* by Helmut Middendorf, and three photographs by Andrés Serrano at Christie's. At the Mary Boone Gallery, they reserve the work *The Ultimate Opera* by Eric Fischl, which they end up buying one month later.

At the Basel Fair, Soledad Lorenzo selects three works on paper by John Currin for the Collection at the Andrea Rosen Gallery.

In October, they buy two oil paintings by Rainer Fetting and *Pariso 75* by Ferrán García Sevilla at Sotheby's London.

1999

In March, they make their first sale at auction of several works which they had acquired in their early years, but which now feel distanced from the Collection as it has gradually formed over time.

In June, they buy two pieces by Helmut Dorner from the Bärbel Grässlin Gallery during the Basel Fair.

In September, they acquire *60 Heads* by Zush at the Joan Prats Gallery.

That same month, they travel to New York. At the Brooklyn Museum, they visit the exhibition *Sensation: Young British Artists from the Saatchi Collection* and a retrospective exhibition on Clemente at the Guggenheim Museum; they take part in a telephone bid during the Sotheby's London auction for a work by Clemente; they visit the Gagosian

Gallery, which is exhibiting works by Jenny Saville; the Barbara Gladstone Gallery, where they show an interest in the work by Kcho and Matthew Barney; and at the Robert Mann Gallery they select work by Richard Misrach.

During the last four years of this decade, works by foreign artists account for nearly two-thirds of their acquisitions. While in the first six years of the decade, they focus on artists such as Julian Schnabel, David Salle, Ross Bleckner and George Condo, over the last four years, artists who form part of the new figurative art movement predominate, including Stephan Balkenhol, Thomas Ruff, Lisa Yuscavage, Cindy Sherman, Andrés Serrano, Marilyn Minter, Karen Kilimnik, and John Currin.

As for their acquisitions of work by artists who reside in Spain, throughout the 1990s the couple forms a large collection spanning the entire national art scene: Miquel Barceló, José María Sicilia, Juan Uslé, Pablo Palazuelo, Miguel Ángel Campano, Ferrán García Sevilla, Perejaume, Joan Hernández Pijuan, Albert Ràfols Casamada, Soledad Sevilla, José Guerrero, Luis Gordillo, Gerardo Rueda, Guillermo Pérez Villalta, Jorge Galindo, Carlos León, Curro González, Darío Urzay, Santiago Serrano, José Manuel Broto, Juan Navarro Baldeweg, Cristina García Rodero, Juan Muñoz, Txomin Badiola, Laura Torrado, Zush, and others.

2000

In May, the exhibition *El enigma de lo cotidiano* officially opens at the Casa de América, with a loan of *Tea and Tiles II* by Adriana Verajão, acquired in 1998 from the Soledad Lorenzo Gallery.

Marcos travels to the Chicago Art Fair. Along with the visit to the fair itself, he takes a day trip by boat with individuals including Pablo del Val, ARCO director Rosina Gómez Baeza, collector Fernando Meana and his wife, gallery owner Oliva Arauna, and Samuel Keller, who was recently named the director of the Basel Fair. He attends a dinner with American curators and

collectors, where he meets the couple Donna and Howard Stone. He visits the Art Institute of Chicago.

In New York, he stays at the apartment of painter Marcia Hafif. He purchases the photograph *Nudes g021* by Thomas Ruff at the David Zwirner Gallery, dines with Pablo del Val at the home of Elena de Rivero, visits Marilyn Minter and Fabian Marcacho's studios, and attends concerts at Blue Note and the Knitting Factory, where Marc Ribot performs. At a Christie's auction, he acquires two works on paper by Andy Warhol.

On many of these trips abroad, the couple bears the burden of not knowing any language other than Spanish, so Marcos attempts to remain close with friends who can make up for this lack of linguistic ability. On this trip, they are given inestimable help, first by Oliva Arauna and then by Carlos León.

They travel to the Basel Fair, where they reach a verbal agreement with the Lelong Gallery to buy twelve photographs by Sean Scully from a set of twenty-four, and at the Buchmann Gallery they buy a piece by Dennis Hollingsworth. They visit the Vitra Design Museum and the Kunstmuseum.

In December, they purchase *Andarín Cabezón Dúplex* by Luis Gordillo on the secondary market, with the mediation of the artist himself.

2001

From 2001 to 2004, works by artists from the School of Vallecas and the new School of Paris are sold at auction and through brokers, as well as other pieces that fit less well with the Collection.

For Soledad Sevilla's exhibition at the IVAM in Valencia, they lend *Vélez Blanco V*. The work is returned with some flaws, which causes the couple to question whether they should lend works for exhibitions until they have a proper space and the minimal structure necessary to track the loans they make.

Purchase of *Al mare o in montagna* by Francesco Clemente at Christie's London, two years after having attempted to acquire it at Sotheby's London unsuccessfully, as it was not possible to continue at the high price which bids for the work had reached.

On yet another trip to New York, they visit the Armory Show and take a tour of the galleries in Chelsea, a neighborhood that has almost entirely overshadowed Soho.

In March, they attend the exhibition *Arquitectura del silencio* at the Picasso Foundation in Malaga, to which a loan is made of *Slaktehus* by Per Barclay.

In May, they buy *Custard Cascade* by Will Cotton at the Mary Boone Gallery. The purchase almost fails to go through, because of the enormous shipping and packaging costs initially budgeted.

2002

In July, they acquire a large portion of the aquatint works in the pornographic series *Lanzarote* by Miquel Barceló at the Soledad Lorenzo Gallery. This would be rounded off with the acquisition of the remaining works in the series in 2005.

With the turn of the century, they begin the tasks required to undertake the museum project for housing and exhibiting the Collection. In August, the municipal government of Segovia is asked to allow a change in the use of a property which it owns on Paseo de San Juan de la Cruz to house the museum, in the city's review of the General Plan for Urban Organization.

The couple celebrates forty years of marriage, which they share with their family on a trip to Sicily.

2003

In March, they purchase *Red Painting I* by Cecily Brown at the Gagosian Gallery in New York.

They see the exhibition *El topiario de Perséfone* by Carlos León at the Monasterio del Prado in Valladolid.

In November, they receive news through Rosina Gómez Baeza that the Martín Blanco Collection has been given the National Collectors' Award granted annually by the ARCO Friends Association, "due to its exemplary and intelligent dedication to the creation of contemporary art, using a truly unique collection to promote the art of our times before a broad spectrum of the public."

2004

In February, the ARCO Award for Collectors is given to the MER Foundation (then being established).

In June, Marcos turns seventy-five and is surprised with a birthday party at his home in Segovia. The celebrations last into November with a family trip to Tenerife and Lanzarote.

In October, they visit the Frieze Fair in London. At the Gagosian Gallery, they acquire the work *Closed Contact #13*, a light box by Jenny Saville & Glen Luchford. Among the exhibitions they visit are *Glenn Brown* at the Serpentine Gallery, *Bruce Nauman* at Tate Modern, *Tobias Rehberger* at the Whitechapel, and *Young British Artists* at the Saatchi Gallery.

2005

In May, they purchase *Nonnoa* by Imi Knoebel at the Helga de Alvear Gallery.

2006

The Lisson Gallery in London and artist Ángela de la Cruz herself, with whom the couple has a very close personal relationship, offer them *Larger than Life (Knackered)*, measuring 260 × 400 × 1050 cm (approx.). The offer is repeated in May 2010 under very favorable economic conditions, but its acquisition only makes sense if an exhibition site can be made available to display it. This is undoubtedly Ángela's most well-rounded work. At the same gallery, they also buy *Reach (Brown) Two Parts* by the same artist.

In April, Marcos travels to China to the third edition of the International Exhibition of Chinese Galleries held in Beijing. To do so, he is given the incalculable help of Luis and Pepe from the Espacio Mínimo Gallery and Borja Casani from the Moriarty Gallery. They have the opportunity to find out what has become popular in this booming new market, while enjoying some culture and nightlife.

In September, at the Soledad Lorenzo Gallery, they purchase *Los Coleccionistas* by Guillermo Pérez Villalta, in which the artist creates a portrait of Elena and Marcos.

2007

This whole world of art in which the couple has grown immersed arouses a great artistic and creative sensitivity in Elena, which takes shape in the form of installations made using everyday items, and, above all, in small creations such as brooches and pins, containing features of quite different origins, materials, and textures.

2008

In May, *O Mágico* by Beatriz Milhazes is sold, and in November the ten Mao lithographs by Andy Warhol.

These sales and others that come later are initially meant to produce liquidity to pay a large part of the museum's construction costs. In the end, the conclusion is reached that completing the Collection and enhancing it are the main missions, so they decide to use the liquidity they have obtained to acquire new works. Their experience with these operations and others carried out in later years lead to a significant restructuring of the works kept in the Collection, with some sold, others purchased, and an exponential increase in the Collection's worth for display in the form of a museum.

2009

In January, they present the museum project designed by architect Alberto García Gil to the municipal government of Segovia, through the Special Town Plan for Internal Reform of the Paseo de San Juan de la Cruz street. The building, with a built floor area of approximately 2500 square meters, is conceived in the form of a "buried container" that only emerges sufficiently above street level to create space for the museum's entrance foyer and a series of garden-filled terraces that improve the public's view of the landscape outside. Under these terraces, three floors of the museum are to be built below the ground.

In March, Elena, Marcos, and their son Rafael create the MER Foundation, a non-profit state-wide entity whose purpose is to use its assets to promote and disseminate the plastic arts in all of their artistic forms, above all contemporary art.

They purchase *Nefasto*, an imposing piece measuring 250 × 200 centimeters by Norbert Bisky, from the Espacio Mínimo Gallery.

In September, the *Marilyn Minter* exhibition is opened at La Conservera de Murcia, to which the work *Blowjob* is loaned. At the opening of this exhibition, attended by the artist, an agreement is reached as to the purchase of five photographs in the series *The Last Pam*, which is accompanied by an enamel. The purchase is carried out in May 2010, along with three photographs from the series *Coral Ridge Towers*, dedicated to the artist's mother.

Sale of *Mouches, chevres, montagnes et nuages* by Miquel Barceló.

2011

In May, a construction license is granted to start work on the museum building on Paseo de San Juan de la Cruz in Segovia, the site where the Collection is to be housed and exhibited.

In October, the sale of two silkscreens by Andy Warhol is completed, and in November that of two works on paper by Jean Michael Basquiat.
At auction, they purchase *Wee Travellers* by Lisa Yuscavage, and in October, at the Gagosian Gallery, *Study for Pentimenti IV (After Michelangelo's "Virgin and Child")* by Jenny Saville, which was on display at her Madison Avenue showroom in New York.

2012

In February, they acquire two works by Marlene Dumas at auction. The works by this artist in the Collection are rounded off with the acquisition of a further two pieces in October of this year and November 2014, respectively.

In April, they travel to New York, with visits to Marilyn Minter's studio, a lunch with Eric Fischl and Mary Boone, visits to the galleries in Chelsea and the city's museums, and drinks at Arthur's Tavern and Marie's Crisis Café.

In May, sale by auction of Albert Oehlen's work and, in June, that of *Tea and Tiles II* by Adriana Verajão, which allows other purchases like one at the Mary Boone Gallery, *Barts Ralph's 70th* by Eric Fischl, who gives away complementary photos involving the piece.

In November, the couple celebrates their golden wedding anniversary, enjoying a surprise party with friends and family, followed by a commemorative trip to Seville.

2013

In March, Marcos sends a book of poems by San Juan de la Cruz to Eric Fischl. In an e-mail message, Eric responds that the book is exquisite and profoundly spiritual, so he keeps it in his studio to read it at any time he wishes. Marcos wants the artist to make a series inspired by these poems, because of their corporeal nature and sensuality, and because the museum is located near the site where the saint's remains rest.

In May, they purchase *Untitled (Study)* by Jenny Saville at Christie's in New York.

In October, Elena completes her art training, attending theatre classes at the Teatro Fértil, an interest she has maintained ever since.

In November, they sell *Red Painting I* by Cecily Brown.

Elena celebrates another birthday, her seventy-fifth. A celebration is held with a cabaret-themed party at the house in Madrid.

2014

In February, *Untitled* by Markus Oehlen is acquired from the Bärbel Grässlin Gallery during the ARCO art fair in Madrid. In March, they acquire three photographs by Nan Goldin. In October, they buy *Bound Over to Keep the Peace* by Lynette Yiadom.

2015

In January, they buy a series of photographs by Erwin Olaf.

In June, they visit the Basel Fair, during which they have a pleasant interview with Sam Keller at the Beyeler Foundation. Here, they also visit the exhibition *Marlene Dumas, The Image as Burden*, to which *Young Boy (Baby Face)* has been loaned, as well as the VOLTA 11 part of the fair and the exhibition *Future Present* at Schaulager.

The exhibition *Pink Requiem* by Carlos León is held at Madrid's Sala Alcalá 31 in November, with loans of the works *El jardín de los saúcos*, *Jardín de Serenidad*, *Jardín del Naúfrago*, *Galisteo*, and *Última Arva n.º 1*.

2017

Over the last decade, additional contributions to the museum project have been foreseen and undertaken using different formulas, including local, regional and national entities, and potential private bodies, making it possible to envisage the museum's construction and find a way to deal with the museum's maintenance expenses during the initial years. However, an arrangement has not yet been fully finalized.

Marcos declares that art has been the saving grace of his golden years, which have become the most important and enjoyable part of his entire life.

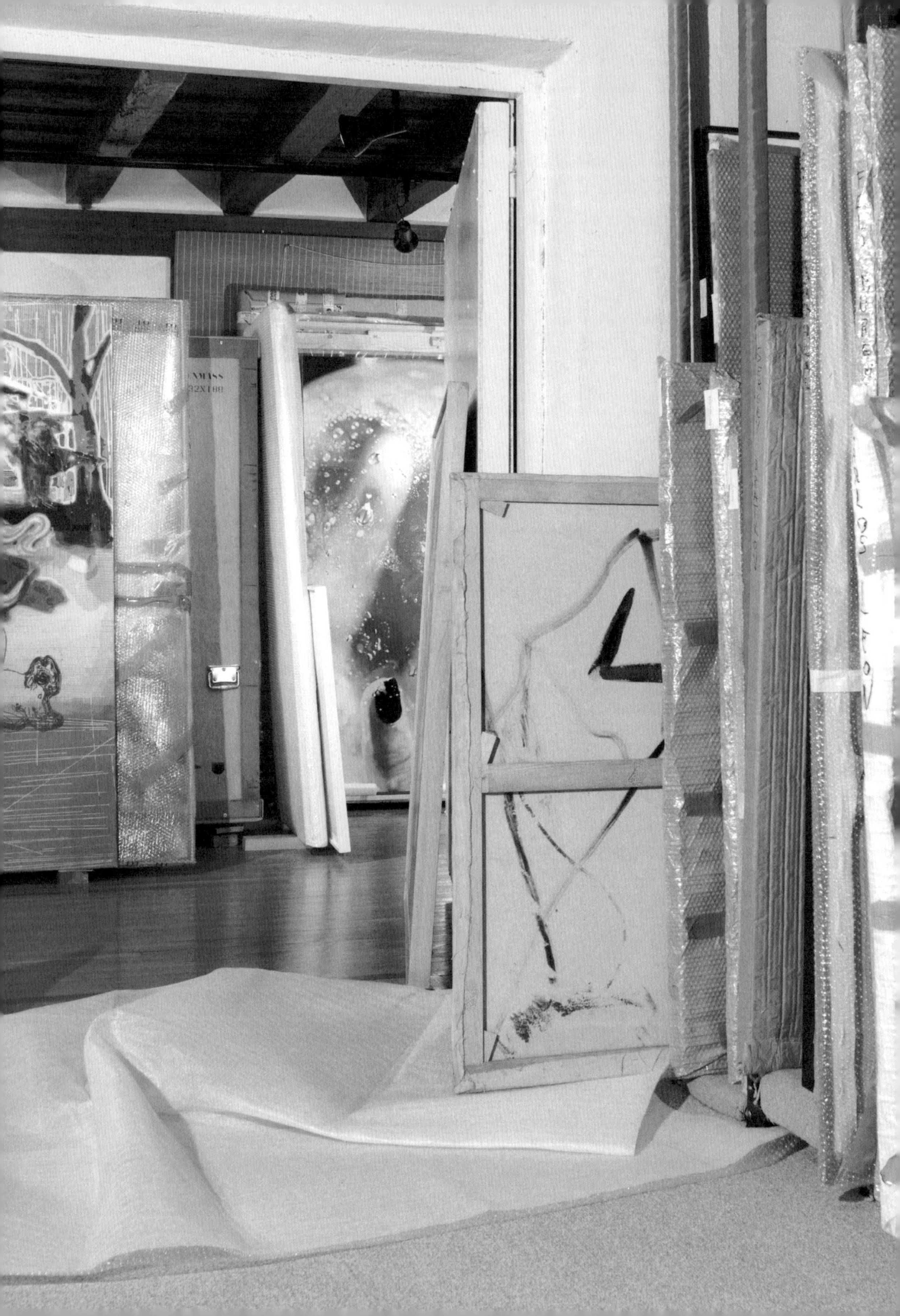

Cronología

1929

Nace Marcos Martín Blanco el 18 de junio
en El Guijar de Valdevacas, un pequeño
pueblo de la provincia de Segovia. Sus
padres, Toribio Martín y Margarita Blanco,
celebraron su incorporación a la familia, ya
de tres hijas (Dominga, Pilar y Juliana), que
garantizaba la continuidad de la actividad
agrícola. Esta se completaba con un
pequeño atajo de ovejas, de cuya actividad se
beneficiaba la agricultura, con la producción
de estiércol y abono de las tierras de cultivo
en la campaña siguiente.

No era una familia acomodada. Con una
cosecha total de unas 400 fanegas de grano
(17.000 kilos, aproximadamente), cubría
los gastos de la actividad agrícola-ganadera
y el mantenimiento de la familia. Era una
actividad solo de subsistencia. Las casas del
pueblo se suministraban de agua a cantaros de
dos caños públicos y la red eléctrica consistía
en un tendido de postes de madera, con
frecuentes cortes de luz.

1935

Con seis años, Marcos empieza a asistir
a la escuela pública.

1936

En julio empieza la Guerra Civil, que
terminaría en abril de 1939.

1938

Nace Elena el 14 de noviembre en Segovia.
Es la cuarta de siete hermanos: dos varones
(Doroteo y Jesús) y cuatro chicas (Beatriz, Ana
María, María de los Milagros y Fuencisla). Su
madre era Elena Rodríguez y su padre, Frutos

Rueda, quien pertenecía a una familia de
industriales con fábricas de curtido de cueros,
la mayoría de ellas ubicadas en la calle Santo
Tomás de Segovia, en la que también residían
las distintas ramas familiares. De hecho, hasta
finales de la década de 1980, esta calle era
popularmente conocida como la «calle de
los Rueda».

1939-1940

La mujer de un matrimonio que retorna al
pueblo, funcionaria del cuerpo de inspectores
con el gobierno de la República y represaliada
de la Guerra Civil, se ofrece a dar clases
particulares para complementar los escasos
ingresos agrícolas de su pareja. Marcos es uno
de sus alumnos.

En la Semana Santa de 1940, esta maestra
habla a los padres de Marcos de lo buen
alumno que era y aconseja que haga el
bachillerato que, en aquel entonces, constaba
de un ingreso, siete cursos y una reválida
en Madrid al final del último curso. Para la
familia esto implicaba la renuncia a su trabajo
como relevo generacional y a hacer frente a
un incremento de gastos de internado en un
colegio de Segovia.

Marcos tenía un primo, Mariano Blanco,
que era maestro en Turégano y preparaba
con éxito alumnos para el ingreso de
bachillerato en Segovia. Con su hermana
Pilar, seis años mayor que él, Marcos se
desplaza a Turégano en una borriquilla. El
examen del primo sobre los conocimientos
de Marcos fue de suspenso sin paliativos.
Regresando descorazonados de vuelta al
pueblo en la borriquilla, les alcanzó Mariano
y les dijo que el no estar preparado para
hacer el examen de ingreso no quería decir
que no pudiera estarlo y proponía, faltando

tres meses para los exámenes de septiembre de ese año, prepararle con una dedicación exclusiva y ofreció su casa para ello.

Se levanta a las 7 de la mañana, desayuna, estudia hasta las 12 y, a continuación, asiste a las clases preparatorias de ingreso con el resto de alumnos en la escuela del pueblo. En la comida en familia a las 2 de la tarde, se somete a un examen memorístico de las cosas ya explicadas. Y así, todos los días. La siesta, en esos meses de verano, era costumbre. Él prefiere salir a la calle y chapotear descalzo por una acequia y recorrer las huertas de frutales. A las 4 de la tarde vuelve al estudio para leer y releer los temas encomendados, hasta las 8 de la tarde, en que comparte clase con el sobrino del cura de su pueblo. Tras la cena en familia, se junta con un grupo de amigos (José Manuel Ferradal Gómez, Félix Gómez Ferradal «el Bola» y Viti Castellanos Aguilar) en la plaza Mayor del pueblo. Esta amistad se mantuvo y consolidó en las etapas posteriores de su vida.

En septiembre, hace el examen de ingreso en el colegio de los Hermanos Maristas de Segovia con bastante facilidad.

1943

Elena empieza su formación en el Colegio de las Jesuitinas de Segovia, en donde estudia hasta la finalización del bachillerato.

1947

Las hermanas de Marcos se van casando: Dominga, su confidente y consejera, con Germán, de la familia acomodada del pueblo apodada «los Tostones»; Pilar con Alejandro, de la familia de «los Colachos» de Muñoveros, pueblo próximo al suyo; y Juliana, siete años después, con Primi, de una familia humilde de Cantalejo.

En junio, Marcos aprueba la reválida, cuyos exámenes se celebraron en el Instituto Cardenal Cisneros, adyacente a la Universidad Central, para, posteriormente, prepararse para el ingreso en la Escuela de Ayudantes de Obras Públicas, una carrera de Ciencias de

corta duración, ya que es consciente de que sus padres no podrían sufragar una carrera de Ingeniería, que era lo que a él le gustaba. Pero Marcos no valoró el alto nivel exigido en la asignatura de dibujo y delineación, para la que no estaba capacitado; el resultado del examen de ingreso es de no apto.

Para mayores estrecheces, su pensión de la calle Cardenal Cisneros había subido el precio y tiene que mudarse a una en la calle Barquillo, más asequible.

Alentado por su grupo de amigos, con los que se reunía los sábados en el café Comercial, Marcos y Félix el Bola se matriculan como alumnos libre oyentes en el primer curso de la Facultad de Ciencias Económicas. Los temas y apuntes se los facilitan sus amigos.

1948

Decide no presentarse al ingreso de Obras Públicas y se matricula como alumno libre oyente en el segundo curso de Ciencias Económicas.

1950

Para poder seguir estudiando y cubrir los gastos, Marcos constituye la empresa comercializadora REMAHC (Reguladora Madrileña de Aves, Huevos y Caza) con la ayuda de su amigo Manolo Rubio (socio industrial) y su hermana Dominga y sus padres, como socios financieros. La empresa compraba al por mayor las mercancías recibidas (en firme o a comisión) y las vendía en los mercados centrales de aves, huevos y caza de Madrid, situados en el Matadero Municipal, en las proximidades a Legazpi, donde se abastecía el comercio minorista. Esta sociedad se hizo un hueco en el mercado madrileño y alcanzó un volumen de negocio considerable.

Marcos se ocupa directamente de diversas funciones de la empresa y, al estar la Facultad de Ciencias Económicas de la calle San Bernardo a corta distancia de la oficina, puede dedicar una hora y media al día para asistir a una clase, comentar con sus amigos la marcha del curso y recoger los apuntes de las materias.

Al llegar los exámenes de junio y septiembre, se toma en la empresa treinta días de no asistencia, que dedica en exclusiva a preparar los exámenes.

1955

Marcos se licencia en Ciencias Económicas en septiembre.

1956-1957

Se crea el Cuerpo de Economistas del Estado y se convoca la primera oposición para cubrir 24 plazas. Marcos decide preparar la oposición y vender su participación en la empresa comercializadora. De esta manera pudo devolver el préstamo a su familia y quedarse con una parte para cubrir la preparación de la oposición y los gastos de manutención y alojamiento.

La convocatoria de la oposición contenía seis pruebas y unos trescientos temas de quince minutos de exposición cada uno. De muchos de los temas no conocían sus fuentes, buena parte en inglés. Ese inmenso trabajo obligaba a los opositores a trabajar en equipos, con un ejercicio constante de recitar temas y corregir. En el grupo de Marcos estaba Luis Bonhome, con un expediente académico de sobresalientes y matrículas, que le propone formar un dúo con él para pulir y recitar temas en su casa. Se reúnen de 20 a 22 horas todos los días, salvo los domingos, que Marcos dedica a machacar los temas y, dependiendo del tiempo climatológico y de su estado de ánimo, lo hace en dos cafeterías próximas a la pensión, en otra de la puerta del Sol, en los jardines de las Salesas y en diversos lugares del parque del Retiro, donde puede recitar temas en voz alta.

La preparación es extensa, del orden de dos años. Los exámenes orales y escritos terminaron en el último trimestre de 1957 y se cubrieron 20 de las 24 plazas, con un colectivo de 40 aspirantes.

Marcos es destinado al Ministerio de Obras Públicas, como jefe de la Asesoría Económica.

1959

Elena empieza a estudiar Ciencias Económicas en la aún Universidad Central de la calle San Bernardo, de Madrid, carrera que estudiaría hasta cuarto curso.

Entre 1959 y 1971, Marcos realiza además numerosos estudios de investigación y publica diferentes trabajos en colaboración con diversos especialistas.

1960

En la década de los sesenta, con otros tres socios, Marcos construye en Turégano la granja de porcino Grupo Sindical 6214 con un tamaño de 120 reproductoras que, en 1965, se ampliaría con la constitución de la sociedad Grupo Sindical de Colonización 1197 El Valle, granja de 300 reproductoras.

Las hermanas mayores de Marcos, Dominga y Pilar, y los cuñados de sus maridos vivían de una agricultura de subsistencia y contaban con tres o cuatro animales para los trabajos del campo. Eran cuatro familias con personal infrautilizado y medios inadecuados. La concentración parcelaria llevada a cabo en la zona permitía pensar en nuevos planteamientos más rentables. La solución fue montar una cooperativa y ampliar sus actividades a la ganadería intensiva, como la que ya había implantado Marcos en Turégano.

Los resultados sobrepasaron las expectativas, con mejoras de los rendimientos, reducción de los costes de la agricultura y la incorporación de una nueva actividad ganadera, que generaba unos amplios beneficios y un puesto de trabajo para los hijos de los socios, si decidían continuar el nuevo modelo de empresa cooperativa.

A lo largo de los cuarenta años siguientes, los proyectos ganaderos se fueron sucediendo, llegando a contar con cerca de 15.000 reproductoras y una producción del orden de 300.000 cerdos/año. Y todo, a partir de dos granjas de 120 reproductoras.

1961

En mayo, Elena y Marcos se conocen en la boda de una amiga de ella y de un amigo de él,

con convite en el Hotel Las Sirenas de Segovia.
Al final del festejo, vuelven juntos a Madrid en
el coche Seat 600 de Marcos.

En junio, Marcos envía a Elena 30 flores, en
recuerdo de los días desde que se conocieron.
En julio, 60 flores. En agosto, 90, enviadas
para sonrojo de Elena, a Cestona (Guipúzcoa),
donde veranea con su familia. En septiembre,
120 flores.

1962
Muere Dominga, la hermana mayor de Marcos,
en octubre.

En noviembre, Elena y Marcos se casan en el
Santuario de la Virgen de La Fuencisla (Segovia),
con banquete en el Hotel Las Sirenas.

1963
Nace su hijo Rafael en noviembre.

1964
Muere Frutos, el padre de Elena.

1966
En julio se abre al público el Museo de Arte
Abstracto Español de Cuenca en las casas
colgadas. Con una colección inicial de doce
esculturas y un centenar de cuadros que
Fernando Zóbel había ido reuniendo con
anterioridad, se exponían algo menos de la
mitad, con la intención de poder hacer
siempre una lenta rotación de los fondos.
Fernando Zóbel y Gustavo Torner
copresidieron la entidad y Gerardo Rueda
pasó a ser su conservador.

1968
Marcos comentaba periódicamente los
resultados de las granjas en que participaba,
con el ingeniero responsable de la Comarca
de Ordenación Rural del Río Pirón de
Segovia, Fernando Abril Martorell, muy
sensibilizado con las necesidades de la
economía del porcino en la Comarca. Abril

Martorell emplaza a Marcos para elaborar
un proyecto cooperativo para estos nuevos
ganaderos, que concluyó con la creación de
la sociedad Proinserga, con la participación
de un socio industrial (Prodegasa) y 22 granjas
con 1.640 reproductoras de porcino. Esta
sociedad se constituye para que el ganadero
se dedique a producir y el resto de bienes y
servicios necesarios fueran aportados por la
cooperativa: asistencia técnica en el diseño
de las granjas, la asistencia veterinaria y en
la enseñanza y capacitación del personal;
suministros (pienso, ganado reproductor,
semen, medicamentos, etc.) y, desde 1978
con la sociedad Incoporc, la comercialización
conjunta del ganado en vivo y los productos
de la carne.

Años después se compraría también una
sociedad ubicada en Madrid que contaba
con matadero y sala de despiece, que pasó a
denominarse Campocarne.

En todos estos proyectos del grupo
Proinserga, una pieza fundamental fue Luis
García García, un buen especialista y estratega,
que en 1960 inició a Marcos en el campo de las
tecnologías aplicadas al campo ganadero. Fue el
socio industrial de la empresa y vicepresidente
de la entidad hasta 1994, año en que Proinserga
compró sus acciones, quedando la empresa en
manos exclusivamente de los ganaderos.

1970
En la década de los setenta, Marcos realiza una
intensa labor de consultoría en el extranjero,
como socio de varias consultoras, destacando
entre ellas Lasuén Asociados, SA.

1971
Desde que se casaron, Elena y Marcos iban
todos los fines de semana y las vacaciones a
Segovia, y se alojaban en la casa de la madre de
Elena. Y dedicaban parte de su tiempo libre de
estos fines de semana a buscar sitios en Segovia
en los que construir casa propia.

Después de varios intentos fallidos, entre
1971 a 1973, adquieren varias fincas colindantes
en las que se ubicaba una antigua casa solariega

propiedad de la familia Manuel Entero, que incluía la vivienda familiar, las caballerizas y la panera, y que contaba con estupendas vistas sobre el río Eresma y el monasterio del Parral.

1975
Muere Francisco Franco.

1977
Se proyecta inicialmente rehabilitar el inmueble adquirido, para emplazar en el mismo una vivienda para Elena y Marcos, otra para la madre de Elena y una tercera para su hermano menor. Finalmente la madre y el hermano no pueden abordar el proyecto, construyéndose en su lugar cinco viviendas para la venta. El matrimonio recurre a varios préstamos hipotecarios en los tiempos en los que los tipos de interés estaban muy por encima del 20% y en plena crisis inmobiliaria, con las consecuentes penurias financieras hasta que, en 1984, consiguieron vender cuatro de ellas.

1978
En noviembre, se reinaugura el Museo de Arte Abstracto Español, en Cuenca.

En diciembre, se instaura en España la democracia, con la aprobación de la Constitución.

Durante los primeros años de la Transición, surge la movida madrileña, un movimiento contracultural que se prolongó hasta mediados de los años ochenta y que supuso un importante acelerador cultural del país.

1979
Marcos deja la asesoría económica del Ministerio de Obras Públicas para incorporarse a la del Instituto de Reforma y Desarrollo Agrario del Ministerio de Agricultura, reclamado por el entonces ministro Fernando Abril Martorell.

El pintor y decorador Gerardo Rueda, primo de Elena, decora la casa del matrimonio en Segovia, colgando en sus paredes un conjunto de cuadros de las últimas vanguardias artísticas españolas: Gerardo Rueda, Bonifacio Alfonso, Fernando Zóbel, Carmen Laffón, Antonio de Lorenzo y otros más. En total, 30 obras de 20 artistas, la mayoría del grupo de Cuenca.

Gerardo fue el responsable de la tardía vocación de Marcos y Elena como coleccionistas. El encargo decorativo fue una oportunidad única de compartir con él a partir de entonces, y de manera regular y continuada, encuentros tanto en la casa de Segovia, como en la de Madrid, que decoró también años después, así como en la casa que Gerardo tenía en Cuenca. Era una persona muy educada y cultísima. Un auténtico *gentleman*.

1980
La noche de San Juan fue la primera noche en la que matrimonio e hijo duermen en la casa de Segovia.

La selección de obras que Gerardo cuelga en la casa de Segovia, algunas incomprensibles entonces para ellos, les despierta la curiosidad por el arte contemporáneo. Se fijan como objetivo dedicar una tarde a la semana a ver arte contemporáneo. Salvo raras excepciones, era un lenguaje plástico árido que no entendían, y las críticas de prensa eran incomprensibles para ellos.

1981
Entre 1981 y 1991, María de Corral fue directora de Artes Plásticas en la Fundación "la Caixa", que programó en sus salas de Barcelona y Madrid importantes exposiciones que introducían al arte contemporáneo internacional en España.

1982
En este año se celebra en Madrid la primera edición de la Feria Internacional de Arte Contemporáneo (ARCO), bajo la dirección de la galerista Juana de Aizpuru, quien la dirige hasta 1986. Tras ella, ocuparon ese cargo

Rosina Gómez-Baeza (1987-2006), Lourdes Fernández (2006-2010) y Carlos Urroz, hasta la actualidad.

1983
Exposición *Italia. La Transvanguardia* en la Fundación "la Caixa" de Madrid, comisariada por Achille Bonito Oliva.

La exposición *Tendencias en Nueva York* en el Palacio de Velázquez de Madrid congrega a los pintores de la *new image*, del grafiti y a los neoexpresionistas David Salle, Julian Schnabel y Eric Fischl.

1984
Al no acogerse al plus de exclusividad que se instaura en ese momento en la Administración Pública, el horario de trabajo de Marcos, que solía terminar a las tres de la tarde, le deja el resto del día disponible para las actividades privadas en las que está inmerso.

Después de tres años de ejercicio formativo visitando exposiciones, se produce en Elena y Marcos un cambio de mirada, y aflora sorpresivamente toda la información visual acumulada en esta experiencia, que lentamente ha ido conformando su sensibilidad. Por fin, empiezan a disfrutar con la pintura contemporánea.

Comienzan a comprar obras de la escuela de Vallecas y de la nueva escuela de París.

Hasta 1994, sus compras incluyen también una amplia nómina de artistas residentes en Segovia, alcanzando las 40 obras; lo cual responde a una operación de estímulo a los artistas de la ciudad y, en particular, a Ángel Cristóbal, al que financian su residencia en Nueva York durante varios años.

En la década de los ochenta, se amplía la Colección con unas 44 obras más, mejorando el contenido del fondo inicial, con la inclusión de otros autores, como Luis Gordillo, Luis Feito, Xavier Grau, Albert Ràfols Casamada y José Manuel Broto.

En mayo, tiene lugar la exposición *Origen y Visión. Nueva Pintura Alemana* en el Palacio de Velázquez de Madrid, con reconocidos artistas

alemanes del momento, como Georg Baselitz, Jiri Georg Dokoupil, Rainer Fetting, Jörg Immendorf, Anselm Kiefer o A. R. Penk.

1986
El 12 de junio de 1985 se firma el Tratado de Adhesión de España a la Comunidad Económica Europea, la actual Unión Europea, que se hizo efectivo el 1 de enero de 1986.

1987
La exposición *Peintures 1987. José María Sicilia*, que se inaugura en el Capc Musée d'Art Contemporain de Burdeos (Francia), itinera al Palacio de Velázquez, en Madrid. En ambas se expuso la obra *Flor roja*, adquirida para la Colección. Esta obra participó también en 1992 en la exposición *Artcurial*, en el Centre d'Art Plastique Contemporain de París (Francia).

En octubre, se expone en la galería Leo Castelli de Nueva York la obra *Yellow, Red and Water* de Miquel Barceló, adquirida en 1992 por el matrimonio Martín en el mercado secundario.

A lo largo de tres años, en las visitas a la galería neoyorquina de Leo Castelli, del 420 de West Broadway en el Soho, se interesan por obra disponible de Miquel Barceló. Les indicaban que toda su producción estaba vendida, pero que les apuntaban en lista de espera. En la siguiente visita que hacían, ya no figuraban recogidos en la lista de espera y les volvían a anotar. Y así, un viaje tras otro.

En noviembre, Elena y Marcos cumplen 25 años de casados, que celebran con un viaje familiar a Estambul y la Capadocia.

1988
En enero, exposición *El arte y su doble* en la Fundación "la Caixa" de Madrid, comisariada por Dan Cameron.

En mayo, viajan a Nueva York en compañía de Alberto García Gil, amigo y arquitecto de su casa de Segovia. Se hospedan en la casa del artista Ángel Cristóbal, quien contaba con un bonito apartamento cerca de la calle 42.

Dedican este viaje, y otros más que se sucedieron en esos años, a ver exposiciones en el Soho y en los museos de referencia de la ciudad. Muchas noches terminaban tomando copas en la Arthur's Tavern, un sitio de jazz. Alberto, ágil dibujante y caricaturista, se entretenía garabateando a los que actuaban, a los clientes del local, así como a los del Marie's Crisis Café, piano bar de ambiente gay ubicado en los bajos del anterior.

1989

Cuando, con sesenta años, Marcos pide la excedencia en la administración pública, decide ocupar gran parte de la mañana en el gimnasio. El gimnasio y las sesiones semanales de masaje han sido, junto con su vocación tardía por el mundo del arte, de las decisiones de las que más satisfecho está de haber tomado; le han permitido tener fortaleza física y mental.

En enero, tras la compra en la galería Maeght de Barcelona de *Las cifras: siete* de José Manuel Broto (230 × 230 cm), se ven obligados a cambiar la puerta de su casa de Segovia, para que la obra pueda entrar.

Realizan en mayo su primera compra en la galería Soledad Lorenzo. Con esta galerista trabaron una amistad muy cercana; su programa de exposiciones fue uno de los pilares fundamentales del buceo del matrimonio por el mundo del arte contemporáneo.

En septiembre, se inaugura la exposición *Fragmente der Monarchie – Perejaume* en la galería Mosel und Tschechow de Múnich, en la que se mostraba la pieza *Ludwig II – Museum*, que adquirió la Colección en 1993.

1990

En octubre se inaugura una exposición de Barceló en la galería Yvon Lambert en París. La Colección compra la obra *Mouches, chevres, montagnes et nuages*.

1991

La exposición *El jardín salvaje*, comisariada por Dan Cameron, se abre en enero en la Fundación "la Caixa" de Madrid.

En mayo, se adecuan instalaciones existentes en la casa de Segovia, para que sirvan de almacenes de la Colección.

En junio, el matrimonio adquiere *Ajax the Lesser* de Julian Schnabel en la galería Soledad Lorenzo. Fue el primer artista americano adquirido por la Colección. Esta obra iba a participar en el Salón de los 16 en el Palacio de Velázquez de Madrid —de hecho aparece en su catálogo—, pero no fue posible por su excesivo peso, al ser los paneles de la exposición de Pladur.

Marcos acostumbra a echar la siesta en verano en una butaca bajo esta obra, colgada con unos precarios anclajes en una pared de mampostería degradable. Parecía como si fuera a ser sepultado por la escultura durante el sueño, haciendo honor al nombre de la serie a la que pertenece la pieza: «Los Epitafios». Esta situación fue corregida en 1994, mediante tres grandes cuñas de hormigón que se inyectaron en la pared para afianzar los tres anclajes.

En octubre, primera adquisición en la galería Juana de Aizpuru, con obra de Ferrán García Sevilla.

Exposición *Nicolas de Stäel. Retrospectiva* en el Museo Nacional Centro de Arte Reina Sofía de Madrid.

El programa de exposiciones del Museo Nacional Centro de Arte Reina Sofía en los tiempos de María de Corral como directora, con artistas de reconocido prestigio internacional, alcanza una de las etapas más brillantes de su historia. Fue, sin duda, una de las responsables para el entendimiento y amor por el arte contemporáneo de Elena y Marcos.

1992

Venta de la empresa cárnica Campocarne a Campofrío por incapacidad en su gerencia, aunque recuperando todo el capital invertido y los préstamos aportados. Años después, en 2005, Campofrío devolvió la pelota como un caramelo envenenado, envuelto en una propuesta tan seductora que Proinserga aceptó. Hacía ocho años que Marcos ya había cesado como presidente del grupo.

En este año se celebró en Sevilla la Exposición Universal, en Barcelona los Juegos Olímpicos y Madrid fue la Capital Europea de la Cultura.

Exposición *Clyfford Still (1904-1980)* en el Museo Nacional Centro de Arte Reina Sofía en abril.

En mayo, se adquiere en la galería Soledad Lorenzo la obra *The last female icon* de George Condo. Esta obra participaría en octubre de 1993 en el XIII Salón de los 16 en el Palacio de Velázquez.

En septiembre, se inaugura la colección permanente del Museo Nacional Centro de Arte Reina Sofía, al que se trasladan los fondos artísticos del extinto Museo Español de Arte Contemporáneo, así como el *Guernica* de Pablo Picasso, procedente del Casón del Buen Retiro.

Con motivo de los 30 años de casados de Elena y Marcos, realizan un viaje familiar a Viena y Praga en noviembre.

1993

En febrero, el matrimonio compra en la galería Soledad Lorenzo la primera obra de Eric Fischl para su Colección.

En marzo, realizan las primeras compras en subasta internacional (Sotheby's Londres), donde se adquirieron sendos cuadros de Tàpies y Mimmo Paladino que, años después, fueron vendidos para reordenar la Colección.

En mayo, exposición *Robert Ryman* en el Museo Nacional Centro de Arte Reina Sofía. En junio, *Bill Viola: Más allá de la mirada (imágenes no vistas)*. A finales del año, *Agnes Martin* y *Bruce Nauman: Inside Out*.

1994

Exposiciones sobre Joseph Beuys, Lucian Freud y Gerhard Richter en el Museo Nacional Centro de Arte Reina Sofía. Y en octubre, *Cocido y crudo*, comisariada por Dan Cameron.

Compra de *Sol Peyote* de Jorge Galindo y de *Pitonisas* de Julian Schnabel, en la galería Soledad Lorenzo.

En noviembre, conocen al artista Carlos León, que pasó a ocupar un espacio decisivo en su recorrido por el arte contemporáneo. Sus obras impactaron al matrimonio que pronto compra tres (dos oleos de gran tamaño y la serie «El baño de Diana»). Esta operación y otras posteriores, permitieron a Carlos su sueño de residir en Nueva York. Así comenzaron un itinerario compartido: el artista les preparaba las exposiciones a visitar, y galerías y artistas a conocer, haciendo dos visitas al año durante ocho. Esto les permitió ser unos observadores privilegiados del desarrollo de lo que se terminó llamando la Nueva Figuración de los años ochenta y su posterior consolidación en los noventa.

1995

En febrero, compra en ARCO *Sin título* de Juan Muñoz.

Compra de *Carnivorando 2* de Luis Gordillo, en el propio estudio del artista. La compra fue absolutamente compulsiva, por el impacto que produjo su contemplación.

1996

En junio, muere Gerardo Rueda.

El matrimonio compra un óleo de grandes dimensiones de Albert Oehlen en la galería Juana de Aizpuru.

Marcos viaja a Nueva York y se aloja en una espaciosa habitación de un estudio de la *dealer* de arte Mary Barone. Visita el Whitney Museum, que tenía una instalación de Stephan Balkenhol, y pasa por delante de la galería Barbara Gladstone donde se exhibía en su escaparate *Paravent* de dicho artista, un biombo de 5 piezas labradas y pintadas por ambos lados y con una dimensión conjunta de 210 × 464 cm. Dos días antes de su regreso, cierra la compra, que rayaba la locura, pero que, con el paso del tiempo, se reconoce como una de sus mejores adquisiciones.

Visita el estudio-casa de Julian Schnabel, la exposición de Basquiat en la galería Tony Shafrazi, la de Richter en la Marian Goodman, la de Eric Fischl en la galería Mary Boone y la antológica de Jasper Johns en el MoMA.

1997

En la feria de ARCO compran en la galería Juana de Aizpuru *Ulrick and Antonio* de Andrés Serrano, tercer premio de la feria. En abril, adquieren *Drink* de David Salle en la galería Soledad Lorenzo.

En los almacenes de Segovia se llevan a cabo importantes obras de saneamiento de humedades y mejora en instalaciones, dotando a las mismas de una amplia zona con espacios con altura suficiente para permitir el almacenaje de obras de hasta tres metros de altura y en condiciones climáticas adecuadas.

En junio, Marcos visita la Feria de Basilea, donde compra 10 *silkscreens Mao* de Andy Warhol.

Compra en la galería Marianne Boesky *The Bad Habits* (5 esculturas) y *Crowd in the Clouds* (óleo pequeño) de Lisa Yuscavage.

En noviembre, un nuevo viaje a Nueva York del que cabe destacar la compra en la galería Marianne Boesky de tres carboncillos de Lisa Yuscavage y, en la subasta de Christie's, de cinco fotos de Cindy Sherman, junto a papeles de Basquiat y de Eric Fischl, así como el cierre de la compra en la galería Xavier LaBoulbenne de *Cherie*, primera obra de Marilyn Minter en la Colección.

El matrimonio cumple 35 años de casados y lo festejan con un viaje familiar a Siria.

1998

Marcos deja la presidencia de Proinserga, treinta años después, con un colectivo de 170 granjas que agrupaban unas 50.000 reproductoras y una producción del orden de 1.000.000 de cerdos/año (los segundos productores a nivel nacional).

De nuevo en la Feria de ARCO, compran *De Somnis I* de Pablo Palazuelo.

En mayo, adquieren una serie de 25 obras sobre papel de Joan Hernández Pijuan, con una selección hecha por el propio artista.

En junio, viajan a Nueva York. De este viaje destaca la compra de dos obras de Karen Kilimnik y un óleo pequeño de Lisa Yuscavage. Asisten también a subastas, comprando en Christie's un papel de Basquiat, la obra *Heads* de Helmut Middendorf y 3 fotografías de Andrés Serrano. En la galería Mary Boone reservan la obra *The Ultimate Opera* de Eric Fischl, que se compraría un mes después.

En la Feria de Basilea, Soledad Lorenzo selecciona para la Colección tres papeles de John Currin en la galería Andrea Rosen.

En octubre, compran en Sotheby's Londres dos óleos de Rainer Fetting y *Pariso 75* de Ferrán García Sevilla.

1999

En marzo, se realiza la primera venta en subastas de varias obras adquiridas en los inicios y que no cuadraban en la Colección que se iba formando.

En junio, en la Feria de Basilea, compran dos piezas de Helmut Dorner en la galería Bärbel Grässlin.

En septiembre, adquieren en la galería Joan Prats *60 Heads* de Zush. En este mes viajan a Nueva York. Visitan en el Brooklyn Museum la exposición *Sensation: Young British Artists from the Saatchi Collection* y una retrospectiva de Clemente en el Guggenheim Museum; participan en una puja por teléfono en la subasta de Sotheby's Londres por una obra de Clemente; visitan la galería Gagosian, que exponía obras de Jenny Saville; la Barbara Gladstone, donde se interesan por obra de Kcho y de Matthew Barney; y en la galería Robert Mann seleccionan obra de Richard Misrach.

En los cuatro últimos años de esta década, las obras de autores extranjeros representaron cerca de las dos terceras partes de las adquisiciones. Si en los primeros seis años de la década se centraron en autores como Julian Schnabel, David Salle, Ross Bleckner y George Condo, en los últimos cuatro años predominan los autores de la Nueva Figuración, como Stephan Balkenhol, Thomas Ruff, Lisa

Yuscavage, Cindy Sherman, Andrés Serrano, Marilyn Minter, Karen Kilimnik o John Currin.

En cuanto a las adquisiciones de autores residentes en España, en la década de los noventa el matrimonio reunió una amplia panorámica del escenario artístico nacional: Miquel Barceló, José María Sicilia, Juan Uslé, Pablo Palazuelo, Miguel Ángel Campano, Ferrán García Sevilla, Perejaume, Joan Hernández Pijuan, Albert Ràfols Casamada, Soledad Sevilla, José Guerrero, Luis Gordillo, Gerardo Rueda, Guillermo Pérez Villalta, Jorge Galindo, Carlos León, Curro González, Darío Urzay, Santiago Serrano, José Manuel Broto, Juan Navarro Baldeweg, Cristina García Rodero, Juan Muñoz, Txomin Badiola, Laura Torrado, Zush y otros más.

2000

En mayo se inaugura la exposición *El enigma de lo cotidiano* en la Casa de América, a la que se presta *Tea and Tiles II* de Adriana Verajão, adquirida en 1998 en la galería Soledad Lorenzo.

Viaje de Marcos a la Feria de Arte de Chicago. Junto a la visita de la propia feria, hace una excursión en barco con, entre otros, Pablo del Val, la directora de ARCO Rosina Gómez Baeza, el coleccionista Fernando Meana y su mujer, la galerista Oliva Arauna, y Samuel Keller, recién nombrado director de la Feria de Basilea. Asiste a una cena con *curators* y coleccionistas americanos, donde conoce al matrimonio Donna y Howard Stone. Visita al Art Institute of Chicago.

En Nueva York se aloja en el apartamento de la pintora Marcia Hafif. Compra la fotografía *Nudes go21* de Thomas Ruff en la galería David Zwirner; cena en casa de Elena de Rivero, con Pablo del Val; visita los estudios de Marilyn Minter y Fabian Marcacho; y asiste a conciertos en Blue Note y en Knitting Factory, donde actúa Marc Ribot. En la subasta de Christie's adquiere dos papeles de Andy Warhol.

En muchos de estos viajes al extranjero, el matrimonio llevaba el hándicap del desconocimiento de otro idioma adicional al español, por lo que Marcos procuraba arrimarse a algún amigo que supliera sus carencias. En este viaje, la ayuda de Oliva Arauna, primero, y de Carlos León, después, fue inestimable.

Viajan a la Feria de Basilea, donde apalabran, en la galería Lelong, 12 fotografías de Sean Scully de una edición de 24 y en la galería Buchmann compran una pieza de Dennis Hollingsworth. Visitan el Vitra Design Museum y el Kunstmuseum.

En diciembre, compran *Andarín Cabezón Duplex* de Luis Gordillo en el mercado secundario y por mediación del propio artista.

2001

Entre 2001 y 2004 se vendieron en subasta y vía intermediario, obras de artistas de la escuela de Vallecas y de la nueva escuela de París, así como otras piezas que encajaban menos con la Colección.

Para la exposición *Soledad Sevilla* en el IVAM de Valencia prestan *Vélez Blanco V.* La obra llega devuelta con unos cuantos desperfectos, lo que hace que el matrimonio se replantee prestar obras para exposiciones hasta contar con un espacio y una mínima estructura para el seguimiento de los préstamos.

Compra de *Al mare o in montagna* de Francesco Clemente en Christie's Londres, dos años después de haber intentado adquirirla en Sotheby's Londres, sin éxito, ya que se dejó de pujar al no poder asumirse la elevada cotización que estaba adquiriendo.

Nuevo viaje a Nueva York. Visitan el Armory Show y hacen un recorrido por las galerías de Chelsea, barrio que había ya prácticamente desbancado al Soho.

En marzo, exposición *Arquitectura del silencio* en la Fundación Picasso de Málaga, a la que se presta *Slaktehus* de Per Barclay.

En mayo, compran *Custard Cascade* de Will Cotton en la galería Mary Boone. La compra estuvo a punto de romperse, por los enormes gastos de transporte y embalaje cotizados inicialmente.

2002

En julio, adquieren en la galería Soledad Lorenzo una buena parte de las aguatintas de la serie pornográfica «Lanzarote» de Miquel Barceló, que se seguiría completando con la adquisición del resto de la serie en 2005.

Desde el cambio de siglo, empiezan los trabajos tendentes a abordar el proyecto museístico para ubicar y exhibir la Colección. En agosto se solicita al Ayuntamiento de Segovia que en la revisión del Plan General de Ordenación Urbanística sea tenida en cuenta la modificación del uso de una finca de su propiedad situada en el paseo de San Juan de la Cruz para la instalación del museo.

El matrimonio cumple 40 años de casados, que comparten en familia con un viaje a Sicilia.

2003

En marzo, compran en la galería Gagosian de Nueva York *Red Painting I* de Cecily Brown.

Exposición *El topiario de Perséfone* de Carlos León en el Monasterio del Prado en Valladolid.

En noviembre, reciben la noticia a través de Rosina Gómez-Baeza de la concesión a la Colección del Premio al Coleccionismo Sección Nacional, que anualmente otorga la Asociación Amigos de ARCO, «por una ejemplar e inteligente dedicación a la creación artística contemporánea, promoviendo, a través de una colección verdaderamente singular, el arte de nuestros días ante un amplio público».

2004

Entrega oficial en febrero del Premio al Coleccionismo de ARCO a la Fundación MER (en constitución).

En junio, Marcos cumple setenta y cinco años y se ve sorprendido con una fiesta en la casa de Segovia. La celebración se extendió a noviembre con un viaje familiar a Tenerife y Lanzarote.

En octubre, visitan la Feria Frieze en Londres. En la galería Gagosian adquieren la obra *Closed Contact #13*, una caja de luz de Jenny Saville & Glen Luchford. Entre las exposiciones, visitan *Glenn Brown* en la Serpentine Gallery, *Bruce Nauman* en la Tate Modern, *Tobias Rehberger* en la Whitechapel y *Young British Artist* en la Saatchi Gallery.

2005

En mayo, compran en la galería Helga de Alvear *Nonnoa* de Imi Knoebel.

2006

La galería Lisson de Londres y la propia artista Ángela de la Cruz, con la que el matrimonio mantiene muy buena relación personal, ofrecen *Larger than live (Knackered)*, de 260 × 400 × 1050 cm (aprox.). La oferta fue reiterada en mayo de 2010 en unas condiciones económicas muy favorables, pero solo tenía sentido su adquisición contando con un espacio expositivo disponible en el que ubicarla. Es, sin duda, la obra más redonda de Ángela. Sí compran en la misma galería *Reach (Brown) Two Parts* de la misma artista.

En abril, Marcos viaja a China a la tercera edición de la Exposición Internacional de Galerías de China que se celebraba en Pekín. Para ello cuenta con la cobertura inestimable de Luis y Pepe de la galería Espacio Mínimo y de Borja Casani de la galería Moriarty. Tienen ocasión de conocer lo que se gestaba en este incipiente mercado y disfrutar de la cultura y de su ocio nocturno.

En septiembre, compran en la galería Soledad Lorenzo *Los Coleccionistas* de Guillermo Pérez Villalta, en donde el artista retrata a Elena y a Marcos.

2007

Todo este mundo artístico en que se ha sumergido el matrimonio despierta en Elena una sensibilidad artística y creadora que se plasma en instalaciones a partir de elementos cotidianos y, sobre todo, en pequeñas creaciones en formato de broches o *pins*, con elementos de diversa procedencia, materiales y texturas.

2008

En mayo, se vende en subasta *O Mágico* de Beatriz Milhazes y, en noviembre, las 10 litografías de *Mao* de Andy Warhol.

Esta venta y otras posteriores tuvieron inicialmente el objetivo de hacer liquidez

para cubrir una buena parte del coste de
construcción del museo. Al final, se concluyó
que completar y mejorar la Colección era
la misión principal, y decidieron utilizar la
liquidez conseguida para la adquisición
de nuevas obras. La experiencia de estas
operaciones y otras llevadas en años sucesivos
han supuesto una importante reestructuración
del fondo de obra de la Colección, vendiendo
unas obras, comprando otras y elevando su
interés museístico de forma exponencial.

2009

En enero, presentan al Ayuntamiento de
Segovia el proyecto de museo del arquitecto
Alberto García Gil, mediante el Plan Especial
Urbanístico de Reforma Interior en el paseo
de San Juan de la Cruz. El edificio, con una
superficie construida del orden de 2.500 m²,
figura a modo de «contenedor enterrado»
que solamente emerge sobre las cotas del
paseo lo suficiente para organizar el vestíbulo
de entrada del museo y con unas terrazas
ajardinadas que mejoran la contemplación
pública del paisaje exterior. Bajo estas terrazas,
están soterradas las tres plantas del museo.

En marzo, Elena, Marcos y su hijo Rafael
constituyen la Fundación MER, entidad de
ámbito estatal sin ánimo de lucro, que tiene
por finalidad destinar su patrimonio a la
promoción y difusión de las artes plásticas
en todas sus manifestaciones artísticas y, en
particular, del arte contemporáneo.

Compra en la galería Espacio Mínimo de
Nefasto, la imponente pieza de 250 × 200 cm
de Norbert Bisky.

En septiembre, se inaugura la exposición
Marilyn Minter en La Conservera de Murcia,
a la que se prestó la obra *Blowjob*. En la
inauguración de esta exposición, a la que
acudió la artista, queda apalabrada la compra
de cinco fotografías de la serie «The Last
Pam», a la que acompañaría un esmalte. La
compra se materializa en mayo de 2010, junto
con tres fotografías de la serie «Coral Ridge
Towers», dedicadas a su madre.

Venta de *Mouches, chevres, montagnes et
nuages* de Miquel Barceló.

2011

En mayo se produce la concesión de licencia
de obras para la ejecución del edificio-museo
en el paseo de San Juan de la Cruz en Segovia,
para ubicar y exhibir la Colección.

En octubre se produce la venta de dos
silkscreens de Andy Warhol y, en noviembre,
dos obras sobre papel de Jean Michael
Basquiat.

Compra en subasta de *Wee Travellers* de
Lisa Yuscavage y, en octubre, en la galería
Gagosian, de *Study for Pentimenti IV (After
Michelangelo's «Virgin and Child»)* de Jenny
Saville, que se exhibía en su sala de Madison
Avenue de Nueva York.

2012

En febrero, adquieren en subasta dos obras de
Marlene Dumas. Las obras de esta artista en
la Colección se completan con la adquisición
de otras dos piezas en octubre de este año y
noviembre de 2014, respectivamente.

En abril, viaje a Nueva York, con visitas al
estudio de Marilyn Minter, almuerzo con Eric
Fischl y Mary Boone, visitas a las galerías de
Chelsea, a los museos de la ciudad y copas en
Arthur's Tavern y Marie's Crisis Café.

En mayo, venta en subasta de la obra de
Albert Oehlen y, en junio, de *Tea and Tiles II*
de Adriana Verajão, lo que permite, entre
otras, la compra en la galería Mary Boone
de *Saint Barts Ralph's 70th* de Eric Fischl,
quien regala fotos complementarias relativas
a la pieza.

En noviembre, el matrimonio llega a sus
bodas de oro y disfrutan con familiares y
amigos en una fiesta sorpresa, a la que sigue
un viaje conmemorativo a Sevilla.

2013

En marzo, Marcos envía a Eric Fischl el
poemario de San Juan de la Cruz. Eric
contesta en un email que era exquisito y
profundamente espiritual y que lo mantenía
en el estudio para su lectura espontánea.
Marcos quisiera que el artista hiciera una
serie inspirada en estos poemas, por lo

corpóreo y la sensualidad de los mismos, y
por la ubicación del museo cerca de donde
reposan los restos del santo.

En mayo, compran *Untitled (Study)* de
Jenny Saville en Christie's Nueva York.

En octubre, Elena completa su formación
artística, asistiendo a clases de teatro en el
Teatro Fértil, afición que mantiene desde
entonces.

En noviembre, venden *Red Painting I* de
Cecily Brown.

Elena cumple años, llegando a los setenta
y cinco. Se festeja con una fiesta temática
de cabaret en la casa de Madrid.

2014

En febrero, se adquiere *Untitled* de Markus
Oehlen en la galería Bärbel Grässlin, durante
la feria ARCO de Madrid. En marzo, adquieren
tres fotografías de Nan Goldin. En octubre,
Bound Over to Keep the Peace de Lynette
Yiadom-Boakye.

2015

En enero, compran unas fotografías de
Erwin Olaf.

En junio, visitan la Feria de Basilea, en la
que mantienen una distendida entrevista con
Sam Keller en la Beyeler Foundation y visitan
la exposición *Marlene Dumas, The Image as
Burden*, a la que se presta *Young Boy (Baby
Face)*, la Feria Volta 11 y la exposición *Future
Present* en Schaulager.

En noviembre, se inaugura la exposición
Pink Requiem de Carlos León en la Sala Alcalá
31 de Madrid, a la que se prestan *El jardín
de los saúcos, Jardín de Serenidad, Jardín del
Naúfrago, Galisteo* y *Última Arva n.º 1*.

2017

A lo largo de la última década se ha venido
recabando la incorporación al proyecto
del museo y, bajo diferentes fórmulas, de
entidades locales, regionales y nacionales,
así como de posibles entidades privadas, que
permitiese abordar la construcción del museo

y contribuir, durante los años iniciales, a los
gastos de mantenimiento del mismo, sin que
hasta la fecha haya podido materializarse.

Marcos sostiene que el arte le ha salvado la
tercera edad, que además se ha convertido en
la parte más importante y gozosa de su vida.

The MER Collection

The MER Collection has taken shape and grown over the years, ever since Elena and Marcos acquired their first works in the 1970s. The Collection currently holds around eight hundred works, approximately six hundred of which are reproduced here.

La Colección MER

La Colección MER ha ido formándose y creciendo a lo largo de los años desde que en la década de 1980 Elena y Marcos comenzaran con la adquisición de las primeras obras. En la actualidad, tiene casi 800 y aquí se reproducen en torno a 600 obras.

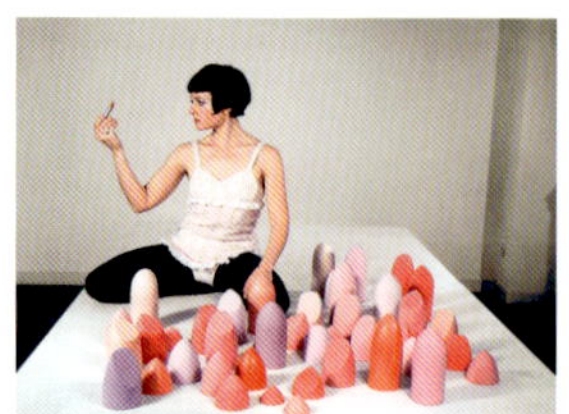

Ana Laura Aláez
Glossy City, 1999
Fujichrome deluxe paper
(edition 3/3)
127 × 165 cm

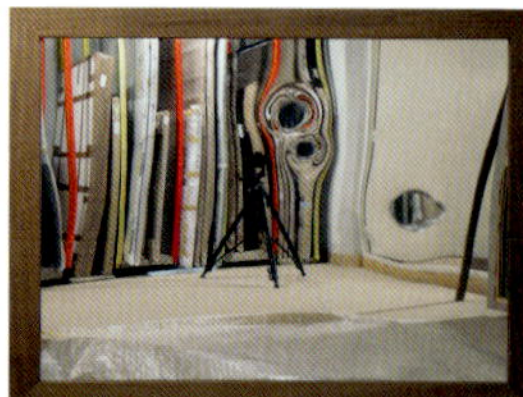

Jordi Alcaraz
Realidad y ficción. S/T. Plano y volumen.
Intercambio de miradas, 2000
Mirror, holes and wall (double work)
137 × 176 cm

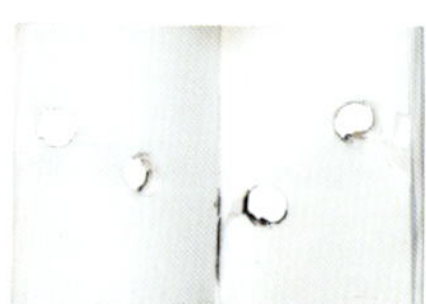

Jordi Alcaraz
Llibre dels Pous, 2000
Mixed media on wood
42 × 52 ×14 cm

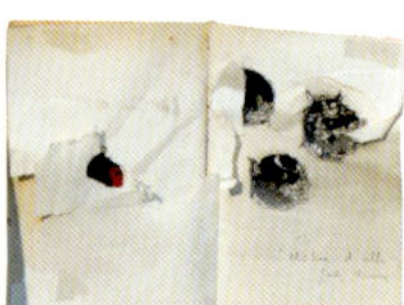

Jordi Alcaraz
Llibre D'ulls, 2000
Mixed media on wood
42 × 52 ×14 cm

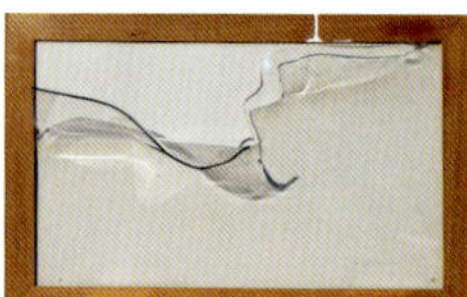

Jordi Alcaraz
Dibuix, 2000
Mixed media on methacrylate,
wood and cardboard
42 × 62 × 18 cm

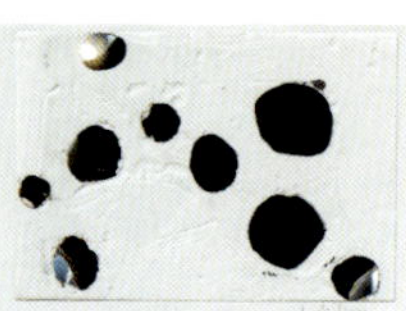

Jordi Alcaraz
*Pintura de Sauri, escultura
de Sauri*, 2000
Mixed media on wood, velvet,
mirror and strands
40 × 50 × 14 cm

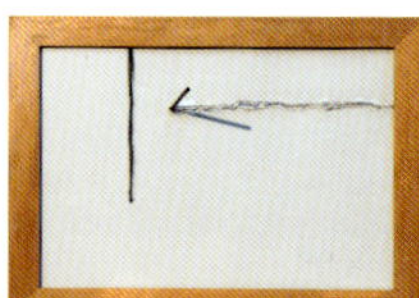

Jordi Alcaraz
Dibuix, 2000
Drawing on cardboard,
iron and methacrylate
47 × 63 × 20 cm

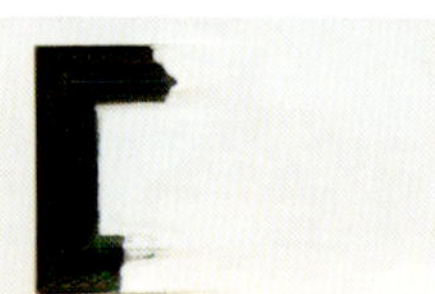

Jordi Alcaraz
*Saturn devorant un dels
seus fills*, 2001
Mixed media on wood
35 × 50 × 5 cm

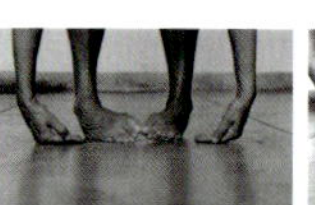

Helena Almeida
Seduzir (#30), 2001
Black and white photograph on
paper (diptych) – edition 2/6
68 × 104 cm (each)

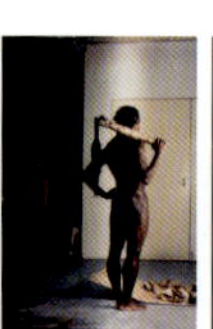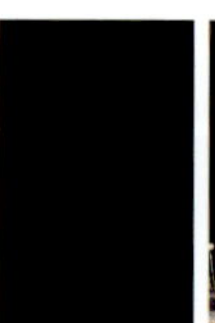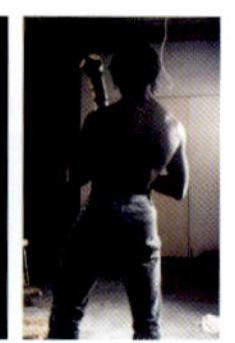

Txomin Badiola
El juego del otro, 1997
Color photograph (triptych)
on paper (edition 2/3)
200 × 120 cm (each)

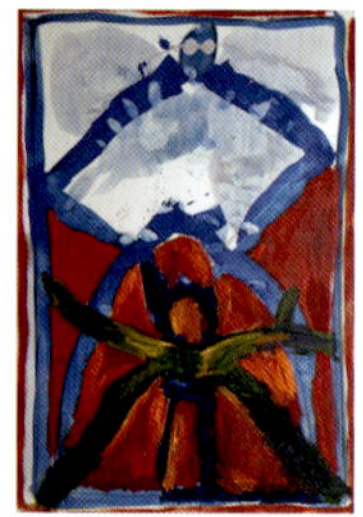

Rafael Baixeras
Dona do can verde, 1984
Oil on canvas
195 × 130 cm

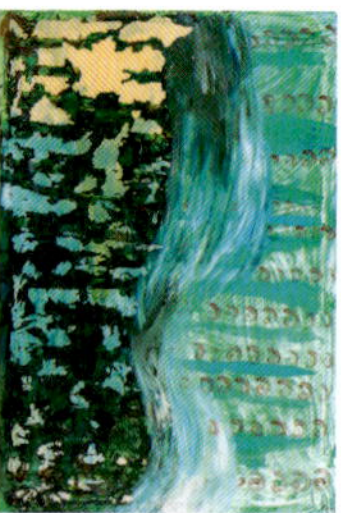

Rafael Baixeras
Vento do sur, 1987
Oil on canvas
195 × 130 cm

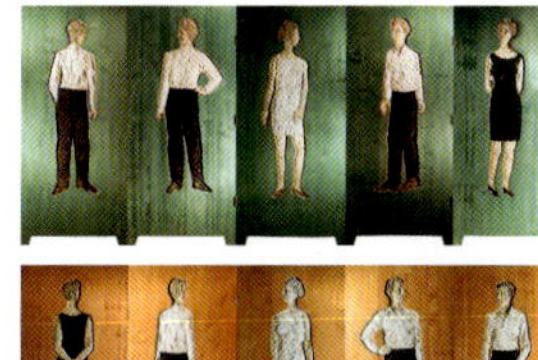

Stephan Balkenhol
Paravent, 1996
Painted poplar on wood (folding screen) – 5 pieces
210 × 464 × 4 cm (overall)

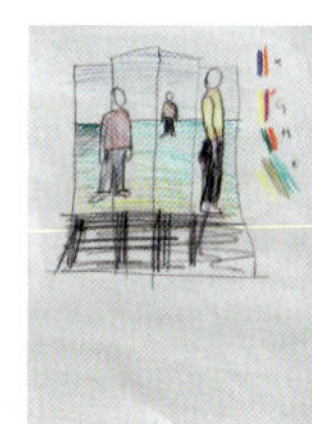

Stephan Balkenhol
K.G.M.B., 1996
Color pencil drawing on paper
21 × 15 cm

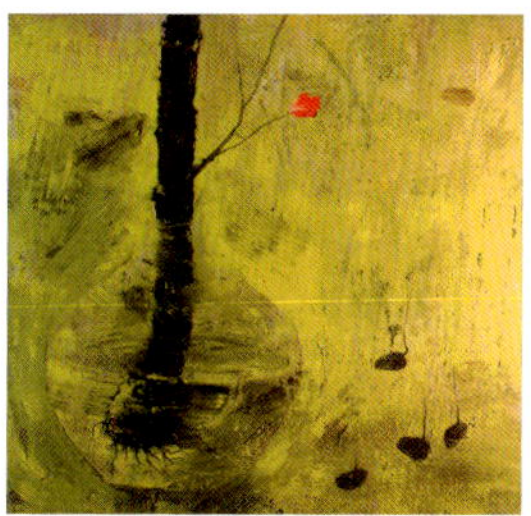

Miquel Barceló
Yellow, Red and Water, 1987
Mixed on canvas
190 × 190 cm

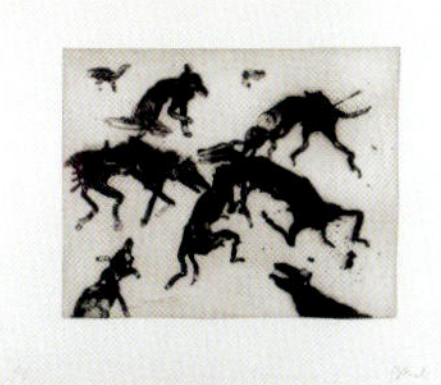

Miquel Barceló
Serie «Lanzarote»:
Lanzarote IV, 1999
Aquatint on paper (edition 21/35)
65 × 75 cm

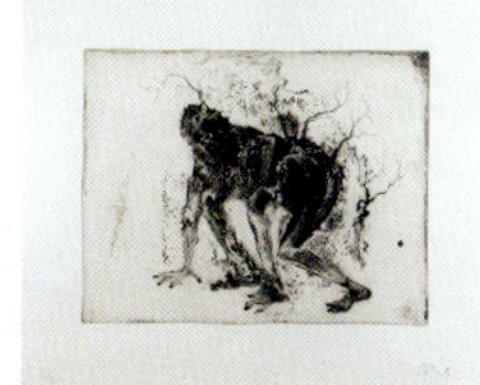

Miquel Barceló
Serie «Lanzarote»:
Lanzarote XI, 1999
Aquatint on paper (edition 21/35)
65 × 75 cm

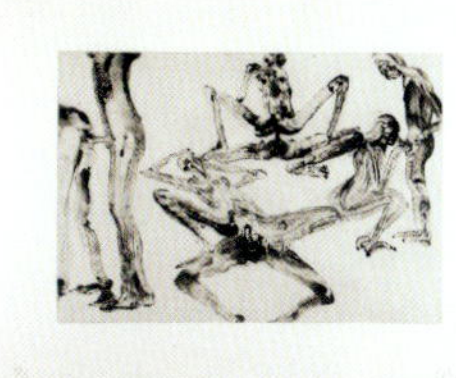

Miquel Barceló
Serie «Lanzarote»:
Lanzarote XXVII, 2001
Aquatint on paper (edition 22/35)
75 × 92 cm

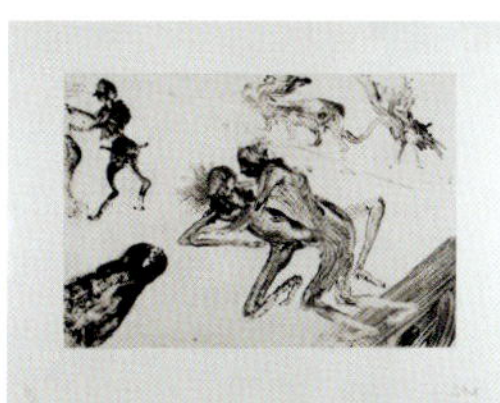

Miquel Barceló
Serie «Lanzarote»:
Lanzarote XXVIII, 2000
Aquatint on paper (edition 17/35)
75 × 92 cm

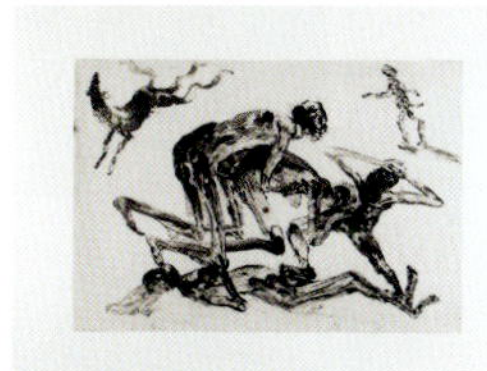

Miquel Barceló
Serie «Lanzarote»:
Lanzarote XXIX, 2001
Aquatint on paper (edition 22/35)
75 × 92 cm

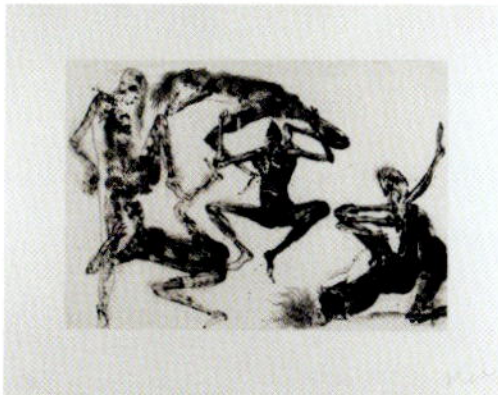

Miquel Barceló
Serie «Lanzarote»:
Lanzarote XXX, 2001
Aquatint on paper (edition 22/35)
75 × 92 cm

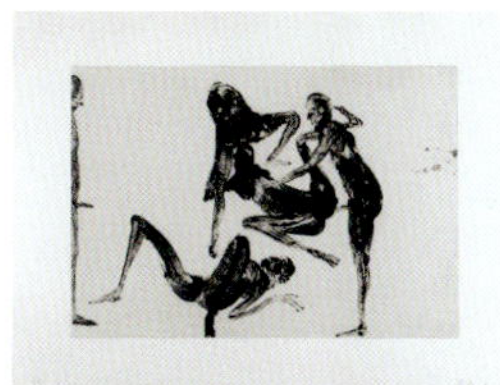

Miquel Barceló
Serie «Lanzarote»:
Lanzarote XXXI, 2000
Aquatint on paper (edition 17/35)
75 × 92 cm

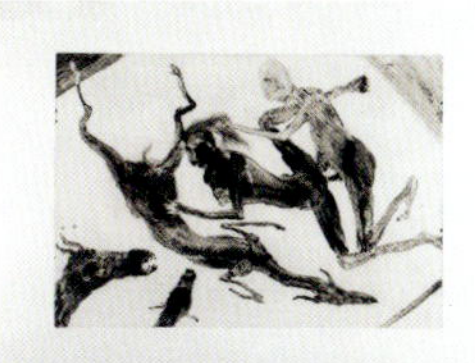

Miquel Barceló
Serie «Lanzarote»:
Lanzarote XXXII, 2000
Aquatint on paper (edition 17/35)
75 × 92 cm

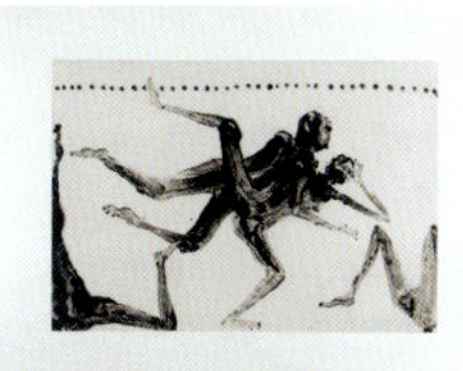

Miquel Barceló
Serie «Lanzarote»:
Lanzarote XXXIII, 2000
Aquatint on paper (edition 22/35)
75 × 92 cm

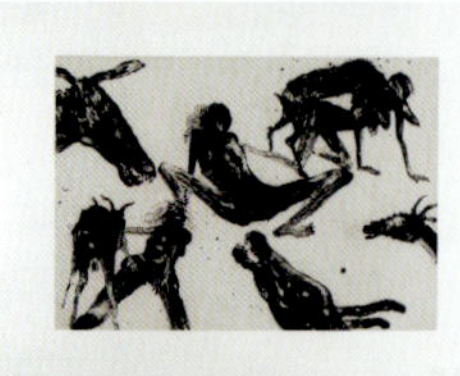

Miquel Barceló
Serie «Lanzarote»:
Lanzarote XXXIV, 2000
Aquatint on paper (edition 17/35)
75 × 92 cm

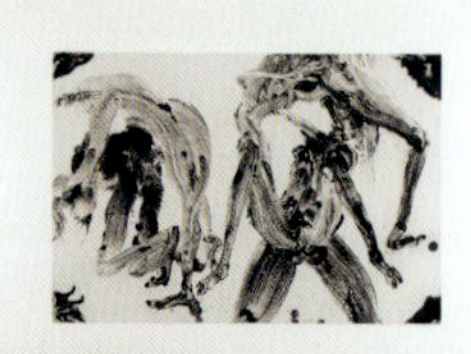

Miquel Barceló
Serie «Lanzarote»:
Lanzarote XXXV, 2000
Aquatint on paper (edition 17/35)
75 × 92 cm

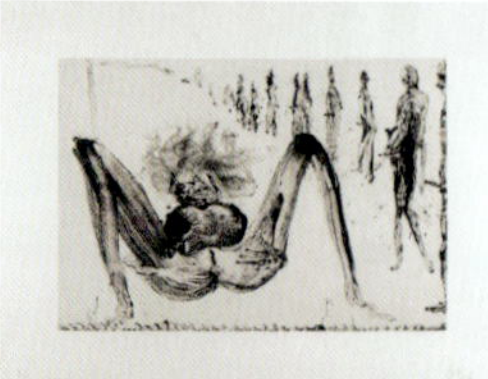

Miquel Barceló
Serie «Lanzarote»:
Lanzarote XXXVI, 2000
Aquatint on paper (edition 17/35)
75 × 92 cm

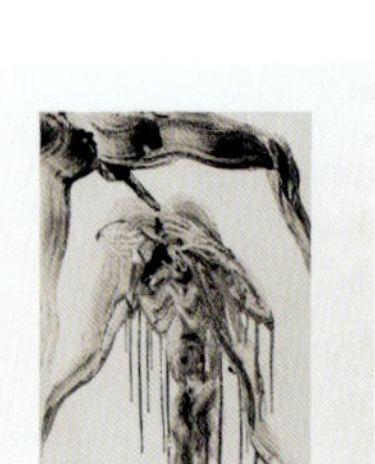

Miquel Barceló
Serie «Lanzarote»:
Lanzarote XXXVII, 2000
Aquatint on paper (edition 17/35)
92 × 75 cm

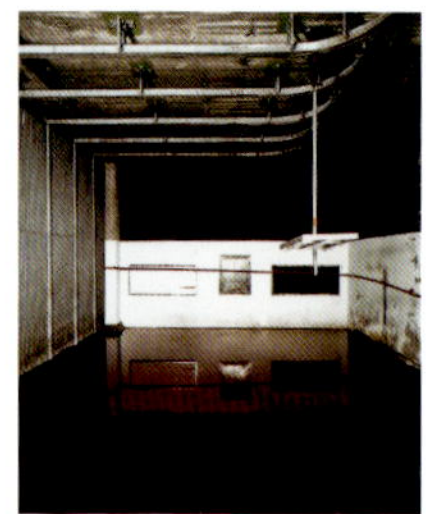

Per Barclay
Slaktehus, 1996
Color photograph on aluminum
and methacrylate
205 × 165 cm

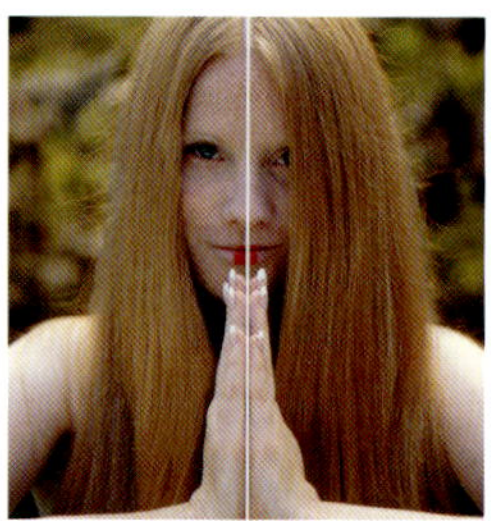

Per Barclay
Susanne, 2004
Color photograph in two parts of
aluminum and two glass panels over
metal supports
225 × 220 cm (overall)

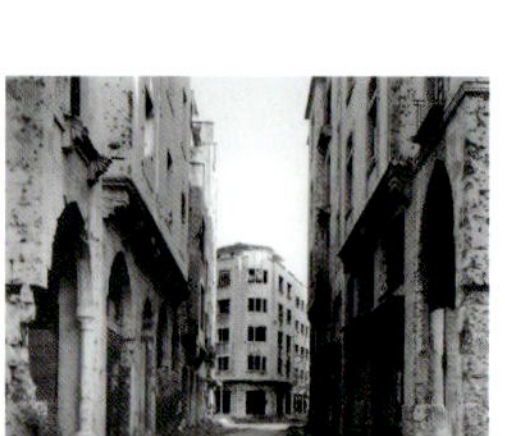

Gabriele Basilico
Rue Dirkè, 1991
Black and white photograph
on paper (edition 2/15)
100 × 120 cm

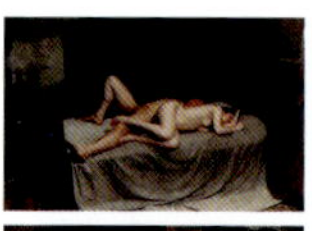
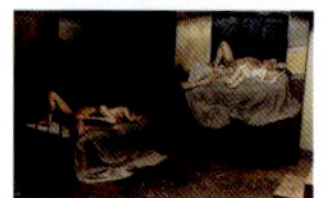

Bruce Bernard
*Leigh Bowery + Nicola Bateman
posting for 'And the husband' by Lucian
Freud 1993 1, 2 & 3*, 1998
C-print on paper (edition of 25)
– 3 works
26 × 38 cm (each)

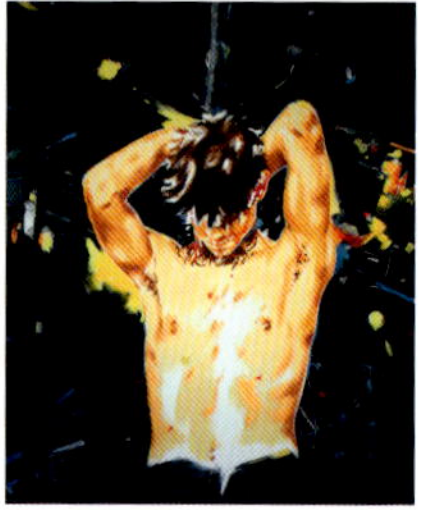

Norbert Bisky
Nefasto, 2008
Oil on canvas
250 × 200 cm

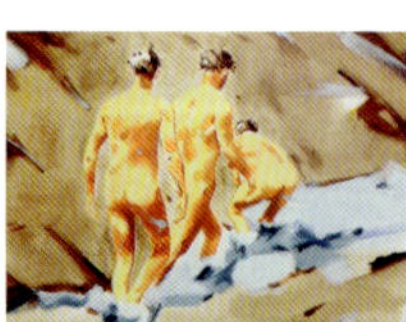

Norbert Bisky
Contracorriente, 2014
Oil on paper (edition 2/15)
30 × 40 cm

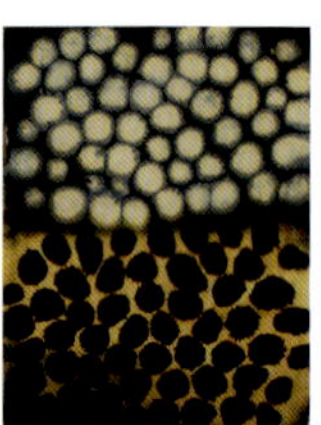

Ross Bleckner
Untitled III, 1989
Watercolor on paper
76 × 57 cm

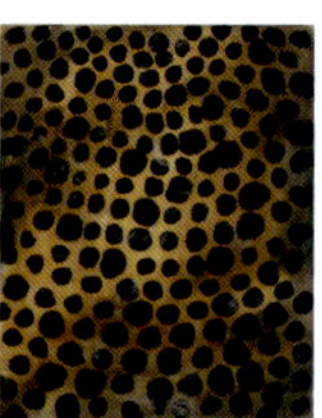

Ross Bleckner
Untitled, 1993
Watercolor on paper
76 × 56 cm

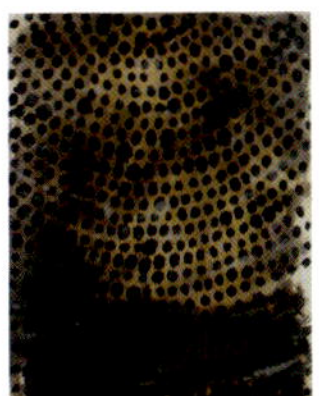

Ross Bleckner
Untitled, 1993
Watercolor on paper
76 × 56 cm

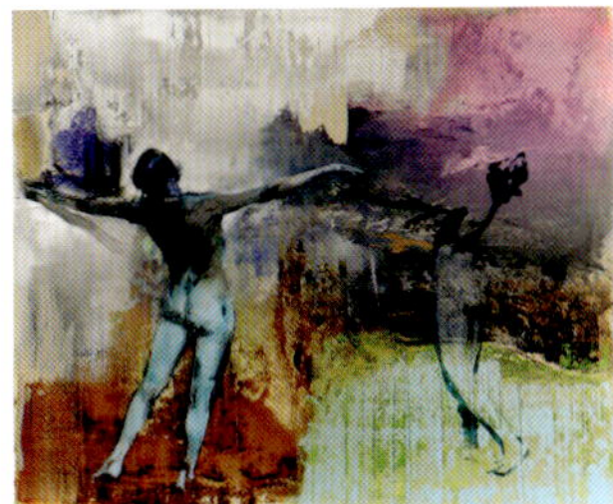

Zsolt Bodoni
Untitled, 2013
Acrylic on canvas
170 × 200 cm

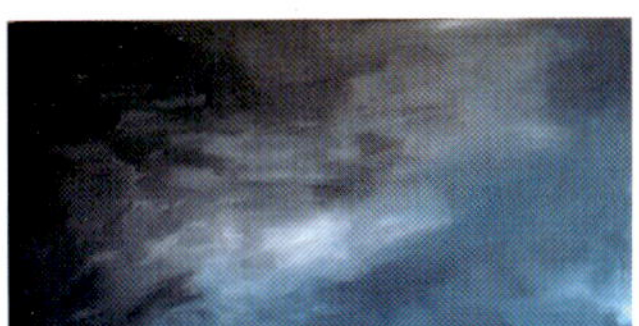

Herbert Brandl
Untitled, 1999
Oil on canvas
150 × 300 cm

Herbert Brandl
Untitled, 2000
Watercolor on paper
76 × 56 cm

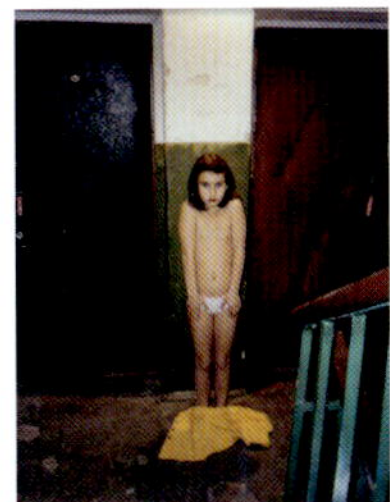

Sergey Bratkov
Kids – Polina, 2000
Color photograph on paper
(edition 3/5)
137 × 104 cm

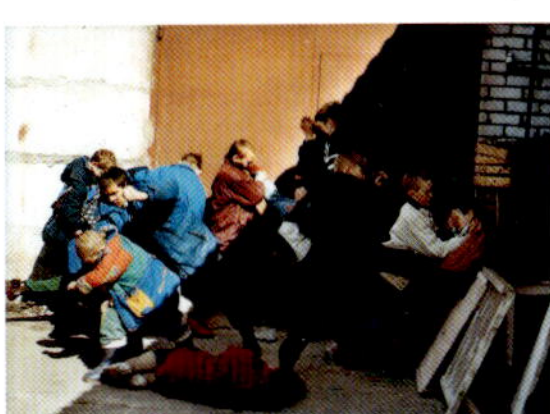

Sergey Bratkov
Italian School 1, 2001
Color photograph on paper
(edition 3/6)
97 × 127 cm

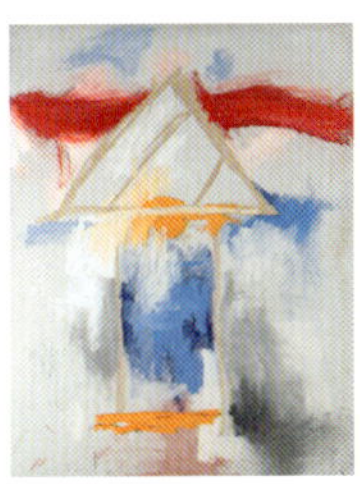

José Manuel Broto
Sin título, 1981
Oil on canvas
130 × 97 cm

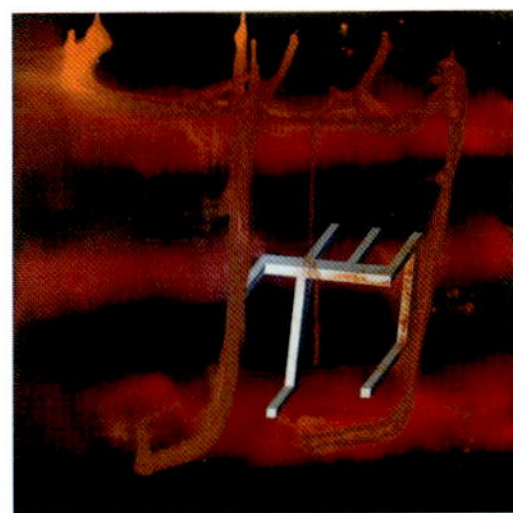

José Manuel Broto
Las cifras: siete, 1988
Acrylic and collage on canvas
230 × 230 cm

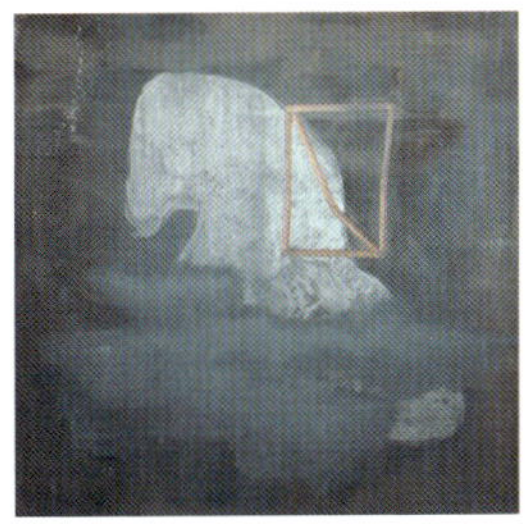

José Manuel Broto
Los órdenes I, 1990
Acrylic on canvas
200 × 200 cm

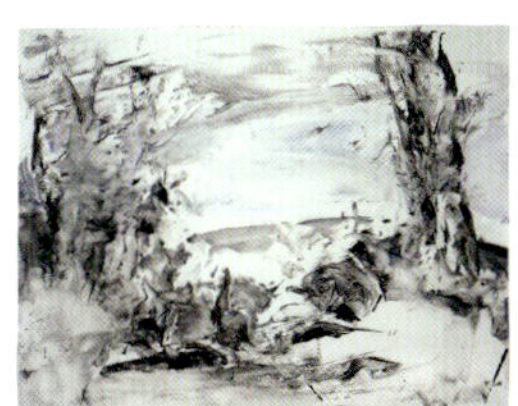

Cecily Brown
Untitled, 2002
Oil (monotype) on paper
100 × 126 cm

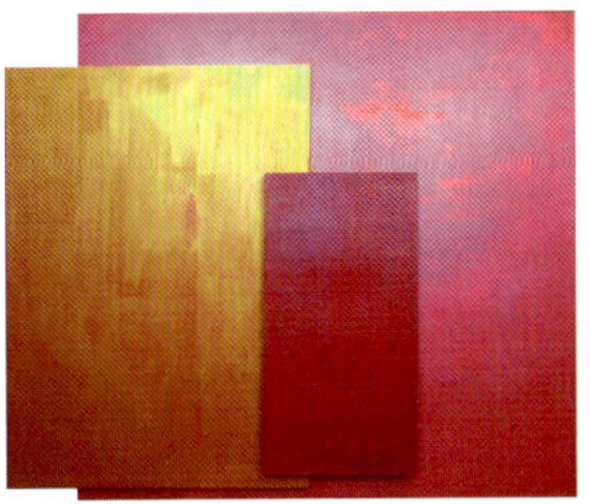

Rosa Brun
Zahen, 1999
Mixed media on wood
200 × 226 × 20 cm

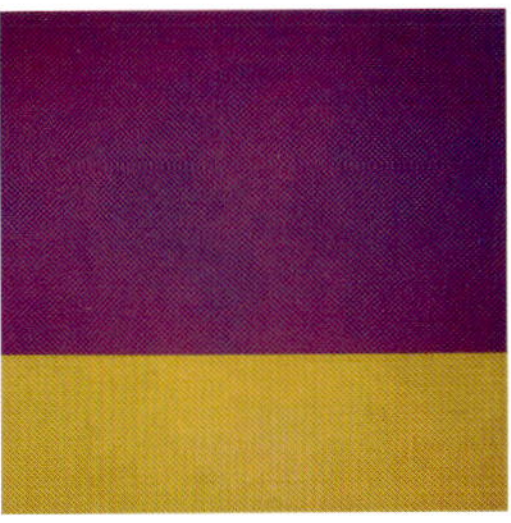

Rosa Brun
Sirona, 2003
Acrylic on canvas
300 × 300 cm

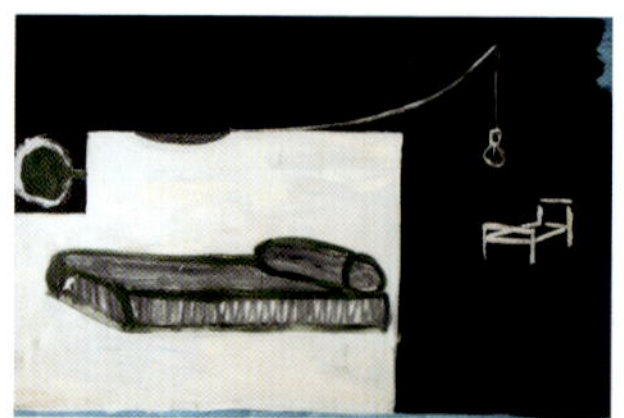

Miguel Ángel Campano
Cama I, 1989
Oil on canvas
160 × 234 cm

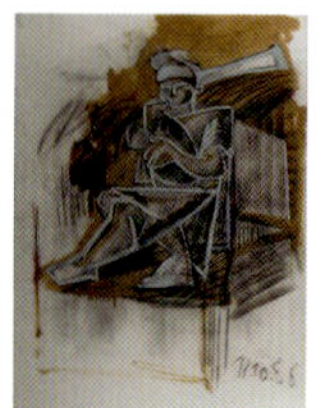

Miguel Ángel Campano
Marie, Ruth y Bootz, 1990
Oil on paper
106 × 75 cm

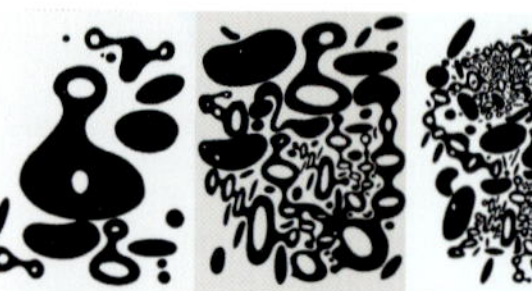

Miguel Ángel Campano
Jitu I, II, III, 1995
Oil on canvas (triptych)
289 × 210 cm (each)

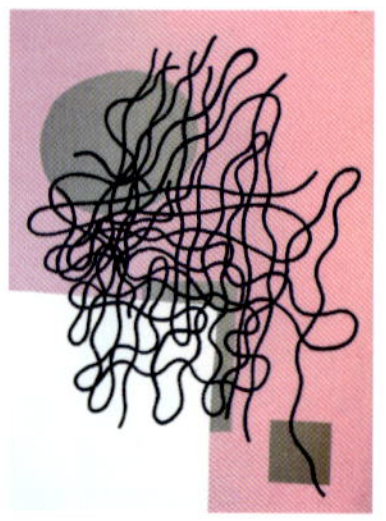

Miguel Ángel Campano
LVER Felices, 1998
Oil on canvas
289 × 210 cm

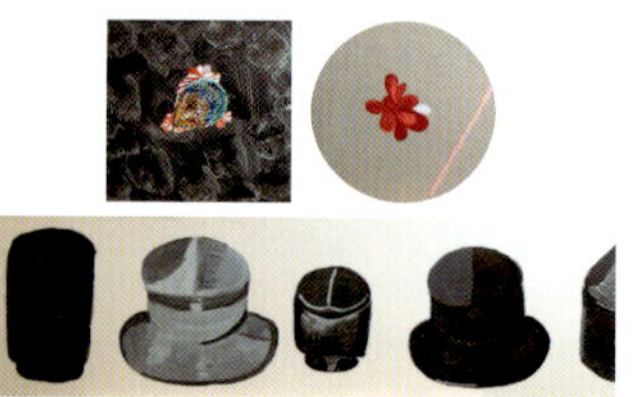

Victoria Civera
Serie «Creciendo al revés»:
*Thödo, Evidencias y diferencias
& Cubre coquillos*, 1997
Mixed media on canvas – 3 works
46 × 46 cm, 41 cm ø, 33 × 112 cm

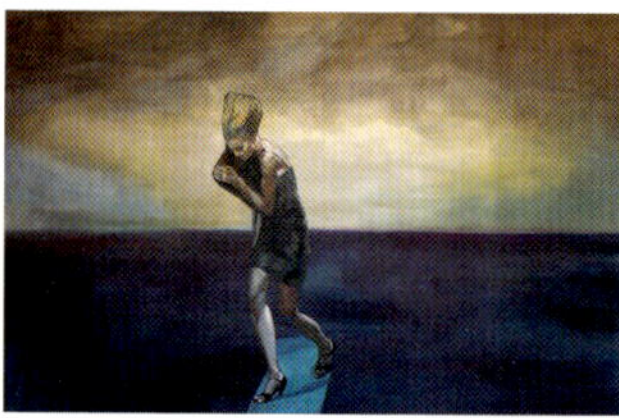

Victoria Civera
En el paisaje, 2000
Acrylic and pigment on linen
203 × 305 cm

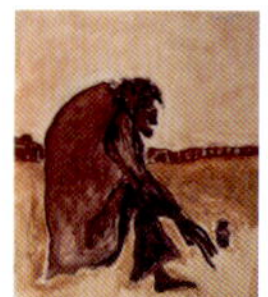

Luis Claramunt
Mendigo, 1986
Oil on canvas
100 × 81 cm

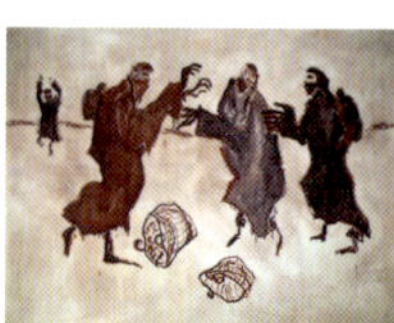

Luis Claramunt
Tres figuras y dos cestos, 1986
Oil on canvas
146 × 184 cm

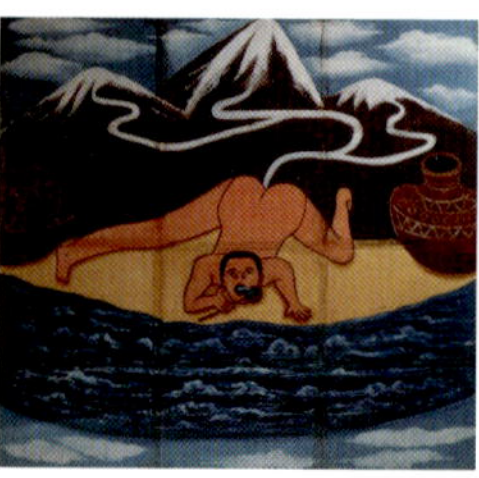

Francesco Clemente
Al mare o in montagna, 1981
Gouache on paper
239 × 239 cm

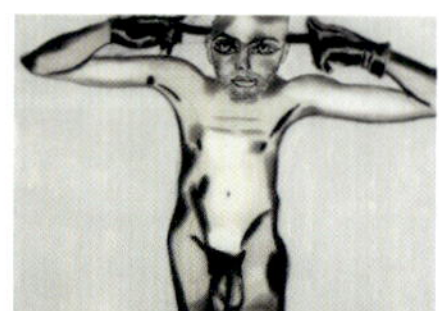

Francesco Clemente
Selfportrait with Black Globes, 1996
Colored chalks on paper
107 × 150 cm

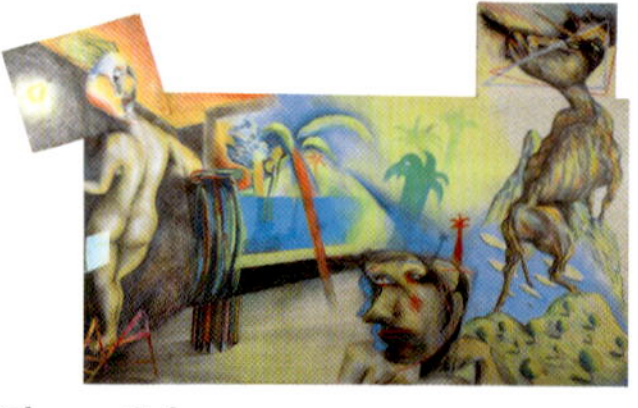

Chema Cobo
Before de crime, 1981
Mixed media on paper
141 × 225 cm

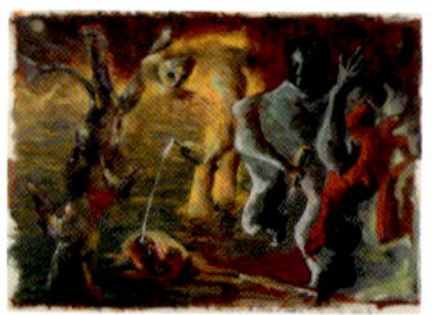

Chema Cobo
*Spain Living in a Rack
of Dreams*, 1984
Oil on paper
55 × 71 cm

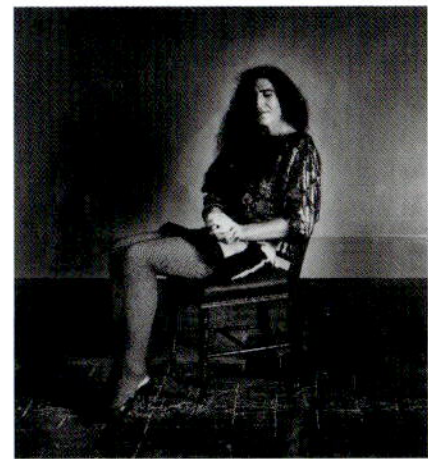

Hanna Collins
Francesca, 1990
Photograph (silver emulsion)
on cotton paper
187 × 171 cm

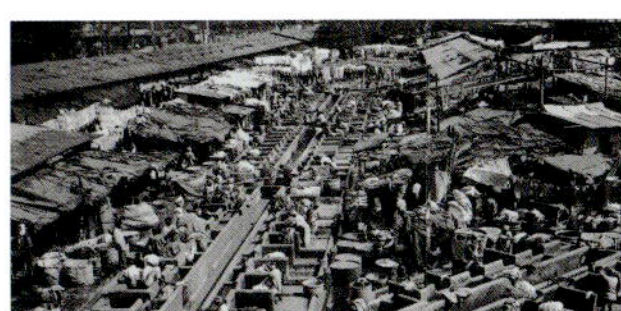

Hanna Collins
Body on Place, 2000
Black and white photograph
(silver emulsion) on linen
185 × 374 cm

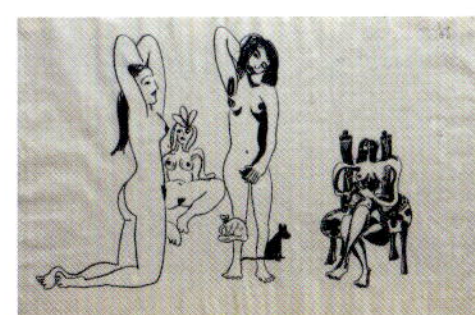

George Condo
Untitled, 1988
Pencil on paper
44 × 65 cm

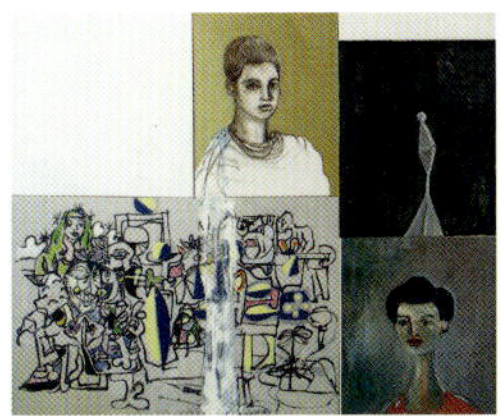

George Condo
The last female icon, 1992
Oil on canvas
158 × 188 cm

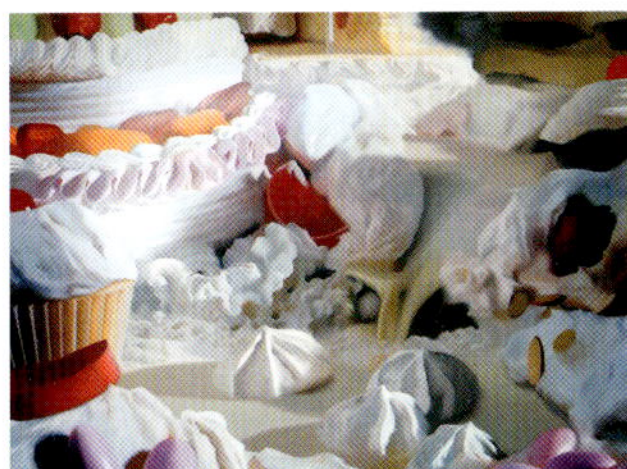

Will Cotton
Custard Cascade, 2001
Oil on linen
274 × 366 cm

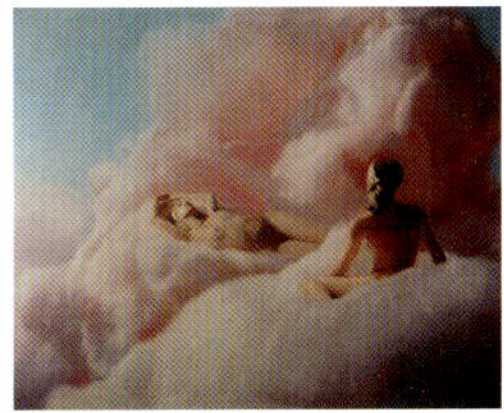

Will Cotton
*Cotton Candy Clouds (Sandra
and Rebecca)*, 2005
Oil on linen
156 × 188 cm

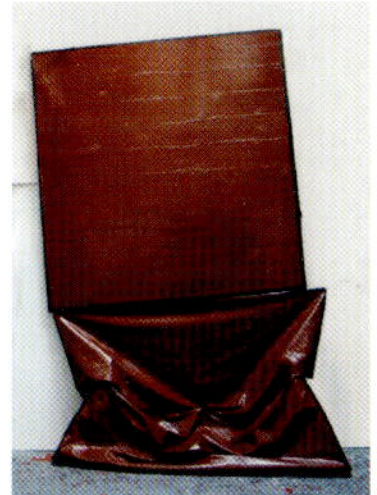

Ángela de la Cruz
Reach (Brown) Two Parts,
2002
Oil on canvas
347 × 237 × 45 cm

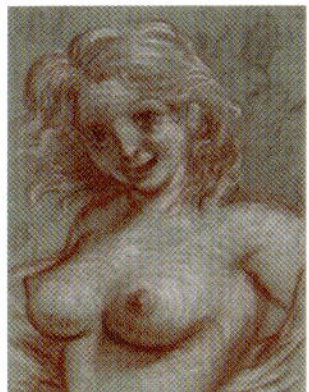

John Currin
Girl Showing Her Breasts, 1995
Conté pencil on paper
38 × 29 cm

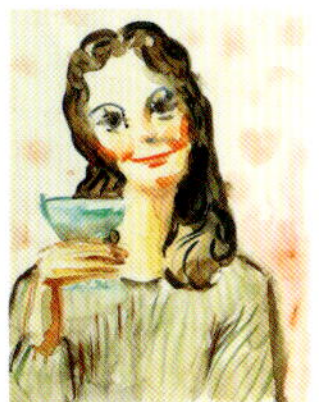

John Currin
Early Drink, 1997
Watercolor on paper
35 × 25 cm

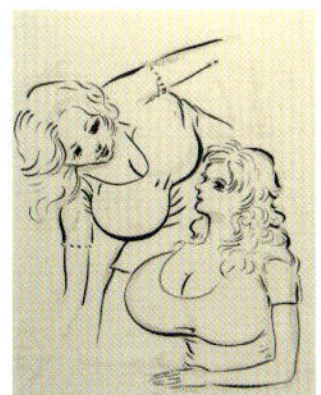

John Currin
Cafe Girls, 1997
Ink on paper
30 × 20 cm

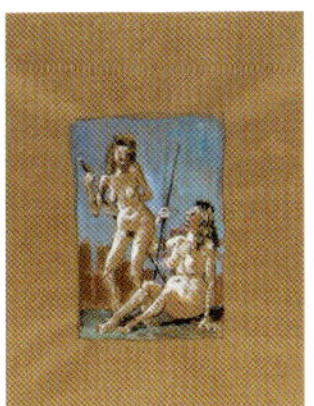

John Currin
Untitled, 1999
Gouache on brown paper
35 × 26 cm

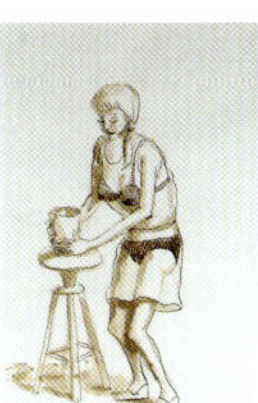

John Currin
Untitled, 1999
Ink on paper
30 × 20 cm

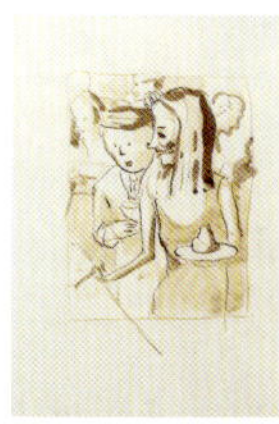

John Currin
Untitled, 1999
Ink on paper
30 × 20 cm

Helmut Dorner
Tab (diptych), 1990
Lacquer on canvas on wood
128 × 178 × 7 cm & 118 × 77 × 7 cm

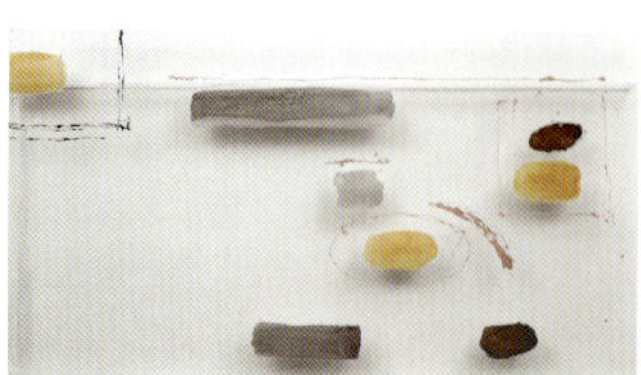

Helmut Dorner
Untitled, 1999
Lacquer on plexiglass
90 × 157 × 7 cm

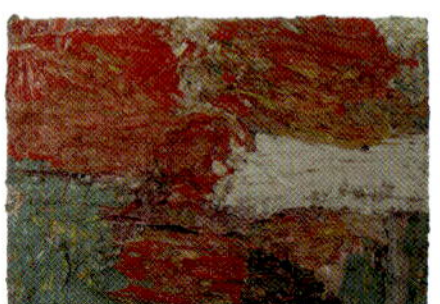

Helmut Dorner
Ost 1, 2005
Oil on canvas
40 × 50 ×6 cm

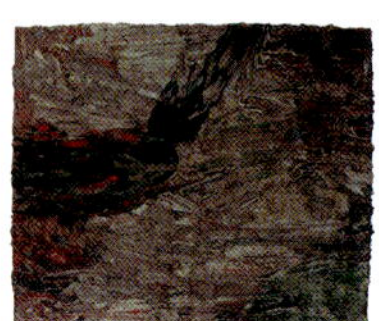

Helmut Dorner
Ost 2, 2005
Oil on canvas
36 × 42 ×6 cm

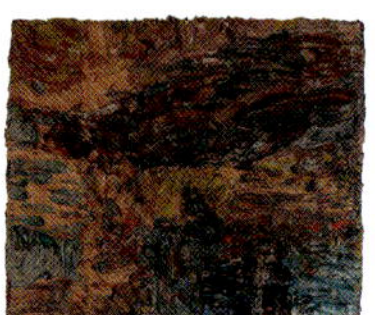

Helmut Dorner
West 1, 2005
Oil on canvas
36 × 42 × 6 cm

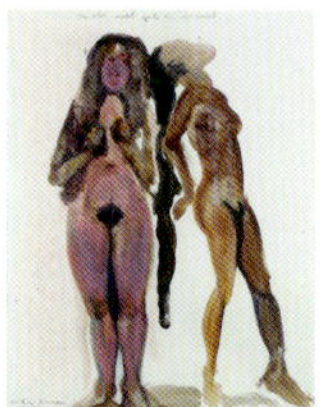

Marlene Dumas
*The Old Model Meets
the New Model*, 1995
Wax, crayons, acrylic
and glitter on paper
65 × 50 cm

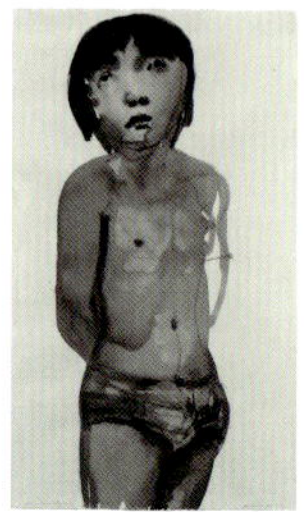

Marlene Dumas
Young Boy (Baby Face), 1996
Ink wash and crayon on paper
125 × 70 cm

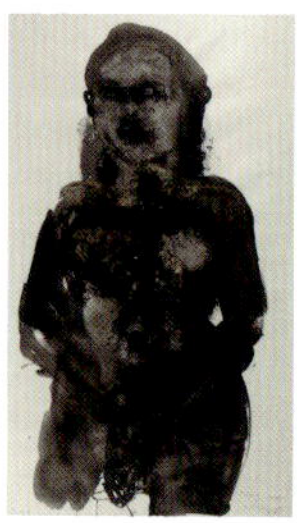

Marlene Dumas
Heavy Woman, 1997
Ink wash and metallic
acrylic paint on paper
124 × 70 cm

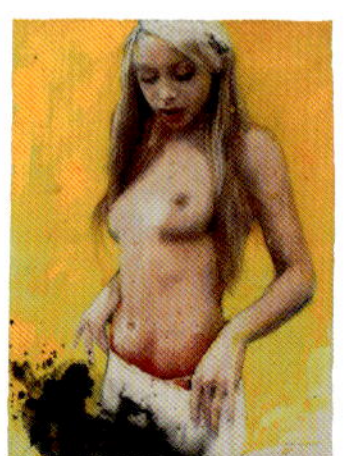

Martin Eder
Me 280 Girl, 2004
Pencil and watercolor
on paper
74 × 52 cm

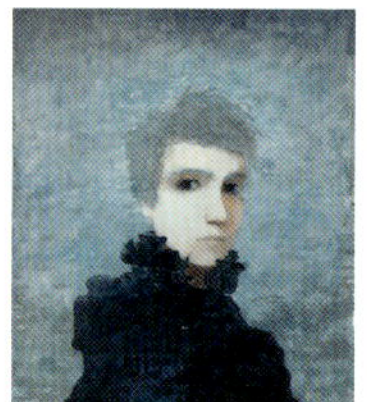

Jerónimo Elespe
Matias, 2009
Oil on aluminum
30 × 25 cm

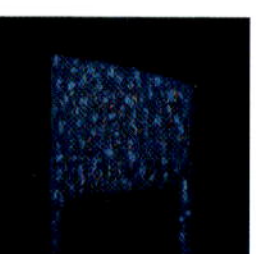

Jerónimo Elespe
NAKTAM, 2009
Oil on aluminum
5 × 5 cm

Jerónimo Elespe
FIIAMH, 2011
Oil on aluminum
10 × 15 cm

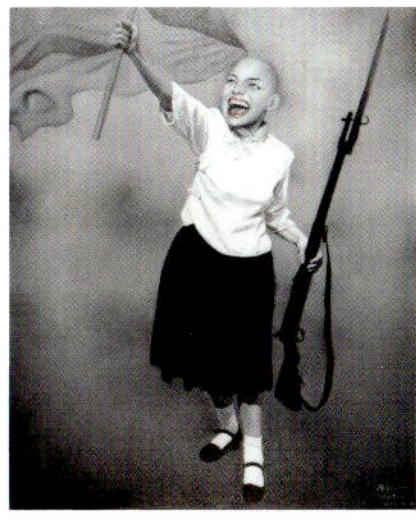

Liu Fei
No. 12, 2003
Oil on canvas
180 × 150 cm

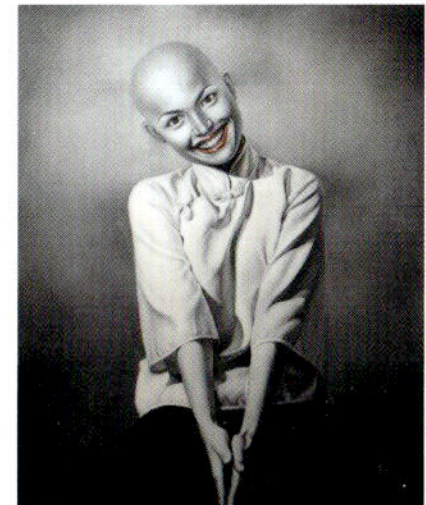

Liu Fei
No. 28, 2004
Oil on canvas
150 × 130 cm

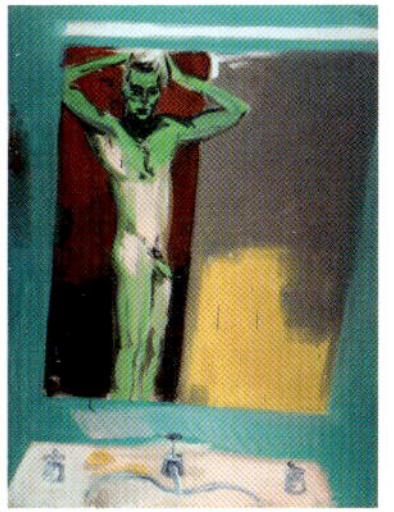

Rainer Fetting
Figur im Spiegel III, 1980
Dispersion paint on canvas
220 × 160 cm

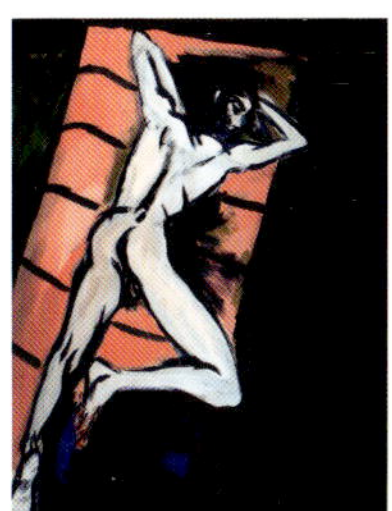

Rainer Fetting
Traum VIII, 1981
Dispersion paint on canvas
220 × 160 cm

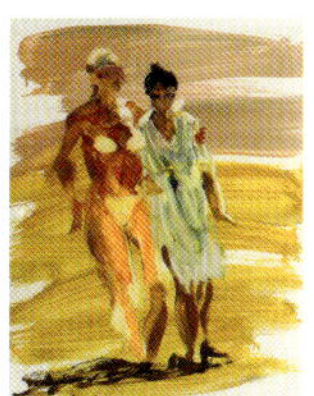

Eric Fischl
Two Women on a Beach, 1985
Oil on chrome-coated paper
41 × 31 cm

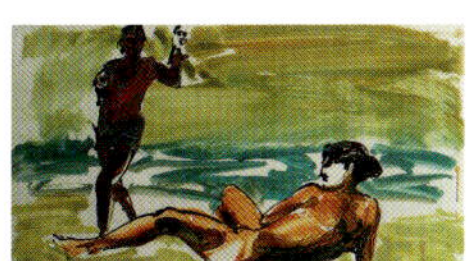

Eric Fischl
Untitled, 1985
Oil on chrome-coated paper
50 × 89 cm

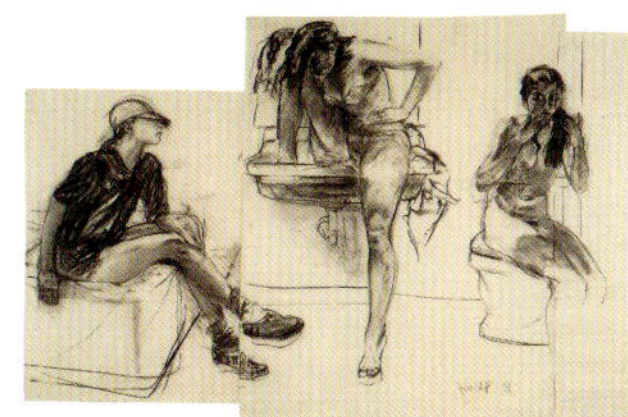

Eric Fischl
Untitled, 1986
Charcoal on 4 pieces of paper
198 × 287 cm

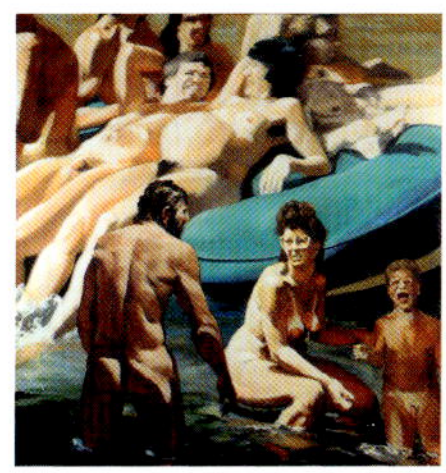

Eric Fischl
Untitled, 1992
Oil on canvas
147 × 137 cm

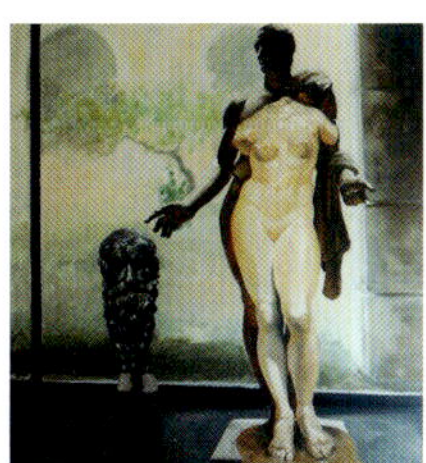

Eric Fischl
The Ultimate Opera, 1998
Oil on canvas
165 × 147 cm

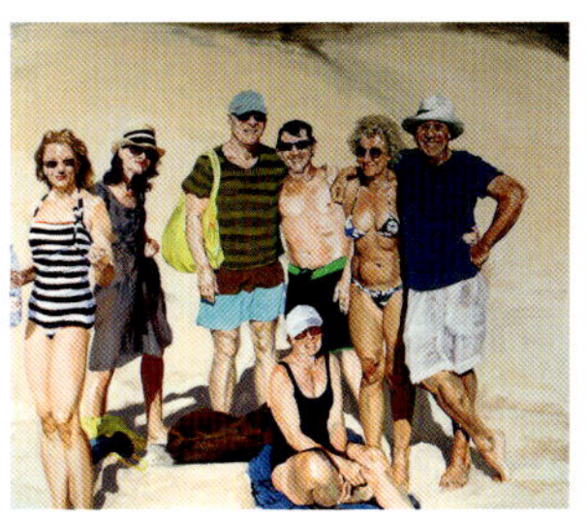

Eric Fischl
Saint Barts Ralph's 70th, 2009
Oil on linen
244 × 274 cm

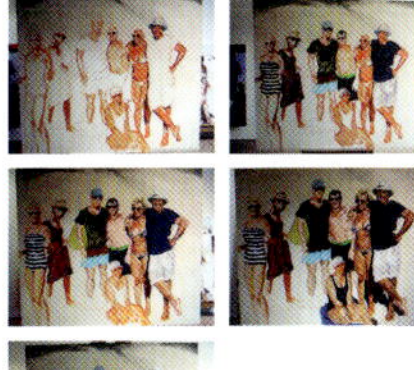

Eric Fischl
St Barts Ralph's 70th in progress, 2009
Color photograph on paper – 5 works
38 × 51 cm (each)

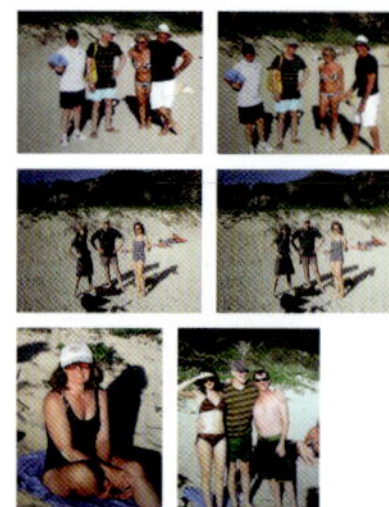

Eric Fischl
Study for St Barts Ralph's 70th, 2009
Color photograph on paper – 6 works
4 of 38 × 51 cm & 2 of 51 × 38 cm

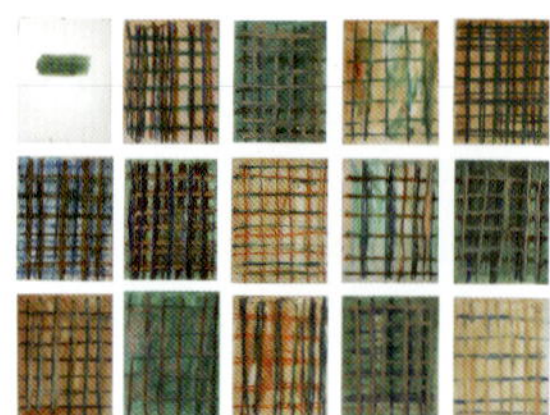

Günther Förg
14 Gitter, 1990
Gouache on paper (15 pieces)
32 × 24 cm (each)

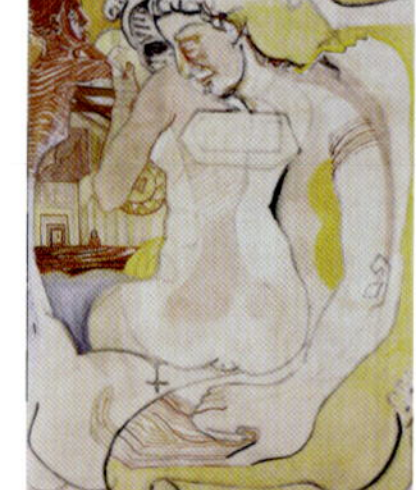

Carlos Franco
La menina del harem, 1995
Silicate and luminescent
paint on wood
163 × 123 cm

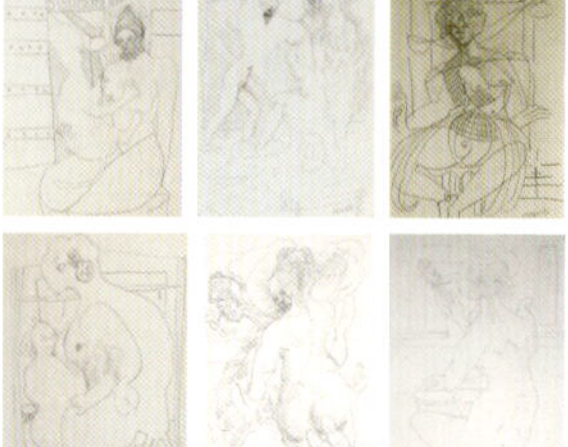

Carlos Franco
Sin título, 1996-2000
Mixed media on paper – 6 works
of a total of 12
Varied dimensions

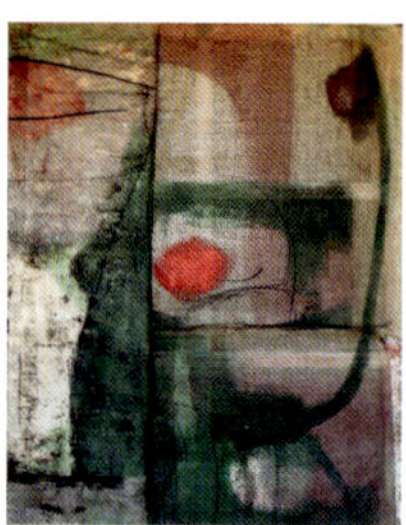

Jorge Galindo
Sobre el cerebro, 1992
Mixed media on sackcloth
225 × 176 cm

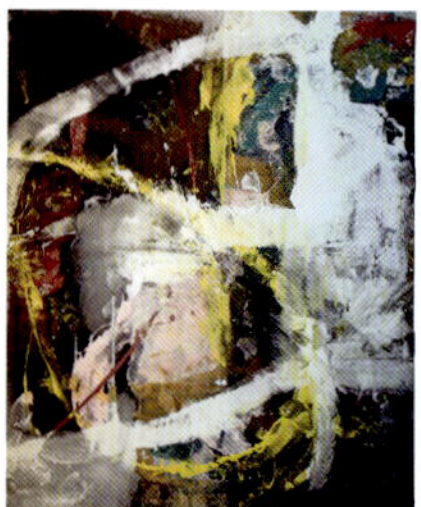

Jorge Galindo
Sol Peyote, 1993
Acrylic on canvas
250 × 200 cm

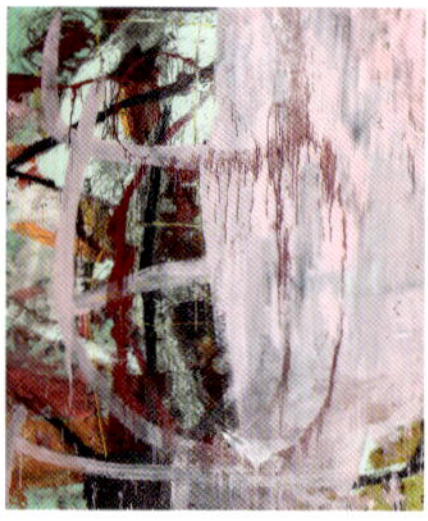

Jorge Galindo
Montañas y signos, 1993
Mixed media on canvas
300 × 250 cm

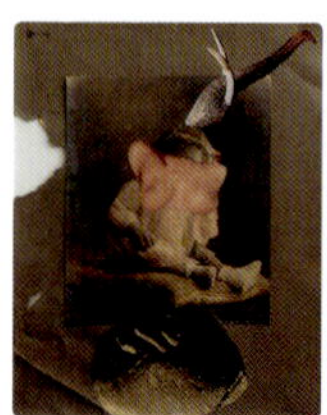

Jorge Galindo
S.T., 1994
Collage on wood
47 × 35 cm

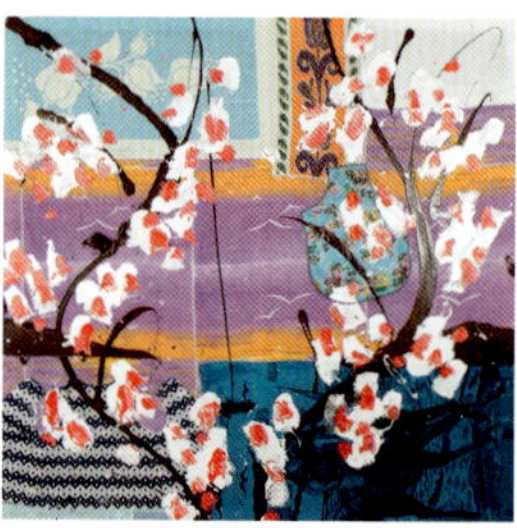

Jorge Galindo
Patchwork 46, 1996
Acrylic and collage on canvas
250 × 250 cm

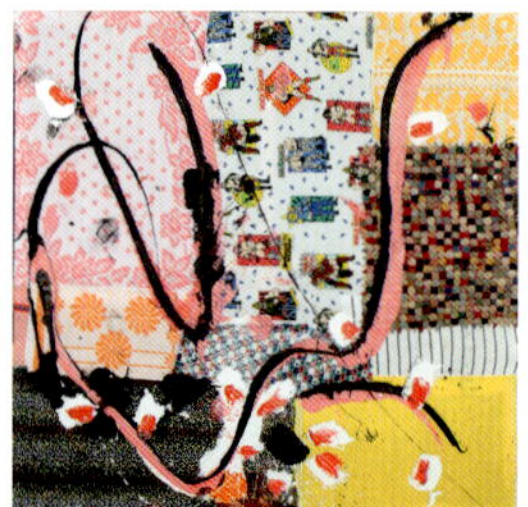

Jorge Galindo
Patchwork 50, 1996
Acrylic and collage on canvas
250 × 250 cm

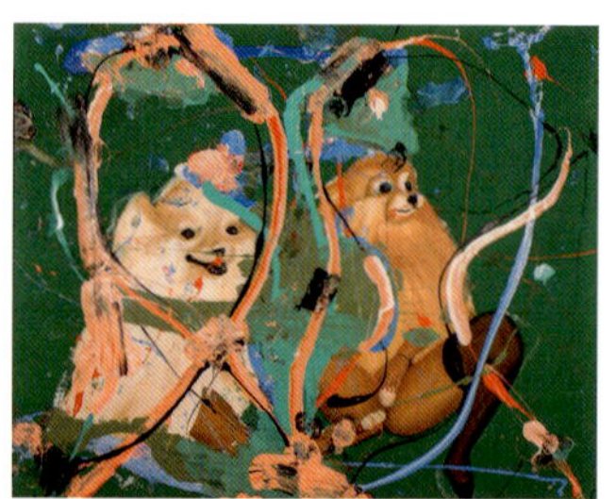

Jorge Galindo
Loulous de Poméranie, 1998
Acrylic on felt
250 × 300 cm

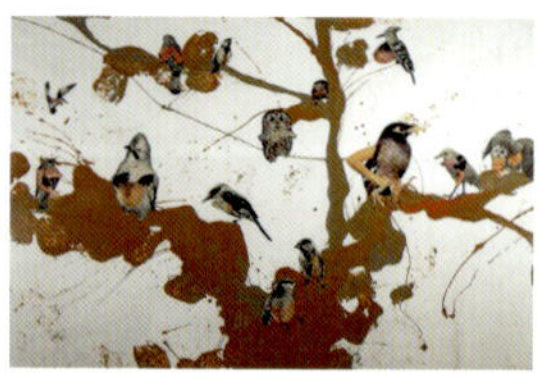

Jorge Galindo
Concierto de aves, 1998
Oil and collage on paper
118 × 172 cm

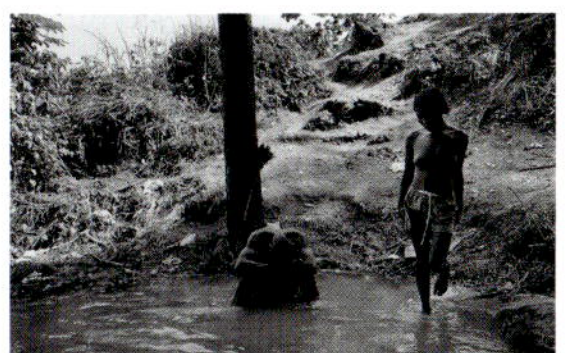

Cristina García Rodero
Sant Deau (Serie «Rituales
en Haití»), 1997
B/W photograph on paper (edition 1/7)
76 × 113 cm

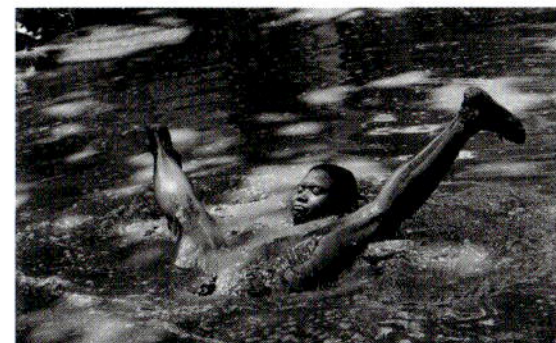

Cristina García Rodero
Plaine du Nord (Serie «Rituales
en Haití»), 2000
B/W photograph on paper (edition 1/7)
76 × 113 cm

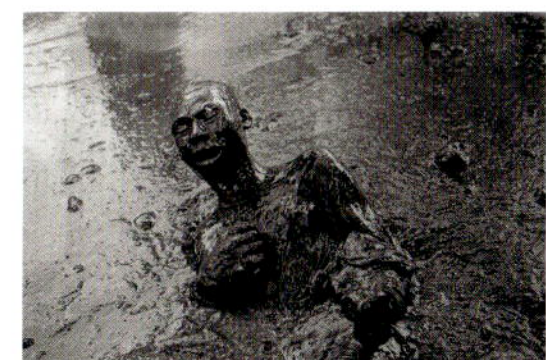

Cristina García Rodero
Plaine du Nord (Serie «Rituales
en Haití»), 2000
B/W photograph on paper (edition 2/7)
76 × 113 cm

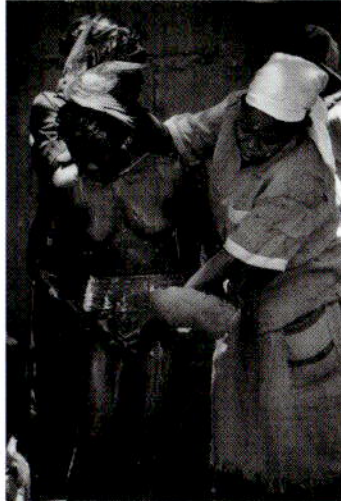

Cristina García Rodero
Plaine du Nord (Serie «Rituales
en Haití»), 2000
B/W photograph on paper (edition 1/7)
115 × 76 cm

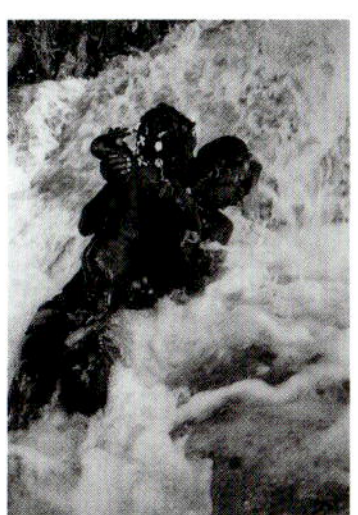

Cristina García Rodero
Sant Deau (Serie «Rituales
en Haití»), 2002
B/W photograph on paper (edition 3/7)
115 × 76 cm

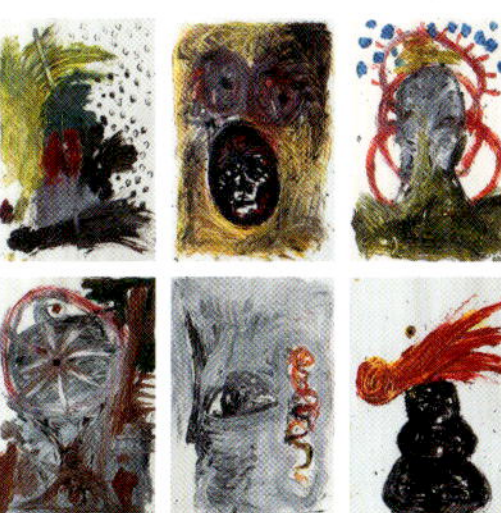

Ferrán García Sevilla
Sin título, 1983
Oil on cardboard – 6 works
75 × 50 cm (each)

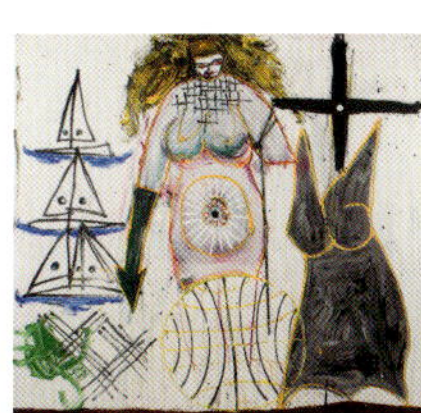

Ferrán García Sevilla
Pariso 75, 1985
Oil on cardboard
198 × 198 cm

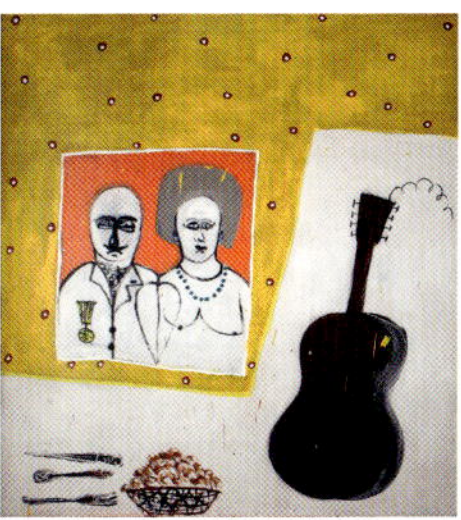

Ferrán García Sevilla
Tot 12, 1986
Oil on cardboard
300 × 270 cm

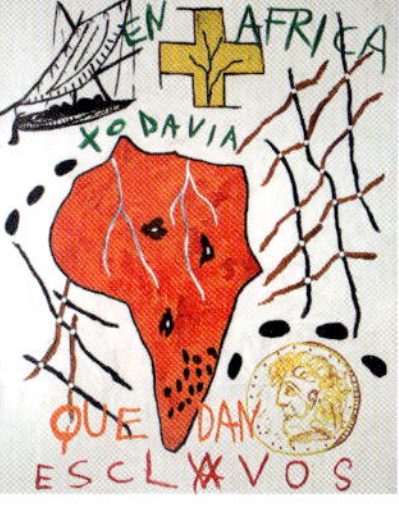

Ferrán García Sevilla
África, 1987
Acrylic on canvas
250 × 200 cm

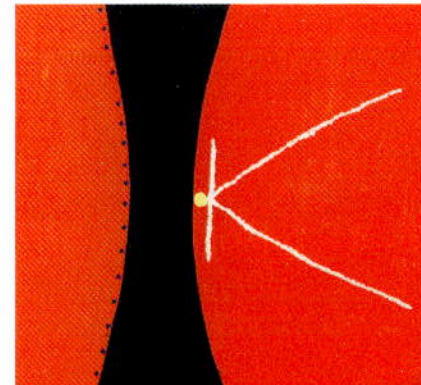

Ferrán García Sevilla
Letras K, 1991
Mixed media on canvas
150 × 150 cm

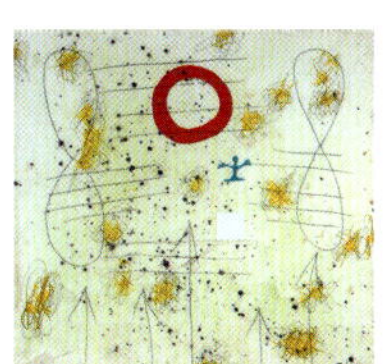

Ferrán García Sevilla
Hipo 178, 1991
Oil on paper
50 × 50 cm

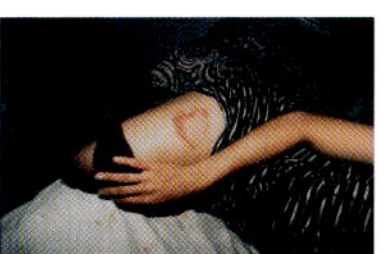

Nan Goldin
Heart-shaped bruise, NYC, 1980
Cibachrome print on paper
(edition 21/25)
69 × 100 cm

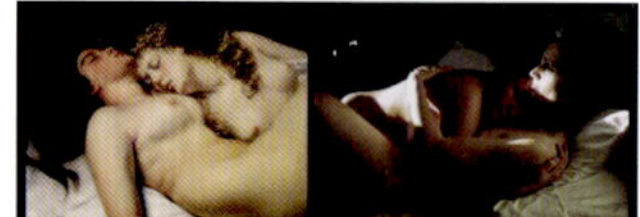

Nan Goldin
The nap, Paris, 2010
Chromogenic print on paper
(AP2, edition of 3)
61 × 164 cm

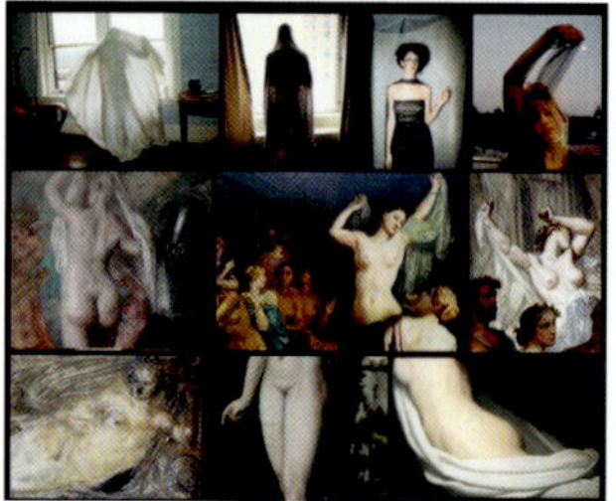

Nan Goldin
Veils, 2011–2014
Chromogenic print on paper
(edition 3/3)
114 × 135 cm

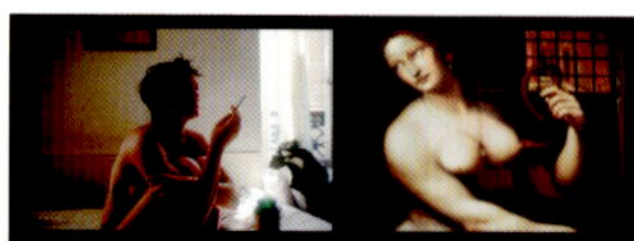

Nan Goldin
Cleopatra smoking, 2014
Chromogenic print on paper
(edition 1/3)
61 × 164 cm

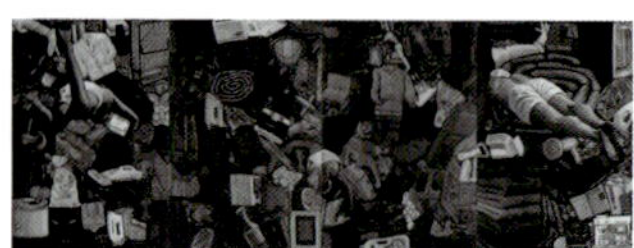

Curro González
El pais de la cucaña, 1994
Oil on canvas and wood (4 pieces)
183 × 122 cm (each)

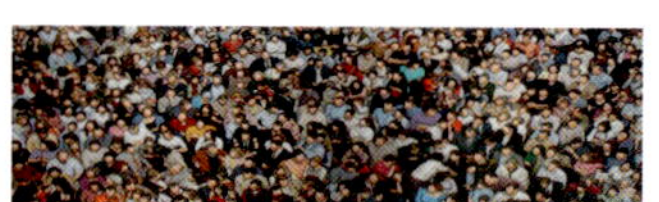

Curro González
Parada ciega, 2002
Mixed media on canvas (diptych)
167 × 560 cm (overall)

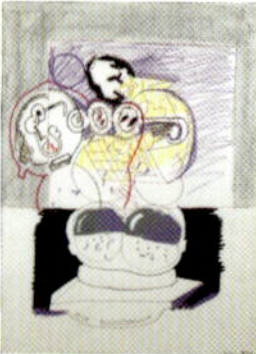

Luis Gordillo
Where are You Going?, 1971
Color inks and crayons on paper
43 × 31 cm

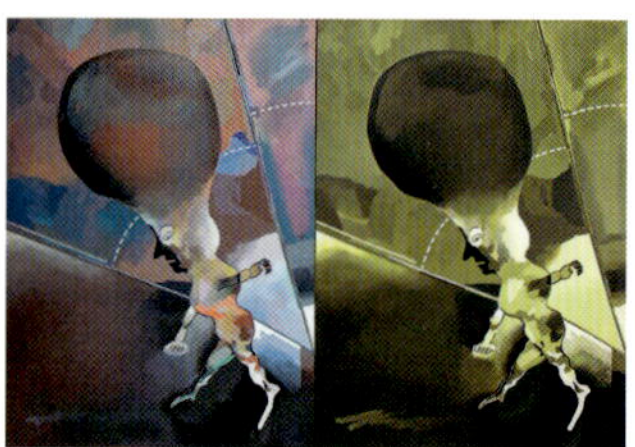

Luis Gordillo
Andarín Cabezón Duplex, 1975
Oil on canvas (diptych)
160 × 235 cm (overall)

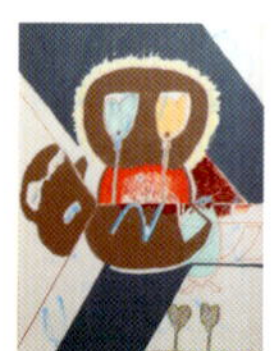

Luis Gordillo
Rostro Imaginario, 1977
Gouache on paper
49 × 33 cm

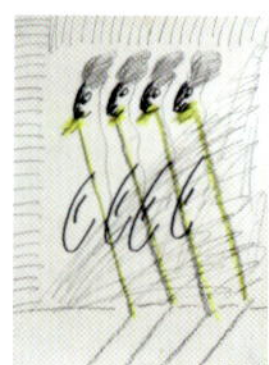

Luis Gordillo
Sin título, 1980
Drawing on cardboard
34 × 24 cm

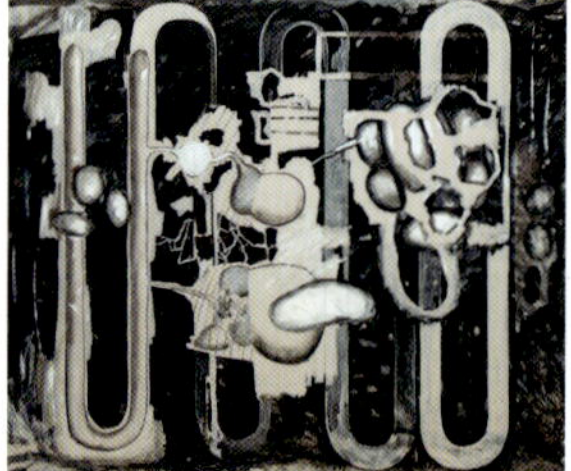

Luis Gordillo
*Mariee – La piscina del Espíritu
Santo*, 1987
Acrylic on paper stuck to board
144 × 158 cm

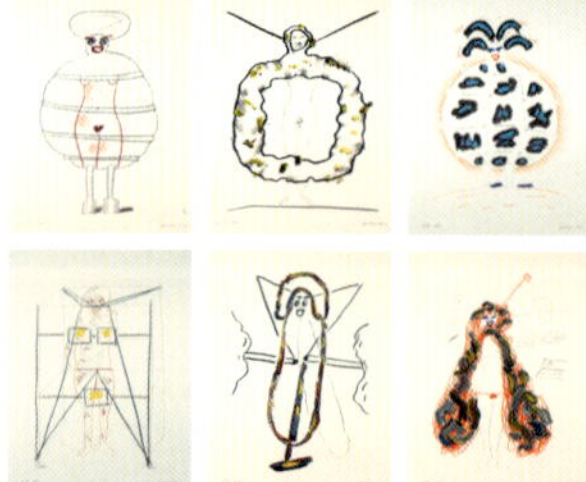

Luis Gordillo
Gordillo costuras, 1992
Serigraph 1/5 HC on paper – 6 works
38 × 28 cm (each)

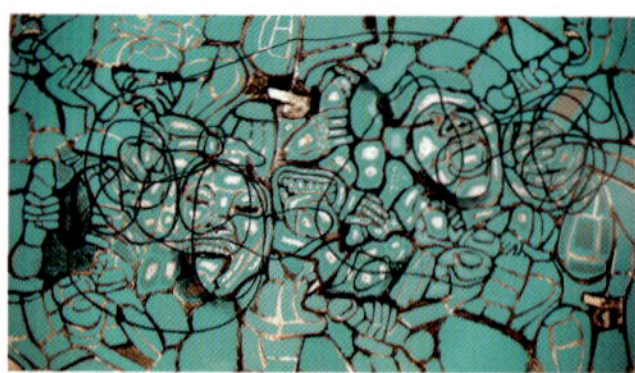

Luis Gordillo
Carnivorando 2, 1995
Acrylic on canvas
157 × 270 cm

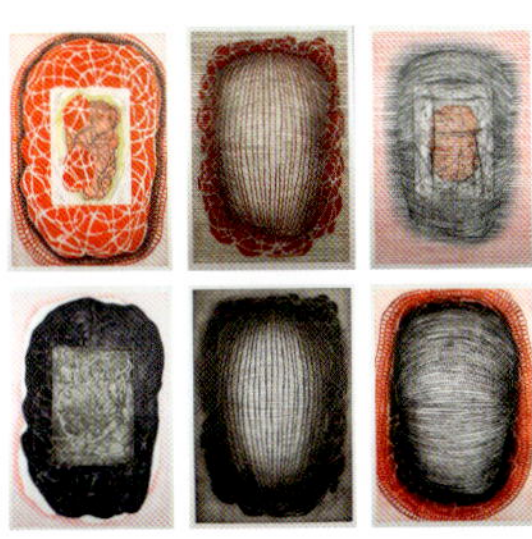

Luis Gordillo
Suite Manesi, 1995
Wax and resin lithograph
on paper – 6 works
120 × 80 cm (each)

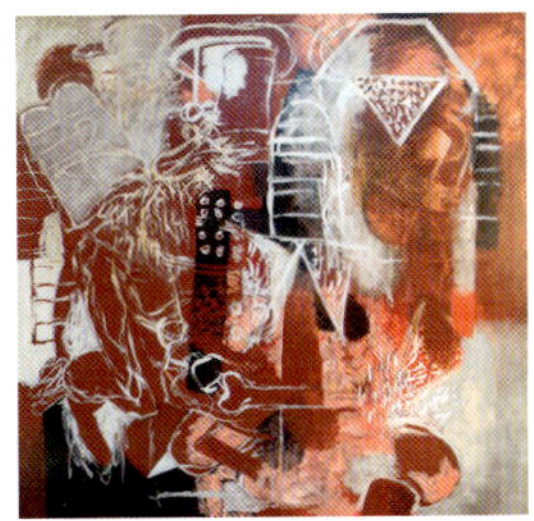

Xavier Grau
Sin título, 1989
Mixed media on canvas
210 × 210 cm

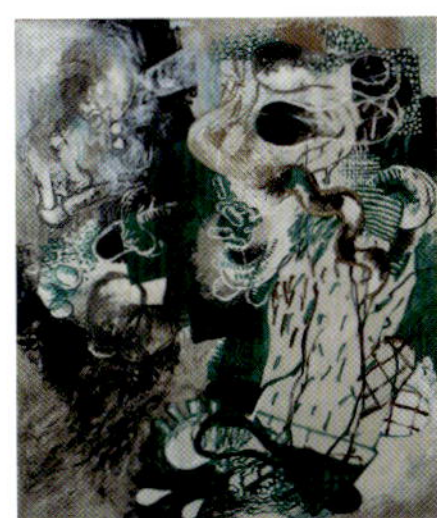

Xavier Grau
Los oficios XII, 1990
Acrylic on canvas
195 × 160 cm

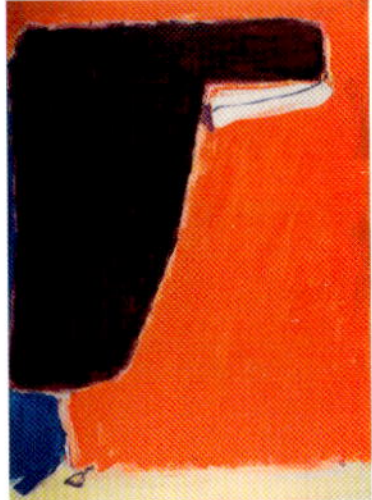

José Guerrero
Lateral violeta, 1979
Oil on canvas
184 × 130 cm

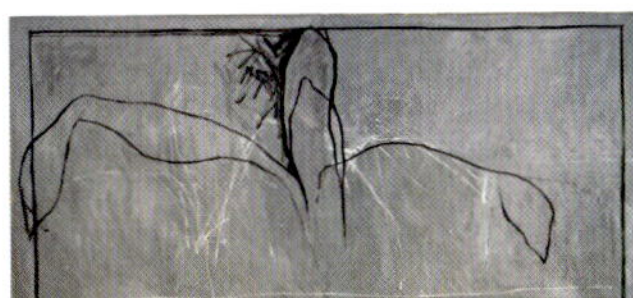

Joan Hernández Pijuan
Paisatge, 1984
Oil on canvas (diptych)
150 × 300 cm (overall)

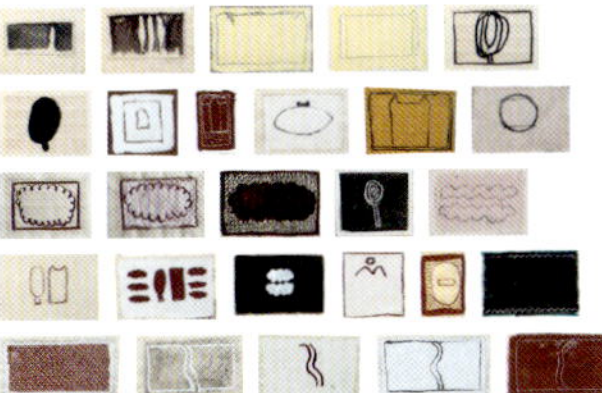

Joan Hernández Pijuan
Sin título, 1985–1994
Mixed media on paper or cardboard
– 27 works
Varied dimensions

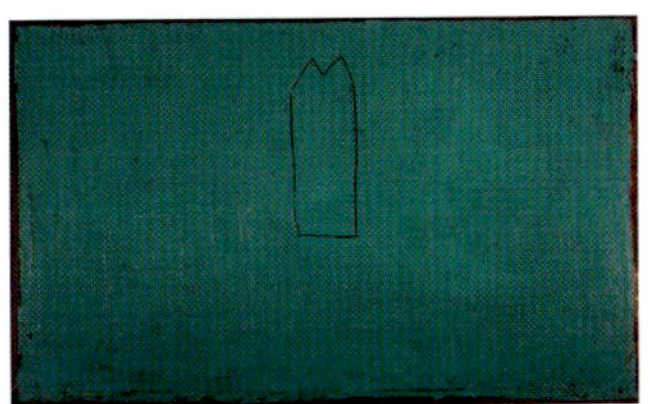

Joan Hernández Pijuan
Espai verd a la segarra, 1993
Oil on canvas
125 × 200 cm

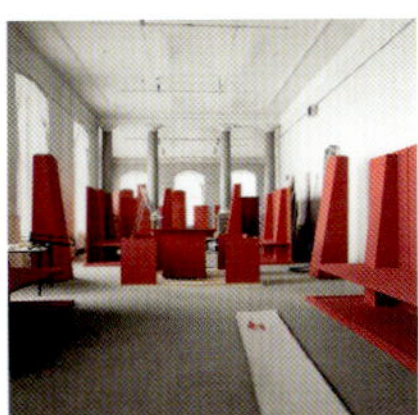

Candida Höfer
*Museum für Völkerkunde
Dresden III*, 1999
C-print on paper (edition 4/6)
120 × 120 cm

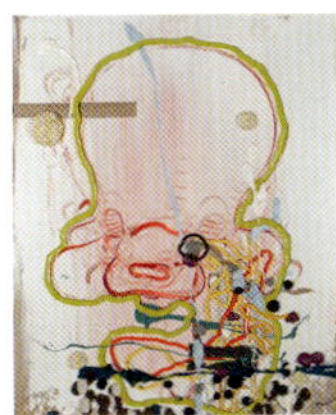

Dennis Hollingsworth
Key to the Heaven, 1999
Oil on canvas and wood
76 × 60 cm

Pello Irazu
Shadows air conditioneur 3, 1991
Adhesive velvet on serigraphed paper
120 × 120 cm

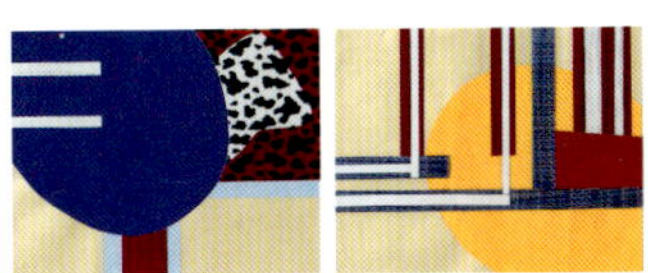

Pello Irazu
Serie «Love in the Kitchen»;
IX & XI, 1994
Mixed media on paper – 2 works
35 × 43 cm (each)

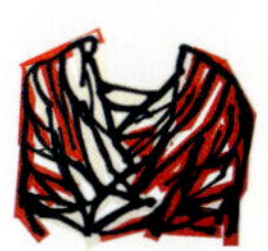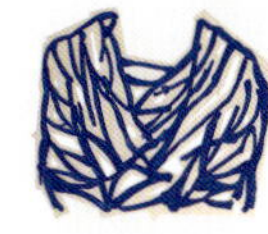

Pello Irazu
Mellizo I & II, 1999
Adhesive tape and paint
on paper – 2 works
127 × 97 cm (each)

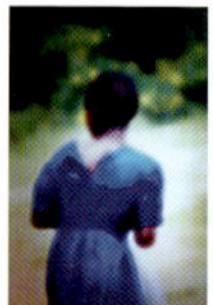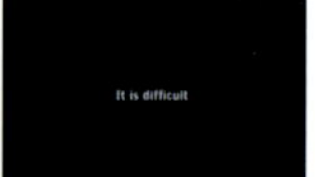

Alfredo Jaar
Six Seconds, 2000
Transparency on lightbox (diptych)
44 × 29 cm & 29 × 44 cm

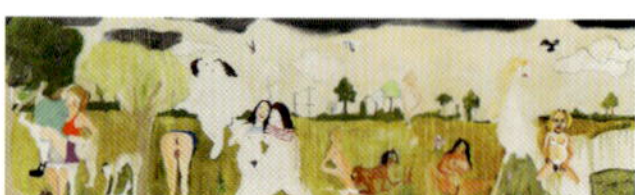

Chantal Joffe
Couples, 2000
Oil, graphite, color pencil, crayon
and printed paper collage on plywood
97 × 305 cm

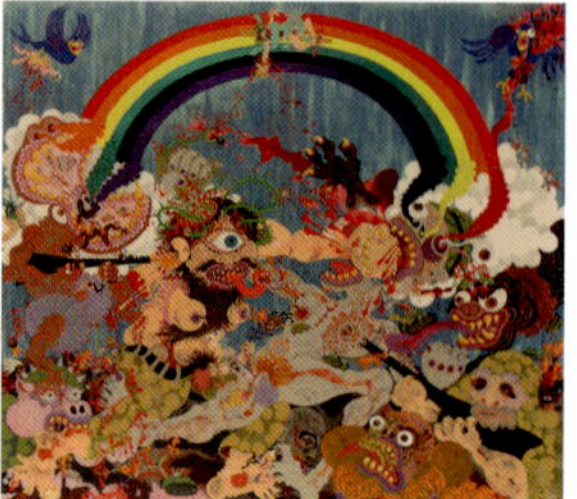

Aaron Johnson
Deluge, 2011
Acrylic on polyester knit mesh
221 × 243 cm

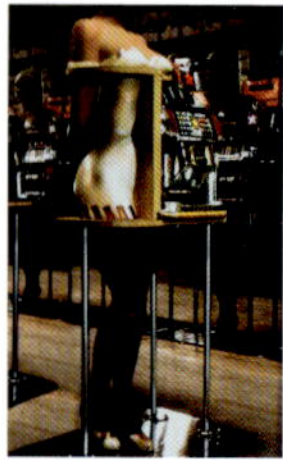

Allen Jones
Reno, 1965
Photograph on paper
(edition of 40)
49 × 31 cm

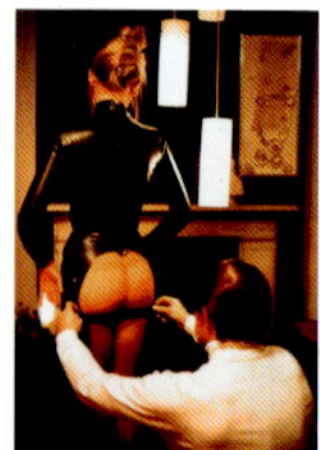

Allen Jones
Made to Measure, 1970
Photograph on paper
(edition of 40)
50 × 33 cm

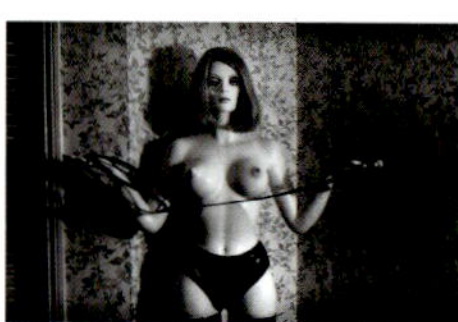

Allen Jones
Model with Accessories, 1971
Photograph on paper
(edition of 40)
30 × 45 cm

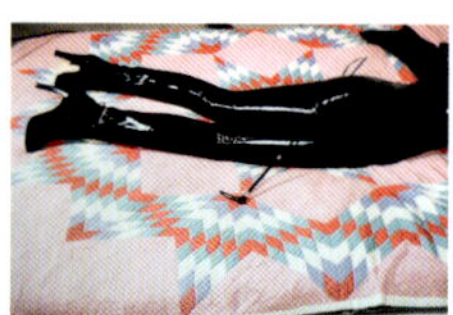

Allen Jones
American Quilt, 1976
Photograph on paper
(edition of 40)
35 × 50 cm

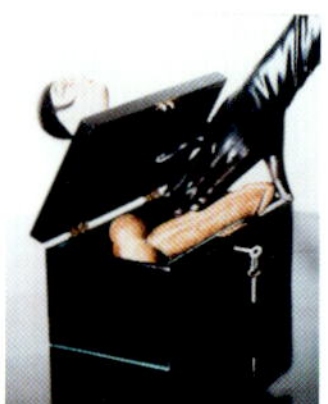

Allen Jones
Pandora's Box, 1978
Photograph on paper
(edition of 40)
39 × 30 cm

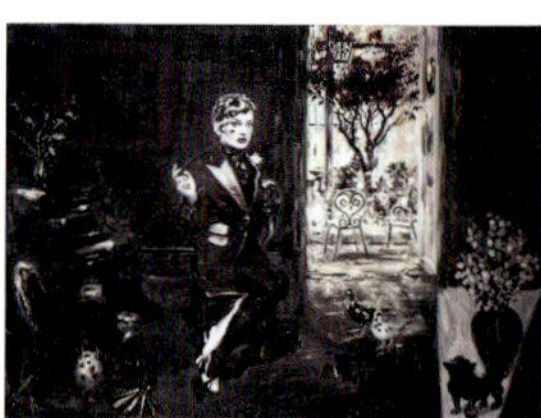

Philip Jones
The Eclipse, 2008
Oil on canvas
173 × 227 cm

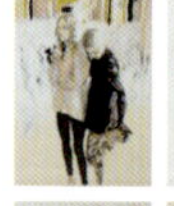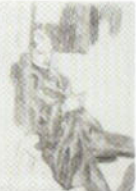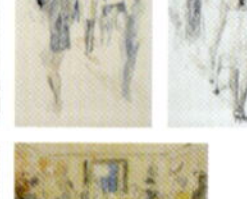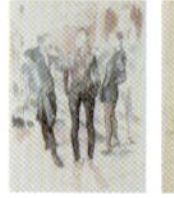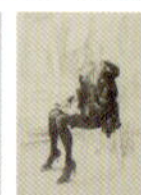

Philip Jones
S/T (Paris Show, March 2010), 2010
Mixed media on paper – 7 works
4 of 84 × 59 cm, 2 of 42 × 30 cm
& 1 of 59 × 84 cm

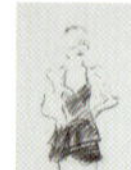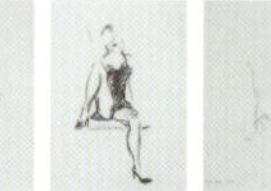

Philip Jones
*S/T (from Stella McCartney lingerie
shoot, 2010)*, 2010
Drawing, charcoal and pencil
on paper – 3 works
59 × 42 cm (each)

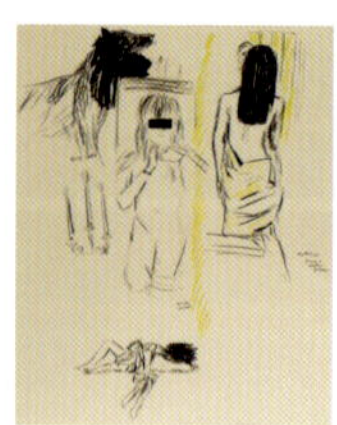

Karen Kilimnik
Ouija Boards, 1987
Crayon on paper
65 × 51 cm

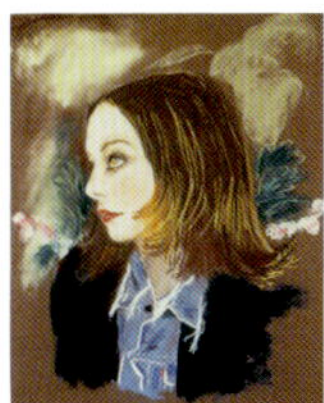

Karen Kilimnik
Blue Shirt, 1993
Pastel on paper
63 × 50 cm

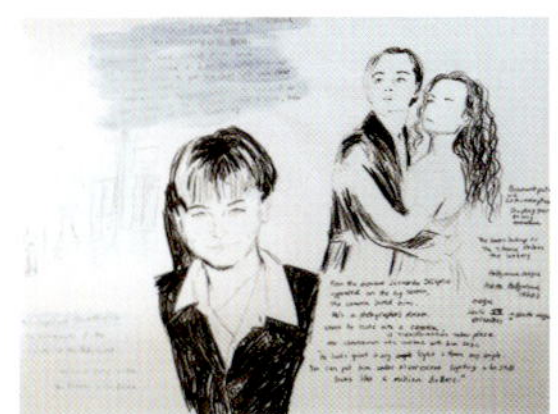

Karen Kilimnik
Leo and Kate and the Iceberg, 1998
Crayon, graphite and acrylic on paper
66 × 86 cm

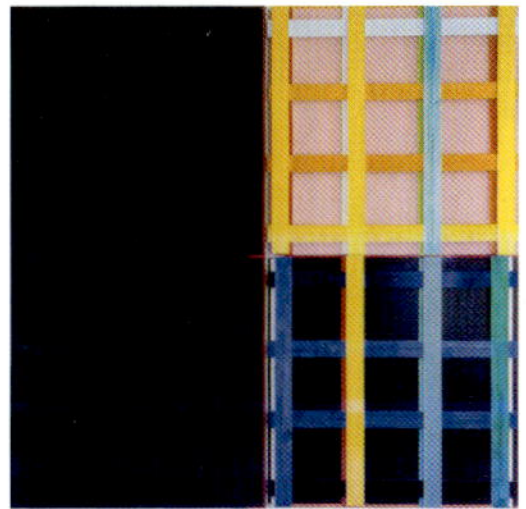

Imi Knoebel
Nonnoa, 2002
Acrylic on aluminum
307 × 307 × 11 cm

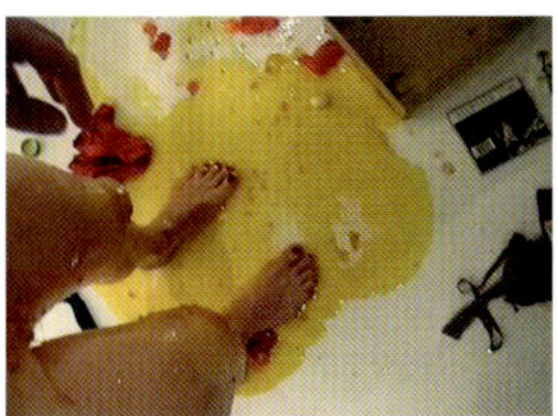

La Ribot
Another Pa Amb Tomaquet, 2002
DVD (12")
(edition 4/25)

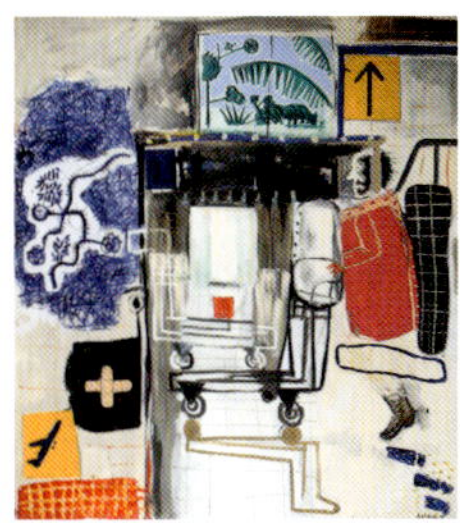

Abraham Lacalle
*Los jóvenes íntegros pasean su alma
antigua, moderna y futura*, 1998
Oil on canvas
235 × 200 cm

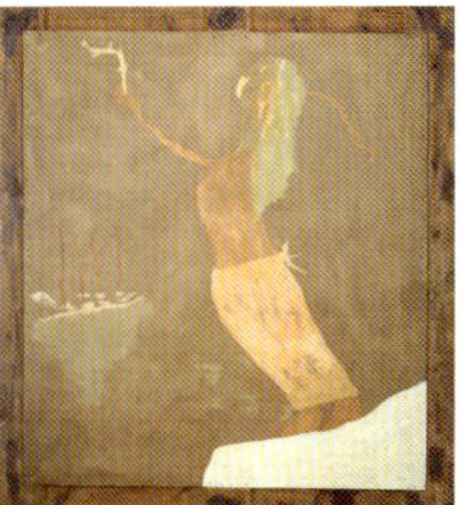

Antón Lamazares
Ofrenda, 1986
Mixed media on cardboard
and wood
225 × 200 cm

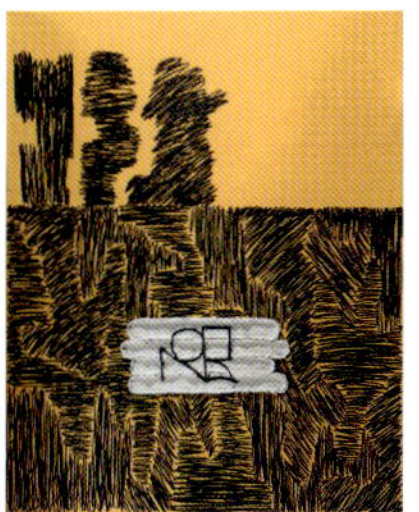

Jonathan Lasker
*The Divergence of Truth
and Beauty*, 1994
Oil on canvas
183 × 142 cm

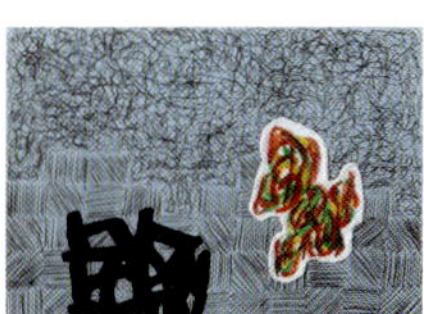

Jonathan Lasker
Untitled, 1994
Oil, felt pen and pen
on paper
12 × 15 cm

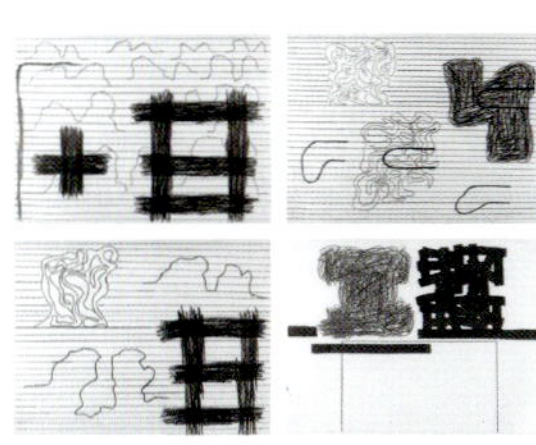

Jonathan Lasker
Untitled, 1998
Pencil sketch on paper – 4 works
57 × 76 cm (each)

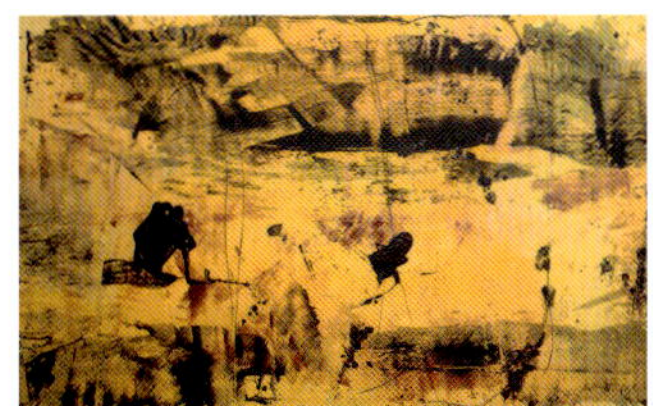

Carlos León
El jardín de los saúcos, 1986
Oil on canvas
187 × 286 cm

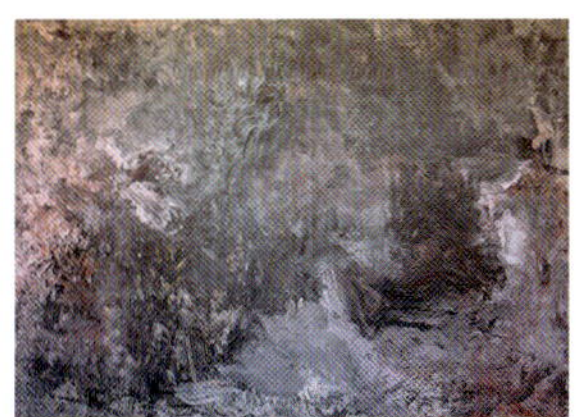

Carlos León
Jardín de Serenidad (Gelassenheit), 1988
Acrylic on canvas
205 × 276 cm

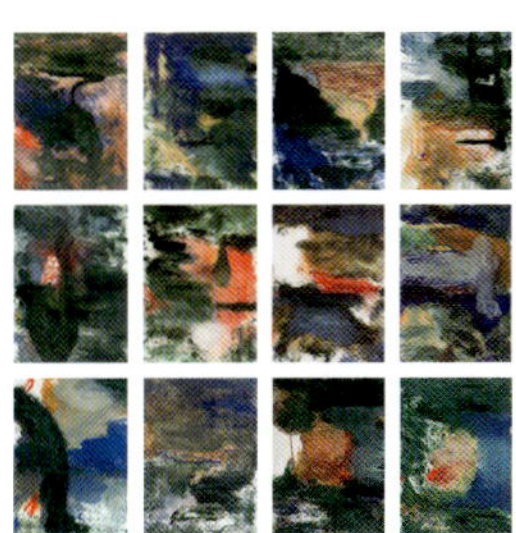

Carlos León
Serie «El baño de Diana», 1992-1993
Oil on paper – 12 works
70 × 50 cm (each)

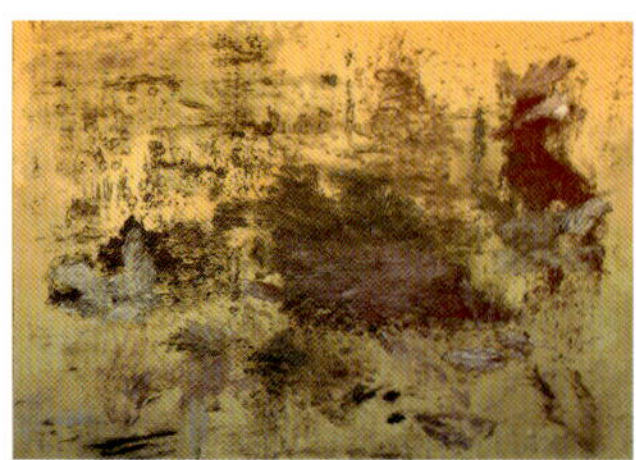

Carlos León
Jardín del Naúfrago, 1996
Acrylic on canvas
236 × 330 cm

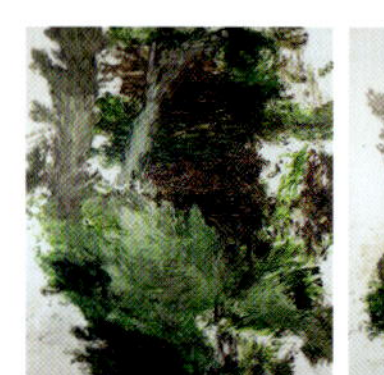

Carlos León
Jardín del Eresma I & II, 1996
Oil on canvas – 2 works
120 × 100 cm (each)

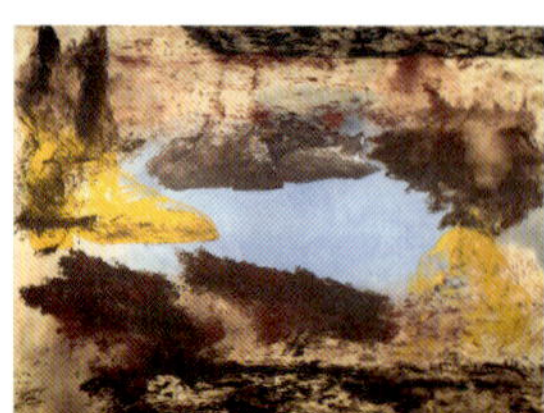

Carlos León
Galisteo, 1997
Acrylic on canvas
225 × 293 cm

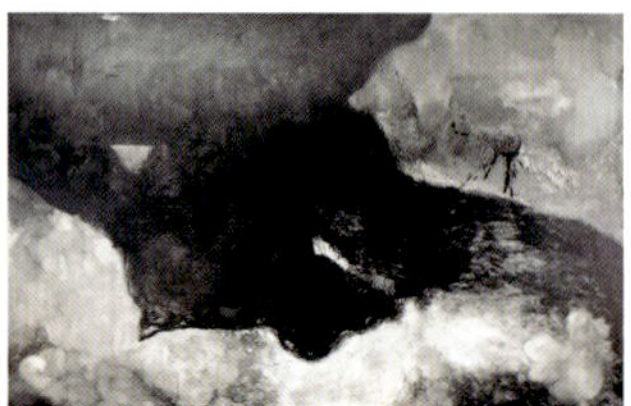

Carlos León
Última Arva Nº 1, 1999
Oil on canvas
209 × 316 cm

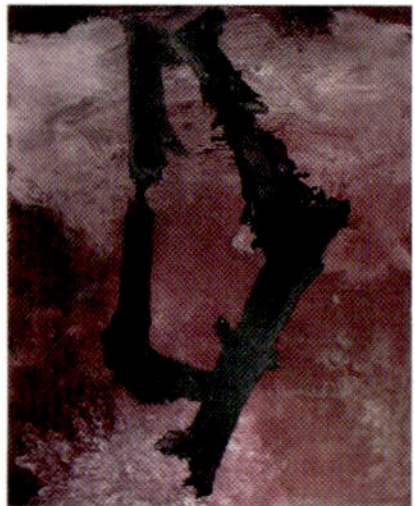

Carlos León
Barros y alquitrán, 2000
Acrylic on canvas
330 × 252 cm

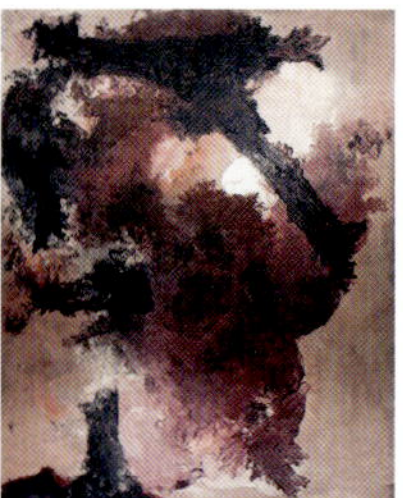

Carlos León
Barros y alquitrán II, 2000
Acrylic on canvas
325 × 252 cm

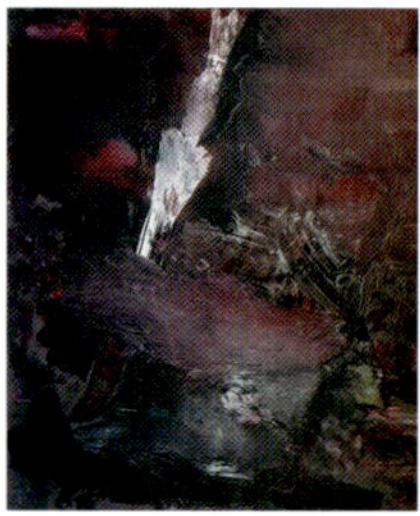

Carlos León
Barros granates, 2000
Acrylic on canvas
250 × 200 cm

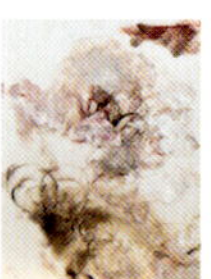
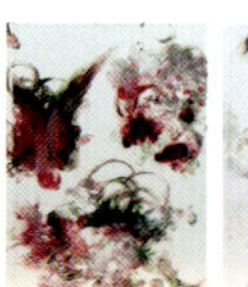

Carlos León
Book «de la tristeza del gimnasio al otoño», 2005
Oil on cardboard (book with original cover) (edition of 200) – 3 works
60 × 42 cm

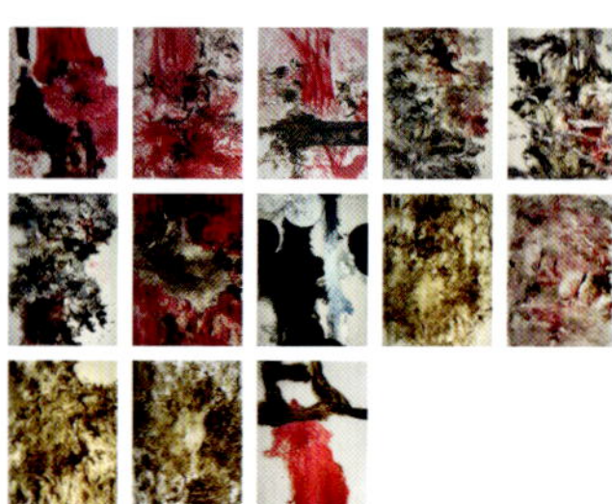

Carlos León
De granates y marrones, 2007
Polyester on methacrylate – 13 works
119 × 84 cm (each)

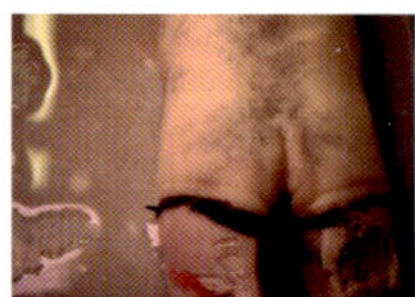

Carlos León
Sin título, 2017
Color photograph on cromolux
34 × 45 cm

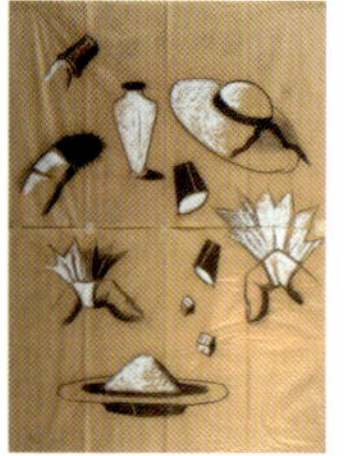

Eva Lootz
Sin título (Serie «Canarias»), 1994
Mixed media on paper
123 × 85 cm

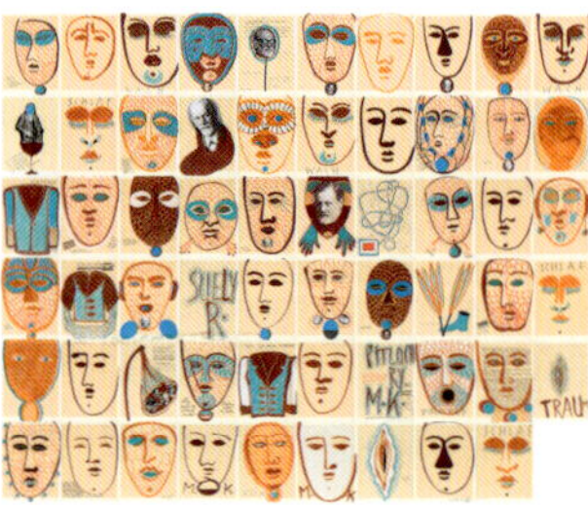

Eva Lootz
Berggasse, 19, 2001
Felt pen, alcohol anilines, gouache and collage on paper (59 pieces)
42 × 30 cm (each)

Sofía Madrigal
Sin título, 1991
Oil on paper or canvas – 6 works
150 × 95 cm (each)

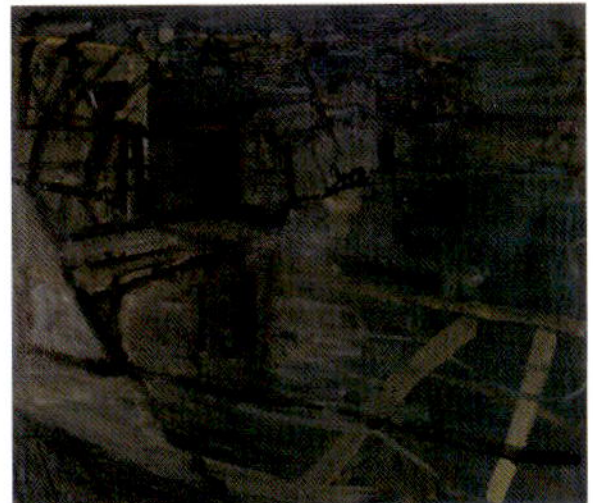

Sofía Madrigal
Caños de Meca, 1995
Oil on canvas
175 × 195 cm

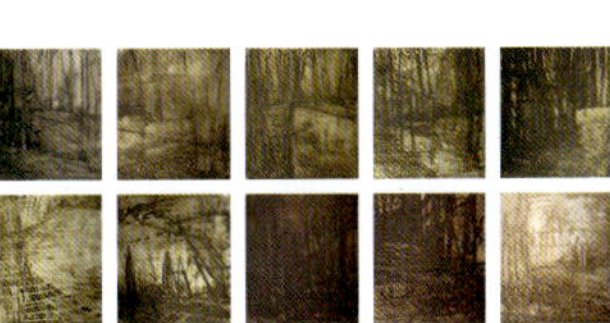

Sofía Madrigal
Claros del bosque, 1996
Oil on paper – 10 works
78 × 66 cm (each)

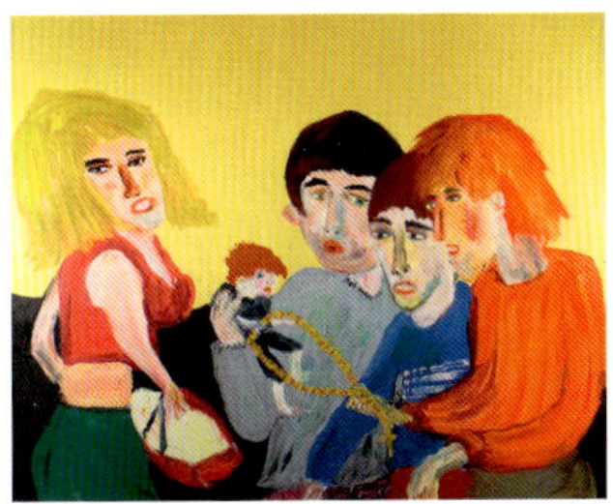

Martin Maloney
The Adoration of the Magi, 2000
Oil on canvas
153 × 183 cm

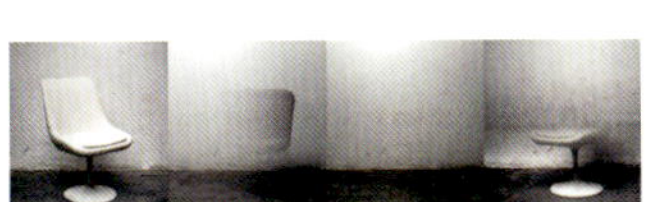

Alicia Martín
Sin título (Serie «Sordos, Mudos, Ciegos»), 1999
Color photograph on aluminum – 4 pieces (edition 1/3)
147 × 122 cm (each)

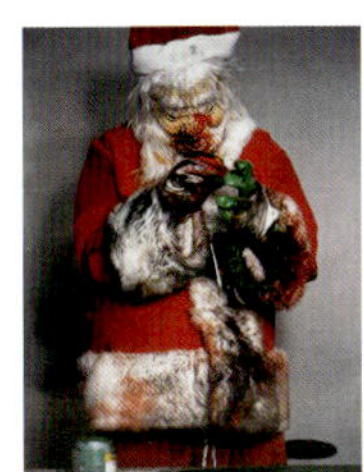

Paul McCarthy
Tokyo Santa, 1996
Cibachrome on paper
104 × 78 cm

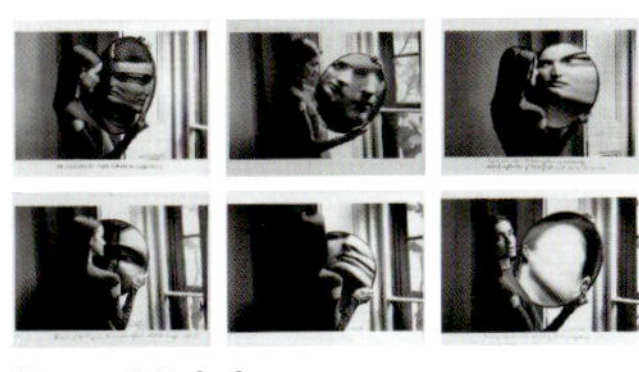

Duane Michals
Dr. Heisenberg's Magic Mirror of Uncertainty, 1998
Platinum print on gelatin – 6 works (edition 9/25)
33 × 39 cm (each)

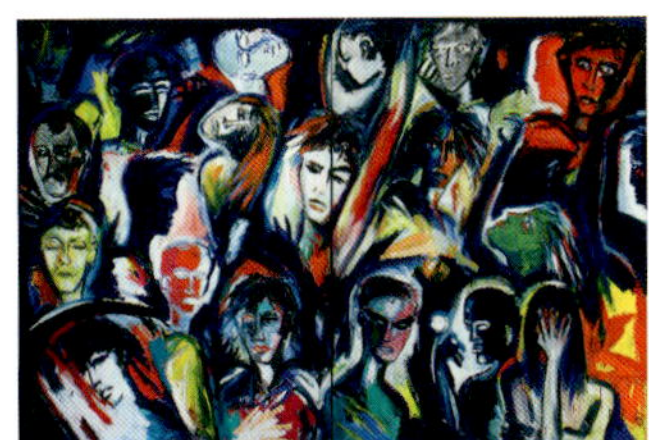

Helmut Middendorf
Heads, 1983
Oil and natural pigments on canvas (diptych)
220 × 160 cm (each)

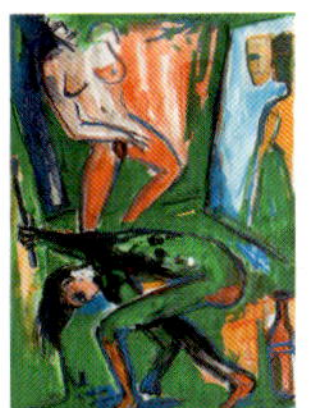

Helmut Middendorf
In the Studio, 1992
Pastel and gouache on paper
100 × 70 cm

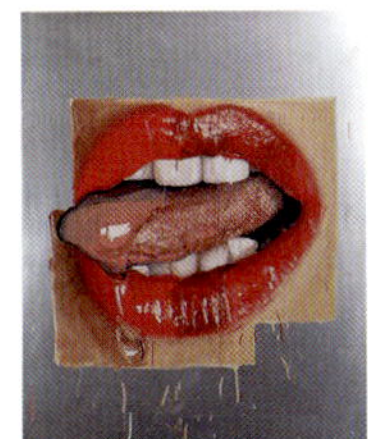

Marilyn Minter
Cherie, 1991
Enamel on aluminum
122 × 92 cm

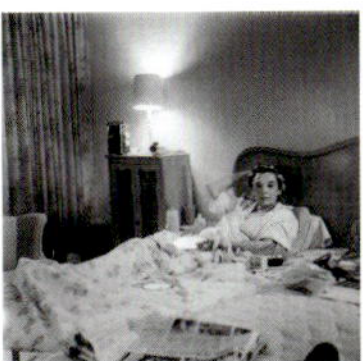

Marilyn Minter
Mom Dyeing Eyebrows, 1969–1995
Black and white photograph on paper (edition 1/7)
56 × 56 cm

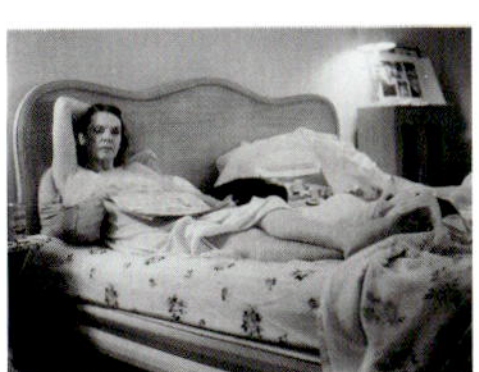

Marilyn Minter
Mom in Bed, 1969–1995
Black and white photograph on paper (edition 1/7)
57 × 67 cm

Marilyn Minter
Untitled, 1969–1995
Black and white photograph
on paper (edition 1/7)
56 × 56 cm

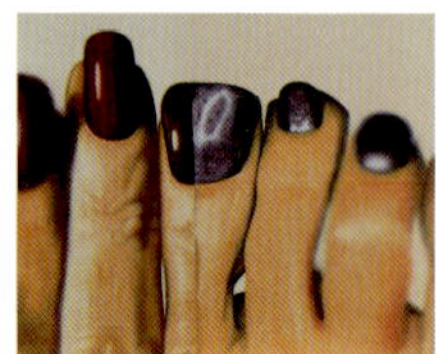

Marilyn Minter
Finger-toes (small letters), 1997
Enamel on aluminum
61 × 71 cm

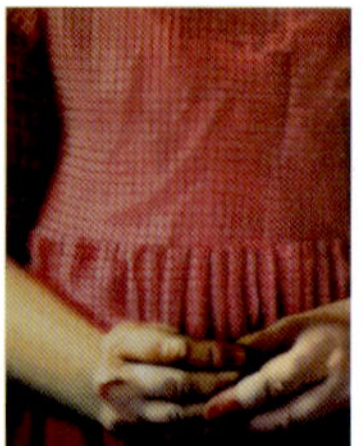

Marilyn Minter
Checkered, 1998
Enamel on metal
122 × 92 cm

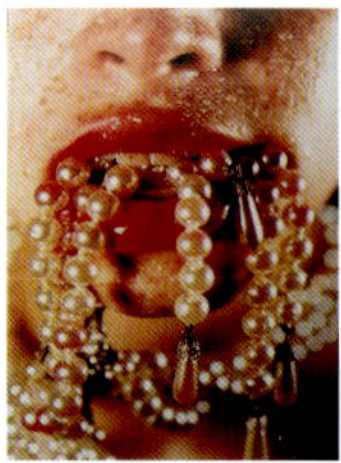

Marilyn Minter
Vomit, 2003
Color photograph on paper
(edition 5/5 + 2 APs)
130 × 95 cm

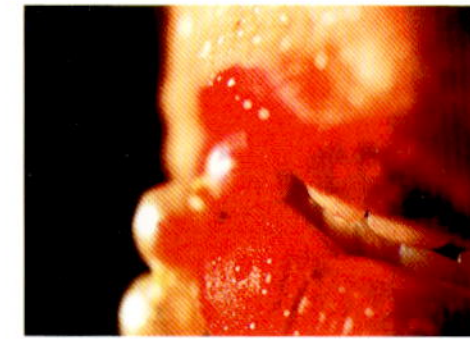

Marilyn Minter
Jawbreaker, 2004
Color photograph on paper
(edition 1/5 + 2 APs)
95 × 130 cm

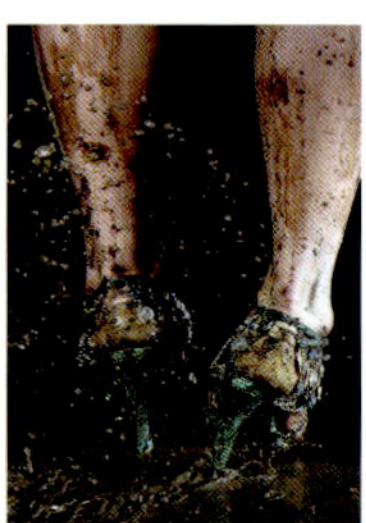

Marilyn Minter
Twins, 2006
C-print on paper (edition 2/3)
216 × 149 cm

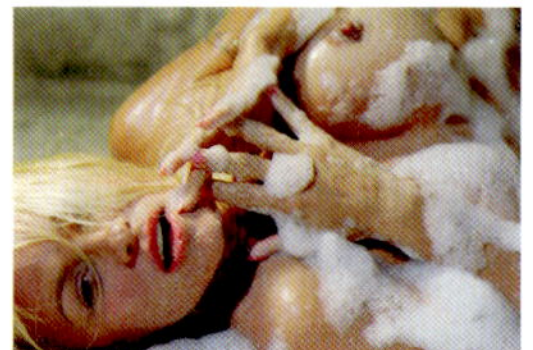

Marilyn Minter
Centerfold (Pamela Anderson), 2007
Color photograph on paper
(edition 2/3 + 2 APs)
150 × 221 cm

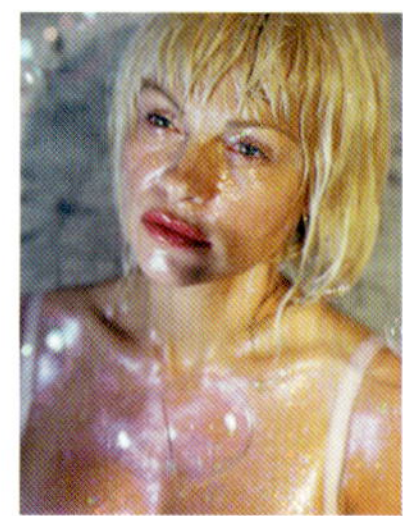

Marilyn Minter
Double Bubble (Pamela Anderson),
2007
Color photograph on paper
(edition 1/3 + 2 APs)
217 × 162 cm

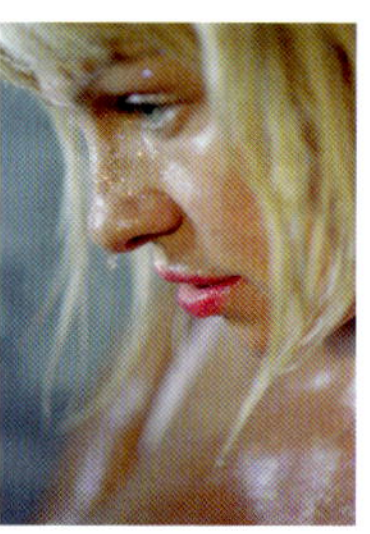

Marilyn Minter
Drop (Pamela Anderson), 2007
Color photograph on paper
(edition 2/3 + 2 APs)
221 × 150 cm

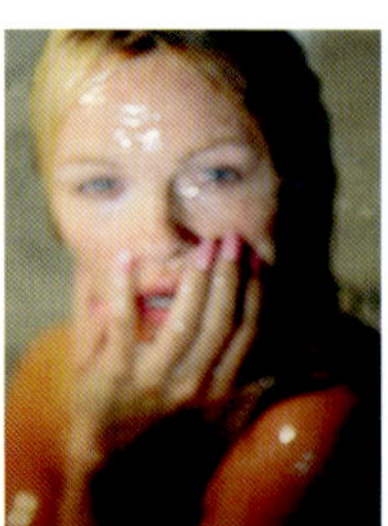

Marilyn Minter
Fuzzy Pam (Pamela Anderson), 2007
Color photograph on paper
(edition 2/3 + 2 APs)
217 × 162 cm

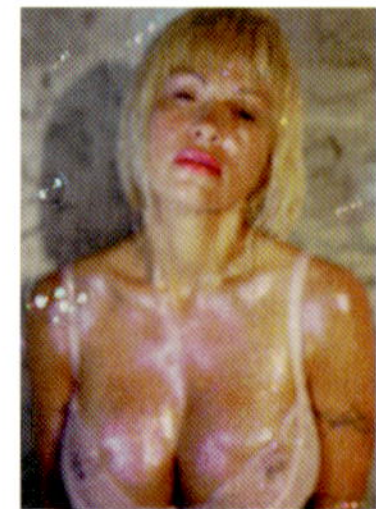

Marilyn Minter
Pink Bra (Pamela Anderson), 2007
Color photograph on paper
(edition 3/3 + 2 APs)
221 × 150 cm

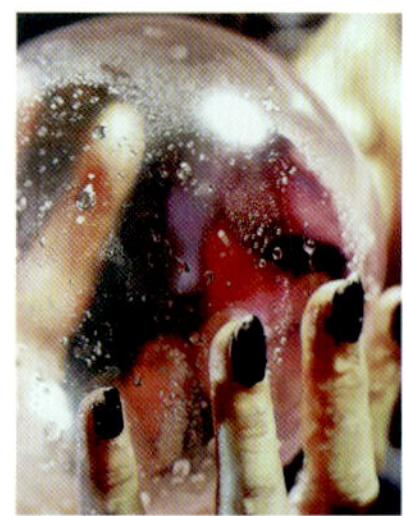

Marilyn Minter
Blowjob, 2008
Enamel on aluminum
193 × 147 cm

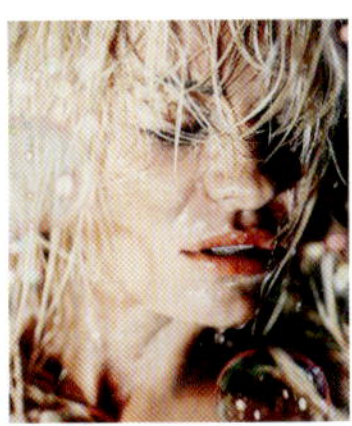

Marilyn Minter
The Last Pam, 2010
Enamel on aluminum
147 × 122 cm

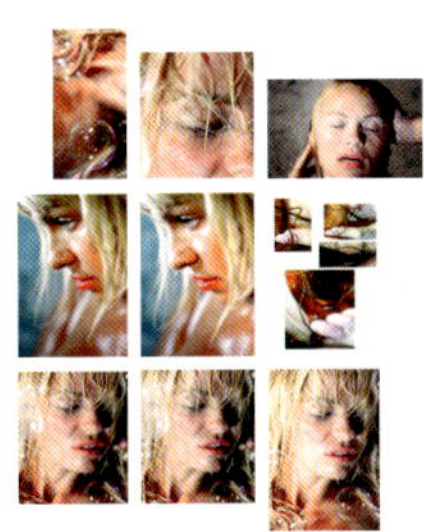

Marilyn Minter
Photo studies for the Last Pam's series, 2010
Color photographs printed
on paper – 9 works
Varied dimensions

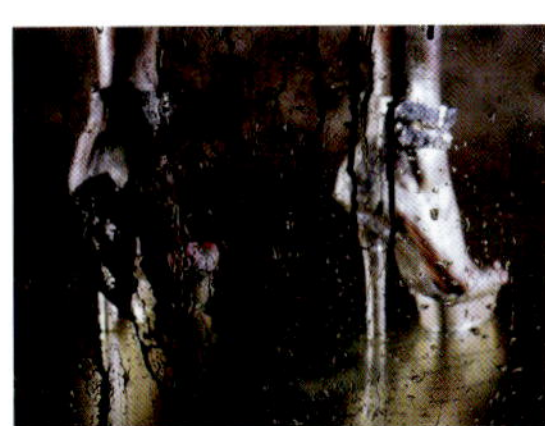

Marilyn Minter
Rorschach, 2011
C-print on paper
(edition AP 1/3, 2 APs)
179 × 235 cm

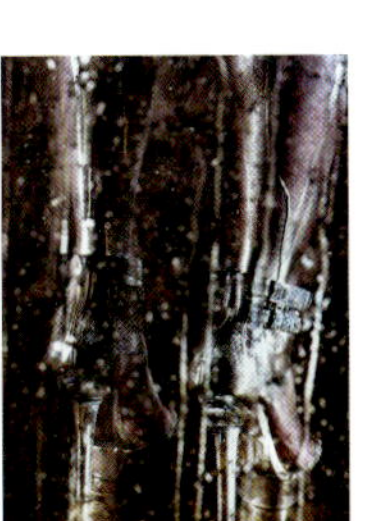

Marilyn Minter
After Hours, 2011
C-print on paper
(edition AP 1/3, 2 APs)
235 × 159 cm

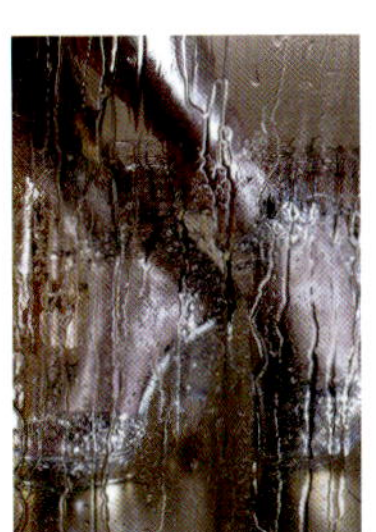

Marilyn Minter
Ice Gold, 2011
C-print on paper
(edition AP 1/3, 2 APs)
235 × 159 cm

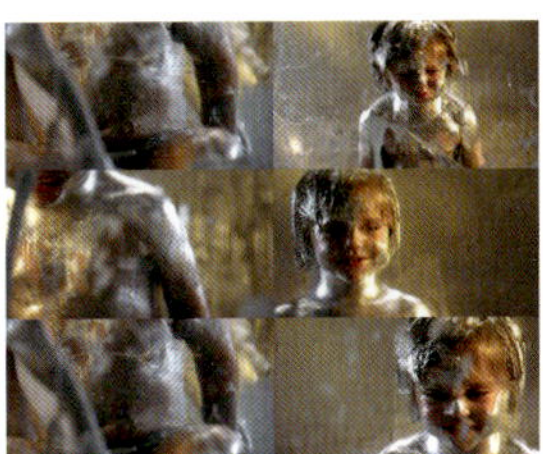

Marilyn Minter
Playpen, 2011
Video & audio
(edition AP 1/5, 2 APs)
20'43"

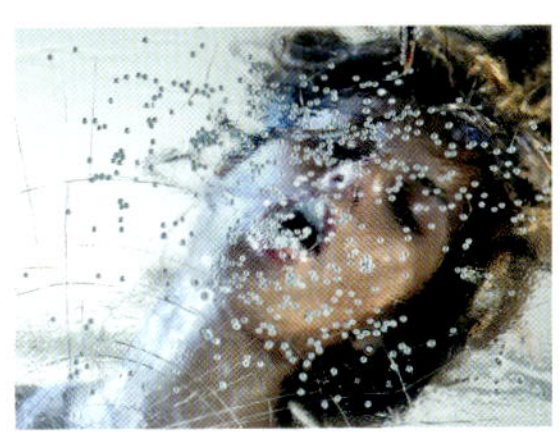

Marilyn Minter
Spit Ball, 2012
C-print on paper
(edition 1/3, 2 APs)
179 × 235 cm

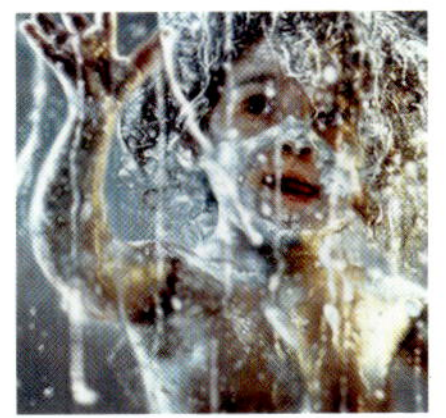

Marilyn Minter
Silver Reach (Vivienne), 2012
Enamel on metal
122 × 122 cm

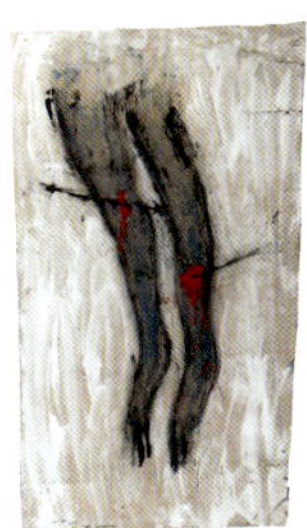

Víctor Mira
San Sebastián, 1988
Oil on cardboard
160 × 92 cm

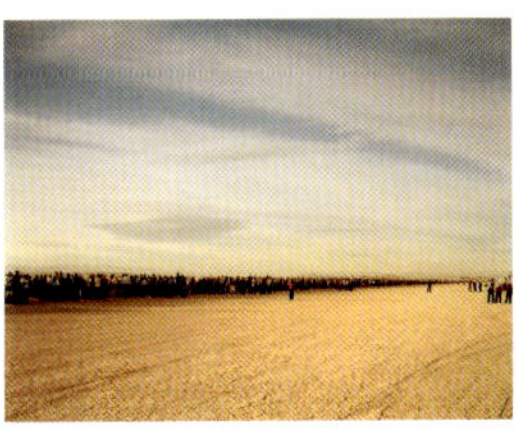

Richard Misrach
*Shuttle Landing, Edward's
Air Force Base*, 1983
Dye Coupler chromogenic print
on paper (edition 7/7)
76 × 102 cm

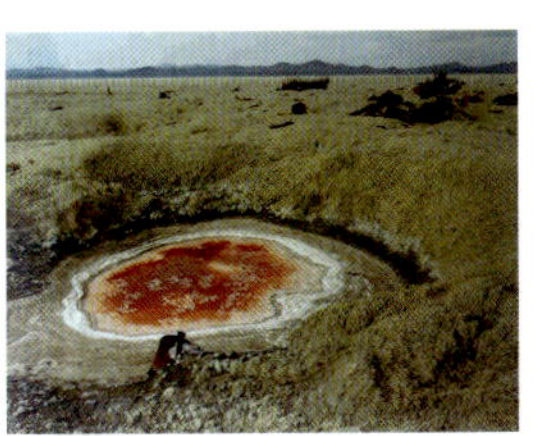

Richard Misrach
Bomb Crater and Destroyed Convoy, 1986
Dye Coupler chromogenic print
on paper (edition 7/7)
76 × 102 cm

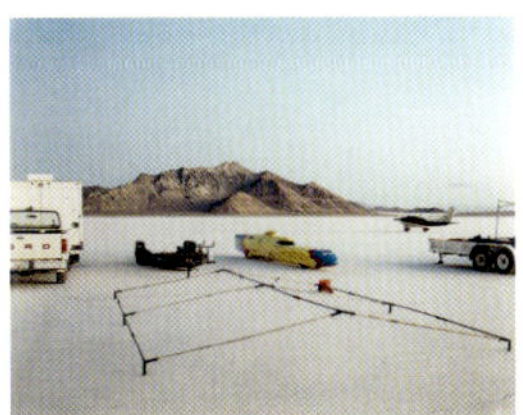

Richard Misrach
Yellow Liner, Bonneville Salt Flats, 1992
Dye Coupler chromogenic print
on paper (edition 7/7)
76 × 102 cm

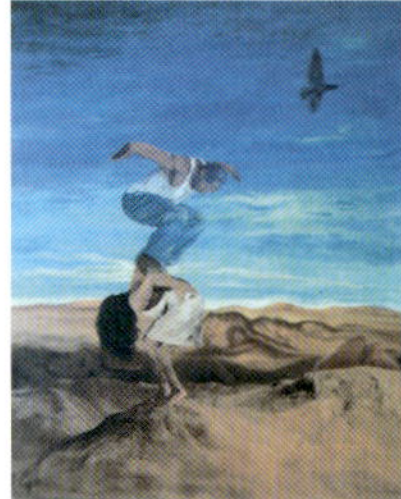

Tracey Moffatt
Invocations # 10, 2000
Photograph-serigraph on paper
(edition X/XV)
147 × 122 cm

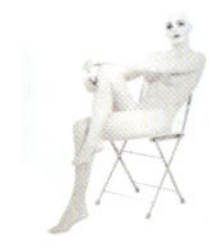

Begoña Montalbán
Espacio reservado 1, 2, 3, 2001
Color photograph on aluminum
(edition 1/3) – 3 works
1 of 186 × 125 cm & 2 of 120 × 100 cm

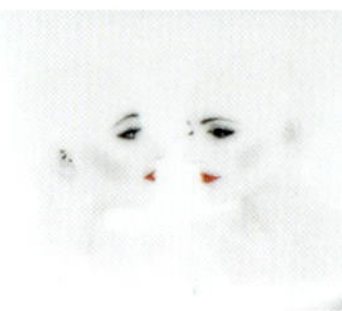

Begoña Montalbán
Interiores 12, 2002
Color photograph on methacrylate
and aluminum (edition 1/3)
65 × 75 cm

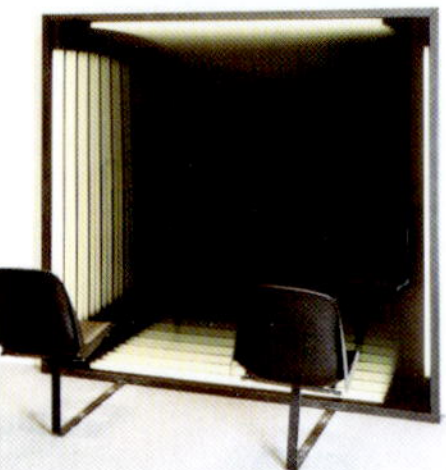

Pedro Mora
Simultaneous Room, 2000
Mirrors, fluorescents and chairs
185 × 200 × 10 cm

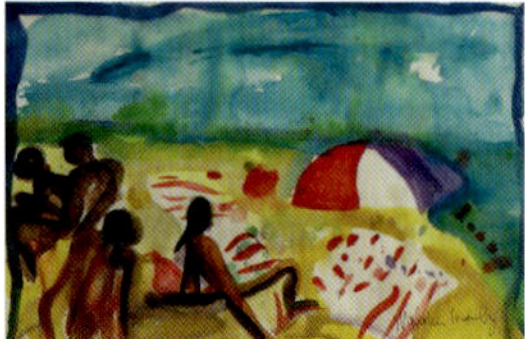

Malcolm Morley
Untitled (Beach Scene), 1980
Watercolor on paper
38 × 56 cm

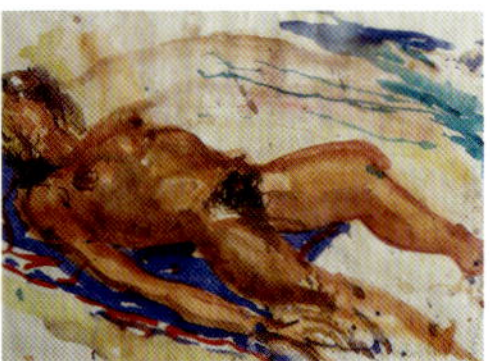

Malcolm Morley
Untitled, 1982
Watercolor on paper
55 × 75 cm

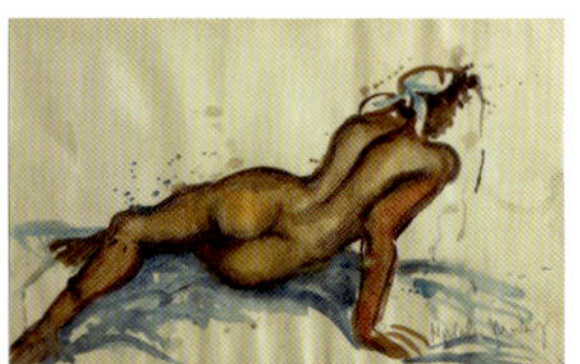

Malcolm Morley
Untitled, 1982
Watercolor on paper
36 × 56 cm

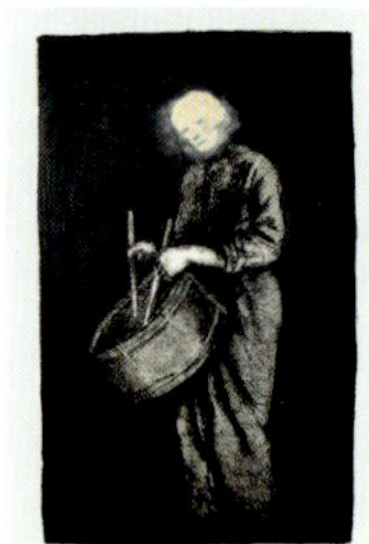

Juan Muñoz
Sin título, 1995
Oil on paper and canvas
197 × 133 cm

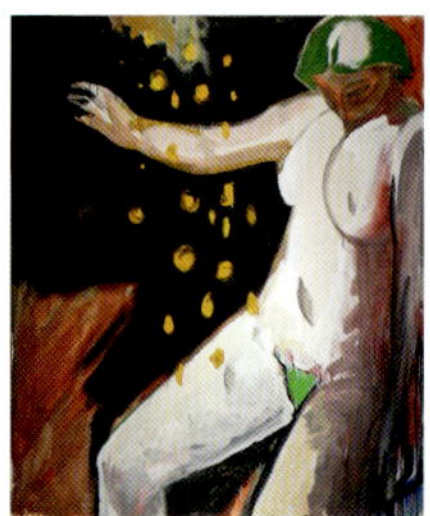

Juan Navarro Baldeweg
Danae del pelo verde, 1984
Oil on canvas
162 × 130 cm

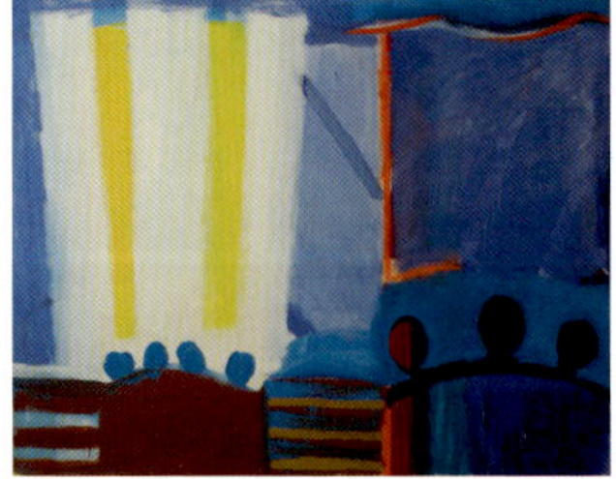

Juan Navarro Baldeweg
Paisaje, 1993
Oil on canvas
200 × 250 cm

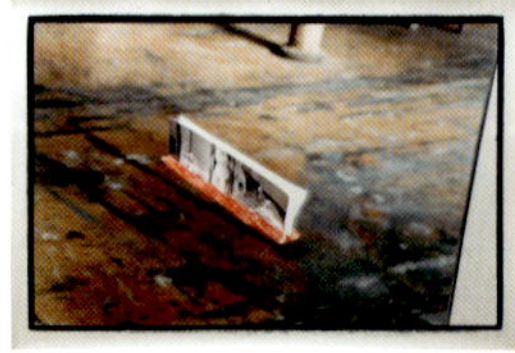

José Noguero
Sin título, 1992
Cibachrome on paper
95 × 136 cm

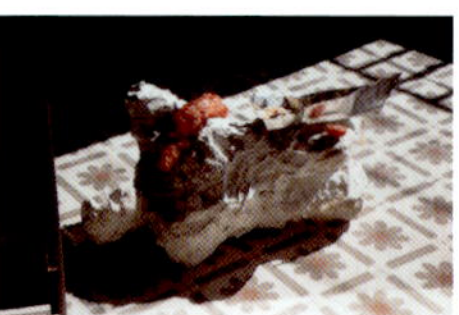

José Noguero
Sin título, 1994
Cibachrome on paper
61 × 91 cm

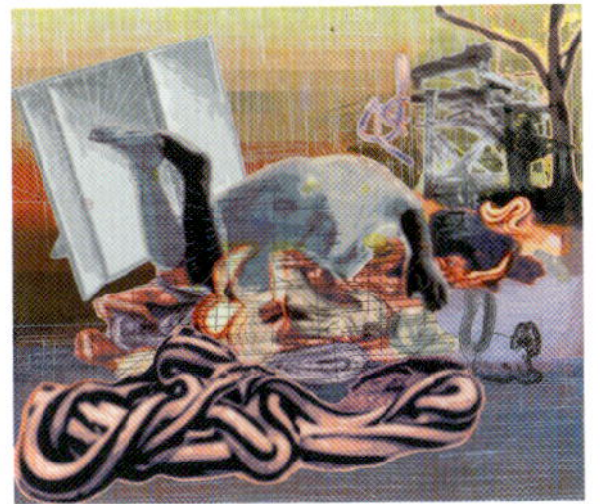

Markus Oehlen
Untitled, 2013
Acrylic on canvas
200 × 230 cm

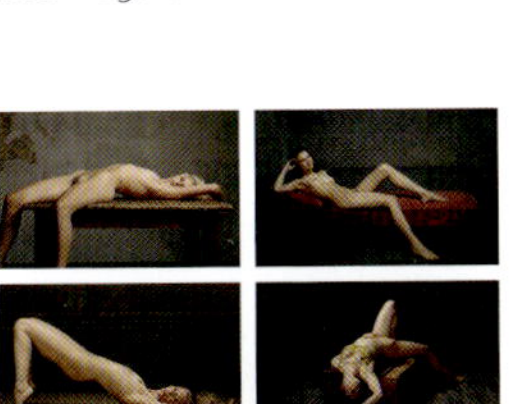
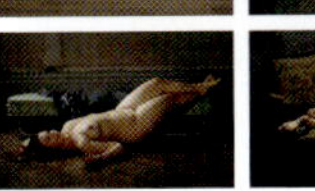

Erwin Olaf
Reclining Nude Nos. 1, 2, 4, 6, 7, 8 –
Skin Deep Large, 2015
Color photograph on Fujicolor
Chrystal archive digital paper.
5 of 23 × 35 cm (edition of 15 + 2 AP s +
HC) & 1 of 100 × 152 cm (AP1 of an
edition of 7 + 2 APs + HC)

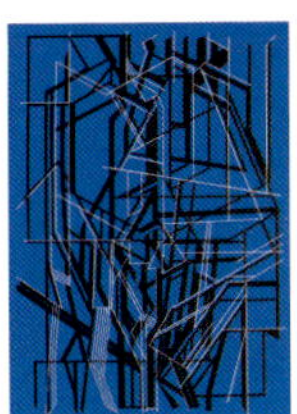

Pablo Palazuelo
De Somnis I, 1995
Oil on canvas
220 × 150 cm

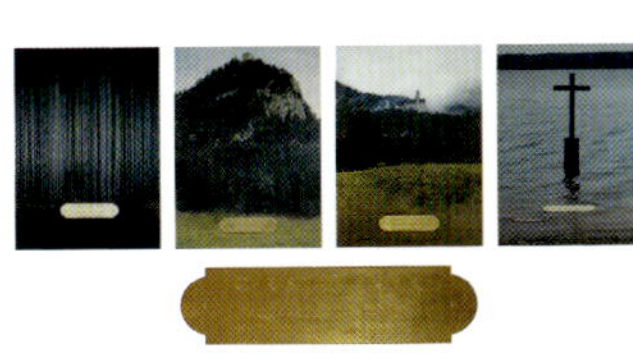

Perejaume
Ludwig II – Museum, 1989
4 photographs on paper + plate
141 × 99 cm (each) & 30 × 110 cm
(plate)

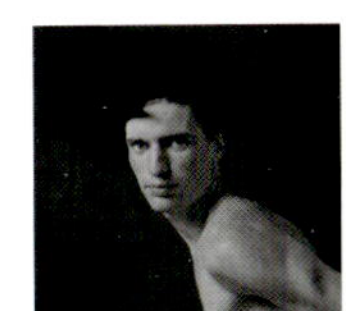

Erwin Olaf
Hennie Lady's Hats, 1985
Black and white photo Fuji
Chrystal on Fuji Chrystal archive
digital paper (edition 1/15)
38 × 38 cm

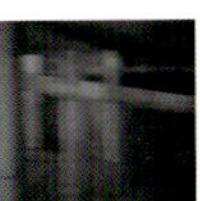
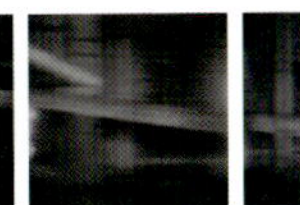

Aitor Ortiz
Modular Rec 010, 016 & 020, 2003
Digital photograph on wood
(edition 2/3) – 3 works
100 × 100 cm (each)

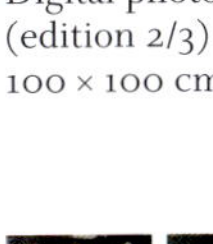
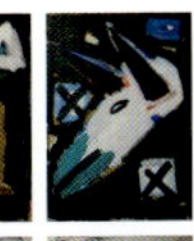
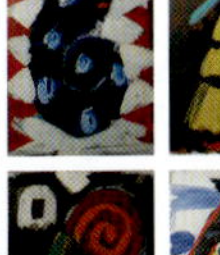
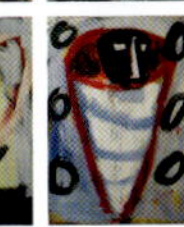
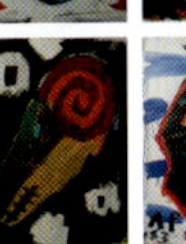

Antón Patiño
Popurri, 1983
Mixed media on canvas (8 pieces)
130 × 89 cm (each)

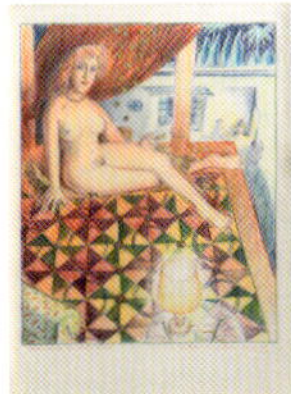

Guillermo Pérez Villalta
Danae recibe la llave de oro, 1975
Color pencil and gouache on
cardboard
49 × 34 cm (each)

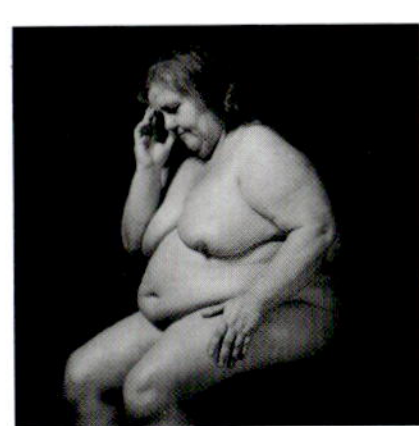

Erwin Olaf
La Penseuse Squares, 1987
Black and white photograph on
Fuji Chrystal archive digital paper
(edition 1/5)
100 × 100 cm

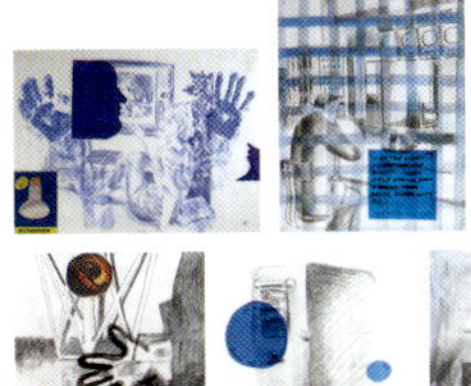

Tony Ousler
Sin título, 1997
Mixed media on paper – 5 works
4 of 65 × 50 cm & 1 of 49 × 64 cm

Perejaume
Fragment de monarquía, 1988
Oil on canvas
89 × 130 cm

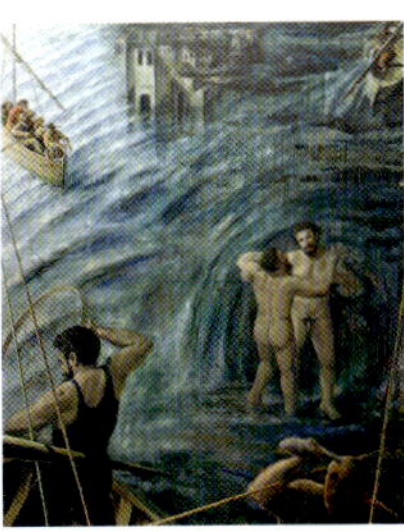

Guillermo Pérez Villalta
El mar de las dudas, 1987
Oil on canvas
223 × 180 cm

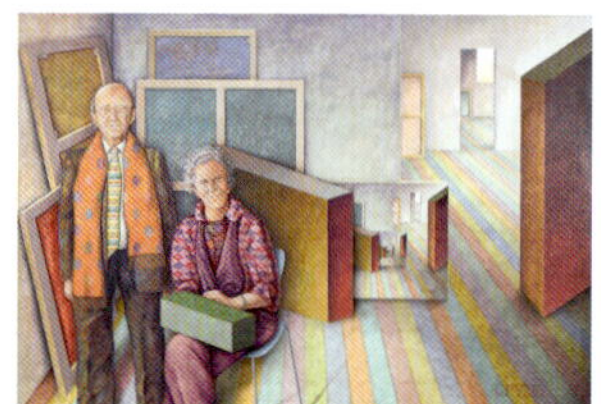

Guillermo Pérez Villalta
Los Coleccionistas, 2005
Oil on canvas
127 × 180 cm

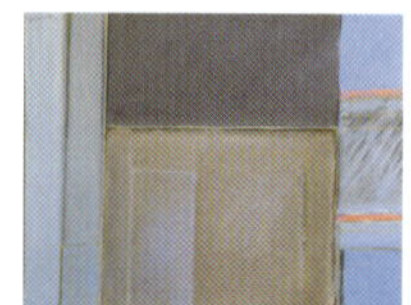

Albert Ràfols Casamada
Triple espai vertical, 1977
Acrylic on canvas
83 × 102 cm

Albert Ràfols Casamada
Estructura corpuscular, 1988
Oil on canvas
104 × 104 cm

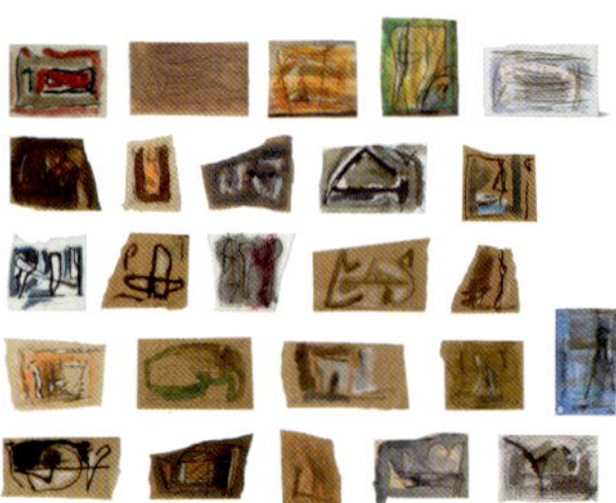

Albert Ràfols Casamada
S/T, 1990
Mixed media on paper – 25 works
Varied dimensions

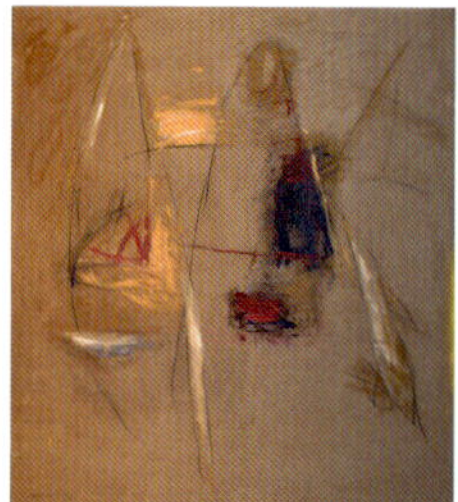

Albert Ràfols Casamada
Le Voyage, 1991
Acrylic on canvas
226 × 195 cm

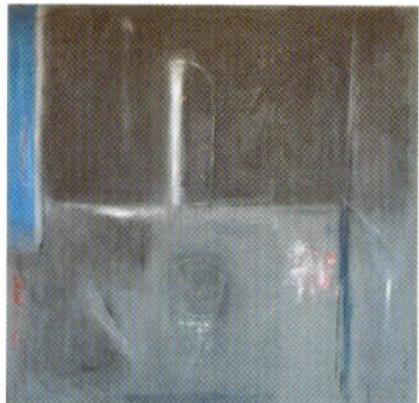

Albert Ràfols Casamada
Penélope, 1993
Acrylic on canvas
195 × 195 cm

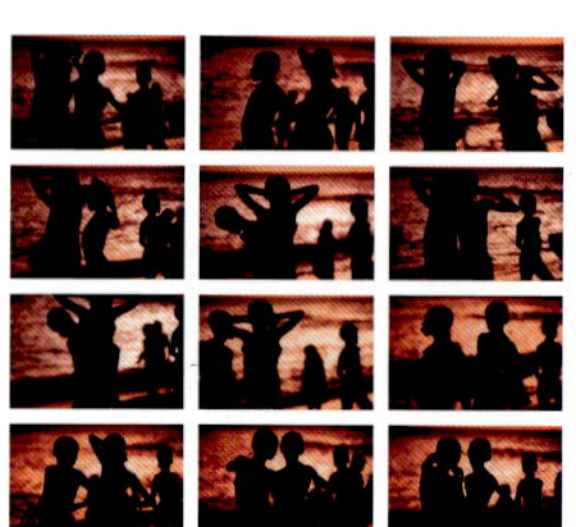

Miguel Río Branco
Chupeta, 1997
Cibachrome on metal – 12 pieces
(edition 1/5)
39 × 59 cm (each)

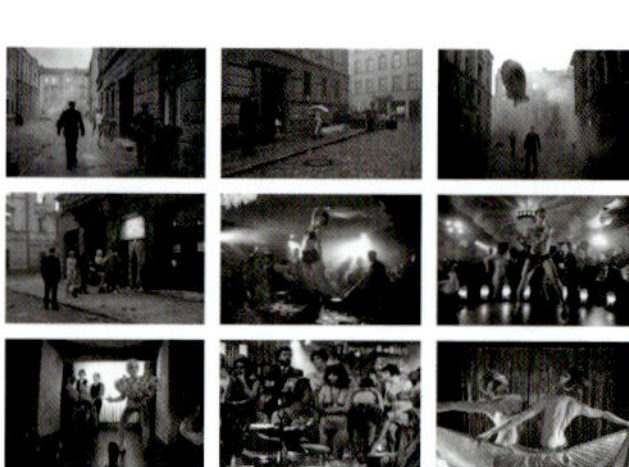

Julian Rosefeldt
Deep Gold, 2013-2014
Black and white photograph, lightjet
print on paper (edition 3/6+2APs) –
9 works
56 × 84 cm (each)

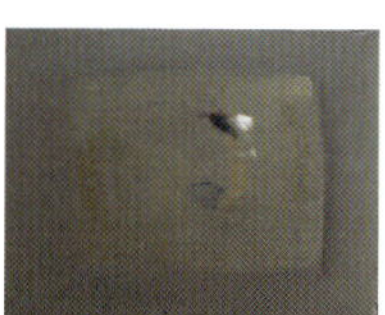

Gerardo Rueda
Alberche, 1960
Oil on canvas
55 × 66 cm

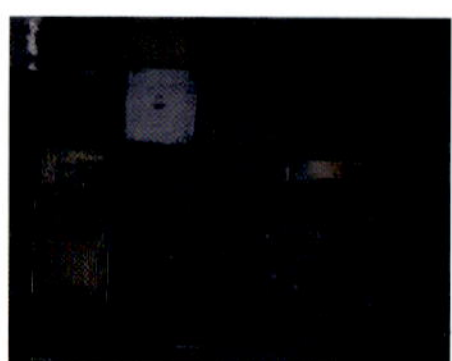

Gerardo Rueda
Alcántara, 1960
Oil on canvas
81 × 100 cm

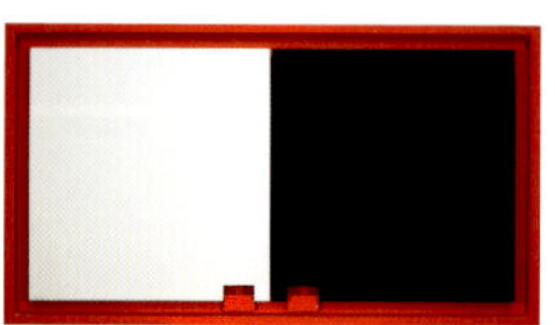

Gerardo Rueda
Rojo – blanco – negro, 1971
Monotype on wood
69 × 120 cm

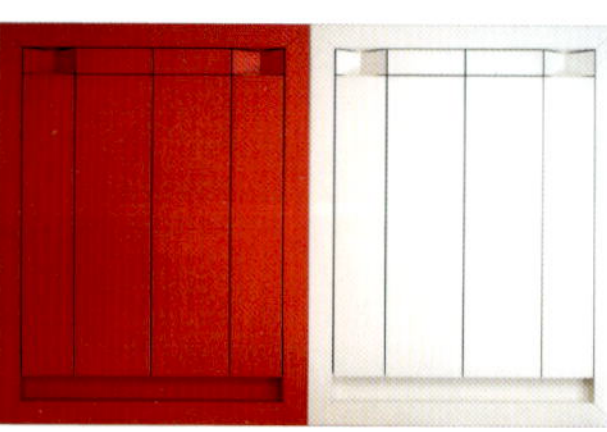

Gerardo Rueda
Ermitaño blanco-rojo, 1972
Oil on wood (diptych)
128 × 97 cm (each)

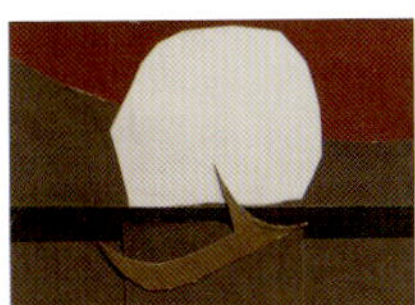

Gerardo Rueda
Luna llena, 1984
Collage on cardboard
16 × 22 cm

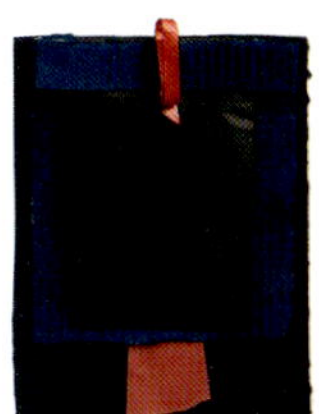

Gerardo Rueda
Continental, 1989
Collage on cardboard
34 × 25 cm

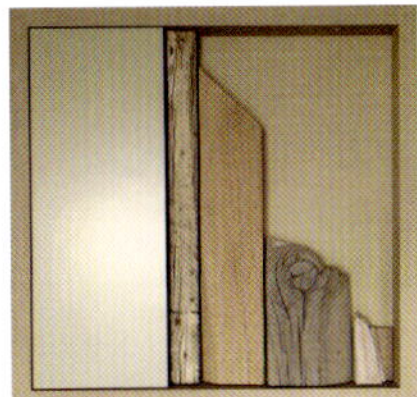

Gerardo Rueda
Grisalla, 1992
Oil on wooden structure
90 × 90 cm

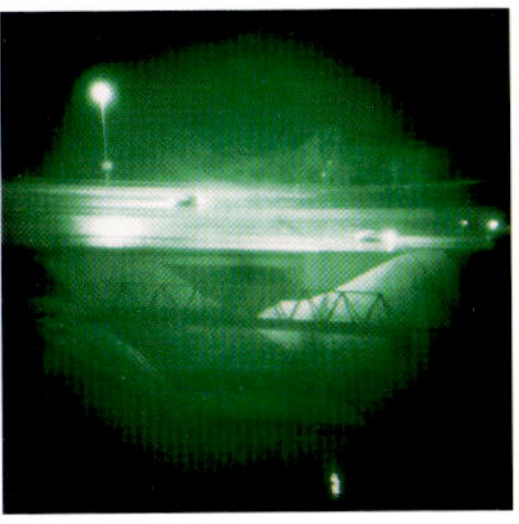

Thomas Ruff
Nacht 20 III, 1995
C-print on paper (edition 1/2)
190 × 190 cm

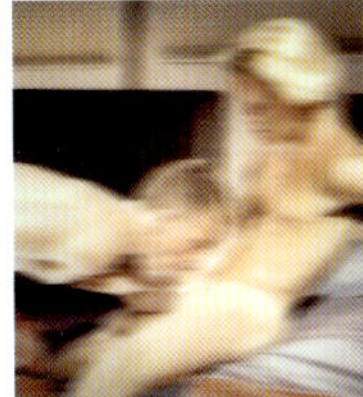

Thomas Ruff
Nudes g021, 2000
Laserchrome and Diasec
on cardboard (edition 2/5)
140 × 120 cm

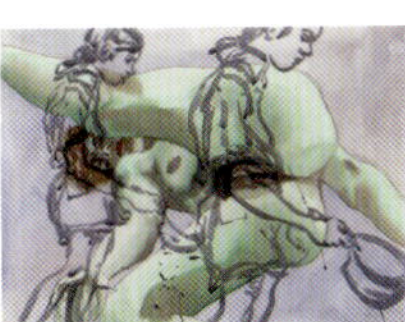

David Salle
Untitled, 1985
Pencil and watercolor
on paper
64 × 79 cm

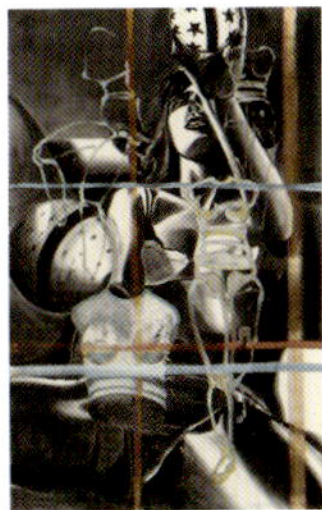

David Salle
Untitled, 1989
Oil and acrylic on canvas
198 × 122 cm

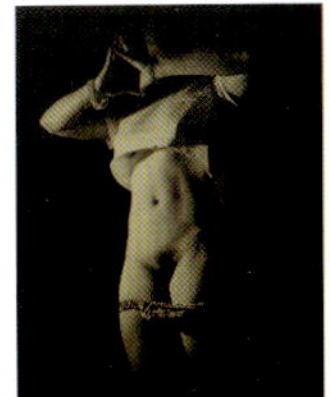

David Salle
Untitled, 1990
Black and white photograph
on gelatin silver (edition 4/5)
35 × 28 cm

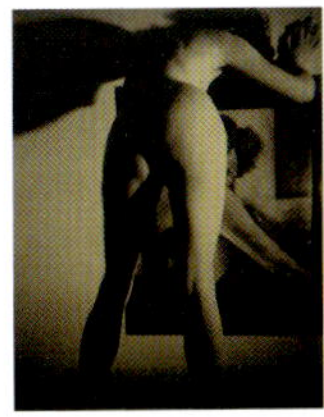

David Salle
Untitled, 1990
Black and white photograph
on gelatin silver (edition 4/5)
35 × 28 cm

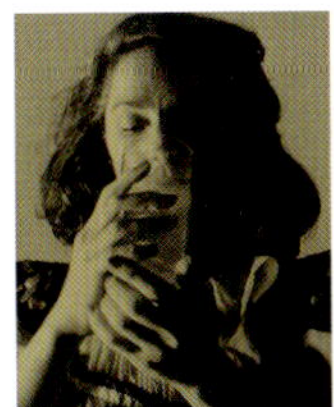

David Salle
Untitled, 1990
Black and white photograph
on gelatin silver (edition 1/5)
35 × 28 cm

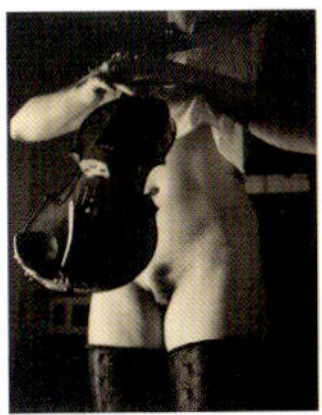

David Salle
Untitled, 1990
Black and white photograph
on gelatin silver (edition 4/5)
35 × 28 cm

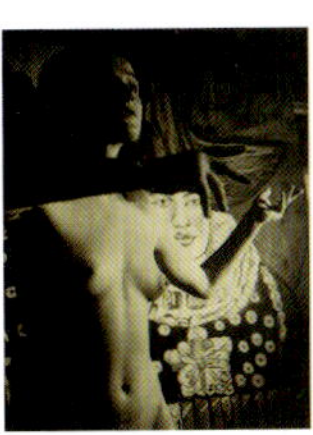

David Salle
Untitled, 1990
Black and white photograph
on gelatin silver (edition 4/5)
35 × 28 cm

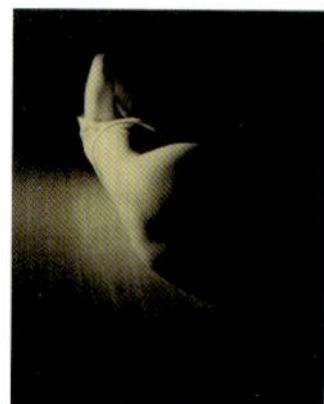

David Salle
Untitled, 1990
Black and white photograph
on gelatin silver (edition 4/5)
35 × 28 cm

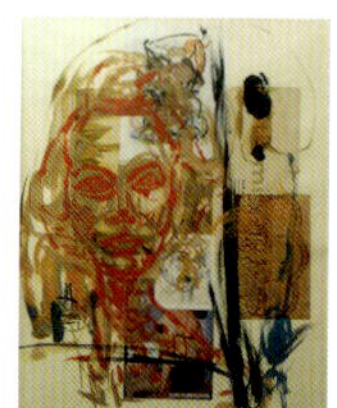

David Salle
Untitled, 1992
Oil and collage on paper
60 × 45 cm

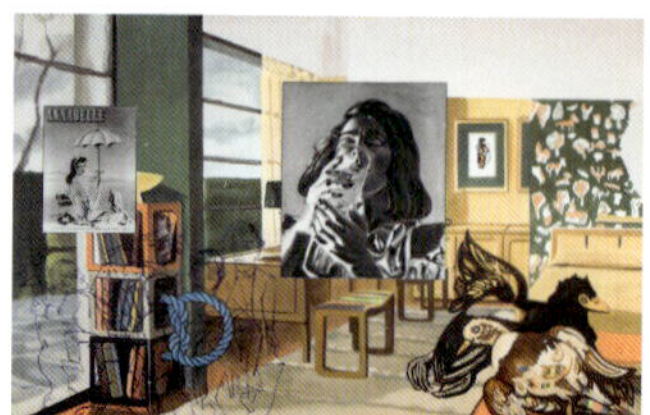

David Salle
Drink, 1995
Oil and acrylic on canvas
183 × 274 cm

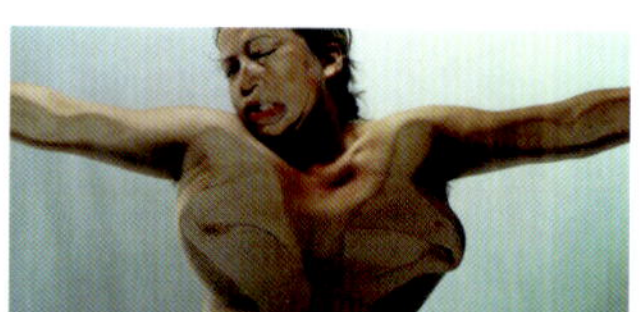

Jenny Saville & Glen Luchford
Closed Contact #13, 1996
C-print on methyl methacrylate –
light box (edition 3/6)
152 × 305 ×15 cm

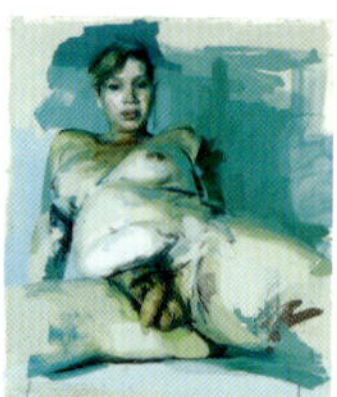

Jenny Saville
Untitled (Study), 2004
Oil and watercolor on paper
151 × 121 cm

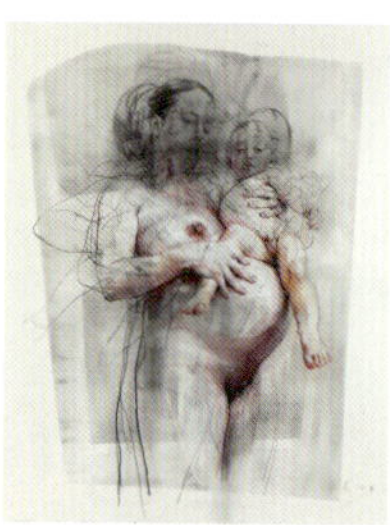

Jenny Saville
*Study for Pentimenti IV (After
Michelangelo's "Virgin and Child")*, 2011
Charcoal and pastel on paper
197 × 147 cm

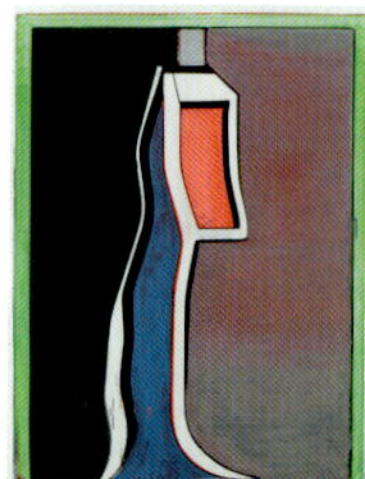

Thomas Scheibitz
GP 154, 2010
Vinyl and pigment marker
on rag paper
215 × 156 cm

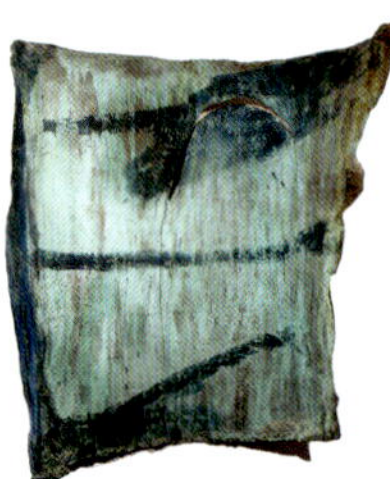

Julian Schnabel
Ajax the Lesser, 1989
Painted and patinated bronze
173 × 140× 61 cm

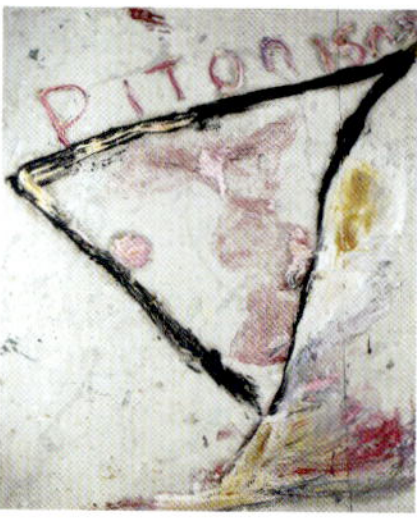

Julian Schnabel
Pitonisas, 1993
Mixed media on canvas
221 × 181 cm

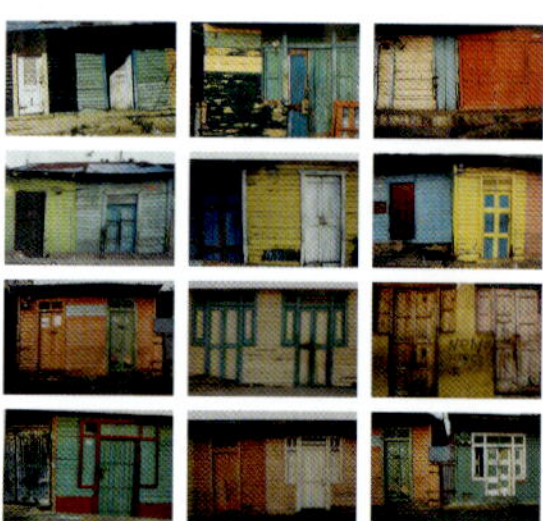

Sean Scully
Santo Domingo for Nené, 1999
Cibachrome on paper (edition
of 24) – 12 works
51 × 61 cm (each)

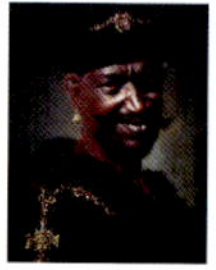

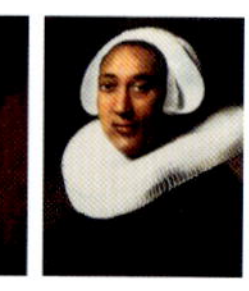

Andrés Serrano
Black Rembrandt I, II & III, 1991
Cibachrome 15/15 on aluminum
panel – 3 works
40 × 30 cm (each)

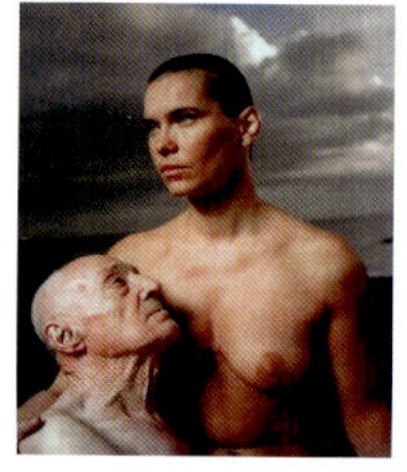

Andrés Serrano
A History of Sex (Antonio y Ulrike), 1995
Cibachrome, silicone on methyl
methacrylate (edition 1/7)
101 × 82 cm

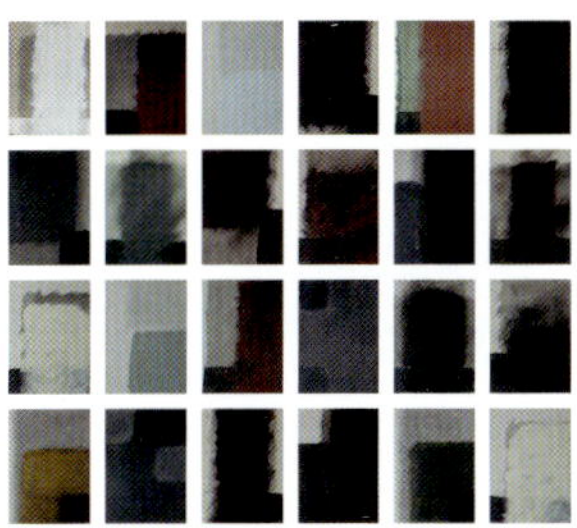

Santiago Serrano
Sin título, 1975
Oil on cardboard – 24 works
36 × 24 cm (each)

Santiago Serrano
Sin título, 1975
Mixed media on canvas
225 × 150 cm

Santiago Serrano
Sin título, 1991
Mixed media on canvas
200 × 150 cm

Soledad Sevilla
Pervive en mi memoria, 1990
Acrylic on canvas
175 × 220 cm

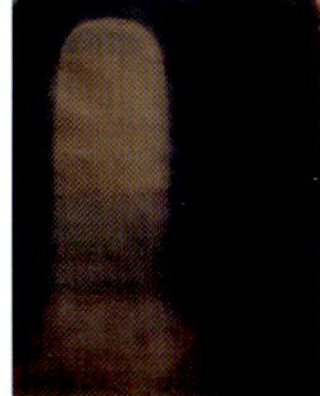

Soledad Sevilla
Toda la torre V, 1992
Acrylic on cardboard
111 × 79 cm

Soledad Sevilla
Vélez Blanco V, 1995
Acrylic on canvas (4 pieces)
219 × 516 cm (overall)

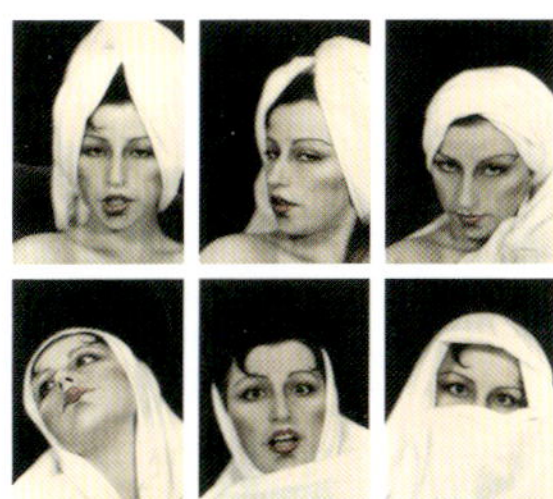

Cindy Sherman
Untitled, 1976
Hand-colored black and white
photograph on paper – 6 works
10 × 7 cm (each)

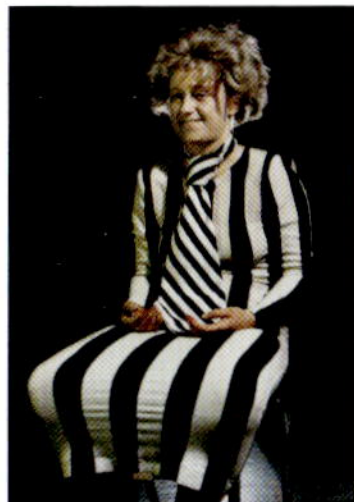

Cindy Sherman
Untitled # 138, 1984
Color photograph on paper
(edition 5/5)
180 × 123 cm

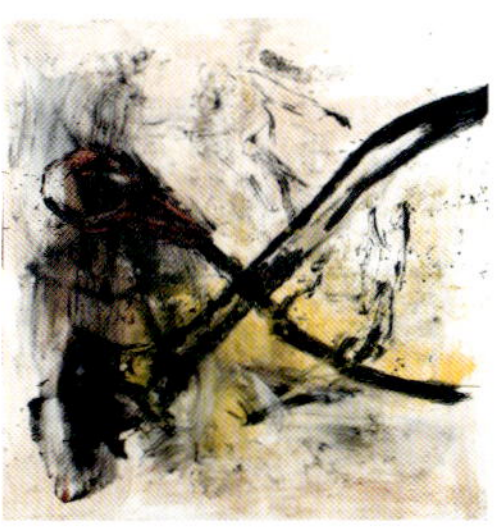

José María Sicilia
Oiseaux Noir, 1984
Oil on canvas
260 × 250 cm

José María Sicilia
Flor roja, 1987
Acrylic on canvas
300 × 200 cm

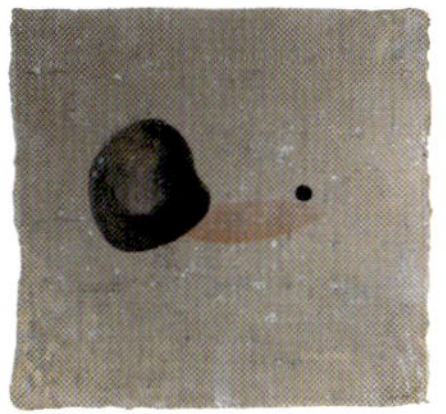

José María Sicilia
Untitled II, 1989
Mixed media on paper
61 × 61 cm

José María Sicilia
Sin título, 1989
Acrylic and oil on canvas
60 × 300 cm

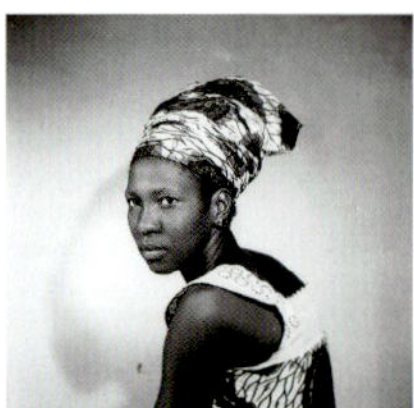

Malick Sidibé
Madame Rokia Saugaré, 1965-2009
Gelatin silver on paper
48 × 48 cm

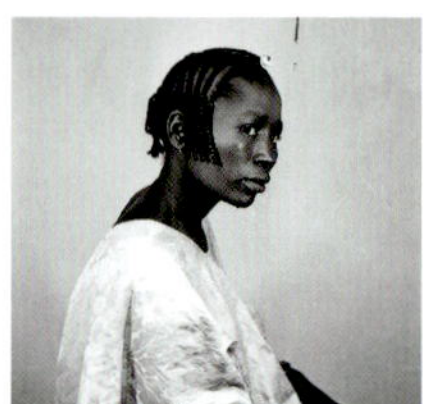

Malick Sidibé
Avec ma tresse, 1969-2009
Gelatin silver on paper
48 × 48 cm

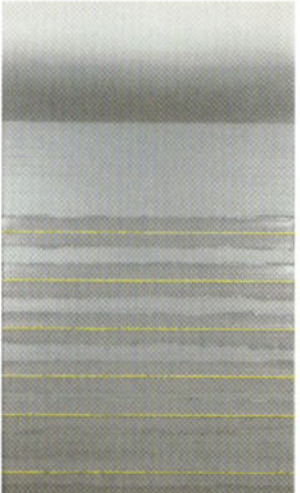

Dirk Skreber
Sin título, 2001
Mixed media on canvas
280 × 160 cm

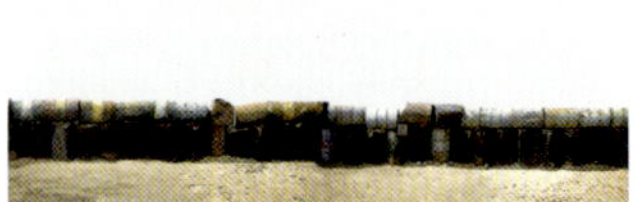

Montserrat Soto
Sin título – Valla Contenedores, 2002
Color photograph (4 pieces) on
aluminum (edition 1/3)
230 × 500 cm (overall)

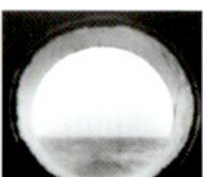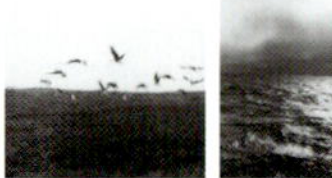

Christopher Taylor
Series Islande, 2000
Photograph on paper – 3 works
96 × 96 cm (each)

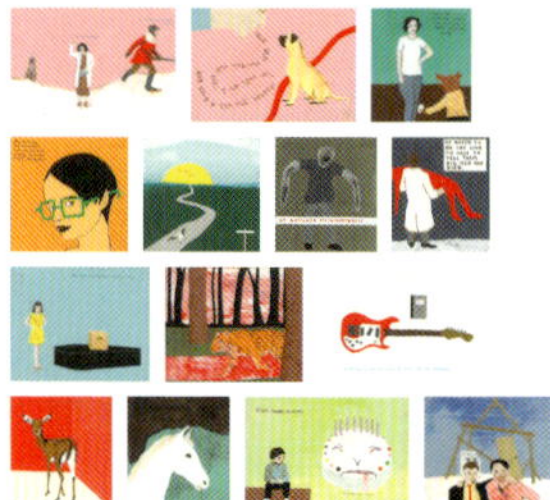

The Royal Art Lodge
S/T, 2007
Acrylic on wood – 14 works
Varied dimensions

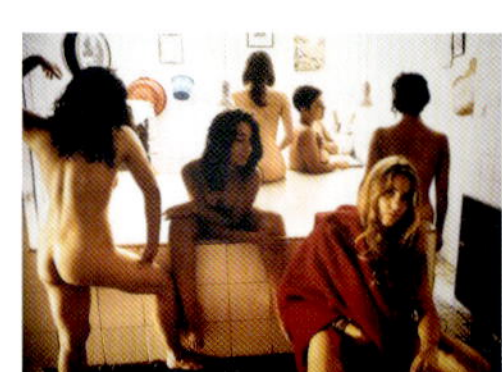

Laura Torrado
Hamman I, 1998–2000
Color photograph on aluminum
125 × 168 cm

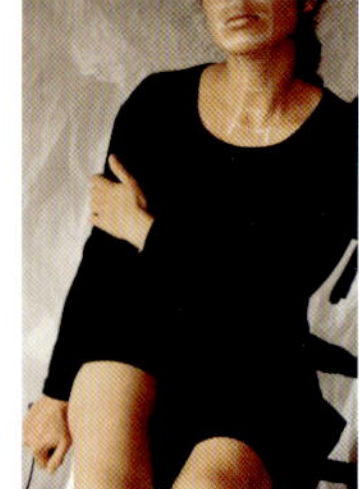

Laura Torrado
Mujer escalera II, 2000
Color photograph on aluminum
195 × 125 cm

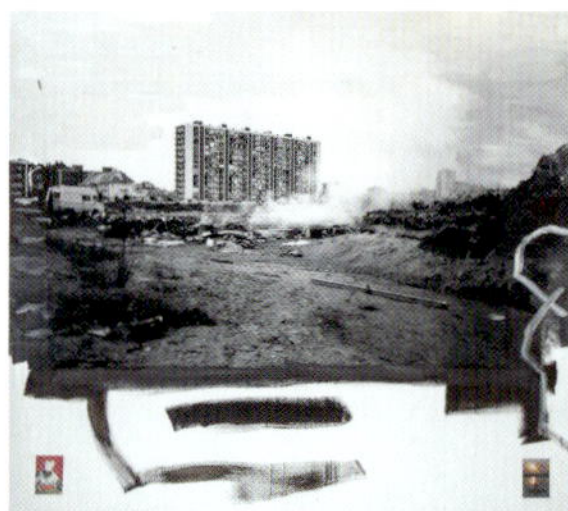

Juan Ugalde
S/T, 1997
Collage on paper
196 × 212 cm

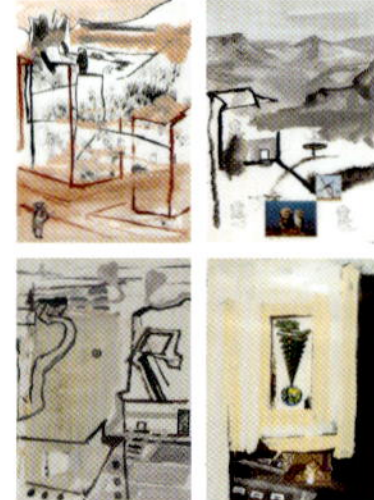

Juan Ugalde
S/T, 1997
Mixed media on paper – 4 works
70 × 49 cm (each)

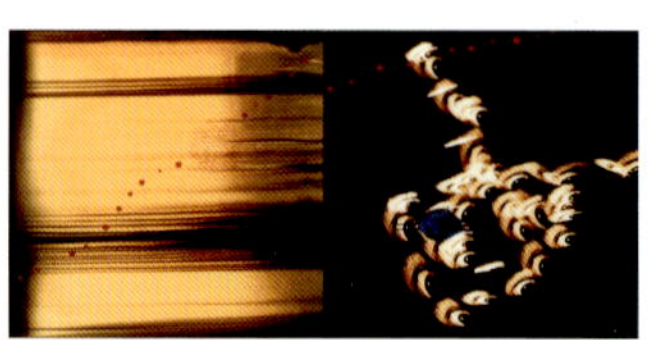

Darío Urzay
*En una fracción – 29 gotas y un
tiempo expandido*, 1997
Mixed media on wood (diptych)
170 × 170 cm (each)

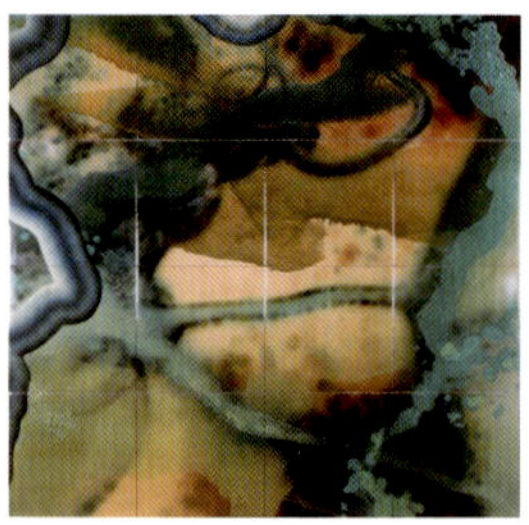

Darío Urzay
*Observador distante-umbilical
(17 bloody images)*, 2000
Oil and epoxy on wood (diptych)
280 × 280 cm (overall)

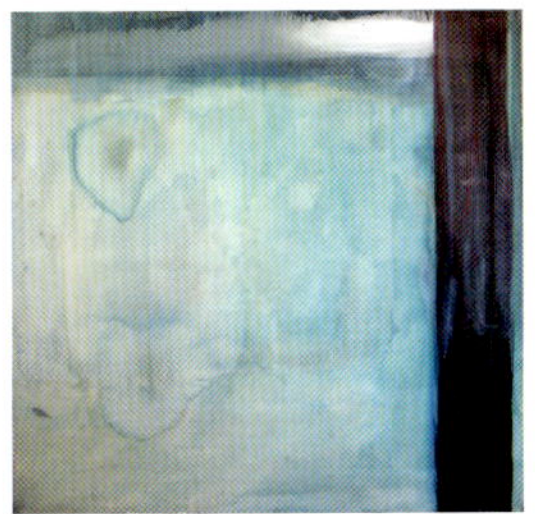

Juan Uslé
Nebulosa, 1990
Acrylic on canvas
200 × 200 cm

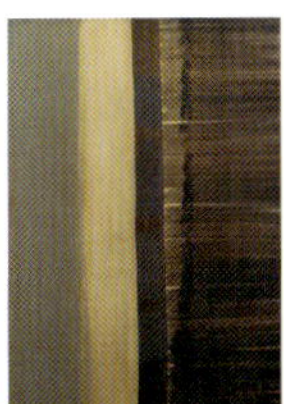

Juan Uslé
Serie Nemaste X, 1991
Oil, vinyl and pigments on canvas
46 × 32 cm

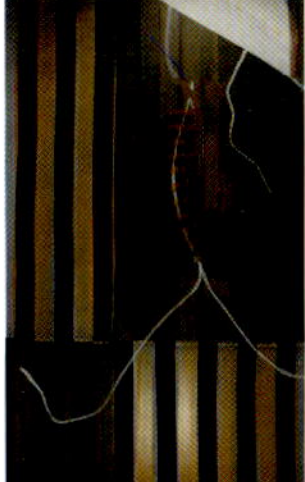

Juan Uslé
Falsa cita, 1992
Vinyl, dispersion paint and
pigments on canvas
198 × 112 cm

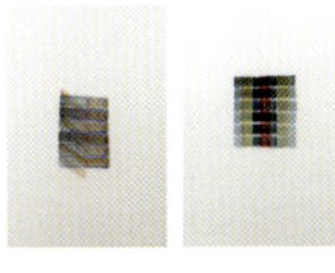

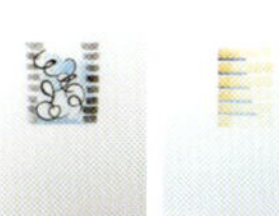

Juan Uslé
*Primero de mayo en Lund
nos. 12, 24, 32 & 50*, 1993
Watercolor on paper – 4 works
31 × 23 cm (each)

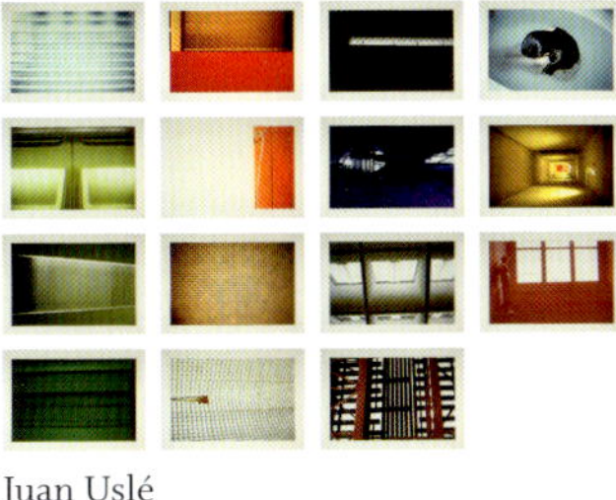

Juan Uslé
Luz aislada, 1993
Cibachrome on cardboard
(edition 9/20) – 15 works
57 × 40 cm (each)

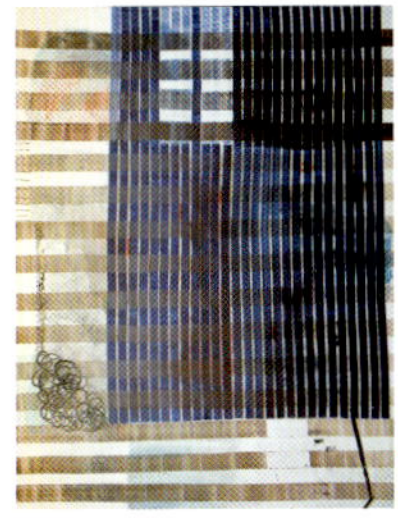

Juan Uslé
Lid (620), 1997
Vinyl, dispersion paint and
pigments on canvas
274 × 203 cm

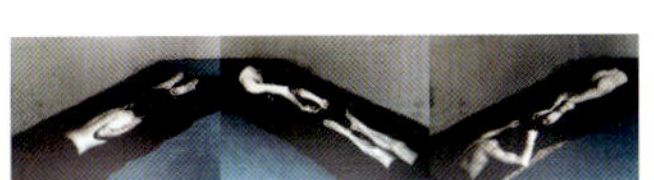

Eulalia Valldosera
Dream II (el sueño), 1996
C-print on wood (triptych) – edition 2/3
110 × 380 cm (overall)

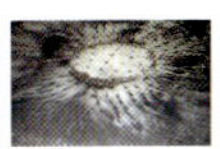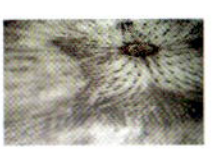

Eulalia Valldosera
*La Panxa de la Terra, Escombrera I,
II & III*, 1999
Color photograph on aluminum
(edition of 3) – 3 works
84 × 134 cm (each)

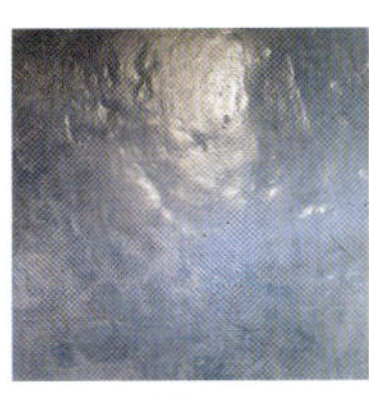

Javier Vallhonrat
Objetos precarios n.º 7, 1994
Photograph (negative color) on
aluminum and wood base (edition 1/3)
128 × 128 × 12 cm

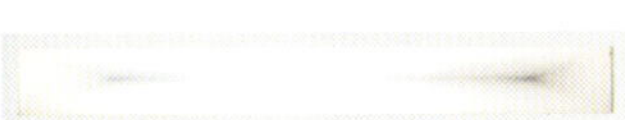

Javier Vallhonrat
Caja # 33 Rectángulo Horizontal X, 1995
Color photograph on wood
and methacrylate (box)
17 × 100 × 20 cm

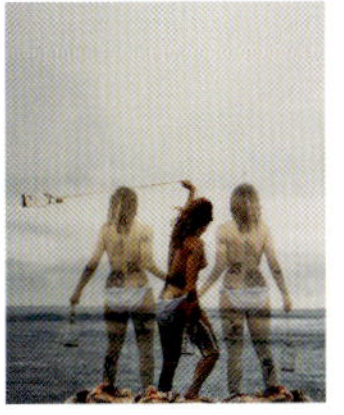

Adriana Varejäo
Canibal e Nostálgica, 1997
Color photograph on paper
(edition 1/5)
103 × 81 cm

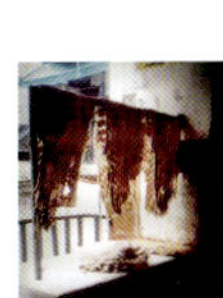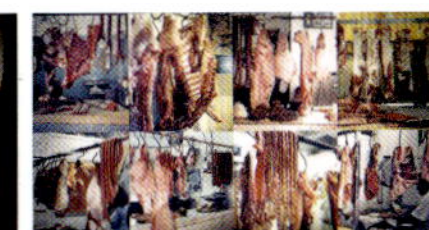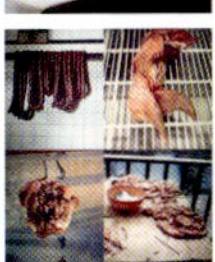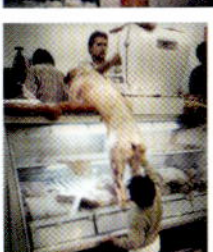

Adriana Varejäo
Alegría, 1999
Transparency on backlight
(edition 4/5) – 4 pieces
3 of 82 × 71 × 13 cm &
1 of 82 × 137 × 13 cm

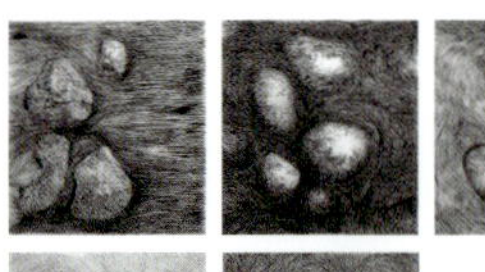
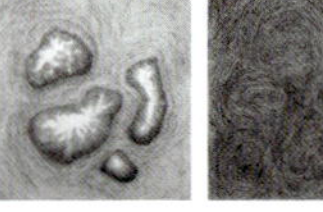

Patricio Vélez
En la islas, 2000
India ink on hahnemühle paper –
5 works
40 × 36 cm (each)

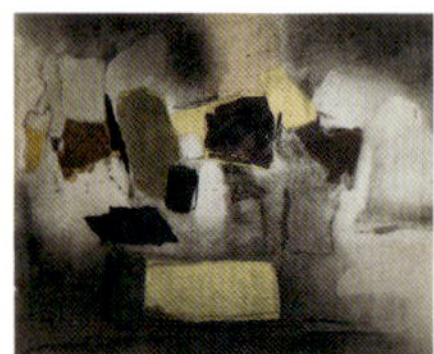

Esteban Vicente
Sin título, 1980
Collage on paper
42 × 50 cm

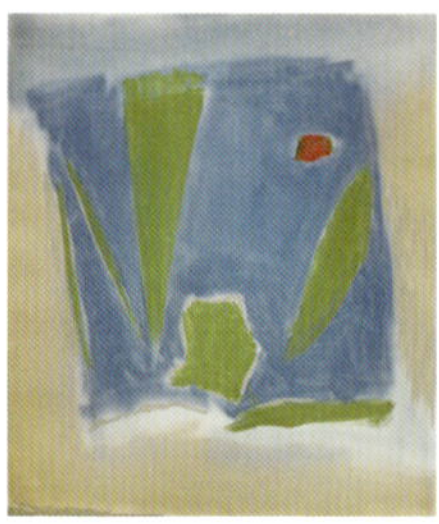

Esteban Vicente
Alli, 1993
Oil on canvas
127 × 107 cm

Esteban Vicente
Sin título, 1995
Pastel and crayon on paper
57 × 76 cm

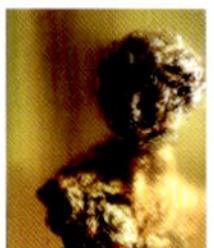
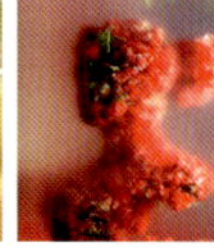

Alberto Villar
*Busto de tierra y oro, agridulce
& de entrañas*, 2005
Photograph on paper (edition of 5)
126 × 100 cm (each)

Darya von Berner
El ave, 1990
Mixed media on canvas
200 × 300 cm

Leslie Wayne
The Ties that Bind, 1994
Mixed media on wood
30 × 23 × 3 cm

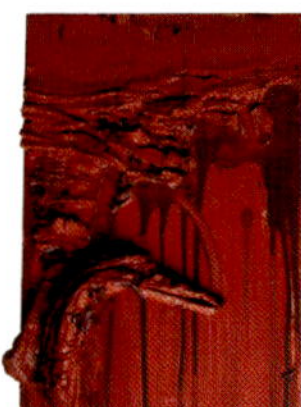

Leslie Wayne
Dolorous, 1996
Oil on wood
38 × 25 × 5 cm

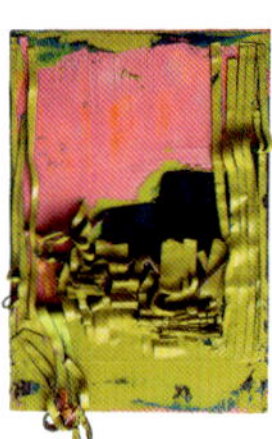

Leslie Wayne
Unnecessary Possibilities, 1996
Oil on wood
38 × 25 ×5 cm

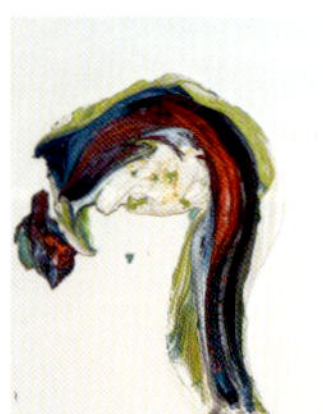

Leslie Wayne
*Breaking & Entering:
Finger Lickin*, 1999
Oil on wood
36 × 30 × 6 cm

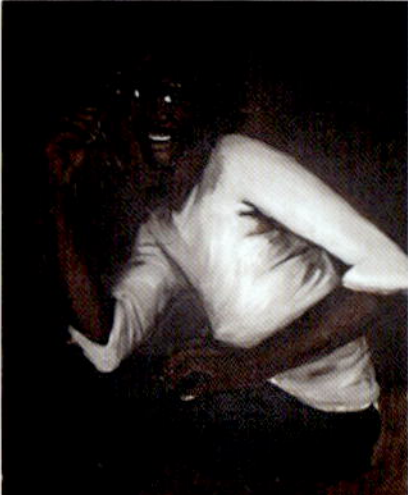

Lynette Yiadom-Boakye
Bound Over to Keep the Peace, 2012
Oil on canvas
250 × 200 cm

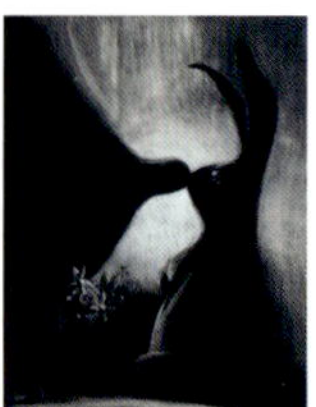

Lisa Yuskavage
Bunny 1, 1995
Monoprint with pastel on paper
45 × 36 cm

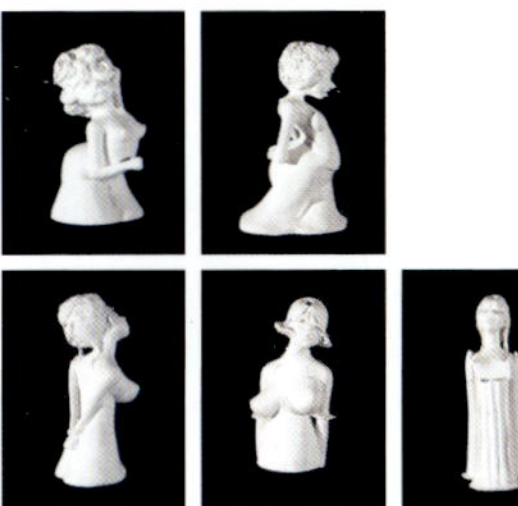

Lisa Yuskavage
The Bad Habits, 1996
5 plaster sculptures with artificial
pearls and flowers (edition of 10)
Varied dimensions

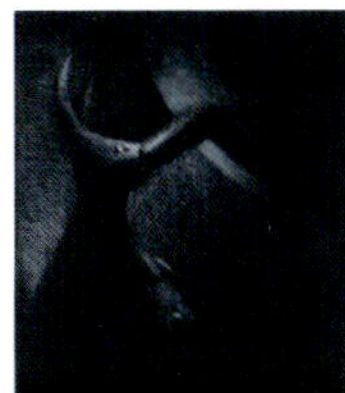

Lisa Yuskavage
Bunnie 3, 1996
Chalk on black paper
47 × 38 cm

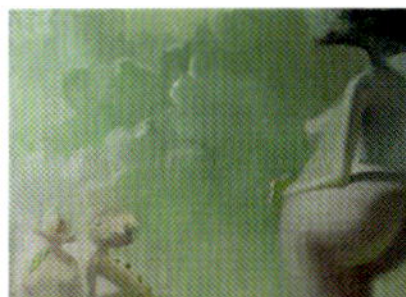

Lisa Yuskavage
Crowd in the Clouds, 1997
Oil on canvas
15 × 20 cm

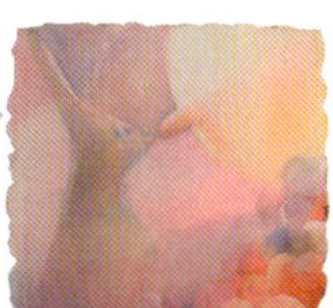

Lisa Yuskavage
Bunnie Takes a Taste, 1997
Watercolor on paper
51 × 51 cm

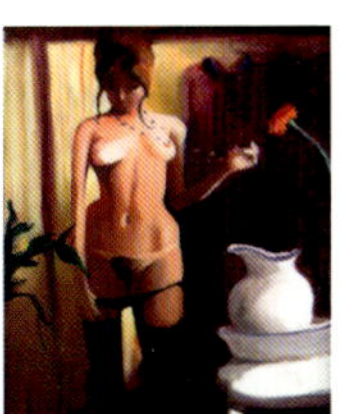

Lisa Yuskavage
Nothing Kinky, 1998
Oil on wood
25 × 20 cm

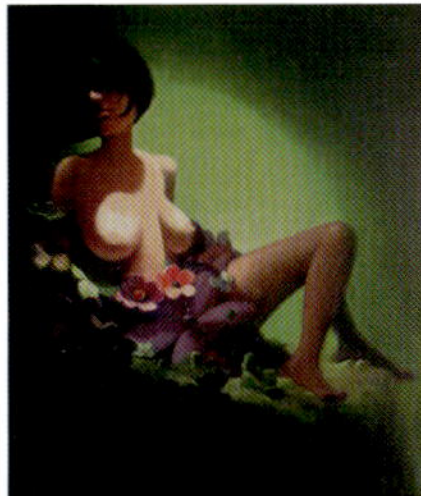

Lisa Yuskavage
Loved, 1998
Oil on canvas
183 × 147 cm

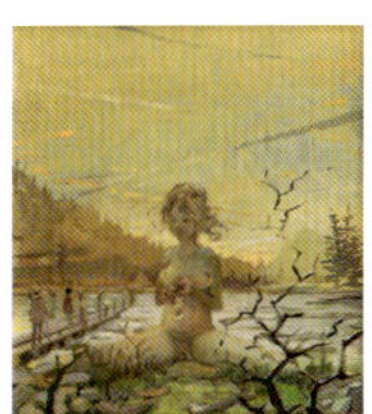

Lisa Yuskavage
Wee Travellers, 2008
Oil on linen
33 × 28 cm

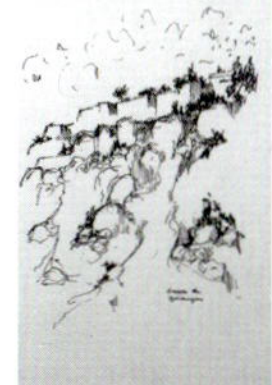

Fernando Zóbel
Cerca de Briançon, 1979
Ink on paper
25 × 15 cm

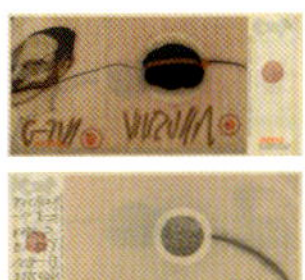

Zush
*Banknote numbers 008801
& 008802*, 1980
Serigraph on banknote – 2 works
8 × 16 × 13 cm

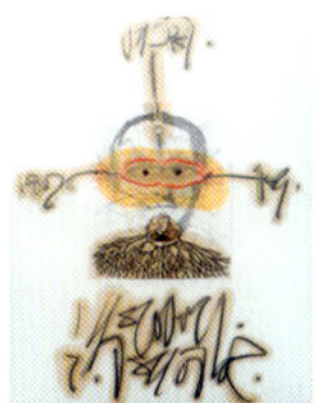

Zush
Nufranco Noresco, 1985
Mixed media on paper
76 × 55 cm

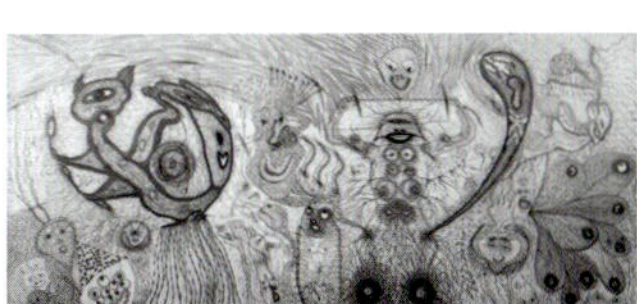

Zush
Rerune, 1990
Pencil drawing on paper
90 × 186 cm

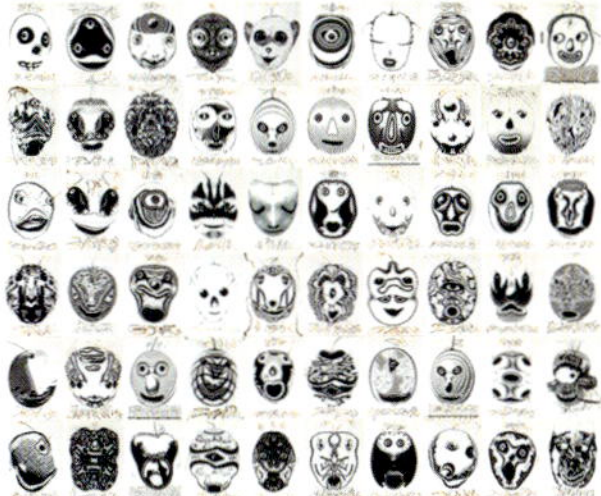

Zush
60 Heads, 1998
Mixed media on cardboard (60 pieces)
30 × 20 cm (each)

With thanks to those who made this book possible: in the first place, to María de Corral, Lorena Martínez de Corral, and Cecilia Pereira Marimón, who enthusiastically embraced the idea of curating the publication with me.

To the art critic Óscar Alonso Molina and gallerists Luis Valverde and Pepe Martínez from Espacio Mínimo Gallery. Together, we came up with the first ideas for the design of the book, and also the notion of travelling through literature.

To Carlos León, Miguel Ángel García Vega, and Chema de Francisco, who gave their particular dedication to the project, and insisted on working with outstanding collaborators who could do justice to Elena and Marcos's labor as collectors and benefactors.

To Rosina Gómez Baeza and Lucía Ibarra, who pointed out the need to analyze the Collection from a global viewpoint that would situate it where it deserves to be in the history of Spanish and international art collecting.

To Jesús Encinar, who suggested the book begin with the Collection itself, sparking the readers' curiosity towards the collectors.

To José Antonio Martínez Serrano, who called our attention to the importance of the book's content and appearance, and recommended we use a publisher, who would take good care of its distribution.

To Pototo Díaz; Pablo Suárez and Juanjo Justicia from underbau, and all others whose work has gone into this project.

To Patricio Pron, for his patience with the collectors, who took some time to assimilate their reflections in a literary text.

To Dan Cameron, for his enthusiasm and caring during the week he spent in Madrid and Segovia.

To Santiago Fernández de Caleya, Mariana Gasset, and Laura Estévez of Turner, for their professionalism, empathy, and contribution to the book's conception.

To the founders of the MER Foundation, for their collaboration in making this book possible.

To Elena and Marcos for getting into this, for giving us their ideas, and for being open to some of our proposals.

To Eduardo Doménech Serrano, for his constant help and availability, and for his fine photographic work.

Rafael Martín

Unas líneas de gratitud para quienes hacen posible esta publicación:

En primer lugar, a María de Corral, a Lorena Martínez de Corral y a Cecilia Pereira Marimón, que acogieron con entusiasmo el participar conmigo en el comisariado de este libro.

Al crítico de arte Óscar Alonso Molina y a los galeristas Luis Valverde y Pepe Martínez de Galería Espacio Mínimo. Con ellos salieron las primeras ideas en el diseño del libro y, entre otras, el interés que pudiera tener el transitar por el campo de la literatura.

A Carlos León, a Miguel Ángel García Vega y a Chema de Francisco, especialmente volcados con el proyecto y sobre el que insistieron en contar con colaboraciones de primera fila, que hicieran justicia a la labor de coleccionistas y mecenas desarrollada por Elena y Marcos.

A Rosina Gómez Baeza y Lucía Ibarra, que apuntaron a la necesidad de que se desgranara la Colección con una visión de conjunto que la sitúe, como merece, en la historia del coleccionismo español e internacional.

A Jesús Encinar, que sugirió el empezar el libro desde la propia Colección, y que sean las propias imágenes el resorte que alimente la curiosidad sobre los coleccionistas.

A José Antonio Martínez Serrano, que apuntó a la importancia tanto del contenido como del aspecto del libro y a contar con una editorial que cuide la distribución.

A Pototo Díaz; a Pablo Suárez y a Juanjo Justicia de underbau, y al resto de profesionales que han colaborado en este proyecto.

A Patricio Pron, por su paciencia con los coleccionistas, que tardaron en asimilar el verse reflejados en un texto literario.

A Dan Cameron, por el entusiasmo y cariño trasmitido durante su semana de estancia por Madrid y Segovia.

A Santiago Fernández de Caleya, Mariana Gasset y Laura Estévez de la editorial Turner, por su profesionalidad, empatía y propuestas aportadas en la gestación del libro.

A los fundadores de la Fundación MER, por su colaboración en hacer posible esta publicación.

A Elena y a Marcos por dejarse liar, aportar ideas y por ser permeables a alguna de las propuestas planteadas.

A Eduardo Doménech Serrano, por su permanente disponibilidad y ayuda, y por su fino trabajo fotográfico.

Rafael Martín

PROJECT MANAGEMENT
AND CONCEPT / DIRECCIÓN
Y CONCEPTO DEL PROYECTO
María de Corral
Lorena M. de Corral
Cecilia Pereira
Rafael Martín

EDITORIAL COORDINATION /
COORDINACIÓN EDITORIAL
TURNER

TRANSLATION / TRADUCCIÓN
Douglas Prats (into English)
Toni Crabb (into English)
Jaime Blanco (into Spanish)

DESIGN AND LAYOUT /
DISEÑO Y MAQUETACIÓN
underbau

PHOTOGRAPHS / FOTOGRAFÍAS
Eduardo Doménech Serrano

COLOR SEPARATION AND PRINTING /
FOTOMECÁNICA E IMPRESIÓN
Artes Gráficas Palermo

BINDING / ENCUADERNACIÓN
Ramos

ISBN 978-84-16714-28-5
DL M-29149-2017

DISTRIBUTOR / DISTRIBUIDO POR
TURNER
www.turnerlibros.com

USA / EE UU
DAP: orders@dapinc.com
www.artbook.com

Europe / Europa
ACC: sales@antique-acc.com
www.accdistribution.com/uk

Spain / España
Machado Grupo de Distribución:
machadolibros@machadolibros.com /
www.machadolibros.com
Les Punxes Distribuidora:
punxes@punxes.es / www.punxes.es

Latin America / Latinoamérica
Océano: info@oceano.com
www.oceano.com